Studien zum Internationalen Wirtschaftsrecht/
Studies on International Economic Law

Herausgegeben von

Prof. Dr. Marc Bungenberg, LL.M., Universität des Saarlandes

Prof. Dr. Christoph Herrmann, LL.M., Universität Passau

Prof. Dr. Markus Krajewski, Friedrich-Alexander-Universität
Erlangen-Nürnberg

Prof. Dr. Carsten Nowak, Europa Universität Viadrina,
Frankfurt/Oder

Prof. Dr. Jörg Philipp Terhechte,
Leuphana Universität Lüneburg

Prof. Dr. Wolfgang Weiß, Deutsche Universität
für Verwaltungswissenschaften, Speyer

Band 29

Christine Kläger

Transparenz im Kartellverfahren der Europäischen Union

Nomos

Onlineversion
Nomos eLibrary

Die Deutsche Nationalbibliothek verzeichnet diese Publikation in
der Deutschen Nationalbibliografie; detaillierte bibliografische
Daten sind im Internet über http://dnb.d-nb.de abrufbar.

Zugl.: Lüneburg, Univ., Diss., 2020

ISBN 978-3-8487-7847-8 (Print)
ISBN 978-3-7489-2257-5 (ePDF)

1. Auflage 2020
© Nomos Verlagsgesellschaft, Baden-Baden 2020. Gesamtverantwortung für Druck
und Herstellung bei der Nomos Verlagsgesellschaft mbH & Co. KG. Alle Rechte, auch
die des Nachdrucks von Auszügen, der fotomechanischen Wiedergabe und der Übersetzung, vorbehalten. Gedruckt auf alterungsbeständigem Papier.

Vorwort

Die vorliegende Arbeit wurde im Sommer 2020 von der Leuphana Universität Lüneburg als Dissertation angenommen. An dieser Stelle möchte ich allen danken, die einen wesentlichen Beitrag zur Entstehung und zum Gelingen dieser Arbeit geleistet haben.

Zunächst gilt mein Dank Prof. Dr. Jörg Philipp Terhechte für die Betreuung dieser Arbeit, vielfältige Anregungen bei der Erarbeitung des Themas und neue Ideen, die mir stets interessante Blickwinkel und Perspektiven auf die Thematik der Arbeit und darüber hinaus eröffneten. Prof. Dr. Dr. h.c. Thomas Schomerus und Prof. Dr. Steffen Augsberg danke ich für die freundliche Erstattung des Zweit- und Drittgutachtens.

Die Arbeit ist im Wesentlichen während meiner Tätigkeit als Rechtsanwältin im Bereich Kartellrecht bei BRP Renaud und Partner mbB in Stuttgart entstanden. Bedanken möchte ich mich hier insbesondere bei Dr. Martin Beutelmann, LL.M. für seine motivierende Unterstützung und die sehr angenehme und konstruktive Arbeitsatmosphäre, in deren Rahmen ich abwechslungsreiche Einblicke in die spannende Praxis des Kartellrechts gewinnen konnte. Danken möchte ich auch meinen damaligen Kolleginnen und Kollegen für viele anregende und aufmunternde Gespräche.

Großer Dank gilt zudem meinem Mann, Dr. Roland Kläger, für seine großartige Hilfe, die stete Ermutigung, auch in schwierigen Phasen durchzuhalten, und seine nie versiegende Diskussionsbereitschaft. Ganz besonderen Dank möchte ich abschließend meinen Eltern, Gabriele und Dr. Rolf-Peter Löhr, aussprechen, die mich mit unermüdlichem Einsatz auf meinem bisherigen Weg begleitet und gefördert haben. Ohne ihre liebevolle und uneingeschränkte Unterstützung wäre diese Arbeit nicht möglich gewesen. Meinen Eltern und meinem Mann ist diese Arbeit gewidmet.

Stuttgart, im Sommer 2020   *Christine Kläger*

Inhaltsverzeichnis

Abkürzungsverzeichnis

a.A.	anderer Ansicht
ABl.	Amtsblatt
Abs.	Absatz
a.E.	am Ende
a.F.	alte Fassung
AEUV	Vertrag über die Arbeitsweise der Europäischen Union
AG	Amtsgericht
ALJ	Administrative Law Judge
Art.	Artikel
ASEAN	Association of Southeast Asian Nations
BB	Betriebs-Berater
BKartA	Bundeskartellamt
BT	Bundestag
BVerfG	Bundesverfassungsgericht
CB	Compliance Berater
CCZ	Corporate Compliance Zeitschrift
CEPS	Centre for European Policy Studies
CETA	Comprehensive Economic and Trade Agreement
CFR	Code of Federal Regulations
C.M.L.R.	Common Market Law Review
CPI	Competition Policy International
d.h.	das heißt
DVBl	Deutsches Verwaltungsblatt
DG COMP	Directorate-General for Competition
EEC	European Economic Community
EC	European Community
ECLF	European Competition Lawyers Forum

E.C.L.R.	European Competition Law Review
ECN	European Competition Network
ECON	Committee on Economic and Monetary Affairs
EG	Europäische Gemeinschaft
EGKS	Europäische Gemeinschaft für Kohle und Stahl
EGMR	Europäischer Gerichtshof für Menschenrechte
EGV	Vertrag zur Gründung der Europäischen Gemeinschaft
EMRK	Europäische Menschenrechtskonvention
EU	Europäische Union
EuG	Gericht der Europäischen Union
EuGH	Europäischer Gerichtshof
EuR	Europarecht
Euratom	Europäische Atomgemeinschaft
EUV	Vertrag über die Europäische Union
EuZW	Europäische Zeitschrift für Wirtschaftsrecht
EWR	Europäischer Wirtschaftsraum
EWS	Europäisches Wirtschafts- und Steuerrecht
EZB	Europäische Zentralbank
f./ ff.	folgende
FAQs	Frequently Asked Questions
FD-GewRS	Fachdienst Gewerblicher Rechtsschutz
FIDE	Fédération Internationale pour le Droit Européen
Fn.	Fußnote
FOIA	Freedom of Information Act
frz.	französisch
FTC	Free Trade Commission
GATT	General Agreement on Tariffs and Trade
GCLC	Global Competition Law Centre
G.C.L.R.	Global Competition Litigation Review
GRUR-RR	Gewerblicher Rechtsschutz und Urheberrecht, Rechtsprechungs-Report

GRUR-Prax	Gewerblicher Rechtsschutz und Urheberrecht, Praxis im Immaterialgüter- und Wettbewerbsrecht
GWB	Gesetz gegen Wettbewerbsbeschränkungen
Hrsg.	Herausgeber
IBA	International Bar Association
ICC	International Chamber of Commerce
ICN	International Competition Network
ICSID	International Centre for Settlement of Investment Disputes
IFG	Informationsfreiheitsgesetz
J.E.C.L.P.	Journal of European Law & Practice
KOM	Kommission
lit.	littera
ManProc	Antitrust Manual of Procedures
MiStra	Anordnung über Mitteilungen in Strafsachen
m.w.N.	mit weiteren Nachweisen
NAFTA	North American Free Trade Agreement
n.F.	neue Fassung
NJW	Neue Juristische Wochenschrift
Nr.	Nummer
NVwZ	Neue Zeitschrift für Verwaltungsrecht
NZBau	Neue Zeitschrift für Baurecht und Vergaberecht
NZG	Neue Zeitschrift für Gesellschaftsrecht
NZKart	Neue Zeitschrift für Kartellrecht
OECD	Organisation for Economic Co-operation and Development
OwiG	Ordnungswidrigkeitengesetz
RiStBV	Richtlinien für das Strafverfahren und das Bußgeldverfahren
Rn.	Randnummer
Rs.	Rechtssache
S.	Seite/ Satz

SchiedsVZ	Zeitschrift für Schiedsverfahren
StPO	Strafprozessordnung
TFEU	Treaty on the Functioning of the European Union
TTIP	Transatlantic Trade and Investment Partnership
UK	United Kingdom
UNCITRAL	United Nations Commission on International Trade Law
USA / U.S.	United States of America
U.S.C.	United States Code
u.a.	unter anderem/ und andere
v./ vs.	versus
verb.	verbundene
VerfVO	Verfahrensverordnung
Vgl.	Vergleiche
VO	Verordnung
WRP	Wettbewerb in Recht und Praxis
WTO	World Trade Organisation
WuW	Wirtschaft und Wettbewerb
z.B.	zum Beispiel
ZEuP	Zeitschrift und Europäisches Privatrecht
ZEuS	Zeitschrift für Europarechtliche Studien
ZWeR	Zeitschrift für Wettbewerbsrecht

Einleitung

[J]ustice should not only be done,
but should manifestly and undoubtedly be seen to be done.[1]

Die Diskussion um mehr Transparenz in Wirtschaft, Politik und Verwaltung wird bereits seit einiger Zeit mit großem Nachdruck geführt. Insbesondere in der politischen Diskussion ist der Begriff der Transparenz in aller Munde und wird mit verschiedensten Zielsetzungen und Absichten gebraucht.[2] Transparenz wird häufig als ein erstrebenswerter Zustand und als eine wesentliche Grundlage einer freien demokratischen Willensbildung gesehen. Je größer die befürchtete Machtkonzentration und je indirekter die demokratische Rückkopplung einer Entscheidung ist, desto eher erscheint Transparenz als ein sinnvolles Mittel, um Machtmissbrauch und andere Missstände zu verhindern.[3]

Auch in der Rechtswissenschaft wird der Begriff der Transparenz zunehmend diskutiert. Transparente und faire Entscheidungsmechanismen sind als wichtige Elemente einer guten Verwaltungspraxis sowohl auf nationaler als auch auf internationaler Ebene anerkannt.[4] Die Transparenz eines Verwaltungsverfahrens kann dazu beitragen, dass die am Verfahren beteiligten Bürger oder Unternehmen den Verlauf des Verfahrens vorhersehen und die ihnen zustehenden Rechte wirkungsvoll ausüben können. An dem Gedanken einer guten Verwaltungspraxis muss sich auch die Europä-

---

1 *R v Sussex Justices,* ex parte McCarthy [1924] 1 KB 256, 259; zitiert nach *J. Flattery,* Balancing Efficiency and Justice in EU Competition Law: Elements of Procedural Fairness and their Impact on the Right to a Fair Hearing, The Competition Law Review 2010, S. 53 ff., S. 68.
2 Siehe beispielhaft: *„Freihandelsabkommen TTIP: SPD-Chef Gabriel fordert mehr Transparenz von Amerika",* faz.net, 25.04.2016; *„EZB-Bankenaufsicht: Bundesbank fordert mehr Transparenz",* wiwo.de, 02.10.2015; *„Steueroasen: Cameron fordert mehr Transparenz von Überseegebieten",* faz.de, 20.05.2013; *„Parteispenden: Wirtschaft will mehr Transparenz, doch die Politik bremst",* www.welt.de, 10.01.2013; *„Geldhäuser scheuen Transparenz – Die verschleierten Bankergehälter",* www.handelsblatt.de, 28.05.2013; *„Demokratie: Transparenz, auch wenn's schwerfällt",* www.zeit.de, 13.02.2013.
3 Vgl. *J. Stiglitz,* Transparency in Government, in: Islam/Djankov/McLeish (Hrsg.), The right to tell: The role of mass media in economic development (2002), 27, S. 42.
4 Vgl. *OECD Competition Comittee,* Procedural Fairness: Transparency Issues in Civil and Administrative Enforcement Proceedings (2010), S. 9.

ische Kommission in ihrer Funktion als europäische Verwaltungsbehörde messen lassen. Dies trifft insbesondere auch auf die Tätigkeit der Kommission im Bereich des europäischen Kartellverfahrensrechts zu, welches eines der impulsgebenden Referenzgebiete für die Entwicklung des europäischen Verwaltungsrechts ist.[5]

Aufgabe der Europäischen Kommission im europäischen Kartellverfahren ist es, das europäische Kartellrecht durchzusetzen. Die Europäische Kommission ist ausdrücklich bestrebt, ihre Kartellverfahren fair, unparteiisch und objektiv durchzuführen und dabei ein hohes Maß an Transparenz zu gewährleisten.[6] Dennoch werden kritische Anmerkungen hinsichtlich einer mangelnden Offenheit des europäischen Kartellverfahrens sowie Vorschläge zur Erhöhung seiner Transparenz immer wieder zum Gegenstand kartellrechtlicher Diskussionen.[7] Die Forderungen nach erhöhter Transparenz lassen sich dabei insbesondere auf die Machtfülle der Europäischen Kommission im Bereich des Kartellverfahrens zurückführen, denn die Kommission verfügt bei der Durchsetzung der europäischen Wettbewerbsregeln über erhebliche Ermittlungs- und Sanktionsbefugnisse. Damit übt die Kommission zudem gegenüber den betroffenen Unternehmen gleichzeitig die Rolle als Ermittlungs-, Anklage- und Entscheidungsbehörde aus.[8]

Die Verfahrenstransparenz steht nicht für sich allein, sondern kann mit anderen Rechtsgütern in Konflikt geraten. Dies gilt insbesondere für die

---

5 Vgl. *W. Weiß*, § 20 Europäisches Wettbewerbsverwaltungsrecht, in: Terhechte (Hrsg.), Verwaltungsrecht der Europäischen Union (2011), 751, Rn. 1.

6 Vgl. Beschluss des Präsidenten der Europäischen Kommission vom 13.10.2011 über Funktion und Mandat des Anhörungsbeauftragten, ABl. (EU) Nr. L 275 vom 20.10.2011, S. 29 ff., 2. Erwägungsgrund; Bekanntmachung der Kommission über bewährte Vorgehensweisen in Verfahren nach Artikel 101 und 102 des AEUV, ABl. (EU) Nr. C 308 vom 20.10.2011, S. 6 ff., Rn. 1.

7 Vgl. z.B. *ECLF Working Group on Transparency and Process*, Transparency and Process: Do we need a new Mandate for the Hearing Officer?, European Competition Journal 2010, S. 475 ff.; *J. Schwarze/R. Bechtold/W. Bosch*, Rechtsstaatliche Defizite im Kartellrecht der Europäischen Gemeinschaft: Eine kritische Analyse der derzeitigen Praxis und Reformvorschläge (2008), S. 50 ff.; *I. v. Bael*, Transparency of E.C. Commission Proceedings, in: Slot/McDonnell (Hrsg.), Procedure and enforcement in E.C. and U.S. competition law, Proceedings of the Leiden Europa Instituut Seminar on user-friendly competition law, 19 and 20 November 1992 (1993), 192.

8 Vgl. *K. Lenaerts*, Due process in competition cases, NZKart 2013, S. 175 ff., S. 175; *W. P. J. Wils*, Principles of European antitrust enforcement (2005), S. 151 ff.; kritisch hierzu etwa *F. Rittner*, Kartellpolitik und Gewaltenteilung in der EG, EuZW 2000, S. 129, S. 129.

Wahrung effizienter Entscheidungsmechanismen,[9] aber auch für den Schutz vertraulicher Informationen. Im Bereich des Kartellverfahrensrechts dürfen daher insbesondere die Gewährleistung einer wirksamen Verfolgung von Kartellverstößen und die Durchsetzung der kartellrechtlichen Verbote und Sanktionen, aber auch ein grundrechtskonformes Schutzniveau zugunsten der verfahrensbeteiligten Unternehmen nicht aus dem Blick verloren werden. Diese Rechtsgüter müssen somit mit den Anforderungen an die Transparenz des Kartellverfahrens im Wege der praktischen Konkordanz zum Ausgleich gebracht werden.[10]

Transparenz und Wirksamkeit der Kartellrechtsdurchsetzung stehen sich allerdings nicht als unvereinbare Gegensätze gegenüber. Transparenz kann etwa auch einen Beitrag zu einer effizienteren Verwaltungstätigkeit leisten, z.B. indem sie es der handelnden Behörde ermöglicht, sich frühzeitig auf Gegenargumente oder sonstige Einwände einzustellen und dadurch Fehlentscheidungen zu vermeiden.[11] Die Transparenz des Kartellverfahrens und der in ihm geltenden Regeln ist daher sowohl für die Durchsetzung der kartellrechtlichen Regelungen durch die Kartellbehörden als auch zur Wahrung eines fairen Verfahrens für die betroffenen Unternehmen von großer Bedeutung.

Vor diesem Hintergrund untersucht die vorliegende Arbeit die Transparenz des europäischen Kartellverfahrens. Im Vordergrund der Untersuchung steht dabei eine Analyse der Mechanismen und Elemente des europäischen Kartellverfahrensrechts, die eine Transparenz des Verwaltungshandelns der Europäischen Kommission als europäischer Wettbewerbsbehörde gewährleisten sollen. Daraus sollen Rückschlüsse dahingehend abgeleitet werden, welcher Grad an Transparenz in diesem Bereich bereits erreicht ist, welche Transparenzdefizite in den einzelnen Verfahrensabschnitten bestehen und wie diese Defizite unter Berücksichtigung kollidierender Interessen aufgelöst werden können.

Zu diesem Zweck betrachtet die Arbeit in einem ersten, allgemeinen Teil zunächst die Entstehung und Elemente des Transparenzgedankens in der europäischen Union sowie die Grundzüge des europäischen Kartellver-

---

9 Vgl. *C. Calliess*, Art. 1 EUV, in: Calliess/Ruffert (Hrsg.), EUV, AEUV: Das Verfassungsrecht der Europäischen Union mit Europäischer Grundrechtecharta (2016), Rn. 89; *W. Weiß* (Fn. 5), Rn. 20.

10 Vgl. *Schoo/ Görlitz*, Art. 15 AEUV, in: Schwarze/Becker/Hatje/Schoo (Hrsg.), EU-Kommentar (2012), Rn. 9.

11 Siehe dazu *C. A. Varney*, Procedural Fairness, Rede gehalten am 12.09.2009 anlässlich der 13th Annual Competition Conference der International Bar Association in Fiesole, S. 3.

fahrens. Als Grundlage der weiteren Untersuchung geht die Arbeit dann auf die legitimationsstiftende Wirkung von Transparenz und seine Rolle in der Sicherstellung von Verfahrensgerechtigkeit und Objektivität ein und analysiert diese Funktionen im Lichte möglicher Spannungsfelder mit berechtigten Interessen an einem möglichst effizienten Verwaltungsverfahren und dem Schutz vertraulicher Informationen. Zum Abschluss des ersten Teils wirft die Arbeit einen vergleichenden Blick auf die Rolle von Transparenz außerhalb des europäischen Rechts und entwickelt auf der Grundlage von rechtsvergleichenden Studien allgemeine Kriterien und Elemente eines transparenten kartellrechtlichen Verfahrens und der Durchsetzung des Kartellrechts im Rahmen wettbewerbsbehördlicher Tätigkeit.

In einem zweiten Teil wendet sich die Arbeit dem europäischen Kartellverfahren zu und untersucht seine Abschnitte auf ihre Transparenz hin, diskutiert bestehende Kritikpunkte und Transparenzdefizite in einzelnen Bereichen des Kommissionshandelns und entwickelt Vorschläge zur angemessenen Steigerung der Transparenz im Lichte der jeweils betroffenen Interessen. In diesem Sinne werden zunächst die Veröffentlichung der Rechtsgrundlagen, die Arbeit und die Fallverteilung im Netzwerk der europäischen Wettbewerbsbehörden und das Ermittlungsverfahren der Kommission analysiert, bevor anschließend auf die wichtige Institution des Anhörungsbeauftragten und den wesentlich zur Transparenz des Verfahrens beitragenden Abschnitt der schriftlichen und mündlichen Anhörung eingegangen wird. In einem weiteren Schritt werden die Transparenz der Arbeit des Beratenden Ausschusses, die Entscheidungsfindung und die Veröffentlichung der abschließenden Entscheidung durch die Kommission sowie die mögliche Akteneinsicht Dritter zur Vorbereitung von Schadensersatzklagen nach Abschluss eines Kartellverfahrens beleuchtet.

Die Untersuchung der Transparenz in den jeweiligen Verfahrensabschnitten erfolgt dabei stets aus dem Blickwinkel der verschiedenen Akteure und Interessen, insbesondere der von einem Kartellverfahren und seinen möglichen Sanktionen betroffenen Unternehmen, aber auch der Beschwerdeführer und Kronzeugen, deren Initiative oft ausschlaggebend für die Einleitung eines Kartellverfahrens ist. Einbezogen werden auch die Perspektive der möglicherweise kartellgeschädigten Unternehmen, sonstiger interessierter Dritter und der allgemeinen Öffentlichkeit. Dabei wird insbesondere analysiert, welche Informations-, Akteneinsichts-, Anhörungs- und sonstigen, für die Transparenz des Verfahrens wesentlichen Rechte diesen Akteuren jeweils zustehen, und dabei die diesbezügliche Verwaltungspraxis der Kommission mit einbezogen.

Die Arbeit ermöglicht auf diese Weise einen Überblick über den gesamten Verlauf eines Kartellverfahrens und die Ausprägung der einzelnen Elemente, die zu seiner Transparenz beitragen. Ziel der Arbeit ist es dabei auch aufzuzeigen, welche konkreten Transparenzdefizite in den jeweiligen Verfahrensabschnitten bestehen, diese zu bewerten und mögliche Ideen zu ihrer Behebung zusammenzutragen. Die wesentlichen Vorschläge zur Steigerung der Transparenz werden am Ende der Arbeit noch einmal in einer Zusammenfassung wiedergegeben, die zugleich als Ausblick auf mögliche Reformvorhaben zur weiteren Stärkung der Transparenz im europäischen Kartellverfahren dienen soll.

Teil 1 Begriff und Bedeutung von Transparenz im europäischen Kartellverfahren

A. *Der Transparenzbegriff im Recht der Europäischen Union*

Transparenz hat sich in verschiedenen Rechtsgebieten zu einem wesentlichen Beurteilungskriterium entwickelt und erfährt in der rechtswissenschaftlichen Diskussion vermehrt Aufmerksamkeit.[12] Die beachtliche „Karriere"[13] des Transparenzbegriffs wird allerdings nicht nur wohlwollend verfolgt. Insbesondere wird kritisch angemerkt, der Begriff „Transparenz" habe sich zu einem Modewort[14] mit „quasi-religiöser Bedeutung"[15], aber einem oftmals unklaren Inhalt[16] entwickelt.[17] Die Flexibilität und Vielgestaltigkeit des Begriffs der Transparenz erscheint daher zugleich als Stärke

---

12 Vergleiche zu Veröffentlichungen in den letzten Jahren etwa *L. Rudkowski*, Transparenzpflichten zur Kontrolle von Finanzdienstleistungsunternehmen: Unter besonderer Berücksichtigung des Schutzes von Geschäftsgeheimnissen (2016); *V. v. Wrede*, Die Transparenz im börslichen Stromgroßhandel am Beispiel der European Energy Exchange (2012); *J. C. Sackmann*, Transparenz im völkerrechtlichen Investitionsschiedsverfahren: Gewährleistungen der ICSID Konvention, der UN-CITRAL-Schiedsregeln sowie völker- und unionsrechtliche Maßgaben (2012); *F. Huerkamp*, Gleichbehandlung und Transparenz als gemeinschaftsrechtliche Prinzipien der staatlichen Auftragsvergabe (2010); *C.-S. Zoellner*, Das Transparenzprinzip im internationalen Wirtschaftsrecht: Konturen und Perspektiven des transparenzrelevanten Einwirkens transnationaler Vorgaben auf die innerstaatliche Rechts- und Verwaltungspraxis (2009).
13 Vgl. *P. Häberle*, Europäische Verfassungslehre (2011), S. 650, Fn. 10.
14 Vgl. Diskussionsbeitrag von *Häberle*, in *Vereinigung der Deutschen Staatsrechtslehrer* (Hrsg.), Die Staatsrechtslehre und die Veränderung ihres Gegenstandes: Konsequenzen von Europäisierung und Internationalisierung (2004), S. 445; *D. Bernhardt*, Ex ante-Transparenz im Verwaltungsverfahren: Anforderungen an die Vorhersehbarkeit behördlicher Entscheidungen (2011), S. 25; *E. R. Fidell*, Transparency, 2009, Hastings Law Journal 2009-2010, S. 457 ff., S. 457, spricht von einem *„buzzword"*.
15 So *C. Hood*, Transparency in Historical Perspective, in: Hood/Heald (Hrsg.), Transparency: The Key to Better Governance? (2006), 3 S. 3.
16 Vgl. *C. Sobotta*, Transparenz in den Rechtsetzungsverfahren der Europäischen Union: Stand und Perspektiven des Gemeinschaftsrechts unter besonderer Berücksichtigung des Grundrechtes auf Zugang zu Informationen (2001), S. 33.
17 Vgl. *C.-S. Zoellner* (Fn. 12), S. 35 f., der Transparenz als ein *„flexibles Konzept"* bezeichnet.

und als Schwäche, da der Begriff so zwar in sehr unterschiedlichen Fallgestaltungen angewendet werden kann, der exakte Gehalt allerdings regelmäßig unbestimmt bleibt.

Auch im Recht der Europäischen Union kommt dem Transparenzgedanken eine wachsende Bedeutung zu. Es ist daher vor diesem Hintergrund erforderlich, den Begriff der Transparenz für die Zwecke dieser Arbeit einzugrenzen. Im Folgenden sollen daher zunächst der Begriff der Transparenz hoheitlichen Handelns umrissen und wesentliche Elemente herausgearbeitet werden, um die Maßstäbe zu bestimmen, an denen sich die weitere Untersuchung ausrichten kann. Im Anschluss soll zudem in einem kurzen Überblick die Entwicklung des Transparenzgedankens in dem für die vorliegende Arbeit relevanten Recht der Europäischen Union skizziert werden.

I. Allgemeine Elemente von Transparenz

Im Wortsinn bedeutet Transparenz zunächst Durchsichtigkeit, Durchschaubarkeit[18] und Zugänglichkeit.[19] Die Transparenz eines Gegenstandes oder Vorganges ist insofern eine Beschreibung der Art und Weise, wie Beobachter diesen wahrnehmen.[20] Dabei spielt die Perspektive der an dem Vorgang Interessierten eine wesentliche Rolle. So wird oftmals zwischen der Einsehbarkeit zugunsten der unmittelbar Beteiligten auf der einen Seite und seiner Publizität im Sinne seiner Offenlegung gegenüber der Öffentlichkeit auf der anderen Seite unterschieden.[21] Im Rahmen dieser Arbeit sollen – ohne dass hiermit eine besondere rechtliche Bedeutung verknüpft sein soll – unter dem Begriff der „Transparenz" oder „Offenheit"[22] je nach Zusammenhang beide Blickwinkel gemeint sein, so dass sowohl die Transparenz zugunsten der Betroffenen als auch zugunsten der interessierten Öffentlichkeit umfasst wird.

Ein Verfahren kann zunächst dann als transparent bezeichnet werden, wenn es so ausgestaltet ist, dass sein Ablauf vorhersehbar und seine vorläufigen und endgültigen Ergebnisse für alle Interessierten zugänglich und

---

18 Vgl. *J. Bröhmer*, Transparenz als Verfassungsprinzip: Grundgesetz und Europäische Union (2004), S. 18 m.w.N.
19 Vgl. *C. Sobotta* (Fn. 16), S. 30.
20 Vgl. *C. Sobotta* (Fn. 16), S. 30.
21 Vgl. *F. Hufen/T. Siegel*, Fehler im Verwaltungsverfahren (2013), S. 60.
22 Der Begriff der „Offenheit" wird im Folgenden synonym gebraucht.

nachvollziehbar sind.[23] Entscheidend für die Transparenz ist damit das Ausmaß an Informationen,[24] über welche Beteiligte wie auch interessierte Außenstehende verfügen können. Ganz allgemein ist die Transparenz eines Verfahrens daher grundsätzlich umso größer, je mehr Informationen – verglichen mit den über einen weniger transparenten Vorgang erhältlichen Informationen – verfügbar sind.[25] Neben der reinen Menge an Informationen ist zudem die Übersichtlichkeit der zur Verfügung gestellten Informationen ausschlaggebend. Bestehen aufgrund der Fülle oder Ungeordnetheit der Informationen erhebliche Schwierigkeiten, einen sinnvollen Überblick über diese zu erhalten, verringert dies wiederum die Transparenz.[26] Die Transparenz eines Vorgangs setzt sich daher grundsätzlich aus zwei Elementen zusammen: der Menge der zugänglichen Informationen und ihrer Verständlichkeit für Beteiligte und Interessierte. Je größer die Anzahl der zugänglichen Informationen ist und je besser diese Informationen aufbereitet und strukturiert sind, desto größer ist damit grundsätzlich auch die Transparenz eines Vorgangs.[27]

In einem Entscheidungsprozess lassen sich mit *Bröhmer* verschiedene Arten von Transparenz unterscheiden.[28] *Bröhmer* differenziert in diesem Zusammenhang insbesondere zwischen Ergebnistransparenz, Verfahrenstransparenz, inhaltlicher Transparenz und Verantwortungstransparenz.[29] Transparenz im Sinne einer Ergebnistransparenz liegt danach vor, wenn das Resultat eines Entscheidungsprozesses bekannt gegeben wird, mithin also das Entscheidungsergebnis selbst transparent ist.[30] Das Ergebnis wird darüber hinaus auch inhaltlich transparent, wenn es nachvollziehbar und verständlich erläutert und begründet wird.[31] Der Ergebnistransparenz vorgelagert ist die Verfahrenstransparenz, d.h. die Transparenz der Art und

---

23 Vgl. *J. Bröhmer* (Fn. 18), S. 18.
24 Der Begriff der „Information" soll im Folgenden ohne Bezugnahme auf einen konkreten wissenschaftstheoretischen Hintergrund verwendet werden und lediglich den Gegenstand eines Kommunikationsvorganges bezeichnen, vgl. auch *J. Bröhmer* (Fn. 18), S. 18, Fn. 2; zur Diskussion um einen wissenschaftlichen Informationsbegriff vgl. *O. K. Dietlmeier*, Rechtsfragen der Publizität im kommunalen Unternehmensrecht (2015), S. 73 ff. m.w.N.
25 Vgl. *J. Bröhmer* (Fn. 18), S. 18.
26 Vgl. *J. Bröhmer* (Fn. 18), S. 18 f.
27 Vgl. *J. Bröhmer* (Fn. 18), S. 18f.
28 Vgl. zu allen hier genannten Kategorien von Transparenz *J. Bröhmer* (Fn. 18), S. 19 ff.
29 Vgl. *J. Bröhmer* (Fn. 18), S. 19 ff.
30 Vgl. *J. Bröhmer* (Fn. 18), S. 19 f.
31 Vgl. *J. Bröhmer* (Fn. 18), S. 21.

Weise des Zustandekommens der Entscheidung.[32] Im Hinblick auf die Verfahrenstransparenz lässt sich zudem weiter danach unterscheiden, ob lediglich die Transparenz der äußeren Handlungsstruktur gewährleistet wird, während die tatsächliche Entscheidungsfindung geheim stattfindet, oder ob auch der Prozess der internen Entscheidungsfindung selbst transparent gestaltet ist.[33] Verantwortungstransparenz besteht schließlich dann, wenn erkennbar ist, welche Personen jeweils für eine bestimmte Handlung oder ein Ergebnis verantwortlich sind.[34]

In zeitlicher Perspektive lässt sich darüber hinaus zwischen ex ante- und ex post-Transparenz differenzieren. Während sich ex ante-Transparenz auf die Vorhersehbarkeit einer noch ausstehenden Verwaltungsentscheidung bezieht, bezeichnet ex post-Transparenz die Nachvollziehbarkeit einer Entscheidung im Nachhinein.[35] Der Begriff der Verfahrenstransparenz kann daher in doppeltem Sinn verstanden werden und fordert sowohl eine nachvollziehbare als auch eine bereits im Voraus vorhersehbare administrative Entscheidungsfindung.[36] Ex post-Transparenz entsteht dabei insbesondere durch Dokumentations- und Begründungserfordernisse, anhand derer Kontrollinstanzen und Öffentlichkeit das bisherige Verfahren sowie die getroffenen Entscheidungen nachvollziehen können. Ziel der ex post-Transparenz ist somit eine wirksame Verwaltungskontrolle. Demgegenüber dient die ex ante-Transparenz der Förderung des Verfahrensverlaufs, indem sie es den Verfahrensbeteiligten ermöglicht, die Dauer des Verfahrens abzuschätzen, die für die spätere Entscheidung tatsächlich relevanten Aspekte zu erkennen und zu einer effektiven Verfahrensführung beizutragen.[37]

Transparenz erscheint insofern als ein vielschichtiger Begriff, der unter vielen Blickwinkeln verwendet werden kann, sofern es um die Zugänglichkeit von Informationen geht. Je nach Zusammenhang können im Hinblick auf den konkreten Inhalt, die zeitliche Perspektive und den angestrebten Zweck unterschiedliche Facetten in den Vordergrund rücken. Zusammen mit der Unterscheidung zwischen ex post- und ex ante-Transparenz sollen im Rahmen dieser Arbeit insbesondere die von *Bröhmer* entwickelten Kategorien der Ergebnis-, Verfahrens- und Verantwortungstrans-

---

32 Vgl. *J. Bröhmer* (Fn. 18), S. 20.
33 Vgl. *J. Bröhmer* (Fn. 18), S. 20, der dies als „Mischform" innerhalb der Kategorie der Verfahrenstransparenz bezeichnet.
34 Vgl. *J. Bröhmer* (Fn. 18), S. 22.
35 Vgl. *D. Bernhardt* (Fn. 14), S. 11 und 27.
36 *D. Bernhardt* (Fn. 14), S. 11 und 27.
37 Vgl. *D. Bernhardt* (Fn. 14), S. 11, 27 f.

parenz herangezogen werden, da sie wesentliche Aspekte der Transparenz eines Verfahrens verdeutlichen und somit als Anhalts- und Orientierungspunkte bei der Untersuchung der Transparenz der verschiedenen Abschnitte des europäischen Kartellverfahrens dienen können.

II. Elemente der Transparenz hoheitlicher Tätigkeit

Eine übergreifende rechtliche Definition des Begriffs „Transparenz" für den in dieser Arbeit interessierenden Bereich hoheitlichen Handelns existiert bislang nicht. Im Zusammenhang mit der Ausübung von Hoheitsgewalt wird der Begriff der Transparenz dementsprechend unter verschiedenen, sich zum Teil überschneidenden Aspekten beleuchtet.[38] Diese werden im Folgenden in einem kurzen Überblick dargestellt, um die verschiedenen Ausprägungen von Transparenz im hier relevanten Kontext hoheitlicher Normsetzungs- und Verwaltungstätigkeit zu verdeutlichen.

1. Transparenz in Normsetzungsverfahren

Auf der Ebene der Normsetzung wird der Begriff „Transparenz" insbesondere im Zusammenhang mit der Schaffung von Kontroll-, Informations- und Partizipationsmöglichkeiten der Bürger an Normsetzungsprozessen der Gesetzgebungsorgane gebraucht.[39] Transparenz entsteht hierbei zum einen durch die Öffentlichkeitsarbeit des Staates, zum anderen aber auch durch den Zugang der Bürger zu staatlichen Informationen und Dokumenten.[40] Transparenz in diesem Sinne umfasst insbesondere drei Aspekte:[41] Erstens betrifft sie den Zugang der Bürger zu dem konkreten Verfahren, in dem die rechtlichen Normen erarbeitet werden. Transparenz wird hier u.a. durch die Öffentlichkeit von Sitzungen der relevanten Organe, aber auch durch Informations- und Anhörungsrechte Betroffener oder interessierter Dritter hergestellt. Zweitens bedeutet Transparenz in diesem Zusammenhang auch, dass die Informationen, die in das Verfahren Ein-

---

38 Vgl. hierzu *D. Bernhardt* (Fn. 14), S. 39 ff.
39 *D. Bernhardt* (Fn. 14), S. 40.
40 Vgl. *C. Calliess* (Fn. 9), Rn. 86 ff.
41 Vgl. *J. Söderman*, Transparency as a fundamental principle of the European Union, Vortrag gehalten am 19.06.2001 am Hallstein-Institut für Europäisches Verfassungsrecht der Humboldt-Universität zu Berlin, S. 2.

gang finden und seinen Ausgang mitbestimmen, offen kommuniziert werden und für Außenstehende erhältlich sind. Neben Hintergrund- und Fachinformationen zählt hierzu auch die Information der Öffentlichkeit darüber, welche Interessengruppierungen auf den Gesetzgebungsprozess Einfluss ausüben konnten. Das dritte transparenzrelevante Element stellt die abschließende Veröffentlichung der getroffenen Entscheidungen sowie einer entsprechenden Begründung dar. Transparenz entsteht danach letztlich immer dann, wenn es gelingt, den Normsetzungsprozess so zu gestalten, dass für die Bürger nachvollziehbar ist, wer die Entscheidung trifft, worin die getroffenen Maßnahmen bestehen, wer von ihnen profitiert und wer letztlich für entstehende Kosten aufkommt.[42]

2. Transparenz in der Verwaltung

Auf der Ebene administrativen Handelns der Exekutive wird der Begriff der Transparenz mit einer Offenheit der Tätigkeit staatlicher Verwaltungsbehörden bei der Erfüllung ihrer öffentlichen Aufgaben in Verbindung gebracht.[43] Vor dem Hintergrund der Entwicklung hin zu einer Informationsgesellschaft hat sich die rechtswissenschaftliche Diskussion diesem Fragenkreis verstärkt zugewandt.[44] Dabei wird konstatiert, dass sich das traditionelle Verständnis insbesondere auch des deutschen Verwaltungsrechts, nach dem Verwaltungsinformationen grundsätzlich nicht öffentlich zugänglich sind,[45] in einem Wandel befindet. Im Bereich der staatlichen Verwaltung zeichnet sich demnach eine grundlegende Tendenz zur Abkehr vom alten Prinzip der „Amtsverschwiegenheit" und eine Entwicklung hin zu einer größeren Transparenz der Verwaltung für die Öffentlichkeit ab:[46]

---

42 „*Transparency includes making it clear who is taking the decision, what the measures are, who is gaining from them, and who is paying for them*", zitiert aus *C. Hood* (Fn. 15), S. 4.

43 Vgl. zu diesem Aspekt der Transparenz *C.-S. Zoellner* (Fn. 12), S. 40 ff.

44 Vgl. umfassend *B. W. Wegener*, Der geheime Staat: Arkantradition und Informationsfreiheitsrecht (2006); unter Einbeziehung insbesondere sozialwissenschaftlicher Erkenntnisse *A. Scherzberg*, Die Öffentlichkeit der Verwaltung (2000).

45 Vgl. *B. W. Wegener* (Fn. 44), S. 29.

46 Vgl. *D. Bernhardt* (Fn. 14), S. 41. Eine umfassende Darstellung der historischen und rechts- bzw. staatsphilophischen Entwicklungslinien findet sich bei *B. W. Wegener* (Fn. 44), S. 31 ff. Vgl. zur Herausbildung eines Informationsverwaltungsrechts in Deutschland. *J. Masing*, Transparente Verwaltung: Konturen eines Informationsverwaltungsrechts, in: Vereinigung der Deutschen Staatsrechtslehrer (Hrsg.), Die Staatsrechtslehre und die Veränderung ihres Gegenstandes: Konse-

Die Öffentlichkeit des Verwaltungshandelns wird danach immer mehr zur Grundregel, die Geheimhaltung dagegen zur begründungsbedürftigen Ausnahme.[47]

Hinsichtlich der Ausprägung der Informationsbeziehungen zwischen Verwaltung und Bürgern bietet sich zur Systematisierung insbesondere eine Differenzierung zwischen der auf ein konkretes Verwaltungsverfahren bezogenen Kommunikation und der außerhalb eines solchen Verfahrens zugänglichen Informationen an.[48] Hinsichtlich des zweiten Bereichs kann Transparenz durch die Zugänglichkeit von Informationen verschiedenster Art erreicht werden, die das Handeln der Verwaltung für die Bürger leichter nachvollziehbar machen. Hierzu zählen z.B. die Veröffentlichung von Mitteilungen, Leitlinien, Anweisungen und Bekanntmachungen zu bestimmten Themenkomplexen sowie die Erläuterung von Zuständigkeiten, Kompetenzzuweisungen und vorgeschriebenen Verfahrensabläufen.[49] Zudem trägt auch die Veröffentlichung solcher Informationen zur Transparenz bei, anhand derer die Bürger über die Arbeit insbesondere hochrangiger Behördenmitarbeiter unterrichtet werden. Dies können z.B. Informationen zu bestimmten Treffen von Personen mit Entscheidungsmacht untereinander oder mit Vertretern von Interessengruppen sein.[50] Darüber hinaus spielt auch die Offenlegung von Behördenakten eine wesentliche Rolle. Die Einsicht in Unterlagen und Dokumente einer Behörde kann den Bürgern zur Information über Ziele und Vorgehen der Behörde dienen und ihnen hierdurch erst eine gewisse Kontrolle der Verwaltungsarbeit ermöglichen.[51] Einsichtsrechte der Bürger in behördeneigene Dokumente

---

quenzen von Europäisierung und Internationalisierung (2004), 377; sowie *E. Gurlit*, Konturen eines Informationsverwaltungsrechts, DVBl 2003, S. 1119 ff.; umfassend zu dieser Thematik *I. Augsberg*, Informationsverwaltungsrecht: Zur kognitiven Dimension der rechtlichen Steuerung von Verwaltungsentscheidungen (2014); sowie *Hoffmann-Riem* (Hrsg.), Verwaltungsrecht in der Informationsgesellschaft (2000).

47 Vgl. *D. Bernhardt* (Fn. 14), S. 41; *C. Gusy*, § 23 Die Informationsbeziehungen zwischen Staat und Bürger, in: Hoffmann-Riem/Schmidt-Aßmann/Voßkuhle (Hrsg.), Grundlagen des Verwaltungsrechts, Band II: Informationsordnung, Verwaltungsverfahren, Handlungsformen (2012), Rn. 3.

48 Vgl. *I. Augsberg* (Fn. 46), S. 200, der zudem zwischen einer freiwilligen Informationsweitergabe und einer rechtlich verpflichtend geregelten Informationstätigkeit unterscheidet.

49 Vgl. *C.-S. Zoellner* (Fn. 12), S. 40.

50 Vgl. etwa die Beschlüsse der Kommission vom 25.11.2014, C(2014) 9048 final und C(2014) 9051 final.

51 Vgl. hierzu *D. Bernhardt* (Fn. 14), S. 41 f.

ergeben sich insbesondere aus Informationsgesetzen, die inzwischen sowohl auf nationaler Ebene[52] als auch auf Ebene der Europäischen Union[53] existieren.

Transparenz spielt auch im zweiten Bereich, auf der Ebene eines konkreten Verwaltungsverfahrens, eine maßgebliche Rolle. Hier stehen einzelne Bürger oder Unternehmen der Verwaltung nicht nur als Mitglieder einer interessierten Öffentlichkeit gegenüber, sondern werden in das Verfahren unmittelbar als Beteiligte einbezogen.[54] Dementsprechend muss auch danach differenziert werden, aus wessen Perspektive die Transparenz des Verwaltungsverfahrens beurteilt wird. In Betracht kommt hier zum einen die Sicht der unmittelbar am Verfahren Beteiligten und von einer gegebenenfalls belastenden Entscheidung Betroffenen, zum anderen diejenige der am Verfahrensausgang interessierten, außenstehenden Dritten und schließlich auch die Wahrnehmung der allgemeinen Öffentlichkeit.

Die Transparenz eines Verwaltungsverfahrens beruht hier auf dem Zusammenspiel verschiedener Komponenten. Transparenz entsteht zum einen wiederum durch die Herstellung von Publizität seitens der mit dem Verfahren befassten Behörde, die verschiedene Informations- oder Veröffentlichungspflichten zu beachten hat. Publizität wird aber auch durch die Öffentlichkeit von Sitzungen eines Entscheidungsgremiums bewirkt, die der interessierten Öffentlichkeit einen Einblick in Inhalt und Gang des Verfahrens ermöglicht. Schließlich kann auch in diesem Zusammenhang das Recht auf Einsicht in Behördendokumente relevant werden, aufgrund dessen das Vorgehen der Behörde im Verwaltungsverfahren für die interessierte Öffentlichkeit nachvollziehbar wird.[55] Transparenz für unmittelbar am Verfahren Beteiligte wird darüber hinaus durch die Ausübung individueller Rechte erreicht.[56] Transparenz wird in diesem Zusammenhang zu-

---

52 Siehe z.B. in Deutschland das Gesetz zur Regelung des Zugangs zu Informationen des Bundes (Informationsfreiheitsgesetz, „IFG") vom 05.09.2005 sowie in den USA den Freedom of Information Act („FOIA"), 5 USC § 522 vom 04.07.1966.

53 Verordnung (EG) Nr. 1049/2001 des Europäischen Parlamentes und des Rates vom 30.05.2001 über den Zugang der Öffentlichkeit zu Dokumenten des Europäischen Parlamentes, des Rates und der Kommission, ABl. (EG) Nr. L 145 vom 31.05.2001, S. 43 ff. (sog. Transparenzverordnung).

54 Vgl. *D. Bernhardt* (Fn. 14), S. 42.

55 *C.-S. Zoellner* (Fn. 12), S. 42.

56 *K. Sobota*, Das Prinzip Rechtsstaat: Verfassungs- und verwaltungsrechtliche Aspekte (1997), S. 141, die unter das Transparenzgebot insbesondere Ansprüche auf Gehör, Auskunft, Aufklärung und Akteneinsicht sowie die Kompetenzklarheit und die Klarheit der Regelungen fasst.

meist als ein Element eines fairen Verfahrens verortet, das zur Wahrung der Rechte der von einer nachteiligen Entscheidung potentiell Betroffenen beitragen kann. Zu den Ausprägungen von Transparenz zählen hier u.a. die Gewährung rechtlichen Gehörs, das Recht auf Einsicht in die Verfahrensakten und das Recht auf eine hinreichende Begründung der getroffenen Entscheidungen.[57] Da die Einbeziehung Dritter der Verwaltung demgegenüber oft in erster Linie zur Sammlung von Informationen dient, stehen ihnen Informationsrechte zumeist in wesentlich geringerem Umfang zu als den Verfahrensbeteiligten.[58]

Transparenz lässt sich somit mit Hilfe vielfältiger, sich ergänzender und sich auch teilweise überschneidender Mittel erreichen. Hierzu zählen zum einen Veröffentlichungen und Erläuterungen der Behörden, die ihr Handeln nachvollziehbar und vorhersehbar gestalten, zum anderen aber auch die Möglichkeit der Bürger, durch eigene Initiative Informationen von der Verwaltung erlangen zu können. In den Worten des BVerfG bedeutet die Offenheit eines Verfahrens einen Zustand, in dem die allgemeine Sichtbarkeit und Verständlichkeit der Entscheidungsverfahren gegeben ist, in denen die die Hoheitsgewalt ausübenden Organe operieren, und in dem gewährleistet ist, dass die verfolgten politischen Zielvorstellungen offengelegt werden.[59] Zusammenfassend ist Transparenz damit dann gewährleistet, wenn sowohl die Öffentlichkeit als auch die Adressaten einer rechtsverbindlichen Entscheidung Zugangsmöglichkeiten zu allen Informationen besitzen, die für eine getroffene oder noch zu treffende Entscheidung erheblich sind.[60]

---

57 Vgl. *B. Vesterdorf*, Transparency - Not Just a Vogue Word, Fordham International Law Journal 1998, S. 902 ff., S. 903.
58 Vgl. *C. Gusy* (Fn. 47), Rn. 55. Zu diesen Informationen zählt *Gusy* dort zum einen Informationen über den zugrunde liegenden Sachverhalt, zum anderen aber auch Informationen über mögliche Einwendungen Außenstehender.
59 Vgl. *BVerG*, NJW 1993, 3047, 3051; *M. Nettesheim*, Art. 1 EUV, in: Grabitz/Hilf/Nettesheim (Hrsg.), Das Recht der Europäischen Union (August 2012), Rn. 39.
60 *B. Vesterdorf* (Fn. 57), S. 902.

III. Entstehung und normativer Gehalt des europäischen Transparenzgedankens

Der Begriff der Transparenz hat in der Europäischen Union seit Anfang der 1990er Jahre verstärkt an Bedeutung gewonnen.[61] Die Entwicklung vollzog sich entlang zweier großer Linien. Zum einen rückte eine größere Transparenz insbesondere des Gesetzgebungsverfahrens der Europäischen Union durch die Einführung von Publizitätserfordernissen in den Fokus; zum anderen sollte es den EU-Bürgern durch die Eröffnung des Zugangs zu Dokumenten[62] der Unionsorgane ermöglicht werden, sich besser über die politischen Entscheidungsprozesse in Brüssel zu informieren.[63] In beiderlei Hinsicht stand die Entwicklung des Transparenzgebotes im europäischen Primärrecht vor allem im Zeichen einer Stärkung der demokratischen Legitimation der Europäischen Union. Diese Entwicklung soll in groben Zügen nachgezeichnet und im Anschluss die Bedeutung des Transparenzgedankens im europäischen Recht beleuchtet werden.

1. Entwicklung im europäischen Primärrecht

Die Entwicklung hin zu einer größeren Transparenz der Europäischen Union gehört seit dem Vertrag von Maastricht zu den politischen Zielen der EU.[64] In der 17. Erklärung zur Schlussakte des Vertrages über die Europäische Union aus dem Jahr 1992 fanden Bestimmungen zur Transparenz in der Ausprägung eines Rechts auf Informationszugang zum ersten Mal eine ausdrückliche Erwähnung im Primärrecht. Die Erklärung zum Recht auf Zugang zu Informationen[65] betonte, dass *„die Transparenz des Beschluss-*

---

61 Zur Entwicklung des Transparenzprinzips auf der Ebene der Europäischen Union vgl. u.a. *J. Bröhmer* (Fn. 18), S. 319; *F. Riemann*, Die Transparenz der Europäischen Union: Das neue Recht auf Zugang zu Dokumenten von Parlament, Rat und Kommission (2004), S. 20; *F. Castenholz*, Informationszugangsfreiheit im Gemeinschaftsrecht (2004), S. 50; *M. K. Smith*, Centralised enforcement, legitimacy and good governance in the EU (2010), S. 30 ff.; *M. Rossi*, Informationszugangsfreiheit und Verfassungsrecht: Zu den Wechselwirkungen zwischen Informationsfreiheitsgrenzen und der Verfassungsordnung in Deutschland (2004), S. 44 ff.

62 Zur historischen Entwicklung des Rechts auf Dokumentenzugang siehe *Schoo/Görlitz* (Fn. 10), Rn. 16 ff.

63 Vgl. *J. Bröhmer* (Fn. 18), S. 330.

64 Vgl. *F. Riemann* (Fn. 61), S. 18 m.w.N.

65 17. Erklärung zur Schlussakte des Vertrages über die Europäische Union, 1992 (Vertrag von Maastricht).

verfahrens den demokratischen Charakter der Organe und das Vertrauen der Öffentlichkeit in die Verwaltung stärkt".[66] Seitdem hat sich die Entwicklung des Transparenzgedankens im europäischen Recht kontinuierlich fortgesetzt.[67] Bereits unmittelbar in der Folgezeit zum Vertrag von Maastricht bekräftigte der Europäische Rat u.a. in seiner Erklärung von Birmingham die Absicht, *„die Gemeinschaft transparenter zu gestalten, um eine sachkundigere Diskussion der Öffentlichkeit über die Tätigkeit der Gemeinschaft sicherzustellen".*[68] Zudem entstand kurz darauf ein Verhaltenskodex für den Zugang der Öffentlichkeit zu Rats- und Kommissionsdokumenten.[69] In der Folge kam es zu verschiedenen Initiativen zur Verbesserung der Transparenz der politischen Entscheidungsprozesse in der EU. Insbesondere das europäische Parlament setzte sich in zwei Erklärungen[70] für eine größere Transparenz der Entscheidungsfindung im Rat ein. Dies führte letztlich u.a. dazu, dass der Rat seit 2002 bei Entscheidungen, die im Mitentscheidungsverfahren getroffen werden, grundsätzlich öffentlich tagt.[71]

Im Vertrag von Amsterdam von 1999 fand das Transparenzgebot zum ersten Mal im Primärrecht selbst Erwähnung. Seitdem ist der Begriff der „Offenheit", der unmittelbar auf den Transparenzgedanken hindeutet,[72] auf Ebene der Europäischen Union an prominenter Stelle im europäischen Primärrecht verankert. Nach dem durch den Vertrag von Amsterdam eingefügten Art. 1 Abs. 2 EUV sind alle Entscheidungen in der EU „möglichst offen" zu treffen. In der Vorschrift heißt es wörtlich: *„Dieser Vertrag stellt eine neue Stufe bei der Verwirklichung einer immer engeren Union der Völker Europas dar, in der die Entscheidungen möglichst offen und möglichst bürgernah*

---

66 Siehe hierzu *J. Bröhmer* (Fn. 18), S. 319 f.

67 Vgl. *F. Riemann* (Fn. 61), S. 18.

68 *Europäischer Rat*, Erklärung von Birmingham, 16.10.1992, Doc 92/6. Die Erklärung von Birmingham wurde vom Europäischen Rat in der Erklärung von Edinburgh vom 12.12.1992, Doc 92/8, bestätigt; zugleich einigte sich der Europäische Rat in Anlage 2 auf entsprechende Durchführungsmaßnahmen zur Stärkung der Transparenz der Ratsarbeit.

69 Verhaltenskodex des Rates für den Zugang der Öffentlichkeit zu Rats- und Kommissionsdokumenten vom 06.12.1993, ABl. (EG) Nr. L 340 vom 31.12.1993, S. 41 f.

70 Erklärung des Präsidenten des Europäischen Parlaments zur Transparenz der Gesetzgebung der Europäischen Union vom 18.09.1995, ABl. (EG) Nr. C 269 vom 16.10.1995, S. 1 f. sowie Entschließung des Europäischen Parlaments zur Transparenz der Ratsbeschlüsse und der gemeinschaftlichen Rechtssetzungsverfahren vom 12.10.1995, ABl. (EG) Nr. C 287 vom 30.10.1995, S. 149 und 179.

71 Vgl. Beschluss des Rates vom 22.07.2002 zur Festlegung seiner Geschäftsordnung, ABl. (EG) Nr. L 230 vom 28.08.2002, S. 7ff., Art. 5 und 8.

72 Vgl. *C. Calliess* (Fn. 9), Rn. 84.

getroffen werden." Der Grundsatz der Transparenz ist damit unmittelbar auf der höchsten Ebene des europäischen Rechts angesiedelt.[73] Die ausdrückliche Aufnahme des Transparenzgedankens in Art. 1 Abs. 2 EUV erfolgte als Reaktion auf die anhaltende Kritik an der mangelnden Transparenz der Europäischen Union, die insbesondere im Zusammenhang mit der Ratifizierung des Vertrages von Maastricht und der geschwundenen Akzeptanz der Europäischen Union laut geworden war.[74] Der Vertrag von Amsterdam verankerte zudem in Art. 255 EGV auch das Recht auf Dokumentenzugang zum ersten Mal im Primärrecht. Dieses wird seit dem Jahr 2001 durch die sog. „Transparenzverordnung"[75] sekundärrechtlich konkretisiert.

Die Stärkung von Transparenz und demokratischer Legitimation der EU stellte zudem ein wesentliches Leitziel im Rahmen des Entwicklungsprozesses für den Entwurf einer europäischen Verfassung dar.[76] Bereits in seiner Präambel betont der Verfassungsvertragsentwurf[77], dass das geeinte Europa *„Demokratie und Transparenz als Grundlage seines öffentlichen Lebens stärken"* wolle. Neben zahlreichen weiteren Erwähnungen des Begriffs der Transparenz[78] enthielt insbesondere Art. I-50 des Verfassungsvertrages unter dem Titel *„Transparenz der Arbeit der Organe, Einrichtungen und sonstigen Stellen der Union"* eine zentrale Vorschrift zur Transparenz der EU, die nach dem Scheitern des Verfassungsvertrages durch den Vertrag von Lissa-

---

73 Vgl. auch Erwägungsgrund 1 der Verordnung (EG) Nr. 1049/2001 des Europäischen Parlaments und des Rates vom 30.05.2001 über den Zugang der Öffentlichkeit zu Dokumenten des Europäischen Parlaments, des Rates und der Kommission, ABl. (EG) Nr. L 145 vom 31.05.2001, S. 43 ff.

74 Vgl. *M. Nettesheim* (Fn. 59), Rn. 35.

75 Verordnung (EG) Nr. 1049/2001 des Europäischen Parlamentes und des Rates vom 30.05.2001 über den Zugang der Öffentlichkeit zu Dokumenten des Europäischen Parlaments, des Rates und der Kommission, ABl. (EG) Nr. L 145 vom 31.05.2001, S. 43 ff.

76 Vgl. *J. Schwarze*, Europarecht: Strukturen, Dimensionen und Wandlungen des Rechts der Europäischen Union; ausgewählte Beiträge (2012), S. 539, sowie *Krajewski, Markus /Rösslein, Ulrich*, Art. 15 AEUV, in: Grabitz/Hilf/Nettesheim (Hrsg.), Das Recht der Europäischen Union (September 2013), Rn. 7, die in diesem Zusammenhang insbesondere auch auf die Erklärung des Europäischen Rates von Laeken vom 15.12.2012 verweisen, in der Europäische Rat eine größere Transparenz und Effizienz der EU-Organe als eine der Grundlagen für die Legitimation der Europäischen Union ansieht.

77 Vertrag über eine Verfassung für Europa, ABl. (EU) Nr. C 310 vom 16.12.2004, S. 1 ff.

78 Siehe im Einzelnen hierzu *J. Bröhmer* (Fn. 18), S. 324.

bon in wesentlichen Teilen in Art. 15 AEUV übernommen wurde.[79] Der neue Art. 15 Abs. 1 AEUV formt Art. 1 Abs. 2 EUV aus und betont ausdrücklich, dass die Einrichtungen und sonstigen Stellen der EU unter weitestgehender Beachtung des Grundsatzes der Offenheit handeln sollen. In Art. 15 Abs. 2 AEUV findet sich seit dem Vertrag von Lissabon nun der Grundsatz der Öffentlichkeit von Rats- und Parlamentstagungen ausdrücklich primärrechtlich verankert.

Neben den Erwähnungen des Transparenzgrundsatzes in Art. 1 Abs. 2 EUV und Art. 15 AEUV ist der Grundsatz einer offenen Entscheidungsfindung im heutigen Primärrecht an vielen weiteren Stellen verankert. So betont u.a. Art. 10 Abs. 3 S. 2 EUV, dass die Entscheidungen der EU *„so offen und bürgernah"* wie möglich getroffen werden sollen, um allen Bürgerinnen und Bürgern der EU die Möglichkeit zu bieten, ihr Recht auf Teilnahme am demokratischen Leben in der EU wahrzunehmen. Gem. Art. 11 Abs. 2 EUV pflegen die Organe der EU zudem einen *„offenen, transparenten und regelmäßigen Dialog"* mit der Zivilgesellschaft. Daneben nennt auch der von der EU-Kommission verabschiedete Kodex für gutes Regieren die „Offenheit" der Institutionen als einen der wesentlichen Grundsätze einer guten Regierung.[80] Der Transparenz der europäischen Rechtsetzungs- und Verwaltungstätigkeit dienen auch Art. 296 und 297 AEUV, die eine grundsätzliche Veröffentlichungs- und Begründungspflicht für alle Rechtsakte der Europäischen Union vorsehen.[81]

2. Transparenz als unionales Verfassungsprinzip

Der Transparenzgrundsatz des Art. 1 Abs. 2 EUV und Art. 15 Abs. 1 AEUV richtet sich an alle Organe und sonstigen Stellen der Europäischen Union und ist eng mit dem Demokratie- und dem Rechtsstaatsprinzip verknüpft.[82] Die Transparenz der Institutionen und Entscheidungsprozesse der EU soll im Zuge der europäischen Integration in erster Linie als Element einer demokratischen Legitimation der Europäischen Union und

---

79 Vgl. *Schoo/ Görlitz* (Fn. 10), Rn. 2.

80 Siehe *Europäische Kommission*, Weißbuch „Europäisches Regieren", 25.07.2001, KOM (2001) 428 endg., S. 13.

81 Vgl. insbesondere in Bezug auf die Veröffentlichungspflicht *M. Krajewski/U. Rösslein*, Art. 297 AEUV, in: Grabitz/Hilf/Nettesheim (Hrsg.), Das Recht der Europäischen Union (Juli 2017), Rn. 4.

82 *W. Heintschel von Heinegg*, Art. 1 EUV, in: Vedder/Heintschel von Heinegg (Hrsg.), Europäisches Unionsrecht (2012), Rn. 9.

ihrer Akzeptanz in der Bevölkerung dienen.[83] Die Eröffnung der Möglichkeit für die Unionsbürgerinnen und -bürger, Informationen über die Tätigkeit der Organe zur Verfügung zu erhalten, soll dazu beitragen, ihnen die Arbeit der Institutionen näher zu bringen und insbesondere auch eine Grundlage für die Mitgestaltungsoptionen der Zivilgesellschaft auf europäischer Ebene zu legen. Darüber hinaus dient Transparenz auch der Kontrollierbarkeit der europäischen Institutionen und soll die Rückkopplung von Entscheidungen zu den davon Betroffenen verbessern.[84] Transparenz soll auf diese Weise dazu beitragen, das Vertrauen der Unionsbürger in die europäische Rechtsetzungs- und Verwaltungstätigkeit zu stärken.[85]

Die grundlegende Bedeutung des Transparenzgrundsatzes für das Handeln der Organe und Einrichtungen der Europäischen Union ist inzwischen allgemein anerkannt. Der Transparenzgrundsatz hat sich inzwischen als „unionales Verfassungsprinzip"[86] herauskristallisiert und wird als verbindliche Handlungsmaxime gesehen, die die Unionsorgane verpflichtet, bei ihrem Handeln den Grundsatz der Offenheit zu berücksichtigen und ihn bei der Auslegung des Primär- und Sekundärrechts zu beachten.[87] Aufgrund der vielfältigen Ausprägungen im Primärrecht der Europäischen Union hat die Forderung nach Transparenz daher nicht nur als politisch-programmatischer Appell oder reine Absichtserklärung, sondern als übergreifender rechtlicher Leitbegriff Bedeutung erlangt.[88] Der Transparenzgedanke des europäischen „Verfassungsrechts"[89] strahlt insofern auf sämtliche Bereiche des europäischen Rechts aus.

---

83 Vgl. *C. Calliess* (Fn. 9), Rn. 85.

84 Vgl. *Schoo/ Görlitz* (Fn. 10), Rn. 5.

85 Vgl. *M. Nettesheim* (Fn. 59), Rn. 35 f.; *C. Nowak*, Informations- und Dokumentenzugangsfreiheit in der EU - Neuere Entwicklungen und Perspektiven, DVBl 2004, S. 272 ff., S. 272.

86 So *C. Calliess* (Fn. 9), Rn. 84; vgl. auch *S. Kadelbach*, Case Law, C.M.L.R. 2001, S. 179 ff., S. 179, der insofern von von einer *„general policy of the institutions"* spricht.

87 Vgl. *M. Nettesheim* (Fn. 59), Rn. 42; *Schoo/ Görlitz* (Fn. 10), Rn. 2 und 7. Eine unmittelbare Geltung des Transparenzprinzips wird jedoch mangels einer hinreichenden Klarheit abgelehnt, vgl. *M. Nettesheim* (Fn. 59), Rn. 42; in diese Richtung auch *F. Riemann* (Fn. 61), S. 124 f.

88 Vgl. *M. Nettesheim* (Fn. 59), Rn. 42; *J. Bröhmer* (Fn. 18) S. 4.

89 Vgl. zur „Verfassungsqualität" des europäischen Primärrechts *C. Franzius*, § 4 Rolle des Verfassungsrahmens, in: Leible/Terhechte (Hrsg.), Europäisches Rechtsschutz- und Verfahrensrecht (2014), 105, S. 106 ff.

Das primärrechtliche Transparenzgebot erstreckt sich damit nicht nur auf die Legislative, sondern auch auf die Verwaltungstätigkeit der EU.[90] So betont Art. 298 Abs. 1 AEUV, dass die Europäische Union ihre Aufgaben durch eine offene Verwaltung wahrnimmt, und überträgt damit die Anforderungen an die Transparenz auf die Unionsverwaltung.[91] Art. 298 AEUV enthält insofern einen internen Gestaltungsauftrag für eine offene Verwaltung.[92] Die Transparenz der europäischen Institutionen ist damit als wichtiges Grundelement einer verantwortungsvollen europäischen Verwaltung anzusehen.[93]

Aufgrund seiner begrifflichen Weite bedarf der Transparenzgrundsatz einer näheren Ausgestaltung im Rahmen des jeweiligen rechtlichen Kontextes. Dabei lassen sich in Bezug auf konkrete Ausprägungen im europäischen Verwaltungsverfahrensrecht unter dem Begriff der „Transparenz" einige der wesentlichen Verwaltungsgrundsätze des Gemeinschaftsrechts zusammenfassen.[94] Insbesondere das Recht auf eine Entscheidungsbegründung, das Recht auf Anhörung vor Erlass einer belastenden Entscheidung, das Recht auf Akteneinsicht und das Recht der Öffentlichkeit auf Informationszugang werden zu den zentralen Elementen transparenten Verwal-

---

90 Vgl. *M. Haag*, Art. 10 EUV, in: von der Groeben/Schwarze/Hatje (Hrsg.), Europäisches Unionsrecht: Vertrag über die Europäische Union, Vertrag über die Arbeitsweise der Europäischen Union, Charta der Grundrechte der Europäischen Union (2015), Rn. 16.

91 Vgl. *U. Reithmann*, Art. 298 AEUV, in: von der Groeben/Schwarze/Hatje (Hrsg.), Europäisches Unionsrecht: Vertrag über die Europäische Union, Vertrag über die Arbeitsweise der Europäischen Union, Charta der Grundrechte der Europäischen Union (2015), Rn. 9.

92 Vgl. *U. Reithmann* (Fn. 91), Rn. 2.

93 Vgl. *Lienbacher/ Kröll*, Art. 10 EUV, in: Schwarze/Becker/Hatje/Schoo (Hrsg.), EU-Kommentar (2012), Rn. 20. Beispielsweise zählt der Europäische Bürgerbeauftragte Transparenz zu den fünf Grundsätzen des öffentlichen Dienstes, vgl. *Europäischer Bürgerbeauftragter*, Grundsätze des öffentlichen Dienstes für EU-Beamte, 2012 „*5. Transparenz: Der Beamte ist bereit, Auskunft über seine Tätigkeit zu erteilen und sein Handeln zu begründen. Er führt ordnungsgemäße Aufzeichnungen und stellt sich bereitwillig öffentlichen Kontrollen seines Verhaltens (…)*", abrufbar unter: https://www.ombudsman.europa.eu/de/publication/de/11650 (zuletzt besucht am 05.08.2020).

94 Vgl. ausführlich *S. Prechal/M. E. de Leeuw*, Transparency: A General Principle of EU Law?, in: Bernitz/Nergelius/Cardner/Groussot (Hrsg.), General principles of EC law in a process of development: Reports from a conference in Stockholm, 23-24 March 2007, organised by the Swedish Network for European Legal Studies (2008), S. 238 ff., die Transparenz ledliglich als Überbegriff (*„umbrella notion"*) ohne eigenständigen rechtlichen Gehalt (*„accessory nature"*) ansehen.

tungshandelns gezählt.[95] Diese Rechte sind inzwischen auch in der Europäischen Grundrechtecharta grundrechtlich verbürgt. So wurde in Art. 42 Grundrechtecharta ein Grundrecht auf Zugang zu Dokumenten der Gemeinschaftsorgane und sonstigen Einrichtungen der EU aufgenommen. Die verfahrensakzessorischen Rechte auf Akteneinsicht und rechtliches Gehör zählen nach Art. 41 Abs. 2 Grundrechtecharta ausdrücklich als wesentliche Bestandteile des in Art. 41 Abs. 1 Grundrechtecharta garantierten Rechts auf eine gute Verwaltung, nach dem jede Person ein Recht darauf hat, dass ihre Angelegenheiten unparteiisch, gerecht und innerhalb einer angemessenen Frist behandelt werden.[96] Über diese grundlegenden Verfahrensgarantien hinaus erfasst Transparenz aber z.B. auch Mitteilungspflichten der Unionsverwaltung sowie die Fairness und Offenheit eines Verfahrens.[97]

B. Das Kartellverfahrensrecht der Europäischen Union

Die vorliegende Arbeit untersucht, inwiefern der Transparenzgrundsatz im europäischen Kartellverfahrensrecht eine Konkretisierung erfahren hat. Zu diesem Zweck sollen an dieser Stelle das Kartellverfahrensrecht der Europäischen Union und seine Bedeutung in einem Überblick dargestellt werden, bevor im zweiten Teil der Arbeit vertieft auf die einzelnen Verfahrensabschnitte eingegangen wird.

Die Durchsetzung des europäischen Kartellrechts erfolgt auf europäischer Ebene[98] durch die europäische Kommission als Wettbewerbsbehörde und Organ der Europäischen Union. Sie handelt dabei *„als Hüterin der Ver-*

---

95 Vgl. *B. Vesterdorf* (Fn. 57), S. 902, 903.

96 Vgl. näher zu Entwicklung und Gehalt des Rechts auf gute Verwaltung in Art. 41 Grundrechtecharta *B. Grzeszick*, Das Grundrecht auf eine gute Verwaltung - Strukturen und Perspektiven des Charta-Grundrechts auf eine gute Verwaltung, EuR 2006, S. 161 ff.; *D.-U. Galetta*, Inhalt und Bedeutung des europäischen Rechts auf eine gute Verwaltung, EuR 2007, S. 57 ff.; *M. Lais*, Das Recht auf eine gute Verwaltung unter besonderer Berücksichtigung der Rechtsprechung des Europäischen Gerichtshofs, ZEuS 2002, S. 447 ff.

97 Vgl. *S. Prechal/M. E. de Leeuw* (Fn. 94), S. 240.

98 Auch die Kartellbehörden der Mitgliedstaaten sind neben der Durchsetzung des jeweiligen nationalen Kartellrechts zur Anwendung des europäischen Kartellrechts berufen, vgl. Art. 5 Abs. 1 S. 1 VO 1/2003.

träge und Garantin des [Unions]interesses unter Aufsicht des Gerichtshofs".[99] Angesichts der zentralen Bedeutung des europäischen Kartellrechts für die europäische Wirtschaftsverfassung und der Intensität seiner Auswirkungen auf die Unionsbürger wird deutlich, dass eine Untersuchung der Art und Weise seiner Umsetzung in besonderem Maße von Interesse ist. Im Folgenden soll daher zunächst die Bedeutung des Kartellrechts im Recht der EU erläutert und ein Überblick über das bei seiner Anwendung durchzuführende Verfahren gegeben werden.

I. Europäisches Kartellrecht als zentraler Bereich unionaler Eigenverwaltung

Die zentralen materiellen Regelungen des europäischen Kartellrechts finden sich unmittelbar im europäischen Primärrecht in Art. 101 und 102 AEUV. Art. 101 AEUV untersagt alle Vereinbarungen zwischen Unternehmen, Beschlüsse von Unternehmensvereinigungen sowie aufeinander abgestimmte Verhaltensweisen, die eine Verhinderung, Einschränkung oder Verfälschung des Wettbewerbs innerhalb des Binnenmarkts bezwecken oder bewirken. Art. 102 AEUV verbietet demgegenüber Unternehmen die missbräuchliche Ausnutzung einer marktbeherrschenden Stellung auf dem Binnenmarkt und erfasst somit auch einseitiges Tätigwerden eines Unternehmens. Art. 101 und 102 AEUV ergänzen sich somit gegenseitig, indem sie den Schutz eines wirksamen Wettbewerbs innerhalb der Europäischen Union aus unterschiedlichen Blickwinkeln anstreben.[100]

Die Ausgestaltung der wettbewerbsrechtlichen Regelungen gehört ebenso wie ihre Durchsetzung zu den zentralen Kompetenzfeldern[101] der Europäischen Union im Bereich des Wirtschaftsrechts. Das europäische Kartellrecht sollte ursprünglich vor allem dazu beitragen, dass die im Zuge der Verwirklichung der Grundfreiheiten mühsam abgebauten Grenzen

---

99 Vgl. *G.-K. d. Bronett*, Plädoyer für eine Reform der Aufgabenverteilung zwischen der Kommission und dem Gerichtshof der EU bei der Anwendung der Art. 101 und 102 AEUV in Einzelfällen, ZWeR 2012, S. 157 ff., S. 159.

100 Vgl. *F. Schuhmacher*, Art. 101 AEUV, in: Grabitz/Hilf/Nettesheim (Hrsg.), Das Recht der Europäischen Union (Mai 2018), Rn. 40 m.w.N.; *EuGH*, Urteil vom 21.02.1973, Rs. 6/72 – *Europemballage und Continental Can/Kommission*, Rn. 25.

101 Die Europäische Union verfügt über die ausschließliche Zuständigkeit bei der Festlegung der für das Funktionieren des Binnenmarktes erforderlichen Wettbewerbsregeln, Art. 3 Abs. 1 lit. b) AEUV; vgl. hierzu *S. C. Pelka*, Art. 3 AEUV, in: Schwarze/Becker/Hatje/Schoo (Hrsg.), EU-Kommentar (2012), Rn. 8 ff.

zwischen den einzelnen mitgliedstaatlichen Märkten nicht im Gegenzug durch private Absprachen zwischen einzelnen Unternehmen wieder neu errichtet werden können.[102] Zweck der kartellrechtlichen Regelungen war daher insbesondere in den Anfängen der Gemeinschaft die Marktintegration; das Kartellrecht sollte dem zentralen Projekt der Gewährleistung des grenzüberschreitenden Wirtschaftsverkehrs, der ökonomischen Effizienz und Chancengerechtigkeit im Binnenmarkt zum Wohle der Verbraucher dienen.[103] Diese Funktion kommt ihm auch heute noch zu, auch wenn sie hinter das nunmehr vorrangige Ziel der Sicherung eines wirksamen und unverfälschten Wettbewerbs im Binnenmarkt mehr und mehr zurücktritt.[104] Festzuhalten bleibt, dass das europäische Kartellrecht durch den Abbau übermäßiger privater und öffentlicher Wirtschaftsmacht erheblich zur erfolgreichen wirtschaftlichen Entwicklung der Europäischen Union beigetragen hat.[105]

Auch der Reformvertrag von Lissabon hat der Bedeutung des Kartellrechts keinen Abbruch getan. Allerdings wurde die bisherige Zielsetzung der Schaffung eines „*System(s), das den Wettbewerb innerhalb des Binnenmarktes vor Verfälschungen schützt*" auf Drängen Frankreichs aus dem Katalog der Unionsziele gestrichen.[106] Art. 3 Abs. 3 EUV enthält in der Neufassung nach Lissabon nun die Feststellung, dass die EU bei der Errichtung des Binnenmarktes auf eine in hohem Maße wettbewerbsfähige soziale Marktwirtschaft hinwirkt. Die ursprüngliche Formulierung des „*Systems unverfälschten Wettbewerbs*" findet sich hingegen inzwischen nahezu wortgleich, jedoch eher versteckt im Protokoll Nr. 27 über den Binnenmarkt und den Wettbewerb[107] wieder.[108] Mit dieser Neugestaltung der Verträge geht unbestritten eine erhebliche politische Akzentverschiebung einher; aus juristischem Blickwinkel hat sich hingegen wenig an der zentralen Be-

---

102 Vgl. *T. Oppermann/C. D. Classen/M. Nettesheim*, Europarecht: Ein Studienbuch7 (2016), S. 335; *I. Brinker*, Art. 101 AEUV, in: Schwarze/Becker/Hatje/Schoo (Hrsg.), EU-Kommentar (2012), Rn. 1.

103 *C. Nowak*, Binnenmarktziel und Wirtschaftsverfassung der Europäischen Union vor und nach dem Reformvertrag von Lissabon, EuR-Beiheft 2009, S. 129 ff., 156.

104 Vgl. *C. Nowak* (Fn. 103), 156.

105 Vgl. *T. Oppermann/C. D. Classen/M. Nettesheim* (Fn. 102), S. 335 f.

106 Vgl. *C. Calliess*, Die neue Europäische Union nach dem Vertrag von Lissabon: Ein Überblick über die Reformen unter Berücksichtigung ihrer Implikationen für das deutsche Recht (2010), S. 89.

107 ABl. (EG) Nr. C 115 vom 09.05.2008, S. 309.

108 Vgl. *C. Nowak* (Fn. 103), S. 188 ff.

deutung der europäischen Wettbewerbsregeln geändert.[109] Dies liegt vor allem daran, dass das Protokoll Nr. 27 über Art. 51 EUV als integraler Bestandteil der Verträge gilt, so dass ihm auf diesem Weg primärrechtlicher Rang verliehen wird.[110] Der Schutz eines freien Wettbewerbs im Rahmen einer offenen Marktwirtschaft bleibt damit auch zukünftig ein Kernstück der europäischen Wirtschaftsverfassung[111] und eine der wesentlichen Aufgaben der Europäischen Union.[112]

Das Kartellverfahrensrecht bietet sich auch aus weiteren Gründen für die vorliegende Untersuchung an. Das europäische Kartellrecht ist eines der wenigen Rechtsgebiete des europäischen Wirtschaftsverwaltungsrechts, dessen Regelungen von der Europäischen Kommission im direkten Vollzug durchgesetzt werden.[113] Die Vorschriften des europäischen Kartellrechts in Art. 101 und 102 AEUV richten sich direkt an die im Binnenmarkt tätigen Unternehmen,[114] so dass die Kommission bei der Durchsetzung des europäischen Kartellrechts unmittelbar in die Rechtssphäre der

---

109 Vgl. *C. Nowak* (Fn. 103), S. 189.

110 Vgl. *U. Becker*, Art. 3 EUV, in: Schwarze/Becker/Hatje/Schoo (Hrsg.), EU-Kommentar (2012), Rn. 13; *U. Becker*, Art. 51 EUV, in: Schwarze/Becker/Hatje/Schoo (Hrsg.), EU-Kommentar (2012), Rn. 2.

111 Vgl. *T. Oppermann/C. D. Classen/M. Nettesheim* (Fn. 102), S. 359 unter Hinweis auf Art. 119 AEUV.

112 Vgl. *C. Nowak* (Fn. 103), S. 189 f.; siehe auch *EuGH*, Urteil vom 17.11.2011, Rs. C-496/09 – *Kommission/ Italien*, Rn. 60.

113 Vgl. *S. Augsberg*, Europäisches Verwaltungsorganisationsrecht und Vollzugsformen, in: Terhechte (Hrsg.), Verwaltungsrecht der Europäischen Union (2011), 201, S. 227, Rn. 34. Neben der Kommission sind nach der Dezentralisierung der Kartellverfolgung durch die Reform im Jahr 2003 auch die nationalen Wettbewerbsbehörden zur Anwendung der Art. 101 und 102 AEUV berufen, vgl. Art. 5 S. 1 VO 1/2003. Die nationalen Wettbewerbsbehörden sind nach Art. 3 Abs. 1 VO 1/verpflichtet, europäisches und nationales Kartellrecht parallel anzuwenden, sofern das von ihnen untersuchte Verhalten geeignet ist, den zwischenstaatlichen Handel zu beeinträchtigten. Das Verhältnis zwischen europäischem und nationalem Wettbewerbsrecht bestimmt sich dabei nach Art. 3 Abs. 2 VO 1/2003, welcher einen weitgehenden Vorrang des europäischen Kartellrechts anordnet, um die Konvergenz der Rechtsanwendung in der Europäischen Union sicherzustellen, vgl. *E. Rehbinder*, Art. 3 VO 1/2003, in: Immenga/Mestmäcker u.a. (Hrsg.), Wettbewerbsrecht, Band 1 (2019), Rn. 1 und 19 ff. Ein wesentlicher Teil der Durchsetzung der europäischen Wettbewerbsregeln beruht daher auch auf der Arbeit der nationalen Wettbewerbsbehörden.

114 Vgl. hierzu *I. Brinker* (Fn. 102), Rn. 1.

Unionsbürger eingreift.[115] Zudem stellt das Kartellverfahrensrecht der Kommission hierbei Ermittlungsbefugnisse und Sanktionsmöglichkeiten zur Verfügung, die eine hohe Eingriffsintensität aufweisen.[116] Dementsprechend ist die Ausgestaltung des Verfahrensrahmens von erheblicher Bedeutung.[117]

Das Kartellverfahren befindet sich damit im Spannungsfeld zwischen der Sicherstellung leistungsfähiger Mechanismen zur Kartellverfolgung und der Gewährleistung rechtsstaatlich gebotener Verteidigungsrechte.[118] Dem Kartellverfahrensrecht kommt somit auch die Aufgabe zu, einen angemessenen Ausgleich zwischen den weitreichenden Eingriffsbefugnissen der Kommission auf der einen Seite und dem Schutz der Individualinteressen der betroffenen Unternehmen durch Bereitstellung entsprechender Verfahrens- und Rechtsschutzmöglichkeiten auf der anderen Seite zu finden.[119]

Darüber hinaus ist zu beobachten, dass die Rolle privater Akteure im europäischen Kartellrecht im Laufe der Zeit eine erhebliche Aufwertung erfahren hat. Zentrale Verteidigungsrechte, insbesondere das Recht auf Anhörung und das Recht auf Akteneinsicht, wurden auf europäischer Ebene anhand des Kartellverfahrens vom Verordnungsgeber und der Recht-

---

115 Vgl. zur Bedeutung des europäischen Kartellrechts als *„Paradebeispiel der direkten externen Gemeinschaftsverwaltung" J. P. Terhechte*, Die ungeschriebenen Tatbestandsmerkmale des europäischen Wettbewerbsrechts (2004), S. 34 ff. Zudem entfalten die von der Europäischen Kommission getroffenen Entscheidungen im Bereich des Kartellrechts, insbesondere über die Feststellung und Abstellung einer Zuwiderhandlung gemäß Art. 7 VO 1/2003, nach Art. 16 Abs. 1 VO 1/2003 Bindungswirkung insbesondere für die Gerichte der Mitgliedstaaten, vgl. *R. Bechtold/W. Bosch/I. Brinker*, EU-Kartellrecht3 (2014), Art. 16 VO 1/2003, Rn. 5. Auf diese Weise wird verhindert, dass derselbe Sachverhalt zum Gegenstand sich widersprechender Entscheidungen wird und somit die Kohärenz bei der Anwendung des europäischen Kartellrechts gewährleistet, vgl. *M. Sura*, Art. 16 VO 1/2003, in: Langen/Bunte (Hrsg.), Kartellrecht, Band 2, Europäisches Kartellrecht (2018), Rn. 1 und 3.
116 Vgl. hierzu näher Teil 1/B.III.1.
117 Vgl. hierzu auch *J. Saurer*, Der Einzelne im europäischen Verwaltungsrecht: Die institutionelle Ausdifferenzierung der Verwaltungsorganisation der Europäischen Union in individueller Perspektive (2014), S. 217.
118 Vgl. *J. Schwarze/A. Weitbrecht*, Grundzüge des europäischen Kartellverfahrensrechts (2004), S. 70.
119 Vgl. zur individualschützenden Funktion *J. Saurer* (Fn. 117), S. 227 f.

sprechung entwickelt, ausgeprägt und fortgeschrieben.[120] Aufgrund des zunehmenden Fortschritts in der Entwicklung der Verfahrensrechte sowie der wachsenden Kommunikationsmöglichkeiten zwischen Unternehmen und Kommission wird dem Kartellverfahrensrecht dabei eine *„kommunikative Verfahrensdimension"*[121] zugeschrieben, die sich über das Kartellverfahrensrecht hinaus auch auf die Entwicklung des europäischen Verwaltungsrechts auswirkt.[122] Privatwirtschaftliche Akteure stehen der Kommission zudem nicht mehr nur als von Ermittlungsmaßnahmen und möglichen Sanktionen betroffene Unternehmen gegenüber, sondern werden auch vermehrt selbst bei der Durchsetzung der kartellrechtlichen Regelungen einbezogen.[123] Dies gilt etwa für Unternehmen, die als Marktteilnehmer in der Rolle des Beschwerdeführers an einem Kartellverfahren teilnehmen können.[124] Ziel ist hierbei neben dem Schutz ihrer eigenen wettbewerblichen Interessen auch die Sammlung von Informationen auf Seiten der Kommission.[125] Daneben kommt privaten Akteuren eine wachsende Bedeutung auch im Zusammenhang mit der Durchsetzung des Kartellrechts im Wege privater Schadensersatzklagen zu (sog. *„private enforcement"*).[126] Auch vor dem Hintergrund der steigenden Bedeutung der Kommunikation mit den Verfahrensbeteiligten und der Information der interessierten Öffentlichkeit stellt sich somit die Frage nach der Transparenz der Mechanismen zur Durchsetzung des Kartellrechts auf europäischer Ebene, die in dieser Arbeit untersucht wird.

---

120 Vgl. hinsichtlich der Entwicklung des Rechts auf Anhörung *H. P. Nehl*, Europäisches Verwaltungsverfahren und Gemeinschaftsverfassung: Eine Studie gemeinschaftsrechtlicher Verfahrensgrundsätze unter besonderer Berücksichtigung "mehrstufiger" Verwaltungsverfahren (2002), S. 274 ff. und *J. Saurer* (Fn. 117), S. 229 ff. sowie in Bezug auf das Akteneinsichtsrecht *H. P. Nehl* (Fn. 120), S. 228 ff.

121 *J. Saurer* (Fn. 117). S. 228.

122 Vgl. *J. Saurer* (Fn. 117), S. 228 f.

123 Vgl. zu den verschiedenen Möglichkeiten der Einbeziehung Dritter in das Kartellverfahren *J. Saurer* (Fn. 117), S. 235 ff.

124 Vgl. etwa Art. 27 Abs. 1 S. 3 VO 1/2003, demzufolge Beschwerdeführer *„eng in das Verfahren einbezogen"* werden.

125 Vgl. *J. Saurer* (Fn. 117), S. 235.

126 Vgl. *J. Saurer* (Fn. 117), S. 238. Zu den strukturellen Unterschieden im Verhältnis zum traditionellen Verständnis der Kartellrechtsdurchsetzung im Wege eines behördlichen Verfahrens, dem sog. *„public enforcement"*, vgl. *J. P. Terhechte*, Enforcing European Competition Law - Harmonizing Private and Public Approaches in a More Differentiated Enforcement Model, in: Basedow/Terhechte/Tichý (Hrsg.), Private enforcement of competition law (2011), S. 15 f.

II. Die Europäische Kommission als europäische Kartellbehörde

Das Kartellverfahren wird von der Einleitung und Durchführung der Ermittlungen bis einschließlich der Vorbereitung des Entwurfs für die abschließende Entscheidung von der organisatorisch zuständigen Generaldirektion Wettbewerb[127] durchgeführt,[128] die unmittelbar dem Europäischen Wettbewerbskommissar untersteht.[129] Die Generaldirektion Wettbewerb ist hierarchisch aufgebaut;[130] an ihrer Spitze steht der Generaldirektor.[131] Insgesamt ist die Generaldirektion Wettbewerb in neun Direktionen eingeteilt, die jeweils von einem Direktor geleitet werden.[132] Die Direktionen setzen sich wiederum aus verschiedenen Referaten und *„Task Forces"* zusammen. Der Chefökonom der Generaldirektion Wettbewerb, dessen Aufgabe in der Beratung der Generaldirektion Wettbewerb zu allen wichtigen ökonomischen Fragestellungen besteht, ist mit seinem Dienst unmittelbar dem Generaldirektor zugeordnet.

Die Entwürfe der verfahrensabschließenden Entscheidung werden zunächst innerhalb eines Referats von mehreren Beamten, die in einem sog. *Case Team* zusammenarbeiten, vorbereitet. Wird der Entwurf vom Referatsleiter, dem Direktor sowie dem stellvertretenden Direktor gebilligt, wird er dem Generaldirektor vorgelegt. Umstrittene Entwürfe können in einem internen *Peer Review*-Verfahren durch ein anderes *Case Team*, das direkt dem Generaldirektor berichtet, überprüft werden. Mit Einverständnis des Generaldirektors wird der Entwurf schließlich dem Wettbewerbskommissar vorgelegt, der darüber entscheidet, ob der Entwurf der Kommission zur Entscheidung vorgelegt werden soll. Neben der Generaldirektion

---

127 Vgl. zu Aufbau, Arbeitsabläufen und Zuständigkeiten den Internetauftritt der Generaldirektion Wettbewerb unter: http://ec.europa.eu/dgs/competition/index _de.htm (zuletzt besucht am 05.08.2020); sowie *G.-K. d. Bronett* (Fn. 99), S. 167 f.

128 Im Rahmen dieser Arbeit wird unter dem Begriff „Europäische Kommission" bzw. „Kommission" die Generaldirektion Wettbewerb bezeichnet, sofern nicht ausdrücklich auf die Kommission in ihrer Funktion als Kollegialorgan Bezug genommen wird.

129 Kommissarin für Wettbewerb ist seit Oktober 2014 *Margrethe Vestager*.

130 Siehe das Organigramm der Generaldirektion Wettbewerb, abzurufen auf der Website der Generaldirektion Wettbewerb unter: http://ec.europa.eu/dgs/compe tition/directory/organi_en.pdf; zuletzt besucht am 05.08.2020).

131 Seit Januar 2020 amtiert *Olivier Guersent* als Generaldirektor der Generaldirektion Wettbewerb.

132 Auf der Ebene zwischen dem Generaldirektor und den Direktoren gibt es zudem stellvertretende Generaldirektoren, denen jeweils mehrere Direktionen zugordnet sind.

Wettbewerb können auch andere Dienststellen der Kommission Einfluss auf den Entscheidungsentwurf nehmen. Insbesondere die für die Industriepolitik zuständige Generaldirektion wird in der Regel in die Beratung des Entwurfs einbezogen.[133]

Die abschließende Entscheidung trifft die Kommission als Organ der Europäischen Union[134] auf Grundlage des Entscheidungsentwurfes der Generaldirektion Wettbewerb. Über Entscheidungen, die ein Kartellverfahren abschließen, und insbesondere über solche, die eine Verhängung von Geldbußen oder Zwangsgeldern vorsehen, entscheidet die Kommission im mündlichen Verfahren.[135] Die Mitglieder der Kommission stimmen dabei im Rahmen einer gemeinschaftlichen Sitzung über den vorgelegten Entscheidungsentwurf ab.[136] Zur Annahme einer Entscheidung ist die Mehrheit der Kommissionsmitglieder erforderlich.[137] Die Kommission handelt hierbei als kollegiales Entscheidungsorgan, bei dessen Entscheidungsfindung alle Mitglieder in gleicher Weise mitwirken und für die gefassten Entscheidungen politisch daher auch gemeinsam verantwortlich sind.[138]

Neben der Untersuchung konkreter Verstöße gegen Art. 101 und 102 AEUV übt die Kommission in ihrer Funktion als Kartellbehörde weitere Tätigkeiten bei der Umsetzung des europäischen Kartellrechts aus. Hierzu gehören z.B. die Vorbereitung von Vorschlägen zum Erlass oder zur Ak-

---

133 Vgl. zu den verschiedenen Stationen, die ein Entscheidungsentwurf in der Regel durchläuft, *G.-K. d. Bronett* (Fn. 99), S. 168.

134 Vgl. zur Zusammensetzung der Kommission aus je einem Kommissar pro Mitgliedstaat Art. 17 Abs. 4 EUV. Derzeit besteht die Europäische Kommission aus 28 Kommissaren einschließlich des Präsidenten, Jean Claude Juncker (Stand: November 2014).

135 Vgl. *G.-K. d. Bronett* (Fn. 99), S. 166. Das mündliche Verfahren ist aus rechtlicher Sicht als Normalfall konzipiert. Tatsächlich werden jedoch nur sehr wenige Beschlüsse, die von besonderer politischer oder rechtlicher Bedeutung sind, im mündlichen Verfahren angenommen, vgl. *B. Martenczuk*, Art. 250 AEUV, in: Grabitz/Hilf/Nettesheim (Hrsg.), Das Recht der Europäischen Union (April 2017), Rn. 4.

136 Vgl. Art. 8 und Art. 4 lit. a) der Geschäftsordnung der Kommission, ABl. (EU) Nr. L 55 vom 05.03.2010, S. 60 ff.

137 Vgl. Art. 250 AEUV sowie Art. 8 Abs. 3 der Geschäftsordnung der Kommission. Die Kommission ist nach Art. 7 der Geschäftsordnung beschlussfähig, wenn die Mehrheit der Kommissionsmitglieder bei der Sitzung anwesend ist.

138 Sog. Kollegialitätsprinzip, vgl. *G.-K. d. Bronett* (Fn. 99), S. 165; *M. Ruffert*, Art. 250 AEUV, in: Calliess/Ruffert (Hrsg.), EUV, AEUV: Das Verfassungsrecht der Europäischen Union mit Europäischer Grundrechtecharta (2016), Rn. 1; *EuGH*, Urteil vom 23.09.1986, Rs. 5/85 – *Akzo Chemie/Kommission*, Rn. 30.

tualisierung bestehender Verordnungen im Bereich des Kartellrechts,[139] die Durchführung von Sektoruntersuchungen[140] oder auch die Öffentlichkeitsarbeit.

III. Ablauf des europäischen Kartellverfahrens

Die Europäische Kommission wendet in ihrer Funktion als europäische Kartellbehörde Art. 101 und 102 AEUV im Rahmen eines sekundärrechtlich ausgestalteten Kartellverfahrens an. Die grundlegenden Regeln für die Anwendung des europäischen Kartellrechts enthält die Kartellverfahrensverordnung VO (EG) Nr. 1/2003 (im Folgenden: „VO 1/2003").[141] Ergänzende Bestimmungen finden sich insbesondere in der VO (EG) Nr. 773/2004[142] (im Folgenden: „VO 773/2004"), der Durchführungsverordnung zur VO 1/2003 sowie in verschiedenen Bekanntmachungen der Kommission.[143]

Das europäische Kartellverfahren lässt sich grob in zwei Phasen,[144] die Untersuchungs- oder Ermittlungsphase und die Entscheidungsphase, einteilen.[145] Während die Untersuchungsphase vor allem der Tatsachenermittlung dient, geht es in der sich anschließenden Entscheidungsphase pri-

---

139 Vgl. Art. 103 Abs. 1 AEUV.
140 Vgl. Art. 17 VO 1/2003.
141 Verordnung (EG) Nr. 1/2003 des Rates vom 16.12.2002 zur Durchführung der in den Artikeln 81 und 82 des Vertrags niedergelegten Wettbewerbsregeln, ABl. (EG) Nr. L 1 vom 04.01.2003, S. 1 ff., zuletzt geändert durch Verordnung (EG) Nr. 487/2009 des Rates vom vom 25.05.2009 zur Anwendung von Artikel 81 Absatz 3 des Vertrags auf bestimmte Gruppen von Vereinbarungen und aufeinander abgestimmten Verhaltensweisen im Luftverkehr, ABl. (EU) Nr. L 148 vom 11.06.2009, S. 1 ff.
142 Verordnung (EG) Nr. 773/2004 der Kommission vom 07.04.2004 über die Durchführung von Verfahren auf der Grundlage der Artikel 81 und 82 EG-Vertrag durch die Kommission, ABl. (EU) Nr. L 123 vom 07.04.2004, Rn. S. 18 ff., zuletzt geändert durch Verordnung (EU) 2015/1348 vom 03.08.2015 zur Änderung der Verordnung (EG) Nr. 773/2004 über die Durchführung von Verfahren auf der Grundlage der Artikel 81 und 82 EG-Vertrag durch die Kommission, ABl. (EU) Nr. L 208 vom 05.08.2015, S. 3 ff.
143 Vgl. Teil 2/ A.II.2.
144 Vgl. *G.-K. d. Bronett*, Europäisches Kartellverfahrensrecht: Kommentar zur VO 1/20032 (2012), Allgemeine Vorbemerkungen, Rn. 14.
145 Hinsichtlich des Verfahrensablaufs und der Rechte der Verfahrensbeteiligten gelten in Vergleichsverfahren nach Art. 10 a VO 773/2004 Besonderheiten, vgl. hierzu Teil 2/ G.

mär um die Auseinandersetzung mit den betroffenen Unternehmen und den zu ihrer Verteidigung vorgebrachten Einwänden.[146] Je nach Sachlage kann anlässlich der Ermittlungen zudem eine Zwischenphase zur Fallverteilung innerhalb des Netzwerks erforderlich werden.[147] Sofern die Kommission ein Verfahren auf die Beschwerde eines Dritten hin einleitet, wird auch dieser in das Verfahren einbezogen und erhält eine besondere Rechtsstellung im Verfahren.

1. Ermittlungsphase

Die Ermittlungsphase beginnt in dem Zeitpunkt, in dem die Kommission zum ersten Mal Hinweise auf einen möglichen Kartellverstoß erhält. Die Aufnahme von Ermittlungen kann dabei entweder von Amts wegen erfolgen, z.B. auf Grund einer Berichterstattung in der Presse; als Anstoß kann aber insbesondere auch der Eingang eines Kronzeugenantrags oder einer Beschwerde bei der Kommission dienen.[148] Über die Eröffnung und Durchführung eines Verfahrens, das zu einer belastenden Entscheidung für die Betroffenen führen kann, entscheidet die Kommission nach dem Opportunitätsprinzip.[149] Sie kann daher im Rahmen ihres Ermessens von der Einleitung oder Fortführung eines Ermittlungsverfahrens oder der Verhängung einer Geldbuße absehen, sofern die Verfolgung der jeweiligen Zuwiderhandlung aus ihrer Perspektive keine Priorität darstellt.[150]

Die Kommission fasst zunächst einen internen Beschluss über die Einleitung einer Untersuchung;[151] eine offizielle Verfahrenseinleitung ist zu Beginn der Ermittlungsphase noch nicht notwendig.[152] Nach diesem Beschluss beginnt die Kommission im Rahmen einer Erstprüfungsphase mit

---

146 Vgl. *W. Weiß*, § 72 Europäisches Kartellverfahrensrecht, in: Terhechte (Hrsg.), Internationales Kartell- und Fusionskontrollverfahrensrecht (2008), Rn. 10.

147 Vgl. *A. Klees*, Europäisches Kartellverfahrensrecht mit Fusionskontrollverfahren (2005), § 5 Rn. 7 sowie *W. Weiß* (Fn. 146), Rn. 10; für einen Überblick über das Verfahren vor der Kommission siehe zudem das Schema in Anhang 1 der Bekanntmachung über bewährte Vorgehensweisen in Verfahren nach Artikel 101 und 102 des AEUV, Abs. EU Nr. C 308 vom 20.10.2011, S. 6 ff, S. 32.

148 Vgl. Art. 7 Abs. 1 S. 1 VO 1/2003; *J. Biermann*, Vorbemerkungen zu Art. 23 f.: Unionsrechtliche Geldbußen und Zwangsgelder, in: Immenga/Mestmäcker u.a. (Hrsg.), Wettbewerbsrecht, Band 1 (2019), Rn. 217.

149 Vgl. *J. Biermann* (Fn. 148), Rn. 225.

150 Vgl. *G.-K. d. Bronett* (Fn. 99), S. 166 f.

151 Vgl. *W. Weiß* (Fn. 146), Rn. 12.

152 Vgl. Art. 2 Abs. 3 VO 773/2004.

der Sachverhaltsermittlung. Die Kommission kann sich in dieser Phase des Verfahrens alle Informationen zu dem den Ermittlungen zugrunde liegenden Sachverhalt verschaffen, die notwendig sind, um seine kartellrechtliche Relevanz einschätzen zu können.[153] Zu diesem Zweck kann sie im eigenen Ermessen Ermittlungshandlungen durchführen, muss dies aber nicht.[154]

Zur Ermittlung des Sachverhalts stehen der Kommission weitreichende formelle und informelle Ermittlungsbefugnisse zur Verfügung,[155] die sich gegen das oder die jeweils betroffenen Unternehmen oder auch gegen möglicherweise verdächtige Dritte richten können. So kann sie gem. Art. 18 und Art. 19 VO 1/2003 ein Auskunftsverlangen an das betroffene Unternehmen richten oder Personen selbst befragen, soweit diese einer Befragung zustimmen. Auch kann sie Nachprüfungen in den Räumlichkeiten des Unternehmens oder den Privatwohnungen von Unternehmensmitarbeitern durchführen. Die Beamten der Kommission haben dabei das Recht, Geschäftsunterlagen einzusehen und zu kopieren; zudem können sie Räume, in denen Beweismittel zu vermuten sind, versiegeln.[156] Darüber hinaus kann die Kommission mit den nationalen Wettbewerbsbehörden im Rahmen des Netzwerks der Wettbewerbsbehörden Informationen austauschen.[157]

Ist nach Abschluss der ersten Ermittlungen kein weiterer Bedarf für ein Einschreiten ersichtlich, kann die Kommission das Verfahren formlos einstellen. Ergeben sich aus den gewonnenen Informationen hingegen Anhaltspunkte, aufgrund derer die Kommission zu dem Schluss kommt, dass ein mutmaßlicher Kartellrechtsverstoß vorliegt, kann sie in eine Zwischenphase eintreten, in der es maßgeblich um die richtige Verteilung des Falles im Netzwerk der Wettbewerbsbehörden geht.[158] Diese Zwischenphase

---

153 Vgl. *A. Klees* (Fn. 147), § 5, Rn. 8.
154 Vgl. *A. Klees* (Fn. 147), § 5, Rn. 8.
155 Vgl. zu Umfang und Reichweite der Ermittlungsbefugnisse der Europäischen Kommission *J. Hensmann*, Die Ermittlungsrechte der Kommission im europäischen Kartellverfahren: Reichweite und Grenzen (2009), *C. Vocke*, Die Ermittlungsbefugnisse der EG-Kommission im kartellrechtlichen Voruntersuchungsverfahren: Eine Untersuchung zur Auslegung der Ermittlungsrechte im Spannungsfeld zwischen öffentlichen und Individualinteressen (2006) sowie *P. K. Koch*, Ermittlungsbefugnisse der Kommission im Rahmen der Verordnung (EG) Nr. 1/2003 im Verhältnis zum Schutz der Unternehmen - ein ausgewogenes System? (2009).
156 Vgl. Art. 20 und Art. 21 VO 1/2003.
157 Vgl. Art. 12 VO 1/2003.
158 Vgl. *A. Klees* (Fn. 147), § 5, Rn. 9.

dient lediglich der Bestimmung, welche Kartellbehörde den Fall zukünftig bearbeiten wird, und ist daher kein eigenständiger Teil des europäischen Kartellverfahrens.[159] Die für die Fallverteilung relevanten Kriterien sind in der sog. Netzbekanntmachung der Kommission festgelegt.[160] Danach ist eine nationale Kartellbehörde „gut geeignet" für die Durchführung eines Verfahrens, wenn der Wettbewerbsverstoß sich hauptsächlich in ihrem Hoheitsgebiet auswirkt, die Behörde in der Lage ist, die gesamte Zuwiderhandlung z.B. durch Erlass einer Verbotsentscheidung zu beenden und auch gegebenenfalls mit Unterstützung anderer Behörden die entsprechenden Beweise zu erheben.[161] Die Kommission ist hingegen nach der Netzbekanntmachung grundsätzlich dann besonders gut geeignet, wenn das kartellrechtswidrige Verhalten sich auf den Wettbewerb in mindestens drei Mitgliedstaaten auswirkt.[162]

Sofern die Kommission auf Grundlage ihrer Ermittlungsergebnisse beabsichtigt, das Verfahren weiterzuführen, fasst sie einen Beschluss über die Verfahrenseinleitung nach Art. 2 Abs. 1 VO 773/2004. Hierbei handelt es sich um einen förmlichen Rechtsakt, mit dem die Kommission anzeigt, dass sie die Absicht hat, eine Entscheidung zu erlassen.[163]

2. Formelle Entscheidungsphase

Nach Durchführung weiterer Ermittlungen oder unmittelbar im Anschluss an die Verfahrenseinleitung tritt die Kommission in die zweite Phase des Verfahrens ein und übersendet den betroffenen Unternehmen eine förmliche Mitteilung der Beschwerdepunkte. Die Mitteilung der Beschwerdepunkte enthält die wesentlichen Tatsachen, auf die die Kommission ihre Vorwürfe stützt, sowie eine rechtliche Würdigung des ermittelten Sachverhaltes.[164] Mit der Mitteilung der Beschwerdepunkte legt die Kommission den Verfahrensgegenstand fest.[165]

---

159 Vgl. *A. Klees* (Fn. 147), § 5, Rn. 9.
160 Bekanntmachung der Kommission über die Zusammenarbeit innerhalb des Netzes der Wettbewerbsbehörden, ABl. (EU) Nr. C 101 vom 27.04.2004, S. 43 ff. (im Folgenden: „Netzbekanntmachung").
161 Vgl. Netzbekanntmachung, Rn. 8 und 10.
162 Vgl. Netzbekanntmachung, Rn. 14.
163 Vgl. *A. Klees* (Fn. 147), § 5, Rn. 1.
164 Vgl. hierzu näher Teil 2/ D.II.2.a)aa).
165 Vgl. *W. Weiß* (Fn. 146), Rn. 16.

Nach Erhalt der Mitteilung der Beschwerdepunkte findet eine Anhörung der betroffenen Unternehmen durch die Kommission statt. Die Anhörung erfolgt in der Regel in einem zweistufigen Verfahren, das aus einer schriftlichen sowie gegebenenfalls einer zusätzlichen mündlichen Anhörung besteht.[166] Hierzu setzt die Kommission den betroffenen Unternehmen in der Mitteilung der Beschwerdepunkte zunächst eine Frist, in der sie eine schriftliche Stellungnahme zu den gegen sie erhobenen Vorwürfen erarbeiten können.[167] Zur Vorbereitung dieser Stellungnahme erhalten die betroffenen Unternehmen Akteneinsicht in die Ermittlungsakte der Kommission.[168] Die schriftliche Stellungnahme stellt in der Regel den Schwerpunkt des Anhörungsverfahrens dar; die betroffenen Unternehmen können darin neue Tatsachen vortragen und Behauptungen der Kommission aus tatsächlichen oder rechtlichen Gründen bestreiten. Zudem haben sie das Recht, in ihrer schriftlichen Stellungnahme Entlastungszeugen oder Experten zu benennen und deren Anhörung durch die Kommission zu beantragen.[169]

Im Anschluss an die schriftliche Stellungnahme folgt auf Antrag der betroffenen Unternehmen eine mündliche Anhörung.[170] Die mündliche Anhörung wird durch den Anhörungsbeauftragten unter Beteiligung der zuständigen Kommissionsdienststellen, nationalen Behördenvertretern und auch eventuellen Beschwerdeführern durchgeführt.[171] Die mündliche Anhörung hat nicht den Zweck einer umfassenden mündlichen Verhandlung zur Sache, sondern ist auf die Erörterung streitiger Fragen beschränkt; sie bietet den Unternehmen insbesondere die Gelegenheit, die ihrer Ansicht nach wichtigen Aspekte zu betonen und nochmals diejenigen Argumente herauszustellen, die von der vorläufigen Sichtweise der Kommission abweichen.[172] Die Anhörung beschränkt sich in der Regel auf ein bis zwei

---

166 Vgl. ausführlich zur Anhörung Teil 2 /D.II.2.
167 Vgl. Art. 10 Abs. 2 S. 1 VO 773/2004. Die Länge der Frist bemisst sich insbesondere nach dem erforderlichen Zeitaufwand und der Dringlichkeit des Falles, beträgt jedoch mindestens vier Wochen, vgl. Art. 17 Abs. 1 und Abs. 2 S. 1 VO 773/2004.
168 Vgl. Art. 27 Abs. 2 VO 1/2003; *W. Weiß* (Fn. 146), Rn. 16 und 18.
169 Vgl. *W. Weiß* (Fn. 146), Rn. 23 f.
170 Vgl. Art. 12 Abs. 1 VO 773/2004.
171 Vgl. *T. Klose/C. Horstkotte*, Art. 27 VO 1/2003, in: Jaeger/Kokott/Pohlmann/ Schroeder (Hrsg.), Frankfurter Kommentar zum Kartellrecht (Mai 2016), Rn. 38 f.
172 Vgl. *M. Kellerbauer*, Art. 27 VO 1/2003, in: von der Groeben/Schwarze/Hatje (Hrsg.), Europäisches Unionsrecht: Vertrag über die Europäische Union, Ver-

Tage, kann sich aber in komplexen Verfahren auch über mehrere Wochen hinziehen.[173]

Haben sich in der Anhörung keine Tatsachen ergeben, die neue Tatsachenermittlungen erforderlich machen, bereitet die Kommission einen Entscheidungsentwurf vor.[174] Dieser wird dem Beratenden Ausschuss für Kartell- und Monopolfragen vorgelegt, der sich aus Vertretern der nationalen Wettbewerbsbehörden zusammensetzt und dessen Anhörung vor dem Erlass einer endgültigen Entscheidung obligatorisch ist.[175] Im Anschluss an die Anhörung des Beratenden Ausschusses erfolgt die Entscheidung der Kommission als Kollegialorgan. Sieht die Kommission einen Verstoß gegen Art. 101 oder 102 AEUV als gegeben an, kann sie eine Abstellungsverfügung nach Art. 7 VO 1/2003 erlassen und ggf. Geldbußen oder Zwangsgelder nach Art. 23 bzw. 24 VO 1/2003 verhängen. Liegt nach ihrer Ansicht keine Verletzung kartellrechtlicher Vorschriften vor, so kann sie eine Nichtanwendbarkeitsentscheidung nach Art. 10 VO 1/2003 treffen oder das Verfahren ohne eine Entscheidung formlos einstellen.[176]

Die endgültige Entscheidung der Kommission wird zusammen mit dem Abschlussbericht des Anhörungsbeauftragten an die betroffenen Unternehmen sowie an die Mitgliedstaaten übermittelt und im Amtsblatt der Europäischen Union veröffentlicht.[177] Gegen die Entscheidung steht den betroffenen Unternehmen der Rechtsweg vor die europäischen Gerichte offen.

3. Beteiligung von Beschwerdeführern

Beschwerden sind für die Kommission eine wertvolle Informationsquelle. Durch sie kann die Kommission Hinweise von Unternehmen oder anderen Akteuren erhalten, welche über eine entsprechende Markt- und Sachkenntnis verfügen und die Kommission auf potentiell wettbewerbsschädliche Verhaltensweisen aufmerksam machen können.[178] Den offiziellen Sta-

---

trag über die Arbeitsweise der Europäischen Union, Charta der Grundrechte der Europäischen Union (2015), Rn. 29; *W. Weiß* (Fn. 146), Rn. 26.

173 Vgl. *W. Weiß* (Fn. 146), Rn. 31.
174 Vgl. *W. Weiß* (Fn. 146), Rn. 34.
175 Vgl. Art. 14 Abs. 1 und Abs. 2 S. 1 VO 1/2003.
176 Vgl. *W. Weiß* (Fn. 146), Rn. 43.
177 Vgl. Art. 30 Abs. 1 VO 1/2003 sowie *W. Weiß* (Fn. 146), Rn. 45.
178 Vgl. *K. L. Ritter/ M.M. Wirtz*, Art. 7 VO (EG) 1/2003, in: Immenga/Mestmäcker u.a. (Hrsg.), Wettbewerbsrecht, Band 1 (2019), Rn. 13.

tus eines Beschwerdeführers erhält nur, wer bei der Kommission formell[179] eine Beschwerde einreicht. Hierzu sind nach Art. 7 Abs. 2 VO 1/2003 und Art. 5 Abs. 1 VO 773/2004 alle natürlichen und juristischen Personen befugt, die ein berechtigtes Interesse darlegen können.[180]

Die Entscheidung, wer als Inhaber eines berechtigten Interesses als Beschwerdeführer zum Verfahren zugelassen wird, liegt im Ermessen der Kommission. Anhaltspunkte dazu, unter welchen Voraussetzungen die Kommission ein berechtigtes Interesse annimmt, finden sich insbesondere in der Bekanntmachung der Kommission über die Behandlung von Beschwerden (im Folgenden: „Beschwerdebekanntmachung").[181] Ein berechtigtes Interesse liegt danach jedenfalls dann vor, wenn der die Beschwerde Einreichende durch die mutmaßliche Zuwiderhandlung unmittelbar in seinen Interessen verletzt ist.[182] Da die Bekanntmachung kein rechtliches Interesse fordert, sondern auch wirtschaftliche Interessen ausreichen lässt, wird der Begriff des berechtigten Interesses grundsätzlich weit ausgelegt.[183] Demgegenüber genügt die Berufung auf das Gemeinwohl, ohne dass der Einreichende angibt, selbst unmittelbar verletzt zu sein, aus Sicht der Kommission nicht zur Begründung eines berechtigten Interesses.[184]

---

179 Formelle Beschwerden nach Art. 7 Abs. 2 VO 1/2003 müssen nach Artikel 5 Abs. 1 S. 2 VO 773/2004 alle Angaben erhalten, die im Formblatt C im Anhang der VO 773/2004 gefordert werden. Das Formblatt C muss bei der Einreichung einer Beschwerde jedoch nicht zwingend genutzt werden, sondern soll vielmehr als Checkliste für notwendige Angaben dienen, vgl. *K. L. Ritter/ M.M. Wirtz* (Fn. 178), Rn. 16. Neben der Einreichung einer formellen Beschwerde besteht auch die Möglichkeit, der Kommission informell und gegebenenfalls auch anonym Informationen über kartellrechtswidriges Verhalten zukommen zu lassen. In diesem Fall leitet die Kommission die Ermittlungen jedoch von Amts wegen ein. Der Dritte erhält in diesem Fall daher nicht den rechtlichen Status eines Beschwerdeführers, so dass er sich auch nicht auf die einem Beschwerdeführer zustehenden Rechte berufen kann, vgl. *K. L. Ritter/ M.M. Wirtz* (Fn. 178), Rn. 13 f.

180 Daneben sind auch Mitgliedstaaten berechtigt, eine Beschwerde einzureichen, ohne dass sie ein gesondertes Interesse geltend machen müssten, vgl. Art. 7 Abs. 2 VO /1003 a.E. Bei ihnen wird das Vorliegen eines solchen Interesses vielmehr vermutet, vgl. Rn. 33 der Beschwerdebekanntmachung.

181 Vgl. Bekanntmachung der Kommission über die Behandlung von Beschwerden durch die Kommission gemäß Artikel 81 und 82 EG-Vertrag, ABl. (EU) Nr. C 101 vom 27.04.2004, S. 65 ff, Rn. 33 ff.

182 Vgl. Beschwerdebekanntmachung, Rn. 34.

183 Vgl. *J. P. Heidenreich*, Anhörungsrechte im EG-Kartell- und Fusionskontrollverfahren: Zugleich ein Beitrag zu Aufgaben und Kompetenzen des Anhörungsbeauftragten der Europäischen Kommission (2004), S. 101.

184 Vgl. Beschwerdebekanntmachung, Rn. 38.

Insgesamt kann damit jeder zu einem konkreten Verfahren zugelassen werden und die Rechte eines Beschwerdeführers ausüben, der an dem Ausgang des Verfahrens interessiert ist, weil seine eigenen Interessen oder diejenigen seiner Mitglieder unmittelbar betroffen sind.[185] Nach der bisherigen Praxis[186] kommen als Beschwerdeführer insbesondere aktuelle oder potentielle Wettbewerber, Abnehmer und Lieferanten der an kartellrechtswidrigen Absprachen beteiligten Unternehmen in Betracht, aber auch Gewerkschaften oder Verbraucherschutzverbände.[187] Auch Endabnehmer können grundsätzlich die Rolle als Beschwerdeführer einnehmen.[188]

Die Kommission prüft zunächst, ob die Beschwerde ihrer Auffassung nach Anlass zur Aufnahme von Ermittlungen bietet. Entschließt sie sich daraufhin, Ermittlungen zu dem vorgebrachten Sachverhalt durchzuführen, wird der Beschwerdeführer nach Art. 27 Abs. 1 S. 3 VO 1/2003 *„eng in das Verfahren einbezogen"*. Das Kartellverfahren ist jedoch auch dann nicht als kontradiktorisches Verfahren zwischen dem Beschwerdeführer auf der einen und dem betroffenen Unternehmen auf der anderen Seite ausgestaltet,[189] wenn es auf eine Beschwerde hin eingeleitet wurde. Es bleibt vielmehr ein investigatives Verwaltungsverfahren, in dem sich die Kommission als ermittelnde Behörde und die Adressaten einer Mitteilung der Beschwerdepunkte als von der Ermittlung betroffene Unternehmen gegenüberstehen.[190] Die rechtliche Position und der Umfang der Verfahrensrechte des Beschwerdeführers und aller anderen an dem Verfahren Interessierten werden durch diese bilaterale Struktur bestimmt.[191] Das Kartellverfahren läuft insofern nicht grundlegend anders ab als in Fällen, in denen die Kommission *ex officio* Ermittlungen eingeleitet hat; der Beschwerdeführer wird nur in gewissem Umfang hieran beteiligt.

Das Interesse von Beschwerdeführern an einer Beteiligung am Kartellverfahren steht ebenso wie dasjenige von sonstigen, nicht unmittelbar als

---

185 Vgl. mit Beispielen *K. L. Ritter/ M.M. Wirtz* (Fn. 178), Rn. 15; Beschwerdebekanntmachung, Rn. 35 ff.

186 Vgl. zum berechtigten Interesse *H. Dieckmann*, § 47 Beschwerden, in: Wiedemann (Hrsg.), Handbuch des Kartellrechts (2020), Rn. 3.

187 Vgl. *K. L. Ritter/ M.M. Wirtz* (Fn. 178), Rn. 15; Beschwerdebekanntmachung, Rn. 35 ff.

188 Vgl. *EuG*, Urteil vom 07.06.2006, verb. Rs T-213/01 und T-214/01 – *Österreichische Postsparkasse*, Rn. 114.

189 Vgl. Beschwerdebekanntmachung, Rn. 59.

190 Vgl. *EuGH*, Urteil vom 17.11.1987, verb. Rs. 142 und 156/84, Slg. 1987, 4487 - *BAT und Reynolds*, Rn. 19.

191 *K. Cseres/J. Mendes*, Consumers' Access to EU Competition Law Procedures: Outer and Inner Limits, C.M.L.R. 2014, S. 483 ff., S. 506 f.

Beschwerdeführer teilnehmenden Dritten in einem Spannungsverhältnis mit der Wahrung einer effizienten Verfahrensführung und dem Schutz vertraulicher Informationen der betroffenen Unternehmen. Einerseits kann ihre Einbeziehung bei der Darlegung eines Wettbewerbsverstoßes und der Erläuterung seiner Auswirkungen für das Verfahren förderlich sein und dem Interesse der Kommission an der Gewinnung von Informationen über die betroffenen Unternehmen und die Märkte, auf denen diese agieren, dienen. Andererseits besteht jedoch auch die Gefahr, dass Dritte das Verfahren zu ihren Gunsten ausnutzen, um unberechtigt an Geschäftsgeheimnisse und sonstige vertrauliche Informationen der betroffenen Unternehmen zu gelangen.[192] Beschwerdeführer und interessierte Dritte sollen daher zwar an dem Verfahren mitwirken können, gleichzeitig aber auch am missbräuchlichen Zugang zu Daten der betroffenen Unternehmen gehindert werden.[193]

Von der Beteiligung an dem zwischen der Kommission und den betroffenen Unternehmen stattfindenden Kartellverfahren ist das Beschwerdeverfahren selbst zu unterscheiden, d.h. das Verfahren, in dem die Kommission über die Zulässigkeit der Beschwerde und die Einleitung von Ermittlungen oder die Abweisung einer Beschwerde entscheidet. In diesem Verfahren stehen dem (potentiellen) Beschwerdeführer gesonderte Verfahrensrechte zu. Diese dienen insbesondere seinem Schutz in Fällen, in denen die Kommission die Abweisung der Beschwerde beabsichtigt.[194]

C. Die Bedeutung von Transparenz im europäischen Kartellverfahren

Nachdem zunächst Begriff und Bedeutung von Transparenz im europäischen Primärrecht erläutert und anschließend die Durchsetzung des europäischen Kartellrechts durch die Europäische Kommission anhand eines kurzen Überblicks dargestellt wurden, sollen im Folgenden beide Abschnitte zusammengeführt und die Ausstrahlung des Transparenzgebotes auf die Ausgestaltung der Regelungen des europäischen Kartellverfahrensrechts untersucht werden. Ziel dieses Abschnittes ist es somit, die Funkti-

---

192 Vgl. *F. Rieger/J. Jester/M. Sturm*, Das Europäische Kartellverfahren: Rechte und Stellung der Beteiligten nach Inkrafttreten der VO 1/2003, Beiträge zum Transnationalen Wirtschaftsrecht, Heft 35, 2005, S. 1 ff., S. 34; *J. P. Heidenreich* (Fn. 183), S. 100.

193 Vgl. Erwägungsgrund 8 der VO 773/2004 zu den Mitwirkungsmöglichkeiten von Beschwerdeführern.

194 Vgl. zum Beschwerdeverfahren Teil 2/ C.III.1.

on von Transparenz im europäischen Kartellverfahren zu erörtern. Dabei wird insbesondere darauf eingegangen, welche Gründe für ein transparentes Verfahren im europäischen Kartellrecht sprechen und welche Spannungsfelder und Problemstellungen sich in dieser Hinsicht ergeben können.

I. Funktionen von Transparenz im europäischen Kartellverfahren

Transparenz ist kein Selbstzweck an sich.[195] Sie dient vielmehr verschiedenen Zielen, die je nach dem zu untersuchenden Kontext variieren können. Die Schaffung von Transparenz bei der Entscheidungsfindung im Kartellverfahren und bei der Wahrnehmung anderweitiger Aufgaben, die der Europäischen Kommission in ihrer Funktion als Wettbewerbsbehörde obliegen, kann verschiedene Funktionen erfüllen und insofern auch aus unterschiedlichen Gründen von Bedeutung sein. Von besonderer Relevanz erscheinen diesbezüglich etwa die Beiträge, die die Transparenz kartellbehördlicher Tätigkeit zur Legitimation einer Entscheidung, zu einer objektiven und fairen Verfahrensgestaltung sowie zu einem gerechteren Verfahrensergebnis leisten kann.

1. Legitimation

Die Europäische Union gründet nach Art. 2 EUV auf dem Rechtsstaats- und Demokratieprinzip. Nach Art. 10 Abs. 1 EUV gilt für die Arbeitsweise der Europäischen Union das Prinzip der repräsentativen Demokratie. Dementsprechend müssen das Handeln aller europäischen Institutionen und mithin auch die Tätigkeit der Europäischen Kommission in ihrer Funktion als europäische Wettbewerbsbehörde demokratisch legitimiert sein.

---

195 Vgl. *J. Bröhmer* (Fn. 18), S. 7.

a) Legitimationsdefizite im Kartellrecht

Die demokratische Legitimation[196] der europäischen Verwaltung beruht grundsätzlich auf zwei Stützpfeilern.[197] Einerseits führt eine indirekte Legitimationskette über den Rat der Europäischen Union, dessen Legitimität sich auf die in ihm vertretenen Mitgliedstaaten und damit letztlich auf die nationalen Parlamente zurückführen lässt.[198] Daneben vermittelt das Europäische Parlament eine direkte Legitimation.[199] Beide Legitimationsstränge zusammen bilden die Basis für die demokratische Legitimation der europäischen Union und sind in Bezug auf die Legitimation der Verwaltungstätigkeit der Kommission eng ineinander verschränkt.[200]

Auch die Ausübung von Hoheitsgewalt durch die Europäische Kommission in ihrer Funktion als Wettbewerbsbehörde muss letztendlich demokratisch legitimiert,[201] d.h. auf die Bürger rückführbar sein. Dies gilt insbe-

---

196 Im Hinblick auf die Vermittlung demokratischer Legitimation an die Europäische Verwaltung wird grundsätzlich zwischen personeller und inhaltlicher bzw. sachlicher Legitimation unterschieden; vgl. *E. Schmidt-Aßmann*, Das allgemeine Verwaltungsrecht als Ordnungsidee: Grundlagen und Aufgaben der verwaltungsrechtlichen Systembildung (2006), S. 400. Im Folgenden soll ausschließlich auf die inhaltlich-sachliche Legitimation europäischen Verwaltungshandelns eingegangen werden. Eine personelle Legitimation erhalten die Kommissionsmitglieder zum einen von den Mitgliedstaaten über die im Europäischen Rat versammelten Staats- und Regierungschefs, die die Kommissionsmitglieder gegenüber dem Europäischen Parlament vorschlagen, sowie vom Parlament, dass der Ernennung des Kommissionspräsidenten sowie der übrigen Kommissionsmitglieder nach Art. 17 Abs. 7 EUV zustimmen muss; vgl. hierzu *J. P. Terhechte*, § 1 Einführung: Das Verwaltungsrecht der Europäischen Union als Gegenstand rechtswissenschaftlicher Forschung - Entwicklungslinien, Prinzipien und Perspektiven, in: Terhechte (Hrsg.), Verwaltungsrecht der Europäischen Union (2011), 43, Rn. 29 sowie *D. Kugelmann*, Art. 17 EUV, in: Streinz (Hrsg.), EUV/AEUV (2018), Rn. 119.
197 *E. Schmidt-Aßmann* (Fn. 196), S. 400; vgl. hierzu auch *M. Nettesheim*, Art. 10 EUV, in: Grabitz/Hilf/Nettesheim (Hrsg.), Das Recht der Europäischen Union (Januar 2015), Rn. 65, der von einer *„dualen Legitimation"* spricht.
198 Vgl. *J. P. Terhechte* (Fn. 196), Rn. 29; *E. Schmidt-Aßmann* (Fn. 196), S. 400.
199 Im Einzelnen ist hier vieles umstritten. So geht insbesondere das Bundesverfassungsgericht davon aus, dass die Legitimation der Europäischen Union vorrangig über die durch die nationalen Parlamente und Regierungen vermittelte Legitimation der Mitgliedstaaten gründet, und dass die durch das unmittelbar gewählte Europäische Parlament diese Legitimation lediglich ergänzt und abstützt, vgl. *BVerfG*, Urteil vom 30.09.2009 zum Vertrag von Lissabon, 2 BvE 2/09 u.a., Rn. 262.
200 Vgl. *E. Schmidt-Aßmann* (Fn. 196), S. 400 m.w.N.
201 Vgl. *J. P. Terhechte* (Fn. 196), Rn. 28.

sondere vor dem Hintergrund der besonderen Eingriffsintensität und der umfangreichen Befugnisse, auf die die Kommission bei der Durchsetzung der Wettbewerbsregeln zurückgreifen kann. Gerade im Hinblick auf die Legitimation durch das Europäische Parlament gibt es im Bereich des Wettbewerbsrechts jedoch gewisse Defizite.

Grundsätzlich stellt das Europäische Parlament eine wesentliche Legitimationsquelle für die europäische Verwaltung dar. Da das Europäische Parlament nach Art. 14 Abs. 3 EUV unmittelbar durch die Bürger der Europäischen Union gewählt wird, verfügt es über eine eigenständige Legitimität.[202] Art. 14 Abs. 1 EUV weist dem Europäischen Parlament Aufgaben als Gesetzgebungs-, Kontroll- und Beratungsorgan zu. In diesem Rahmen trägt die Arbeit des Europäischen Parlaments auf verschiedene Weise zur Legitimation der Verwaltungstätigkeit der Kommission bei. Zunächst unterliegt die Kommission in ihrer Funktion als Exekutivorgan der parlamentarischen Kontrolle durch das Europäische Parlament.[203] Darüber hinaus kann das Europäische Parlament in seiner Funktion als Gesetzgebungsorgan gemeinsam mit dem Rat grundsätzlich auch selbst substantiellen Einfluss auf die Ausrichtung der Politik der Europäischen Union ausüben, die dann wiederum im Rahmen des Verwaltungsvollzugs insbesondere durch die Kommission umgesetzt wird. Die Legitimation über das europäische Parlament wird jedoch aufgrund verschiedener struktureller Mängel, zu denen u.a. die Überrepräsentanz kleiner im Verhältnis zu den größeren Mitgliedstaaten, das Fehlen europäischer Parteien sowie eine schwache Rückkopplung zu den wahlberechtigten Unionsbürgern zählen, ohnehin kritisch beurteilt.[204]

---

202 Vgl. *E. Schmidt-Aßmann* (Fn. 196), S. 400.
203 Vgl. hierzu *D. Kugelmann* (Fn. 196), Rn. 119; zur Kontrollfunktion und den verschiedenen Kontrollmöglichkeiten des Europäischen Parlaments, z.B. nach Art. 230 Abs. 1, Art. 233 und Art. 319 AEUV siehe *J. Schoo*, Art. 14 EUV, in: Schwarze/Becker/Hatje/Schoo (Hrsg.), EU-Kommentar (2012), Rn. 26.
204 Vgl. hierzu *H. P. Nehl* (Fn. 120) m.w.N. Eine kritische Haltung nimmt hier auch das Bundesverfassungsgericht ein, nach dem das Europäische Parlament zwar *„als ein unmittelbar von den Unionsbürgern gewähltes Vertretungsorgan der Völker eine eigenständige zusätzliche Quelle für demokratische Legitimation"* ist. Es betont jedoch, dass das Europäische Parlament *„auch nach der Neuformulierung in Art. 14 II EUV-Lissabon und entgegen dem Anspruch, den Art. 10 I EUV-Lissabon nach seinem Wortlaut zu erheben scheint, kein Repräsentationsorgan eines souveränen europäischen Volkes [ist]. Dies spiegelt sich darin, dass es als Vertretung der Völker in den jeweils zugewiesenen nationalen Kontingenten von Abgeordneten nicht als Vertretung der Unionsbürger als ununterschiedene Einheit nach dem Prinzip der Wahl-*

Gerade im Bereich der eingriffsintensiven Materien der Wettbewerbspolitik und der Durchsetzung der wettbewerbsrechtlichen Regeln des europäischen Kartellrechts verfügt das Europäische Parlament zudem nur über einen sehr eingeschränkten Einfluss. Das Wettbewerbsrecht unterliegt nicht dem sog. „ordentlichen Gesetzgebungsverfahren";[205] das Europäische Parlament besitzt daher bei der Rechtssetzung im Bereich des europäischen Wettbewerbsrechts[206] kein Mitspracherecht, so dass Verordnungen und Richtlinien ohne seine Zustimmung auf Vorschlag der Kommission vom Rat verabschiedet werden können. Kommission und Rat teilen sich damit die Gesetzgebungsmacht, wobei der Kommission das alleinige Initiativrecht, dem Rat die ausschließliche Gesetzgebungskompetenz zukommt.[207] Das Europäische Parlament ist demgegenüber lediglich auf ein obligatorisches Anhörungsrecht beschränkt.[208] Forderungen des Europäischen Parlaments, auch im Bereich des Wettbewerbsrechts Mitspracherechte bei der Gesetzgebung und der Gestaltung der Wettbewerbspolitik zu erlangen, blieben bislang erfolglos.[209] Aufgrund des Fehlens jeglicher Mitentscheidungsbefugnisse beklagt das Europäische Parlament dementsprechend ein erhebliches Demokratiedefizit in einem für die Europäische Union zentralen Politikfeld.[210]

---

gleichheit angelegt ist", vgl. *BVerfG*, Urteil vom 30.09.2009 zum Vertrag von Lissabon, 2 BvE 2/09 u.a., Rn. 271 und 280.

205 Art. 289 Abs. 1 AEUV in Verbindung mit Art. 294 AEUV; siehe zu Anwendbarkeit und Ablauf des ordentlichen Gesetzgebungsverfahrens *T. Oppermann/C. D. Classen/M. Nettesheim* (Fn. 102), S. 175 ff.

206 Dies gilt sowohl für materielle Regelungen im Sinne des Art. 103 AEUV als auch beim Erlass von Durchführungsvorschriften nach Art. 109 AEUV.

207 Vgl. *A. Reidlinger*, Art. 103 AEUV, in: Streinz (Hrsg.), EUV/AEUV (2018), Rn. 16.

208 Vgl. *C. Jung*, Art. 103 AEUV, in: Calliess/Ruffert (Hrsg.), EUV, AEUV: Das Verfassungsrecht der Europäischen Union mit Europäischer Grundrechtecharta (2016), Rn. 17.

209 Siehe u.a. hierzu die Entschließung des Europäischen Parlaments vom 09.03.2010 zur Wettbewerbspolitik, in der das Europäische Parlament fordert, *„umfassend bei der Gestaltung der Wettbewerbspolitik einbezogen zu werden, u.a. durch die Einführung von Mitentscheidungsbefugnissen und der Auflage, dass das Parlament regelmäßig über jede wettbewerbspolitische Initiative unterrichtet werden muss."* (Allgemeine Bemerkungen, 3.).

210 Vgl. Entschließung des Europäischen Parlamentes vom 29.10.2013 zu dem Jahresbericht über die Wettbewerbspolitik der EU (A7-0357/2013), in dem das Europäische Parlament eigens unter einem Abschnitt zur *„Legitimität und Wirksamkeit der Wettbewerbspolitik der EU"* die Einräumung von Mitentscheidungsbefugnissen fordert und ausdrücklich auf ein so entstehendes Demokratiedefizit hinweist (siehe Rn. 13).

Darüber hinaus sind auch die parlamentarischen Kontrollmöglichkeiten des Europäischen Parlaments im Bereich des Wettbewerbsrechts und der Wettbewerbspolitik nur schwach ausgeprägt. Das Europäische Parlament verfasst zwar jährlich eine Entschließung zu dem Jahresbericht der Generaldirektion Wettbewerb über die Wettbewerbspolitik,[211] in der es Stellung zu aktuellen Entwicklungen und Fragestellungen der europäischen Wettbewerbspolitik nimmt und wettbewerbspolitische Forderungen äußert, und der zuständige Wettbewerbskommissar erscheint in der Regel mehrmals pro Jahr vor dem Wirtschafts- und Währungsausschuss des Europäischen Parlaments („ECON"). Mit darüber hinausgehenden Kontrollbefugnissen, die dem Europäischen Parlament einen konkreten Einfluss auf die Gestaltung von Wettbewerbspolitik und Wettbewerbsrecht auf europäischer Ebene erlauben würden, ist es jedoch nicht ausgestattet. Das Europäische Parlament kritisiert dies selbst in seiner Entschließung zum Jahresbericht über die Wettbewerbspolitik der EU im Jahr 2013 mit den Worten, dass *„ein Dialog in der Form, in der ihn das für Wettbewerb zuständige Mitglied der Kommission führt, keine wirkliche demokratische Kontrolle durch das Parlament ersetzen kann"*.[212] Mangels hinreichender politischer Einfluss- und Kontrollmöglichkeiten bleibt dem Europäischen Parlament im Bereich des Wettbewerbsrechts daher eher eine Zuschauerrolle. Mit den weitreichenden Befugnissen der Kommission im Wettbewerbsrecht gehen damit kaum parlamentarische Kontrollrechte einher. Zentrale Verwaltungstätigkeit erfordert jedoch entsprechende parlamentarische Kontrollmöglichkeiten,[213] so dass deren Fehlen ein kritisches Legitimationsdefizit im Bereich des europäischen Kartellrechts erkennen lässt.

Demokratische Legitimation wird der europäischen Verwaltung darüber hinaus zwar auch durch eine weitere Legitimationskette vermittelt, die über die mitgliedstaatlichen Parlamente zu den Mitgliedern des Rates führt.[214] Die Legitimation des Rates, der je nach Materie allein oder gemeinsam mit dem Europäischen Parlament für die europäische Gesetzgebung verantwortlich ist, vermittelt nach diesem Gedanken der europäischen Exekutive, die die erlassenen Rechtsakte umsetzt, sachliche Legitimation.[215] Diese Legitimationskette spielt jedoch gerade im Bereich des

---

211 Alle Jahresberichte der Europäischen Kommission sind auf der Seite der Generaldirektion Wettbewerb unter: http://ec.europa.eu/competition/publications/an nual_report/index.html abrufbar (zuletzt besucht am 05.08.2020).

212 Entschließung des Europäischen Parlamentes vom 29.10.2013 (Fn. 210), Rn. 14.

213 Vgl. *E. Schmidt-Aßmann* (Fn. 196), S. 402.

214 Vgl. *E. Schmidt-Aßmann* (Fn. 196), S. 400.

215 Vgl. *E. Schmidt-Aßmann* (Fn. 196), S. 401.

Wettbewerbsrechts ebenfalls eine untergeordnete Rolle. Zum einen sind mit Art. 101 ff. AEUV die wesentlichen materiellen Regelungen bereits unmittelbar im Primärrecht selbst verankert und genießen insofern verfassungsrechtlichen Rang. Art. 103 Abs. 1 AEUV ermächtigt den Rat zwar, die Durchführungsvorschriften zu erlassen, die zur Verwirklichung der in Art. 101 und 102 AEUV niedergelegten Grundsätze erforderlich sind, so dass ihm hier grundsätzlich eine entsprechende Gesetzgebungsfunktion zugedacht ist. Diese Funktion beschränkt sich allerdings, da das Primärrecht nicht durch vom Rat erlassene Rechtsakte des Sekundärrechts geändert oder ergänzt werden kann, ausschließlich auf den Erlass von Verfahrensvorschriften und konkretisierenden Regelungen.[216] Gerade in Bezug auf die in der Kartellrechtspraxis wichtigen Gruppenfreistellungsverordnungen, die bestimmte Verhaltensweisen, die die Voraussetzungen des Art. 101 Abs. 3 AEUV erfüllen, vom Verbot des Art. 101 Abs. 1 AEUV ausnehmen,[217] hat der Rat zudem zumeist von der Möglichkeit Gebrauch gemacht, sich auf die wesentlichen Grundzüge zu beschränken und die übrigen Ausführungen der Kommission zu überlassen.[218]

b) Ergänzende Legitimationsansätze

Zur Legitimation der administrativen Tätigkeit der Kommission genügt es demzufolge nicht, allein auf die traditionellen Konzepte parlamentarisch-demokratischer Legitimationsvermittlung zurückzugreifen. Vor dem Hintergrund der eher schwach ausgeprägten parlamentarischen Kontroll- und Einflussmöglichkeiten besteht insbesondere auch im Bereich der kartellrechtsbezogenen Verwaltungstätigkeit der Europäischen Kommission ein zusätzliches Bedürfnis an Legitimation. Inwiefern in diesem Bereich die Transparenz des europäischen Kartellverfahrens einen Beitrag zur Legitimation der kartellrechtlichen Entscheidungen der Kommission leisten kann, soll im Folgenden untersucht werden.

Überlegungen zu weiteren Legitimationsmöglichkeiten europäischer Verwaltungstätigkeit gibt es – gerade vor dem Hintergrund des vieldisku-

---

216 Vgl. *C. Jung* (Fn. 208), Rn. 8.

217 Vgl. zu den Gruppenfreistellungsverordnungen und zum zweistufigen System bei ihrem Erlass *M. Wolf*, Art. 101 Abs. 1 AEUV, in: Säcker/Bien/Meier-Beck/Montag (Hrsg.), Münchener Kommentar zum Wettbewerbsrecht (2020), Band 1, Rn. 1206 ff.

218 Vgl. *C. Jung* (Fn. 208), Rn. 18; *C. Stadler*, Art. 103 AEUV, in: Langen/Bunte (Hrsg.), Kartellrecht, Band 2, Europäisches Kartellrecht (2018), Rn. 15.

tierten Demokratiedefizits der Union – bereits seit langem.[219] Das europäische Verwaltungsrecht ist somit dabei, sich grundsätzlich auch anderen, ergänzenden Ansätzen zur Stärkung demokratischer Legitimation zu öffnen.[220] Dabei geht es vornehmlich darum, Ideen zu entwickeln, die eine Grundlage für eine „gemeinschaftseigene"[221] Legitimationsbasis bilden können.

Ein Weg besteht insofern darin, zur Legitimation einer Verwaltungsentscheidung unter anderem auch ihre Entstehung, d.h. die Fairness des Verfahrens und des auf diese Weise erzielten Ergebnisses, heranzuziehen.[222] In diesem Zusammenhang kommt auch der Transparenz des Kommissionshandelns – durch Partizipations- und Informationsmöglichkeiten der Öffentlichkeit, aber auch durch eine bessere Einbindung der unmittelbar am Verfahren beteiligten Parteien – eine wichtige Rolle zu.

aa) Output / Input

In den ersten Jahrzehnten nach ihrer Gründung galt die EU vorrangig als durch ihren Output legitimiert. Sinn und Zweck war es, nach dem Zweiten Weltkrieg eine Zeit der Freiheit, des wirtschaftlichen Wohlstands und der Sicherheit in Europa zu ermöglichen. Die Schaffung eines Gemeinsamen Marktes, der hierzu als eines der wesentlichen Mittel angesehen wurde, sollte dabei in erster Linie durch Expertise verwirklicht werden.[223] Der am Output orientierte Legitimationsansatz setzt daher beim Sachverstand administrativer Entscheidungsträger und der Effizienz und Rationalität des Entscheidungsverfahrens an: Diese Faktoren, die Entscheidungen von hoher inhaltlicher Qualität garantieren sollen, verleihen der getroffenen Entscheidung eine entsprechende Legitimität.[224] Eine am Output orientierte Legitimation europäischer Verwaltung knüpft daher hauptsächlich

---

219 Vgl. *H. P. Nehl* (Fn. 120), S. 131 f.
220 Vgl. *J. P. Terhechte* (Fn. 196), Rn. 29; vgl. auch die umfassende Darstellung verschiedener Legitimationsmodelle bei *H. P. Nehl* (Fn. 120), S. 131 ff.
221 *H. P. Nehl* (Fn. 120), S. 130.
222 Vgl. *J. Ponce Solé*, The History of Legitimate Administration in Europe, in: Ruffert (Hrsg.), Legitimacy in European administrative law: Reform and reconstruction (2011), 155, S. 157: *„Administrative decisions can be legitimated by their source of origin – by the adequate or fair procedures followed and by the outcome it produces"*.
223 Vgl. *T. Oppermann/C. D. Classen/M. Nettesheim* (Fn. 102), S. 248 f.
224 Vgl. *H. P. Nehl* (Fn. 120), S. 136.

an die von der Kommission erzielten Ergebnisse an.[225] Die Eigenheiten des Verfahrens, in dem die Entscheidung getroffen wurde, treten gegenüber dem Ergebnis des Entscheidungsprozesses in den Hintergrund.[226] Verfahrensgarantien und gegebenenfalls eine Hinzuziehung interessierter Dritter spielen allerdings auch hier eine wichtige Rolle, auch wenn sie vorrangig der Effektivität des Entscheidungsprozesses und der Rationalität des Ergebnisses dienen.[227]

Die Idee einer Legitimation durch Input betrifft in Ergänzung hierzu die Frage nach der Einbeziehung und Verarbeitung von Informationen in einen administrativen Entscheidungsprozess.[228] Das Konzept der Legitimation durch Input ist daher eng mit der Frage nach Partizipationsmöglichkeiten in administrativen Entscheidungsprozessen verknüpft. Ausdruck des Gedankens einer partizipativen Demokratie auf Ebene der Europäischen Union ist insbesondere Art. 10 Abs. 3 EUV, demzufolge alle Bürgerinnen und Bürger der Union das Recht haben, am demokratischen Leben der EU teilzuhaben. In die gleiche Richtung weist auch die explizite Festlegung des Offenheitsgrundsatzes in Art. 15 Abs. 1 AEUV, der sämtliche Institutionen der EU zur weitest gehenden Beachtung des Grundsatzes der Offenheit verpflichtet. Die Transparenz des Handelns der europäischen Institutionen dient vor diesem Hintergrund einer zusätzlichen Legitimation der EU durch die Bildung einer informierten, die Verwaltung kontrollierenden Öffentlichkeit.[229] Die Teilnahme der Öffentlichkeit an Verwaltungsentscheidungen und damit die Möglichkeit, auf das Handeln der Verwaltung Einfluss zu nehmen, kann auf diese Weise die demokratische Legitimation europäischer Verwaltungstätigkeit erhöhen.[230]

---

225 Vgl. *J. P. Terhechte* (Fn. 196), Rn. 29.
226 Vgl. *R. Caranta*, Democracy, Legitimacy and Accountability - is there a Common European Theoretical Framework?, in: Ruffert (Hrsg.), Legitimacy in European administrative law: Reform and reconstruction (2011), 175, S. 192.
227 Vgl. *H. P. Nehl* (Fn. 120), S. 137.
228 Vgl. *H. P. Nehl* (Fn. 120), S. 135.
229 Vgl. *Schoo/ Görlitz* (Fn. 10), Rn. 5; *Krajewski, Markus /Rösslein, Ulrich* (Fn. 76), Rn. 4.
230 Vgl. *T. Würtenberger*, Die Akzeptanz von Verwaltungsentscheidungen (1996), S. 64 f., insbesondere im Hinblick auf die Planung und Umsetzung von Großprojekten. Grundsätzlich ist der Gedanke einer Stärkung demokratischer Legitimation durch Beteiligung Interessierter nicht ganz unbestritten. So lässt sich auch argumentieren, dass die Partizipation interessierter Dritter die von einem Parlament ausgehende demokratische Legitimationskette unterbricht und insofern demokratischer Legitimation im Gegenteil abträglich ist. Demnach wäre eine Entscheidung dann als besonders demokratisch anzusehen, je eher sie al-

bb) Akzeptanz

In engem Zusammenhang mit den Konzepten der Input- bzw. Output-Legitimation steht eine auf sozialer Akzeptanz[231] beruhende Legitimation behördlichen Handelns.[232] Die Akzeptabilität von administrativer Tätigkeit, d.h. eine Ausgestaltung des Verwaltungshandelns, die so gewählt ist, dass sie zu seiner Akzeptanz bei den Beteiligten führt, zählt zu den wesentlichen Merkmalen einer guten Verwaltung.[233] Zwar ist aus psychologischer Sicht nicht immer klar vorhersehbar, unter welchen Umständen eine Entscheidung oder ein Verfahren auf Akzeptanz bei den Betroffenen treffen wird; es sind aber dennoch gewisse Elemente erkennbar, die zur Akzeptanz einer Entscheidung maßgeblich beitragen können.[234] Hierzu zählen neben einem als inhaltlich richtig oder zumindest sinnvoll empfundenen Entscheidungsergebnis unter anderem auch ein offenes, auf eine kommunikative Auseinandersetzung ausgerichtetes Verfahren, in dem die Beteiligten ihre Argumente und Positionen einbringen können und erfahren, dass diese berücksichtigt oder zumindest sachlich diskutiert werden.[235] Die Partizipation der Betroffenen und die Berücksichtigung ihrer Belange im Ent-

---

lein durch eine hierarchisch organisierte Verwaltung getroffen wird; vgl. diese Kritik ablehnend *J. Ponce Solé* (Fn. 222), S. 170. Diese Kritik wiegt jedoch dort, wo es nicht um eine tatsächliche Mitbestimmung Dritter im Sinne einer Abstimmung oder bindenden Einflussnahme auf die zu treffende Entscheidung geht, nicht allzu schwer: solange die Letztentscheidungsbefugnis bei der parlamentarisch legitimierten Verwaltung verbleibt, bleibt die Legitimationskette intakt.

231 Die theoretische Fundierung einer Legitimation durch Akzeptanz geht zurück auf den soziologischen Ansatz Luhmanns (vgl. *N. Luhmann*, Legitimation durch Verfahren (1983)). Dieser Ansatz wurde von *Luhmann* allerdings am Gerichtsverfahren entwickelt. In Bezug auf das Verwaltungsverfahren ging Luhmann hingegen davon aus, dass dieses weitgehend „enttäuschungsfrei" ablaufe, da sein Ergebnis durch das Gesetz im Wesentlichen vorgegeben sei; die Legitimationsfunktion des Verfahrens solle daher hinter der möglichst rationellen Lösung komplexer Sachverhalte zurücktreten, vgl. *K. Pfeffer*, Das Recht auf eine gute Verwaltung: Art. II-101 der Grundrechtecharta des Vertrages über eine Verfassung für Europa (2006), S. 237 sowie *H. P. Nehl* (Fn. 120), S. 206 mit Verweis auf *N. Luhmann* (Fn. 231), S. 201.
232 Vgl. *H. P. Nehl* (Fn. 120), S. 137.
233 Vgl. *R. Pitschas*, § 42 Maßstäbe des Verwaltungshandelns, in: Hoffmann-Riem/Schmidt-Aßmann/Voßkuhle (Hrsg.), Grundlagen des Verwaltungsrechts, Band II: Informationsordnung, Verwaltungsverfahren, Handlungsformen (2012), Rn. 202.
234 Vgl. *T. Würtenberger* (Fn. 230), S. 63.
235 Vgl. *T. Würtenberger* (Fn. 230), S. 63.

scheidungsprozess können insofern zu einer sozialen Akzeptanz der Institution selbst und auch der getroffenen Entscheidungen beitragen.[236] Darüber hinaus kann in diesem Zusammenhang auch auf die Aufgabe der Verwaltung hingewiesen werden, den von der Entscheidung Betroffenen die Entscheidung und ihre Entstehung nachvollziehbar zu machen.[237] Mängel im Verfahren können – ebenso wie der Gehalt der getroffenen Entscheidung selbst – hingegen dazu führen, dass die Entscheidung von den Beteiligten nicht akzeptiert wird.[238] Die Transparenz eines Verfahrens kann somit wesentlich zu einem verantwortlichen Verwaltungshandeln und einer höheren Akzeptanz der Entscheidungen bei den Betroffenen und in der Öffentlichkeit beitragen.[239]

c) Übertragung auf das Kartellverfahren

Die Auswirkungen möglicher alternativer Legitimationskonzepte sind im europäischen Recht in vielerlei Hinsicht noch ungeklärt. Dies gilt insbesondere auch im Hinblick auf den Bereich der europäischen Eingriffsverwaltung, zu der auch die Durchsetzung der europäischen Kartellrechtsnormen zählt. Die vorstehend genannten Ansätze zur Begründung einer ergänzenden demokratischen Legitimation werden zum einen vor allem im Bereich der Normsetzung diskutiert; zudem dienen gerade im Kartellverfahrensrecht viele der im Zusammenhang mit dem Stichwort „Transparenz" genannten Verfahrensrechte vorrangig der Rechtsverteidigung der von einer belastenden Entscheidung betroffenen Unternehmen und weniger ihrer unter Demokratiegesichtspunkten begründeten Teilhabe am Entscheidungsprozess der Kommission.[240]

Dennoch kann auch im vorliegenden Zusammenhang die Frage nach der demokratischen Legitimation des Kommissionshandelns von Interesse sein. So findet etwa das in Art. 15 Abs. 3 AEUV und Art. 42 Grundrechtecharta garantierte Recht auf Zugang zu Dokumenten, das in engem Zu-

---

236 Vgl. *H. P. Nehl* (Fn. 120), S. 137.
237 Vgl. *R. Pitschas* (Fn. 233), Rn. 202.
238 Vgl. *R. Pitschas* (Fn. 233), Rn. 201.
239 Vgl. *W. Weiß* (Fn. 5), Rn. 19.
240 Vgl. allgemein zum eher auf rechtsstaatlicher Perspektive beruhenden Verständnis der Verfahrensgarantien durch die Gemeinschaftsgerichte *H. P. Nehl* (Fn. 120), S. 222 m.w.N.; zurückhaltend im Hinblick auf die akzeptanzfördernde Wirkung und demokratische Legitimation durch Verwaltungsverfahren *K. Pfeffer* (Fn. 231), S. 237 ff.

sammenhang mit der Frage nach einer zusätzlichen demokratischen Legitimation steht, grundsätzlich auch im Kartellverfahren Anwendung.[241] Zudem kann einer fairen Verfahrensführung unter Berücksichtigung der Möglichkeiten zur aktiven Kommunikation und Verfahrensteilhabe der betroffenen Unternehmen und interessierter Dritter insbesondere bei rechtlich schwierig gelagerten und ökonomisch komplexen Sachverhalten erhöhte Bedeutung zukommen. Dies gilt sowohl im Hinblick auf ein gerechtes Zustandekommen einer Entscheidung im konkreten Einzelfall, die von den betroffenen Unternehmen als fair akzeptiert wird, als auch deshalb, weil die Kommission die Regelungen des europäischen Kartellrechts durch ihre Entscheidungen ausformt und, gegebenenfalls unter Beteiligung der europäischen Gerichte, fortentwickelt. Auch vor dem Hintergrund, dass Entscheidungen der Kommission vielen Unternehmen im Binnenmarkt zur Verhaltensorientierung dienen sollen, ist eine Akzeptanz der getroffenen Entscheidungen von besonderer Bedeutung. Soweit das europäische Primärrecht weite Gestaltungsspielräume eröffnet und bei der Umsetzung und Konkretisierung seiner Vorschriften eine parlamentarische Kontrolle durch das europäische Parlament nur sehr eingeschränkt stattfindet, erscheint es daher sinnvoll, ergänzende Legitimationswege, zu denen auch die transparente Ausgestaltung des europäischen Kartellverfahrens zählt, zu berücksichtigen.

2. Verfahrensgerechtigkeit und Qualität der Entscheidung

Grundlegendes Ziel eines Verwaltungsverfahrens ist die Durchsetzung des jeweiligen materiellen Rechts.[242] Das Verwaltungsverfahrensrecht bildet den Regelungsrahmen für den Ablauf und die konkreten Rahmenbedingungen des Verwaltungsverfahrens. Es ist in dieser Funktion allerdings nicht nur die bloße Summe einzelner Verfahrensrechte, sondern vielmehr ein Recht der Steuerungsleistungen des Verwaltungsverfahrens.[243] Dem Verwaltungsverfahrensrecht kommen verschiedene Funktion zu: Es soll insbesondere die Handlungsfähigkeit der Verwaltung gewährleisten, dem

---

241 Vgl. zur Rolle des Rechts auf Dokumentenzugang im Kartellrecht Teil 2/ H.II.

242 Vgl. *C. Nowak*, § 13 Rechtsschutz im europäischen Verwaltungsrecht, in: Terhechte (Hrsg.), Verwaltungsrecht der Europäischen Union (2011), 459, Rn. 71.

243 Vgl. *E. Schmidt-Aßmann*, § 27 Der Verfahrensgedanke im deutschen und europäischen Verwaltungsrecht, in: Hoffmann-Riem/Schmidt-Aßmann/Voßkuhle (Hrsg.), Grundlagen des Verwaltungsrechts, Band II: Informationsordnung, Verwaltungsverfahren, Handlungsformen (2012), 495, Rn. 59.

Bürger einen effektiven Rechtsschutz gegen Maßnahmen der Verwaltung garantieren und zudem sicherstellen, dass die Verwaltung ihre Aufgaben im öffentlichen Interesse wahrnimmt.[244]

Die Bedeutung des Verfahrensrechts für die Entscheidungsfindung wird gerade im europäischen Recht stark betont.[245] Das Verfahren hat nach dem dort herrschenden Verständnis einen unmittelbaren Einfluss auf die abschließend getroffene Verwaltungsentscheidung.[246] Stärker als in anderen Verwaltungsverfahrensordnungen[247] wird dem Verwaltungsverfahren im europäischen Recht ein eigenständiger Wert zugemessen, der sich nicht in einer dienenden Funktion des Verwaltungsverfahrens gegenüber dem vorrangig zu behandelnden materiellen Recht erschöpft.[248] Verfahrensregeln sollen – neben der wirksamen Durchsetzung der jeweiligen materiellen Rechtsvorschriften – insbesondere auch zur Richtigkeit der abschließenden Verwaltungsentscheidung beitragen.[249] Diese Idee einer „Richtigkeitsgewähr"[250] durch Verfahren geht davon aus, dass die Richtigkeit der Sachentscheidung jedenfalls auch maßgeblich durch die Bestimmungen des Verwaltungsverfahrensrechts sichergestellt wird.[251] Verfahrensrechtliche Anforderungen können nach diesem Verständnis zur Erzielung eines inhaltlich richtigen Ergebnisses und so zur Qualität der materiellen Ent-

---

244 Vgl. *F. Schoch*, Die europäische Perspektive des Verwaltungsverfahrens- und Verwaltungsprozessrechts, in: Schmidt-Aßmann/Hoffmann-Riem (Hrsg.), Strukturen des Europäischen Verwaltungsrechts (1999), 279, S. 296; *J. Ponce Solé* (Fn. 222), S. 169.

245 Vgl. hierzu *R. Wahl*, Das Verhältnis von Verwaltungsverfahren und Verwaltungsprozessrecht in europäischer Sicht, DVBl 2003, S. 1285 ff., S. 1291.

246 Vgl. *J. P. Terhechte* (Fn. 196), Rn. 1.18 unter Verweis auf *N. Luhmann* (Fn. 231), S. 11.

247 So gilt z.B. das deutsche Verwaltungsrecht traditionell als eher auf die durch das materielle Recht vermittelte Richtigkeit des Ergebnisses sowie auf die folgende Kontrolle der materiellen Entscheidung durch die Gerichte fokussiert, vgl. hierzu *F. Schoch* (Fn. 244), S. 282 f.

248 Gegenmodell hierzu ist ein Verwaltungsverfahrensverständnis, das die Bedeutung der gerichtlichen Kontrolle der Richtigkeit einer Entscheidung betont. Danach soll in besonderem Maße das materielle Recht für ein richtiges Ergebnis sorgen, welches dann einer umfassenden gerichtlichen Kontrolle unterliegt, vgl. hierzu *R. Wahl* (Fn. 245), S. 1287.

249 *R. Wahl* (Fn. 245), S. 1290.

250 *W. Hoffmann-Riem*, § 10 Eigenständigkeit der Verwaltung, in: Hoffmann-Riem/ Schmidt-Aßmann/Voßkuhle (Hrsg.), Grundlagen des Verwaltungsrechts, Band I: Methoden, Maßstäbe, Aufgaben, Organisation (2012), Rn. 100.

251 Vgl. *K.-P. Dolde*, Verwaltungsverfahren und Deregulierung, NVwZ 2006, S. 857 ff., S. 862.

scheidung erheblich beitragen.[252] Das Verfahren dient auf diese Weise auch der Legitimation der in seinem Rahmen getroffenen rechtlich verbindlichen Entscheidungen.[253]

Zu den prozeduralen Vorkehrungen, die zur Verbesserung und Sicherung der Qualität einer Verwaltungsentscheidung beitragen können, zählt auch die Schaffung einer größeren Transparenz, die sich zum Beispiel in Form von Informations- und Beteiligungsmöglichkeiten für Betroffene und interessierte Dritte oder Begründungspflichten manifestieren kann.[254] Das Gebot einer transparenten Verfahrensgestaltung im Sinne einer Einsehbarkeit des administrativen Entscheidungsprozesses für die an ihm Beteiligten und die damit verbundene Vorhersehbarkeit seines Ergebnisses wird insbesondere aus dem Rechtsstaatsprinzip abgeleitet.[255] Die Transparenz des Verfahrens dient in diesem Zusammenhang dazu, die Anonymität der Entscheidungsfindung zu durchbrechen und eine Kontrolle des Verwaltungshandelns durch Verfahrensbeteiligte und Außenstehende zu ermöglichen.[256] Der Verfahrenstransparenz wird insofern eine freiheitssichernde und rationalitätsstiftende Funktion zugeschrieben.[257]

Eine solche zusätzliche Qualitätssicherung durch prozedurale Vorkehrungen wird in besonderem Maße in Bereichen relevant, in denen das materielle Recht der Verwaltung weite Ermessens- oder Beurteilungsspielräume zuweist und in denen eine gerichtliche Überprüfung von Verwaltungsentscheidungen dementsprechend nur in verringertem Maß möglich ist.[258] Insbesondere in Fällen, in denen zur rechtliche Beurteilung eines Sachverhaltes auf materielle Anhaltspunkte nur in begrenztem Umfang zurückgegriffen werden kann, können zur Ergänzung anderweitige Vorkehrungen rechtsstaatlicher und demokratischer Verantwortung zum Tragen kommen, die maßgeblich in verfahrensrechtlichen Anforderungen zu finden sein können.[259] Dabei ist grundsätzlich davon auszugehen, dass der Beitrag

---

252 Vgl. *A. Hatje*, § 5 Öffentlich-rechtliche und verwaltungsprozessuale Prinzipien, in: Terhechte (Hrsg.), Internationales Kartell- und Fusionskontrollverfahrensrecht (2008), Rn. 5.4.; *J. Ponce Solé* (Fn. 222), S. 162.

253 Vgl. unter Verweis auf *Luhmann* hierzu *J. P. Terhechte*, § 1 Einleitung, in: Terhechte (Hrsg.), Internationales Kartell- und Fusionskontrollverfahrensrecht (2008), Rn. 1.18.

254 Vgl. *W. Hoffmann-Riem* (Fn. 250), Rn. 100.

255 Vgl. *F. Hufen/T. Siegel* (Fn. 21), S. 61.

256 Vgl. *F. Hufen/T. Siegel* (Fn. 21), S. 61.

257 Vgl. *F. Hufen/T. Siegel* (Fn. 21), S. 61.

258 Vgl. *W. Hoffmann-Riem* (Fn. 250), Rn. 100.

259 Vgl. *W. Hoffmann-Riem* (Fn. 250), Rn. 69.

des Verfahrens zum Zustandekommen einer sachlich richtigen Entscheidung umso größer zu bewerten ist, je weniger das materielle Recht das Ergebnis inhaltlich steuert.[260]

Diese Überlegungen treffen in besonderem Maße auch auf das europäische Kartellverfahrensrecht zu. Gerade im europäischen Kartellrecht besitzt das Verfahren als *„Verwirklichungsmodus des Rechts"*[261] eine große Bedeutung, denn die materiell-rechtlichen Vorschriften in Art. 101 und 102 AEUV enthalten eine Vielzahl unbestimmter Rechtsbegriffe, die die Entscheidung nur in begrenztem Umfang inhaltlich determinieren und der Kommission bei der Durchsetzung der kartellrechtlichen Regelungen daher erhebliche Beurteilungsspielräume eröffnen.[262] Beispiele hierfür sind u.a. die Begriffe der *„aufeinander abgestimmten Verhaltensweisen"* und der *„Verfälschung des Wettbewerbs"* in Art. 101 Abs. 1 AEUV sowie der *„missbräuchlichen Ausnutzung"* einer marktbeherrschenden Stellung in Art. 102 Abs. 1 AEUV.

Ein möglichst gerechtes und „richtiges" Verfahrensergebnis ist insbesondere im Kartellverfahren auch deshalb von Bedeutung, weil ein kartellrechtliches Verfahren mit der Verhängung schwerwiegender Sanktionen für die betroffenen Unternehmen enden kann. So kann die Kommission gegebenenfalls ein bestimmtes Verhalten untersagen,[263] von dem sich die betroffenen Unternehmen wirtschaftliche Vorteile erhofft hatten; insbesondere ermächtigen die kartellrechtlichen Regelungen die Kommission aber bei Verstößen gegen Art. 101 und Art. 102 AEUV dazu, außerordentlich hohe Bußgelder zu verhängen, die Beträge von bis zu 10% des vorausgegangenen Geschäftsjahr erzielten Jahresumsatzes eines Unternehmens erreichen können.[264] Entscheidungen im Bereich des Kartellrechts können deshalb mit schwerwiegenden Eingriffen in die wirtschaftliche Handlungsfreiheit der Unternehmen verbunden sein, so dass auch aus diesem Grund einer verfahrensrechtlich vermittelten Legitimation der end-

---

260 Vgl. *E. Gurlit*, Der Eigenwert des Verfahrens im Verwaltungsrecht, Veröffentlichungen der Vereinigung der Deutschen Staatsrechtslehrer 2011, S. 227 ff., S. 238 f. m.w.N.

261 Vgl. *R. Wahl*, Verwaltungsverfahren zwischen Verwaltungseffizienz und Rechtsschutzauftrag, in: Vereinigung der Deutschen Staatsrechtslehrer (Hrsg.), Grundpflichten als verfassungsrechtliche Dimension: Berichte und Diskussionen auf der Tagung der Vereinigung der deutschen Staatsrechtslehrer in Konstanz vom 6. bis 9. Oktober 1982 (1983), 151, S. 153.

262 Vgl. *A. Hatje* (Fn. 252), Rn. 5.4.

263 Vgl. Art. 7 Abs. 1 VO 1/2003.

264 Vgl. Art. 23 Abs. 2 VO 1/2003.

gültigen rechtsverbindlichen Entscheidung ein hoher Stellenwert zu-kommt.[265]

Schließlich ist zu berücksichtigen, dass eine nachträgliche gerichtliche Kontrolle von Kommissionsentscheidungen aus verschiedenen Gründen ein faires und transparentes Verfahren, in dem alle relevanten Interessen von vornherein berücksichtigt wurden, nicht ersetzen kann.[266] So erfolgt im Kartellrecht zumeist nur eine eingeschränkte gerichtliche Kontrolle der Kommissionentscheidungen durch die europäischen Gerichte, die bei der Überprüfung der materiellen Richtigkeit von Kommissionsentscheidun-gen eher zurückhaltend vorgehen und der Kommission aufgrund der Komplexität der wirtschaftlichen Fragestellungen gerade im Wirtschafts-verwaltungsrecht häufig einen weiten Ermessensspielraum zubilligen.[267]

Im Ausgleich dazu prüfen die europäischen Gerichte zwar die Einhal-tung der Verfahrensregeln grundsätzlich umso genauer nach,[268] allerdings können im Gerichtsverfahren die gerügten Verletzungen von Verteidi-gungsrechten oder sonstige Verfahrensfehler hier nur punktuell im Nach-hinein überprüft werden, so dass eine gerichtliche Kontrolle schon deshalb nicht die vollständige Aufklärung und Durchdringung eines Falles im Ver-waltungsverfahren ersetzen kann.[269] Bis zum Erlass eines Urteils durch das EuG können außerdem bis zu vier Jahre, bis zu einer abschließenden Ent-scheidung über ein etwaiges Rechtsmittel durch den EuGH noch einmal weitere anderthalb Jahre vergehen.[270] Da die Einreichung einer Klage nach Art. 278 S. 1 AEUV keine aufschiebende Wirkung entfaltet, müssen die Be-

---

265 Vgl. *J. P. Terhechte* (Fn. 253), Rn. 1.18.
266 Vgl. *N. Zingales*, The Hearing Officer in EU Competition Law Proceedings: En-suring Full Respect for the Right to Be Heard?, The Competition Law Review 2010, S. 129 ff., S. 134 f.
267 Vgl. *J. Schwarze*, Europäisches Verwaltungsrecht: Entstehung und Entwicklung im Rahmen der Europäischen Gemeinschaft2 (2005), S. LXXXIV f.
268 Vgl. *J. Schwarze* (Fn. 267), S. LXXXIV f. Allerdings lassen sich zunehmend Anzei-chen für eine Entwicklung zu einer höheren inhaltlichen Kontrolldichte erken-nen, vgl. hierzu etwa *E. Braun/R. Galle*, Effektivere gerichtliche Kontrolle von EU-Kommissionsentscheidungen in Kartellbußgeldsachen: Trendwende in der EuG-Rechtsprechung?, CCZ 2013, S. 109 ff. Zur Kontrollausübung durch die Gemeinschaftsgerichte vgl. auch *J. Schwarze* (Fn. 267), S. LXXXIV ff.
269 Vgl. *N. Zingales* (Fn. 266), S. 137; *EuG*, Urteil vom 29.06.1995, Rs. T-36/91 – *ICI*, Rn. 108.
270 Vgl. den Jahresbericht des Gerichtshofes 2015, S. 92 und S. 181 mit Statistiken zur durchschnittlichen Verfahrensdauer für Verfahren vor dem EuG und dem EuGH für die Jahre 2011-2015. Danach betrug die Verfahrensdauer in Wettbe-werbssachen vor dem EuG durchschnittlich 47,8 Monate; der EuGH benötigte für die Entscheidung über ein Rechtsmittel im Durchschnitt 14 Monate. Der

troffenen mit der Entscheidung der Kommission während dieser Zeit umgehen.[271] Vor diesem Hintergrund sind an das Verfahren und die Entscheidungsfindung der Kommission auch hinsichtlich ihrer Transparenz besondere Maßstäbe anzulegen, ohne dass hierdurch jedoch die Wirksamkeit der Kartellverfolgung der Kommission nachhaltig beeinträchtigt werden darf.

3. Objektivität der Entscheidungsfindung

Die Kommission verfügt über die uneingeschränkte Kompetenz zur Durchführung des gesamten Kartellverfahrens von der Ermittlung des Sachverhalts bis hin zur abschließenden Entscheidung über das Vorliegen eines Kartellverstoßes. Sie übt damit bei der Durchsetzung des europäischen Wettbewerbs im derzeitigen System der Kartellverfolgung gleichzeitig die Funktionen von Ermittlungs-, Anklage- und Entscheidungsbehörde aus.[272] Vor diesem Hintergrund lässt sich die Gefahr einer gewissen Voreingenommenheit bei der Entscheidungsfindung nicht stets von vornherein von der Hand weisen. Nachfolgend wird daher untersucht, inwiefern die Transparenz des Verfahrens dazu beitragen kann, dem möglichen Anschein mangelnder Objektivität der fallbearbeitenden Kommissionsbeamten entgegenzuwirken und damit insbesondere das Vertrauen der betroffenen Unternehmen in ein faires Verfahrensergebnis zu stärken.

a) Wechselwirkungen zwischen Behördenstruktur und Entscheidungsfindung

Rechtsvergleichende Analysen haben gezeigt, dass auf globaler Ebene verschiedene Modelle für die Behördenstruktur und den Kompetenzumfang von Kartellbehörden existieren.[273] Innerhalb der im Rahmen dieser Analysen herausgearbeiteten Grundstrukturen folgt die Kommission als europä-

---

Jahresbericht 2015 ist abrufbar unter: http://curia.europa.eu/jcms/upload/docs/a pplication/pdf/2016-08/de_rapport_annuel_2015_activite_judiciaire_de.pdf (zuletzt besucht am 05.08.2020).

271 Die Inanspruchnahme einstweiligen Rechtsschutzes ist zwar möglich, jedoch sind hier sehr hohe Anforderungen zu erfüllen, vgl. *N. Zingales* (Fn. 266), S. 135.

272 Vgl. hierzu *W. P. J. Wils* (Fn. 8), S. 151.

273 Weltweit haben sich die Rechtsordnungen, die über wettbewerbsrechtliche Vorschriften und Behörden zu deren Durchsetzung verfügen, in den letzten Jahrzehnten vervielfacht. Nach Informationen von *Kovacic* gab es im Jahr 2013 welt-

ische Wettbewerbsbehörde und das von ihr durchgeführte Verfahren dem sog. „integriert-behördlichen Modell" (*„integrated agency modell"*). Unter dieser Bezeichnung lassen sich diejenigen Kartellrechtssysteme fassen, in denen eine einzige Behörde für Ermittlung, Verfolgung und Feststellung eines Wettbewerbsverstoßes zuständig ist.[274]

Neben dem integriert-behördlichen Modell lassen sich zwei weitere Grundmodelle unterscheiden.[275] Dem Modell einer einzigen, für alle Verfahrensschritte zuständigen Kartellbehörde stehen dabei insbesondere die-

---

weit über 120 Wettbewerbsbehörden, von denen ca. 100 erst seit den 1990er Jahren hinzugekommen waren; für das Jahr 2020 schätzt *Kovacic* die Anzahl auf über 130. Zudem haben verschiedene Rechtsordnungen ihre Kartellbehörden grundlegend umstrukturiert; vgl. hierzu insgesamt *W. E. Kovacic*, Distinguished Essay: Good Agency Practice and the Implementation of Competition Law, in: Herrmann/Krajewski/Terhechte (Hrsg.), European Yearbook of International Economic Law (2013), 3, S. 3 mit Verweis auf *W. E. Kovacic*, The Institutions of Antitrust Law: How Structure Shapes Substance, Michigan Law Review 2011-2012, S. 1019 ff., S. 1042 und Fn. 82. Vor diesem Hintergrund wird derzeit vermehrt der Versuch einer rechtsvergleichenden Betrachtung der unterschiedlichen Behördenstrukturen unternommen, die sich im Bereich des Wettbewerbsrechts herausgebildet haben oder derzeit noch im Entstehen sind, vgl. hierzu insbesondere *Fox/Trebilcock* (Hrsg.), The design of competition law institutions: Global norms, local choices (2013). Diese Untersuchungen stehen teilweise im Zusammenhang mit dem übergeordneten Projekt eines *„globalen Verwaltungsrechts"* (*„Global Administrative Law"*). Dieses befasst sich insbesondere mit der Arbeit intergouvernementaler Organisationen oder transnational kooperierender staatlicher Verwaltungskörperschaften mit dem Ziel, Mechanismen und Prinzipien zu erforschen, die zur Förderung und Sicherung von Transparenz, Verantwortlichkeit und einer Kontrolle der erlassenen Regelungen und getroffenen Entscheidungen beitragen, vgl., *B. Kingsbury/N. Krisch/R. B. Stewart*, The Emergence of Global Administrative Law, Law and Contemporary Problems 2005, S. 15 ff. S. 17.; allgemein zum Konzept des *„Global Administrative Law"* siehe *B. Kingsbury/N. Krisch*, Introduction: Global Governance and Global Administrative Law in the International Legal Order, The European Journal of International Law 2006, S. 1 ff., S. 2 ff.

274 Vgl. hierzu *M. J. Trebilcock/E. M. Iacobucci*, Designing Competition Law Institutions, World Competition 2002, S. 361 ff., S. 362 und 380 ff. Neben der Europäischen Kommission folgen beispielsweise auch die Kartellbehörden von Japan und China sowie die US-amerikanische *Federal Trade Commission* diesem Modell, vgl. *E. M. Fox/M. J. Trebilcock*, Introduction, The GAL Competition Project: The Global Convergence of Process Norms, in: Fox/Trebilcock (Hrsg.), The design of competition law institutions: Global norms, local choices (2013), 1, S. 5.

275 Vgl. zur Übersicht über die drei grundlegenden Strukturmodelle *M. J. Trebilcock/E. M. Iacobucci*, Designing Competition Law Institutions: Values, Structure, and Mandate, Loyola University Chicago Law Journal 2010, S. 455 ff., S. 459 ff.; zu den Vor- und Nachteilen der verschiedenen Modelle, insbesondere unter Be-

jenigen Kartellverfolgungssysteme gegenüber, in denen zwar eine spezialisierte Kartellverwaltungsbehörde für die Ermittlung und Verfolgung von Kartellverstößen zuständig ist, die jedoch nicht selbst über das Vorliegen eines Kartellverstoßes entscheiden kann, sondern zur Durchsetzung der kartellrechtlichen Regelungen eine Klage vor einem Gericht erheben muss (*„geteilt behördlich-gerichtliches Modell"* bzw. *„bifurcated judicial modell"*).[276] Schließlich gibt es dazwischen diejenigen Systeme, in denen die Ermittlung und Verfolgung von Wettbewerbsverstößen durch eine Kartellbehörde erfolgt, während für die Feststellung des Verstoßes jedoch ein von der Kartellbehörde getrenntes, spezialisiertes Gremium zuständig ist. Da es sich bei diesem nicht um ein formelles Gericht handelt, werden mithin beide Funktionen letztlich im Rahmen eines verwaltungsbehördlichen Verfahrens wahrgenommen (*„geteilt behördliches Modell"* bzw. *„bifurcated agency modell"*).[277] Zwischen diesen drei Grundmodellen sind wiederum verschiedene Überschneidungen und Kombinationsmöglichkeiten bei der Ausgestaltung kartellbehördlicher Strukturen denkbar.[278]

Den Untersuchungen, die sich mit dem Aufbau und den Kompetenzen von Kartellbehörden beschäftigen, liegt die Annahme zugrunde, dass die Wahl der behördlichen Strukturen, Zuständigkeiten und Verfahrensabläufe, innerhalb derer eine Entscheidung getroffen wird, unmittelbaren Einfluss auf den Inhalt einer Entscheidung ausüben kann. Das materielle Recht muss durch die Institutionen, die in seinem Namen handeln, erst umgesetzt und insofern auch „übersetzt" werden.[279] Jede Verfahrensstruktur weist in dieser Hinsicht jeweils ihre eigenen, typischen Vor- und Nachteile auf.[280] Ein transparentes und faires Verfahren ist dabei grundsätzlich in allen Modellen möglich.[281] Kartellbehörden, die wie die Kommission dem integriert-behördlichen Modell nachgebildet sind, sehen sich jedoch oftmals dem Vorwurf ausgesetzt, die Vereinigung aller drei Funktion in

---

rücksichtigung der Erfahrungen der kanadischen Wettbewerbsbehörde, vgl. *M. J. Trebilcock/E. M. Iacobucci* (Fn. 274), S. 361 ff.

276 Vgl. *M. J. Trebilcock/E. M. Iacobucci* (Fn. 274), S. 361 und 368 ff. Beispiel für ein solches Modell ist die US-amerikanische Antitrust Division des Department of Justice, vgl. *E. M. Fox/M. J. Trebilcock* (Fn. 274), S. 5.

277 *M. J. Trebilcock/E. M. Iacobucci* (Fn. 274), S. 362 und 372 ff. Beispiele für diese Modell sind u.a. die Kartellbehörden von Kanada, Chile und Südafrika, vgl. *E. M. Fox/M. J. Trebilcock* (Fn. 274), S. 5.

278 Vgl. *M. J. Trebilcock/E. M. Iacobucci* (Fn. 274), S. 362.

279 Vgl. *M. J. Trebilcock/E. M. Iacobucci* (Fn. 275), S. 455.

280 Vgl. *E. M. Fox/M. J. Trebilcock* (Fn. 274), S. 5.

281 Vgl. *E. M. Fox*, Antitrust and Institutions: Design and Change, Loyola University Chicago Law Journal 2009-2010, S. 473 ff., S. 473.

einer einzigen Behörde könne einen Mangel an Objektivität oder zumindest einen entsprechenden Anschein zur Folge haben, da die Kartellbehörde regelmäßig als „Richter in eigener Sache" agiere.[282]

b) Potentielle Objektivitätsdefizite bei fehlender Funktionenteilung

Da die Kommission in einem Verfahren sowohl als ermittelnde als auch als entscheidende Behörde fungiert, sind es grundsätzlich die gleichen Beamten des zuständigen *Case Teams* der Generaldirektion Wettbewerb, die in dem jeweiligen Fall ermitteln, an der mündlichen Anhörung teilnehmen und später einen Entwurf für die abschließende Entscheidung anfertigen. Über die Vorlage des Entwurfs an die Europäische Kommission als Kollegialorgan entscheiden hochrangige Beamte der Generaldirektion Wettbewerb, denen die Beamten des *Case Teams* unterstellt sind. Die Vermutung, dass vor diesem Hintergrund die Gefahr mangelnder Objektivität und einer tendenziell einseitigen Aufnahme und Bewertung von Informationen besteht, liegt nahe. In der Praxis wird dementsprechend immer wieder kritisiert, die Beamten der Kommission stünden neuen Entwicklungen oder entlastenden Hinweisen voreingenommen gegenüber und würden dazu neigen, auch überzogene oder ungerechtfertigte Vorwürfe nur schwer wieder fallen zu lassen.[283] Entlastende Informationen, die erst später im Laufe eines Verfahrens vorgebracht werden, würden dagegen nicht immer hinreichend gewürdigt, sondern nach dem Prinzip *„I made up my mind, do not try to confuse me with facts"* beiseitegeschoben.[284] Die Kritik bezieht sich dabei ausdrücklich nicht auf das Verhalten bestimmter Personen, sondern sieht die Ursachen in der Ausgestaltung des Kartellverfolgungssystems der Europäischen Kommission selbst angelegt.[285]

---

282 Vgl. *E. M. Fox/M. J. Trebilcock* (Fn. 274), S. 7.
283 *E. Bueren*, Verständigungen - Settlements in Kartellbußgeldverfahren: Eine Untersuchung des Vergleichsverfahrens der Kommission mit einer rechtsvergleichenden und rechtsökonomischen Analyse (2011), S. 263.
284 Vgl. *W. P. J. Wils*, The Combination of the Investigative and Prosecutorial Function and the Adjudicative Function in EC Antitrust Enforcement: A Legal and Economic Analysis, World Competition Law and Economic Review 2004, S. 201 ff., S. 211.
285 Vgl. *A. Andreangeli/O. Brouwer*, Enforcement by the Commission: The Decisional and Enforcement Structure in Antitrust Cases and the Commission's Fining System (2009), S. 2.

Konkrete Auswirkungen einer möglicherweise fehlenden Objektivität auf das Ergebnis eines Entscheidungsprozesses sind generell nur schwer nachweisbar, da sie oftmals allein anhand des Wortlautes und der in der Entscheidung verwendeten Argumentation nicht erkennbar sind.[286] Denkbar ist insofern zwar, als Anhaltspunkt die Anzahl der Kommissionsentscheidungen heranzuziehen, die von den europäischen Gerichten aufgehoben oder abgeändert wurden.[287] Da Aufhebung oder Abänderung ebenso wie die Aufrechterhaltung eines Urteils jedoch auf ganz verschiedenen Gründen beruhen können, lassen sich hieraus oft keine sicheren Schlüsse ziehen.[288] Es genügt jedoch bereits der Anschein einer Voreingenommenheit, um den Eindruck eines nicht vollständig fair verlaufenden Verfahrens zu erwecken und die Akzeptanz der Entscheidung zu beeinträchtigen.

Aus verhaltenspsychologischer Sicht werden mehrere Komponenten unterschieden, die zu einer Tendenz zur einseitigen Informationsverarbeitung und Informationsbewertung bei der Entscheidungsfindung führen können, wenn die gleichen Beamten sowohl die sachverhaltsrelevanten Informationen ermitteln als auch diese Informationen bei der Erarbeitung der abschließenden Entscheidung einordnen und beurteilen müssen. Zusammengefasst werden diese Komponenten oft als *„prosecutorial bias"*,[289] d.h. als Voreingenommenheit bei der Untersuchung eines bestimmten Sachverhalts, bezeichnet.

---

286 Vgl. *A. Andreangeli/O. Brouwer* (Fn. 285), S. 2, die in diesem Zusammenhang auf ein Urteil des Europäischen Gerichtshofes für Menschenrechte (EGMR) verweisen: *„One of the essential problems which flows from the connection between a tribunal determining facts and a party to the dispute is that the extent to which a judgment of fact may be infected cannot easily be, if at all, discerned. The influence of the connection may not be apparent from the terms of the decision which sets out the primary facts and the inferences drawn from those facts. ... Thus it is no answer to a charge of bias to look at the terms of a decision and to say that no actual bias is demonstrated or that the reasoning is clear, cogent and supported by the evidence."* (vgl. *EGMR*, Urteil vom 14.11.2006, Beschwerdenummer 60860/00 – *Tsfayo vs. United Kingdom*, Rn. 33).

287 Vgl. *W. P. J. Wils* (Fn. 284), S. 212.

288 Vgl. *W. P. J. Wils* (Fn. 284), S. 212 f.

289 Vgl. zu den verschiedenen Komponenten der *„prosecutorial bias"* und möglichen Bezügen zum Kartellverfahren umfassend *W. P. J. Wils* (Fn. 284), S. 213 ff. sowie *M. Merola/D. Waelbroeck*, Towards an optimal enforcement of competition rules in Europe: Time for a Review of Regulation 1/2003? (2010), S. 207 ff.

aa) „Confirmation bias"

Wesentliches Element einer *„prosecutorial bias"* ist zunächst eine *„confirmation bias"* („Bestätigungstendenz").[290] Danach sind Menschen unbewusst eher geneigt, nach Beweisen zu suchen, die ihre eigene Vermutung bestätigen, als nach solchen, die dieser widersprechen. Eine Bestätigungstendenz tritt zudem nicht nur bei der Suche nach Informationen, sondern auch bei ihrer Bewertung auf. Informationen, die die eigene Vermutung untermauern, werden demnach mit wesentlich größerer Aufmerksamkeit wahrgenommen als solche, die die eigene Überzeugung wieder in Frage stellen können.[291] Auch Personen mit besonderem Fachwissen oder großer Sachverhaltskenntnis sind vor dem Entstehen einer unbewussten *„confirmation bias"* nicht gefeit; ebenso wenig ist relevant, ob sich eine einzelne Person oder eine Gruppe mit einem Sachverhalt befasst.[292] Vielmehr wird eine Bestätigungstendenz bei homogenen Personengruppen, die ursprünglich eine ähnliche Meinung besaßen, im Laufe der Zeit eher noch verstärkt.[293]

Die Kommission eröffnet Kartellverfahren nur dann, wenn sie nach der Durchführung der Ermittlungen hinreichende Anhaltspunkte für ein mögliches kartellrechtswidriges Verhalten sieht.[294] Dabei entscheidet sie nach dem Opportunitätsprinzip in eigenem Ermessen, ob sie einen Fall aufgreift,[295] und kann selbst dann von der Eröffnung eines Verfahrens absehen, wenn an sich ein Verdacht auf eine Zuwiderhandlung gegen das europäische Kartellrecht besteht. Die Kommission kann insofern anhand ihrer eigenen Verfolgungsprioritäten entscheiden, ob sie Ermittlungen aufnimmt. Sie wird daher grundsätzlich nur dann in Ermittlungen eintreten, wenn die Einleitung eines Verfahrens nach ihrer Einschätzung anhand der bei Beginn der Ermittlungen vorliegenden Informationen entsprechende Erfolgsaussichten bietet und sich die Klärung des Falles aus rechtlichen oder ökonomischen Gründen als besonders relevant darstellt. Die für das jeweilige Verfahren zuständigen Beamten sind daher grundsätzlich zunächst der Auffassung, dass ein Kartellverstoß wahrscheinlich vorliegen wird.[296] Das Eintreten einer *„confirmation bias"* kann hier dazu führen, dass bei den Beamten des fallbearbeitenden *Case Teams* etwa eine unbewusste

---

290 Begriff nach *E. Bueren* (Fn. 283), S. 260 m.w.N.
291 Vgl. *E. Bueren* (Fn. 283), S. 26; *W. P. J. Wils* (Fn. 284), S. 213 f.
292 Vgl. *E. Bueren* (Fn. 283), S. 261.
293 Vgl. *E. Bueren* (Fn. 283), S. 261.
294 Vgl. *W. P. J. Wils* (Fn. 284), S. 214.
295 Vgl. *J. Biermann* (Fn. 148), Rn. 225.
296 Vgl. *W. P. J. Wils* (Fn. 284), S. 214.

Tendenz vorliegt, nach belastenden statt nach entlastenden Beweisen zu suchen und die gefundenen belastenden Beweise stärker zu gewichten.[297]

bb) „Hindsight bias"

Das psychologische Phänomen der *„hindsight bias"* („Rückschaufehler") hängt dagegen eng mit dem Verlangen zusammen, bereits vergangene Bemühungen gegenüber Vorgesetzten oder Außenstehenden zu rechtfertigen.[298] In vielen Kartellverfahren wird über einen Zeitraum von mehreren Jahren ermittelt, so dass die Kommission erhebliche finanzielle, personelle und zeitliche Ressourcen einsetzen muss. Die Ressourcen, die der Generaldirektion Wettbewerb dabei zur Verfügung stehen, sind jedoch zwangsweise beschränkt, so dass sie entsprechend bemüht ist, ihre Ressourcen möglichst sinnvoll zu nutzen und effektiv einzusetzen. Im Zuge komplexer Kartellverfahren kann es jedoch immer wieder dazu kommen, dass sich aufgrund neuer Informationen herausstellt, dass ein Kartellverstoß gar nicht vorlag oder zumindest nur in wesentlich geringerem Maße, als die Kommission dies ursprünglich angenommen hatte.[299] Auch wenn sich der Verdacht eines Kartellverstoßes später nicht erhärtet, muss dies zwar nicht bedeuten, dass die Einleitung eines Verfahrens und gegebenenfalls auch eine Übersendung einer Mitteilung der Beschwerdepunkte nach dem zu diesem Zeitpunkt bestehenden Informationsstand nicht gerechtfertigt waren. Oftmals werden die ermittelnden Beamten, ihre Vorgesetzten oder etwa außenstehende Beobachter jedoch daraus schließen, dass hier Ressourcen falsch eingesetzt wurden und bereits die Einleitung des Verfahrens hätte unterbleiben sollen.[300] Diese Einschätzung rührt aus der sog. *„hindsight bias"*, d.h. dem Glauben, dass es ein Fehler war, nicht bereits zu Beginn das Ermittlungsergebnis in Form des Nicht-Vorliegens eines Kartellverstoßes vorauszusehen, auch wenn dies eventuell zu Ermittlungsbeginn noch gar nicht möglich war.[301]

Die Erkenntnis, dass möglicherweise kein Kartellverstoß vorliegt, und der (gegebenenfalls unzutreffende) Glaube, dass die Einleitung eines Verfahrens eine Fehlentscheidung war, stehen im Konflikt mit der ursprüngli-

---

297 Vgl. *E. Bueren* (Fn. 283), S. 260.
298 Vgl. *A. Andreangeli/O. Brouwer* (Fn. 285), S. 6.
299 Vgl. *W. P. J. Wils* (Fn. 284), S. 214 f.
300 Vgl. *W. P. J. Wils* (Fn. 284), S. 215.
301 Vgl. *W. P. J. Wils* (Fn. 284), S. 215.

chen Einschätzung der Beamten und dem Vertrauen in ihre eigene Urteilsfähigkeit. Da solche Situationen „kognitiver Dissonanz" unangenehm sind, tendieren Menschen generell dazu, diese zu vermeiden und dementsprechend solche Informationen weniger stark zu berücksichtigen, die in eine unerwünschte Richtung deuten könnten.[302] Vielen Beamten dürfte es vor diesem Hintergrund somit schwer fallen, nach aufwändigen Ermittlungen, der Einleitung eines formellen Verfahrens und dem Abfassen der Mitteilung der Beschwerdepunkte entlastende Beweise wirklich unvoreingenommen zu würdigen. Es besteht daher die Gefahr, dass Kommissionsbeamte einen Fall, den sie als „ihren" Fall betrachten, möglichst eher mit einer Verbots- oder Bußgeldentscheidung als mit einer Einstellung abschließen wollen.[303]

cc) „Policy bias"

Hinzu kommt, dass einer Kartellbehörde in der Regel daran gelegen ist zu zeigen, dass sie ihre im öffentlichen Interesse liegenden Aufgaben mit Engagement, Effektivität und Erfolg erfüllt. Werden viele Verfahren mit einem Ahndungserfolg abgeschlossen, kann die Kartellbehörde ihre Tätigkeit als erfolgreich und sinnvoll darstellen und den Einsatz der Ressourcen, die ihr zur Erfüllung ihrer Aufgaben zur Verfügung gestellt wurden, in den Augen der Öffentlichkeit und der zuständigen Aufsichtsinstanzen rechtfertigen. An diesem Punkt setzt auch die sog. *„policy bias"* an: Danach können sich einzelne Beamte eines *Case Teams* von einem erfolgreich durchgeführten, insbesondere mit Untersagungs- oder Bußgeldentscheidung beendeten Verfahren möglicherweise Vorteile für ihre zukünftige Karriere und den Respekt ihrer Kollegen und Vorgesetzten versprechen.[304]

Wie aktiv die Kommission bei der Kartellverfolgung agiert, lässt sich unter anderem an den von der Generaldirektion Wettbewerb veröffentlichten Statistiken erkennen.[305] Die Veröffentlichung derartiger Statistiken ist

---

302 *W. P. J. Wils* (Fn. 284), S. 215.
303 Vgl. *F. Montag*, The case for a radical reform of the infringement procedure under regulation 17, E.C.L.R. 1996, S. 428 ff., S. 430.
304 Vgl. *W. P. J. Wils* (Fn. 284), S. 216.
305 Siehe z.B. die von der Generaldirektion veröffentlichte Statistik zu den in den Jahren 2016 bis 2020 verhängten Bußgeldern sowie einen Überblick über die Entwicklung der Bußgeldhöhe im Zeitraum zwischen 1990 und 2020, abrufbar unter: http://ec.europa.eu/competition/cartels/statistics/statistics.pdf (zuletzt besucht am 05.08.2020).

zwar einerseits im Sinne einer Transparenz der kartellbehördlichen Tätigkeit sinnvoll, da sie der Öffentlichkeit Aufschluss darüber gibt, wie öffentliche Gelder eingesetzt werden, welche Verfahren geführt und mit welchem Ergebnis diese abgeschlossen wurden. Andererseits können Außenstehende oftmals nicht beurteilen, ob eine Untersagungsentscheidung oder die Verhängung einer Geldbuße berechtigt waren.[306] Es besteht daher die Gefahr, dass sie sich von den in der Statistik aufgeführten Verfahrensergebnissen beeindrucken lassen, ohne deren Korrektheit überprüfen zu können. Während einerseits ein berechtigtes Interesse an einer potentiell abschreckenden Wirkung der verhängten Sanktionen besteht, birgt ihre Veröffentlichung gleichzeitig auch ein gewisses Risiko, dass auch kartellrechtlich eher unkritische Fälle weiterverfolgt oder Kartellverstöße mit besonders hohen Bußgeldern geahndet werden könnten, um der Kartellbehörde das in der Statistik bisher erreichte Level zumindest aufrechtzuerhalten;[307] zumindest lässt sich eine entsprechende Motivation nicht von vornherein ausschließen.

c) Transparenz als Korrektiv

In aller Regel wird sich ein tatsächlicher Einfluss einer *„prosecutorial bias"* in einem konkreten Kartellverfahren kaum nachweisen lassen. Insbesondere bei Erlass einer nachteiligen Entscheidung, mit deren Inhalt die betroffenen Unternehmen als Entscheidungsadressaten nicht einverstanden sind, kann jedoch allein aufgrund eines theoretisch möglichen Vorliegens von *„prosecutorial bias"* der Eindruck einer entsprechenden Fehlerhaftigkeit der Entscheidung entstehen. Dieser Eindruck kann wiederum auf verschiedenen Gründen beruhen. So ist beispielsweise nicht auszuschließen, dass auch die betroffenen Unternehmen und ihre Vertreter selbst einer *„bias"* in Bezug auf ihre eigene Falldarstellung und Bewertung unterliegen, denn auch sie haben ihre Argumentation in der Regel mit großem zeitlichen und finanziellen Aufwand vorbereitet und sind nach vielen Überlegungen ihrerseits davon überzeugt, dass diese zutreffend sind. Möglich ist daneben aber auch, dass die Entscheidungsadressaten tatsächlich von einer *„prosecu-*

---

306 Vgl. *W. P. J. Wils* (Fn. 284), S. 216.
307 Vgl. *W. P. J. Wils* (Fn. 284), S. 216; *D. Slater/S. Thomas/D. Waelbroeck*, Competition Law Proceedings Before the European Commission and the Right to a Fair Trial: No Need for Reform?, European Competition Journal 2009, S. 97 ff., S. 130.

torial bias" bei den Kommissionsbeamten ausgehen, oder aber dass sie diesen Vorwurf zumindest als zusätzliches Mittel nutzen, um eine belastende Entscheidung der Kommission anzugreifen.[308]

Die bloße theoretische Möglichkeit einer *„prosecutorial bias"* kann mithin dazu führen, dass den im europäischen Kartellverfahren getroffenen Entscheidungen auch von Seiten anderer Unternehmen weniger Vertrauen entgegengebracht wird. Eine mangelnde Akzeptanz von Kommissionentscheidungen wiederum kann zur Folge haben, dass Unternehmen sich vermehrt dazu entscheiden, Rechtsmittel gegen eine belastende Entscheidung einzulegen und diese vor den europäischen Gerichten anzugreifen. Die Zahl der angegriffenen Entscheidungen sollte jedoch gerade im Interesse einer schnellen, endgültigen und von allen Parteien akzeptierten Entscheidung vermieden werden. Eine transparente Verfahrensgestaltung kann in dieser Hinsicht ein sinnvolles Mittel sein, da sie eine zusätzliche Verfahrenskontrolle durch die Öffentlichkeit ermöglicht und der besseren Nachvollziehbarkeit des Verfahrens für die betroffenen Unternehmen dient. Sie kann auf diesem Weg dem Anschein einer *„prosecutorial bias"* entgegenwirken und somit dazu beitragen, dass das europäische Kartellverfahren als objektiv und fair empfunden und die Akzeptanz der in ihm getroffenen Entscheidungen erhöht wird.

Transparente Entscheidungsstrukturen sind somit ein wichtiger Baustein zur Steigerung der Objektivität im europäischen Kartellverfahren. Gleichzeitig tragen sie zur Qualität der Entscheidungsfindung und zur Legitimation der abschließenden Entscheidung bei. Der Grad der anzustrebenden Transparenz hängt jedoch auch von anderen Interessen und Zielen ab, die durch eine zu weitgehende Transparenz möglicherweise beeinträchtigt werden. Diese Grenzen sollen im nächsten Abschnitt untersucht werden.

II. Transparenz im Spannungsfeld konfligierender Interessen

Der Transparenzgrundsatz kann im Gemeinschaftsrecht keine uneingeschränkte Geltung beanspruchen. Dies verdeutlicht bereits Art. 1 Abs. 2 EUV, nach dem die Europäische Union lediglich „möglichst" offen handeln soll.[309] Alle Überlegungen zur transparenten Ausgestaltung des Kartellverfahrens müssen daher unter Abwägung mit anderen Grundsätzen

---

308 Vgl. *W. P. J. Wils* (Fn. 284), S. 217.
309 Vgl. *M. Haag* (Fn. 90), Rn. 16.

des europäischen Gemeinschaftsrechts erfolgen und diese angemessen berücksichtigen, so dass die Transparenz des Verfahrens stets mit konfligierenden Interessen und entgegenstehenden Rechtsgütern im Sinne einer praktischen Konkordanz in Ausgleich zu bringen ist.[310] Die Frage nach dem richtigen Maß an Transparenz bei der Ausgestaltung des europäischen Kartellverfahrens steht dabei insbesondere im Spannungsfeld mit den zur Sicherung einer wirksamen Kartellverfolgung notwendigen Einschränkungen und der Wahrung der Vertraulichkeit von Geschäftsgeheimnissen und sonstigen sensiblen Informationen.

Dabei ist auch zu beachten, dass die verschiedenen, an einem Kartellverfahren beteiligten Akteure unterschiedliche Interessen und Ziele verfolgen. Die Spannungsfelder, in denen sich die Überlegungen zur Transparenz vor diesem Hintergrund bewegen, werden deshalb an dieser Stelle zunächst nur im Überblick skizziert und im Verlauf des zweiten Teils der Arbeit anlässlich der Untersuchung der einzelnen Abschnitte des europäischen Kartellverfahrens erneut aufgegriffen und vertieft.

1. Transparenz und Effektivität

Eine effektive Kartellverfolgung erfolgt zur Abwendung volkswirtschaftlicher Schäden im öffentlichen Interesse. Eine zu große Transparenz des Kartellverfahrens kann in verschiedenen Zusammenhängen mit der Sicherstellung einer wirksamen Kartellverfolgung in Konflikt geraten: So kann die Herstellung von Transparenz etwa mit einem nicht unerheblichen bürokratischen Aufwand verbunden sein, z.B. indem der Kommission umfassende Veröffentlichungs- oder Unterrichtungspflichten auferlegt werden. Die Erfüllung solcher Pflichten kann personelle, sachliche oder zeitliche Ressourcen möglicherweise über das erforderliche Maß hinaus binden, die an anderer Stelle fehlen,[311] und so zu einer Beeinträchtigung der Effektivität des Kartellverfahrens führen. Darüber hinaus kann eine zu frühzeitige Information betroffener Unternehmen kartellrechtliche Untersuchungen behindern, wenn etwa die Gefahr besteht, dass belastende Beweise rechtzeitig vernichtet werden können.

---

310 Vgl. *Schoo/ Görlitz* (Fn. 10), Rn. 9.
311 Vgl. aus der Perspektive der US-amerikanischen Kartellbehörden *H. First/E. M. Fox/D. E. Hemli*, The United States: The Competition Law System and the Country's Norms, in: Fox/Trebilcock (Hrsg.), The design of competition law institutions: Global norms, local choices (2013), 329, S. 367 f.

Zweck und Umfang von transparenzfördernden Maßnahmen müssen daher mit dem durch sie verursachten Aufwand bei der Umsetzung abgewogen werden. Die Frage nach dem richtigen Maß an Transparenz des Kartellverfahrens kann zudem für einzelne Verfahrensabschnitte unterschiedlich zu beantworten sein. So erscheint insbesondere während der Ermittlungsphase eine hinreichende Geheimhaltung notwendig, um den Fortschritt der Ermittlungen nicht zu gefährden; andererseits darf hierdurch den betroffenen Unternehmen etwa die Ausübung ihrer Verteidigungsrechte auch nicht übermäßig erschwert oder unmöglich gemacht werden.

Transparenz kann auf der anderen Seite aber auch einer effektiven Verfahrensführung zuträglich sein. Denkbar ist beispielsweise, dass die Kommission durch eine frühzeitige Kommunikation und Einbeziehung von betroffenen Unternehmen oder Dritten in einem Verfahren bereits in einem frühen Verfahrensstadium Informationen erhält, die die Durchführung des Verfahrens erleichtern, beschleunigen oder in die richtige Richtung lenken.

2. Transparenz und Vertraulichkeit

Die Förderung von Transparenz, insbesondere durch Veröffentlichungen oder die Gewährung von Akteneinsichtsrechten, kann zudem mit berechtigten Interessen der betroffenen Unternehmen am Schutz vertraulicher Informationen konfligieren.[312] Der Schutz vertraulicher Informationen durch die Beamten der Europäischen Union ist primärrechtlich garantiert. Nach der in Art. 339 AEUV statuierten Pflicht zur Amtsverschwiegenheit sind die Mitglieder der Organe sowie alle Bediensteten der EU verpflichtet, Auskünfte, die ihrem Wesen nach unter das Berufsgeheimnis fallen, nicht preiszugeben.[313] Viele Informationen, die die Kommission im Laufe eines Verfahrens insbesondere von den oder über die betroffenen Unternehmen erhält, beinhalten Betriebs- und Geschäftsgeheimnisse oder sind aus anderen Gründen sensibel. In Kartellverfahren sind oftmals insbesondere Infor-

---

312 Vgl. auch den Hinweis zum Spannungsverhältnis zwischen Transparenz und Vertraulichkeit bei *M. J. Trebilcock/E. M. Iacobucci* (Fn. 274), S. 366 f.

313 Vgl. allgemein zur Abwägung zwischen den durch die Geheimhaltung und den durch eine Weitergabe geschützten Interessen *B. W. Wegener*, Art. 339 AEUV, in: Calliess/Ruffert (Hrsg.), EUV, AEUV: Das Verfassungsrecht der Europäischen Union mit Europäischer Grundrechtecharta (2016), Rn. 4.

mationen zu Marktanteilen, Wettbewerbsstrategien, Umsätzen oder Produkteigenschaften von Relevanz, deren Bekanntwerden im Markt zu erheblichen wirtschaftlichen Schäden führen kann.

Darüber hinaus müssen die Interessen der betroffenen Unternehmen an der Geheimhaltung von Informationen aus oder über ein bestimmtes Kartellverfahren mit berechtigten Informationsansprüchen Dritter in Einklang gebracht werden. Konflikte können sich in dieser Hinsicht etwa im Rahmen der Öffentlichkeitsarbeit der Kommission ergeben, beispielsweise im Hinblick auf die Gefahr von Rufschädigungen bei Bekanntwerden der kartellrechtlichen Vorwürfe während des Verfahrensverlaufes. Darüber hinaus können sich Interessenskonflikte mit Bezug zur Wahrung der Vertraulichkeit auch anlässlich der Veröffentlichung von Entscheidungen oder im Zusammenhang mit dem Recht der Öffentlichkeit auf Zugang zu Dokumenten der Gemeinschaftsorgane ergeben.

3. Interessenkonflikte zwischen den Akteuren

Das Kartellverfahrensrecht dient auch dazu, widerstreitende Interessen und unterschiedliche Perspektiven der beteiligten Akteure in Ausgleich zu bringen. Diese sind auch bei der Analyse der Transparenz des Kartellverfahrens zu berücksichtigen. Ein Spannungsfeld besteht dabei zwischen den Interessen der Kommission auf der einen Seite und den Interessen der unmittelbar am Verfahren beteiligten Unternehmen auf der anderen Seite. Darüber hinaus sind jedoch auch die Interessen der Beschwerdeführer, außenstehender interessierter Dritter und der Öffentlichkeit miteinzubeziehen.

Die Unternehmen, gegen die sich die Ermittlungsmaßnahmen der Kommission richten, besitzen naturgemäß ein Interesse an einer möglichst umfassenden Wahrnehmung der ihnen zustehenden Verteidigungsrechte. Aus diesem Grund ist für sie grundsätzlich eine größtmögliche Transparenz der Zusammenarbeit im Netzwerk der Wettbewerbsbehörden[314] und des Verfahrens vor der Kommission von Nutzen. So kann es für sie z.B. relevant sein, über den Verfahrensstand von der Kommission möglichst aktu-

---

314 Vgl. hierzu S. *Brammer*, Concurrent Jurisdiction under Regulaton 1/2003 and the Issue of Case Allocation, C.M.L.R. 2005, S. 1383 ff., S. 1416 und 1424.

ell auf dem Laufenden gehalten zu werden[315] und eine umfassende Akten-einsicht in die Kommissionsakten zu erhalten.[316] In diesem Zusammen-hang kommt insbesondere dem Anhörungsbeauftragten in seiner Rolle als Garant der Verfahrensrechte eine besondere Bedeutung zu.[317] Nach Been-digung des Verfahrens besitzen die beteiligten Unternehmen zudem ein Interesse an einer Begründung der abschließenden Entscheidung,[318] um die Argumentation der Kommission nachvollziehen und die Erfolgs-aus-sichten ihrer Rechtsschutzmöglichkeiten prüfen zu können. Gleichzeitig ist es für sie entscheidend, dass vertrauliche Informationen, die die Kom-mission während des Verfahrens in ihre Akten aufgenommen hat, vor dem Einblick außenstehender Dritter geschützt werden.

Unternehmen, die potentiell zum Kreis der geschädigten Marktteilneh-mer zählen oder auch sonstige, an einem konkreten Kartellverfahren inter-essierte Verbände oder Personen, verfolgen hingegen eigene Ziele. Ihre In-teressen richten sich, wenn sie als Beschwerdeführer auftreten, zum einen auf ein möglichst weitgehendes Akteneinsichtsrecht in die Kommissions-akten sowie den Erhalt möglichst detaillierter Informationen über den Fortgang oder die beabsichtigte Einstellung des Verfahrens, um gegebe-nenfalls weiter auf den Verfahrensverlauf Einfluss nehmen zu können.[319] Darüber hinaus können sie ein Interesse an der Teilnahme an Sitzungen und Treffen sowie an der Veröffentlichung und Begründung der das Kar-tellverfahren abschließenden Kommissionsentscheidung besitzen. Insbe-sondere Unternehmen, die sich potentiell zum Kreis der durch die kartell-beteiligten Unternehmen Geschädigten rechnen, können darüber hinaus an der Akteneinsicht in Kronzeugenakten besonders interessiert sein, um auf diese Weise Zugang zu wertvollen Informationen für die Vorbereitung

---

315 Diesem Zweck sollen z.B. die „Treffen zum Verfahrensstand" dienen, vgl. Be-kanntmachung der Kommission über bewährte Vorgehensweisen in Verfahren nach Art. 101 und 102 AEUV, ABl. (EU) Nr. C 308 vom 20.10.2011, S. 6, Rn. 61.
316 Vgl. *A. Klees* (Fn. 147), § 5, Rn. 54.
317 Vgl. zur Reform des Mandates des Anhörungsbeauftragten *E. Bueren*, Reform des Mandats des Anhörungsbeauftragten in Wettbewerbsverfahren - Kleiner Schritt oder großer Wurf?, WuW 2012, S. 684 ff.; *S. Lechler*, Das neue Mandat des Anhörungsbeauftragten: Vom Anhörungsrecht zur Wahrung der Verfah-rensrechte, ZWeR 2012, S. 109 ff.
318 Vgl. zur Begründung Art. 296 Abs. 2 AEUV.
319 Zu den Rechten der Beschwerdeführer im Beschwerdeverfahren vgl. *A. Klees* (Fn. 147), § 5, Rn. 70 ff.

zivilrechtlicher Schadensersatzklagen zu erhalten.[320] Dieses Recht auf Akteneinsicht wird im Nachgang zur Rechtssache *Pfleiderer* aus dem Jahr 2011 in der wissenschaftlichen Literatur zum Kartellverfahrensrecht sowohl auf europäischer als auch auf nationaler Ebene unter dem Stichwort „Transparenz" intensiv diskutiert.[321]

Für die Kommission stehen demgegenüber vornehmlich die Effektivität und Effizienz der Kartellverfolgung sowie der Schutz ihrer Entscheidungsmechanismen und Ermittlungsbefugnisse im Vordergrund. Gleichzeitig erkennt aber auch sie einem transparenten, fairen Verfahren[322] und der Information der Öffentlichkeit über ihre Tätigkeit eine herausragende Bedeutung zu.

D. Transparenz im internationalen Vergleich

Im Rahmen des folgenden Abschnittes soll der Frage nachgegangen werden, welche Erkenntnisse und Kriterien zur transparenten Gestaltung kartellbehördlicher Verfahren sich aus dem Vergleich mit anderen Rechtsquellen und Rechtskreisen gewinnen lassen. Dabei soll insbesondere untersucht werden, welche Mittel zur Erzielung von (Verfahrens-)Transparenz in anderen Rechtssystemen herangezogen werden und ob sich aus den dortigen Erfahrungen weitere Impulse für eine transparente Ausgestaltung des europäischen Kartellverfahrens ergeben.

---

320 Vgl. zu den widerstreitenden Interessen von Kommission und schadensersatzbegehrenden Unternehmen z.B. *C. Palzer*, Stolperstein für die Kommission? Die Kronzeugenregelung auf dem Prüfstand der Transparenz-VO: Zugleich Besprechung der Urteile des EuG vom 15. Dezember 2011, Rs. T-437/08 (CDC/Kommission) und vom 22. Mai 2012, Rs. T-344/08 (EnBW/Kommission), EuR 2012, S. 583 ff. Das Akteneinsichtsrecht in Kronzeugenakten war in den letzten Jahren Gegenstand mehrerer Urteile, vgl. hierzu insb. *EuGH*, Urteil vom 14.06.2011, Rs. C 360/09 – *Pfleiderer*; *EuGH*, Urteil vom 06.06.2013, Rs. C 536/11 – *Donauchemie*.

321 Vgl. hierzu Teil 2/ H.

322 Vgl. Pressemitteilung der Kommission, IP/10/2 vom 06.01.2010 „*Kartellrecht: Mehr Transparenz und Vorhersehbarkeit bei Kommissionsuntersuchungen*", abrufbar unter: http://europa.eu/rapid/press-release_IP-10-2_de.htm (zuletzt besucht am 05.08.2020).

I. Transparenz in Rechtsordnungen außerhalb der Europäischen Union

Transparenz spielt nicht nur im Recht der Europäischen Union, sondern auch darüber hinaus eine wachsende Rolle. Im Rahmen dieser Arbeit kann eine Darstellung der internationalen Entwicklungen, von denen Impulse auf die Transparenz der Kartellrechtsdurchsetzung auf europäischer Ebene ausgehen können, nur selektiv erfolgen. Ein kurzer Blick über den Tellerrand des europäischen Kartellverfahrensrechts hinaus erscheint dennoch in Bezug auf solche Bereiche von Interesse, die in besonderem Maße auf das europäische Recht ausstrahlen oder Anregungen zur Umsetzung des Transparenzgedanken im europäischen Kartellverfahren enthalten können. Nachfolgend sollen daher zumindest drei Rechtsordnungen herausgegriffen werden, die hierfür aufgrund ihrer internationalen Bedeutung oder ihrer Vorbildfunktion für das europäische Wettbewerbsrecht ein erhebliches Potential aufweisen.

1. Transparenz im internationalen Wirtschaftsrecht

Das Interesse an Inhalt und Bedeutung der Transparenz von Rechtsregeln, Institutionen und Verfahren im internationalen Bereich wächst und findet in unterschiedlichen Rechtsgebieten verstärkt Beachtung. Als Beispiele lassen sich dabei verschiedene Entwicklungen in unterschiedlichen Teilbereichen des Wirtschaftsvölkerrechts heranziehen, in denen Bemühungen um eine größere Transparenz auf die Agenda internationaler Organisationen gerückt sind. Wesentliche Bedeutung hat der Gedanke eines transparenten Verfahrens zuletzt etwa im Gebiet des internationalen Investitionsschutzrechts im Zusammenhang mit der vielfach geäußerten Kritik an der mangelnden Transparenz von internationalen Investor-Staat-Schiedsverfahren erlangt.[323] Im Jahr 2014 hat die Kommission der Vereinten Nationen für internationales Handelsrecht (UNCITRAL)[324] zur Stärkung der Transparenz in diesem Bereich ein entsprechendes Regelwerk erarbeitet und veröffentlicht, das weitreichende Transparenzanforderungen an investitions-

---

323 Vgl. etwa *J. C. Sackmann*, Im Schatten von CETA und TTIP: Zur Verfahrenstransparenz in Intra-EU-Investitionsschiedsverfahren, SchiedsVZ 2015, S. 15 ff., S. 15 und S. 16 unter Hinweis auf die Diskussion zu TTIP und CETA.

324 Engl.: *United Nations Commission on International Trade Law* (UNCITRAL).

schutzrechtliche Schiedsverfahren stellt.[325] Danach müssen im Rahmen eines Investor-Staat-Schiedsverfahrens alle wesentlichen Verfahrensdokumente, zu denen insbesondere der Schiedsspruch, die Verfahrensbeschlüsse des Schiedsgerichts, die Protokolle der mündlichen Verhandlungen und die Schriftsätze der Parteien zählen, auf der UNCITRAL-Homepage veröffentlicht werden.[326] Die UNCITRAL-Transparenzregeln bestimmen darüber hinaus beispielsweise auch, dass die mündlichen Verhandlungen grundsätzlich öffentlich stattfinden sollen.[327] Im Rahmen der Verhandlungen zwischen der Europäischen Union und den USA über eine Transnationale Handels- und Investitionspartnerschaft (TTIP) wird der Transparenzgewinn aufgrund der UNCITRAL-Transparenzregeln ebenso wie in ähnlichen Handels- und Investitionsabkommen der Europäischen Union als ein wesentliches Element zur Steigerung der Legitimation von Investor-Staat-Schiedsverfahren angesehen.[328]

Auch über die UNCITRAL-Transparenzregeln für Investor-Staat-Schiedsverfahren hinaus ist ein Blick auf das internationale Investitionsschutzrecht deshalb interessant, weil gerade in diesem Rechtsgebiet allgemeine, völkerrechtliche Anforderungen an die Transparenz staatlichen

---

325 UNCITRAL Rules on Transparency in Treaty-based Investor-State Arbitration, 2014, abrufbar unter: http://www.uncitral.org/pdf/english/texts/arbitration/rules -on-transparency/Rules-on-Transparency-E.pdf (zuletzt besucht am 05.08.2020). Diese Regeln werden ergänzt durch die United Nations Convention on Transparency in Treaty-based Investor-State Arbitration („Mauritius Convention"), 2014, abrufbar unter: https://uncitral.un.org/en/texts/arbitration/conventions/tra nsparency (zuletzt besucht am 05.08.2020); vgl. hierzu *M. Weidenfeller*, Nicht mehr privat und nicht mehr geheim? – Reform des internationalen Schiedsverfahrensrechts, ZRP 2015, S. 112 ff.; *P. Hammacher*, Vertraulichkeit versus Öffentlichkeit in der Konfliktbearbeitung - UNCITRAL Rules on Transparency in Kraft, NZBau 2014, S. 607–608 f. Ausführlich zu Anforderungen und Ausprägungen von Transparenz in völkerrechtlichen Investitionsschiedsverfahren auch außerhalb der UNCITRAL Rules on Transparency *J. C. Sackmann* (Fn. 12).

326 Vgl. Art. 3 Abs. 1 UNCITRAL-Transparenzregeln.

327 Vgl. Art. 6 Abs. 1 UNCITRAL-Transparenzregeln.

328 Die Europäische Union verweist beispielsweise in ihrem Verhandlungsvorschlag für einen internationalen Investitionsgerichtshof im Rahmen von TTIP ausdrücklich auf die UNCITRAL-Transparenzregeln, vgl. Art. 18, *EU Proposal for Investment in TTIP*, veröffentlicht am 12.11.2015, abrufbar unter: http://trade. ec.europa.eu/doclib/docs/2015/november/tradoc_153955.pdf (zuletzt besucht am 05.08.2020). Auch im Rahmen der investitionsschutzrechtlichen Regelungen im Wirtschafts- und Handelsabkommen zwischen Kanada und der Europäischen Union (CETA) werden die UNCITRAL-Transparenzregeln einbezogen, vgl. etwa die Informationen der Kommission unter: http://trade.ec.europa.eu/do clib/docs/2013/december/tradoc_151959.pdf (zuletzt besucht am 05.08.2020).

Handelns entwickelt werden. Viele internationale Investitionsschutzab-
kommen enthalten entsprechende Transparenzbestimmungen, welche die
Vertragsstaaten verpflichten, ihre Gesetze, Verwaltungsentscheidungen,
Verfahren und sonstige Praktiken zu veröffentlichen.[329] Vor dem Hintergrund solcher Bestimmungen zur Transparenz sowie im Hinblick auf anderweitige investitionsschutzrechtliche Standards ist anerkannt, dass das
internationale Investitionsschutzrecht gewisse Mindestanforderungen an
die Transparenz und Vorhersehbarkeit staatlichen Handelns stellt.[330] Eine
recht weitreichende Formulierung dieses Transparenzgedankens im internationalen Investitionsschutzrecht hat etwa das Schiedsgericht im sog. *Metalclad*-Fall wie folgt zum Ausdruck gebracht: *„Prominent in the statement of
principles and rules that introduces the agreement is the reference to 'transparency' (NAFTA Article 102 (1)). The tribunal understands this to include the idea
that all relevant legal requirements for the purpose of initiating, completing and
successfully operating investments made, or intended to be made, under the
agreement should be capable of being readily known to all affected investors of
another party. There should be no room for doubt or uncertainty on such mat-
ters.“*[331]

Diese Beispiele verdeutlichen, dass die Transparenz staatlichen Handelns
im Bereich des internationalen Wirtschaftsrechts in verschiedenen – wenn-
gleich in der Regel sehr allgemein gehaltenen – Ausprägungen zum Ausdruck kommt und eine zunehmend bedeutende Rolle spielt.[332] Ähnlich
wie im europäischen Recht wird der Transparenzgedanke dabei auch als
wesentliches Element eines fairen Verfahrens angesehen, welches zur Legitimation des Verfahrens und der in ihm getroffenen Entscheidung einen
wichtigen Beitrag leisten kann.

---

329 Vgl. dazu die umfassende Studie zu Transparenzregeln in internationalen Investitionsabkommen UNCTAD, Transparency, UNCTAD/ITE/IIT/2003/4, 2004,
abrufbar unter: http://unctad.org/en/pages/PublicationArchive.aspx?publicationi
d=349 (zuletzt besucht am 05.08.2020).

330 Vgl. etwa im Zusammenhang mit dem Standard der fairen und gerechten Be-
handlung *R. Kläger*, 'Fair and Equitable Treatment' in International Investment
Law (2011), S. 227 ff. m.w.N. sowie *C. v. Hammerstein/P. Roegele*, Der Fair and
Equitable Treatment-Standard im Investitionsschutzrecht, SchiedsVZ 2015,
S. 275 ff., S. 278.

331 *Metalclad Corp. v. Mexico*, Schiedsspruch vom 30.08.2000, ICSID Case No.
ARB(AF)/97/1.

332 Vgl. mit Beispielen *C.-S. Zoellner*, Transparency: An Analysis of en Evolving
Fundamental Principle in International Economic Law, Michigan Journal of International Law 2006, S. 579 ff.

2. Transparenzanforderungen in Art. 6 EMRK

Die Europäische Menschenrechtskonvention[333] (EMRK) gewährleistet insbesondere in Art. 6 EMRK als selbständiges Menschenrecht verschiedene Elemente des Rechts auf ein faires Verfahren,[334] die eng mit der Transparenz eines Verfahrens zusammenhängen. Insbesondere hat nach Art. 6 Abs. 1 S. 1 EMRK jede Person *„ein Recht darauf, dass über eine gegen sie erhobene strafrechtliche Anklage von einem unabhängigen und unparteiischen, auf Gesetz beruhenden Gericht in einem fairen Verfahren, öffentlich und innerhalb angemessener Frist verhandelt wird."* Art. 6 Abs. 1 S. 2 EMRK gewährleistet somit das Recht auf eine öffentliche Verhandlung als Bestandteil eines fair ausgestalteten, gerichtlichen (Straf-)Verfahrens. Die Öffentlichkeit der Verhandlung gründet insbesondere in der Eröffnung einer Kontrollmöglichkeit und soll das Vertrauen der Öffentlichkeit in die Entscheidungsfindung stärken.[335] Daneben enthalten Art. 6 Abs. 3 lit. a) und d) EMRK weitere Rechte zur Stärkung der Verfahrenstransparenz, insbesondere das Recht auf Unterrichtung über Art und Grund der erhobenen Beschuldigung und das Recht, Be- und Entlastungszeugen zu befragen. Damit misst Art. 6 EMRK dem Gebot einer transparenten und fairen Entscheidungsfindung einen hohen Stellenwert zu.

Die Europäische Union ist der EMRK bislang nicht beigetreten und wird dies aufgrund der vom EuGH im Jahr 2014 geäußerten Bedenken hinsichtlich der Primärrechtswidrigkeit eines Beitritts auf Basis der derzeitigen Rechtslage in absehbarer Zeit voraussichtlich auch nicht tun.[336] Unabhängig davon wird jedoch bereits seit längerem darüber diskutiert, welche Auswirkungen die Anforderungen des Art. 6 EMRK in Bezug auf das europäische Kartellverfahren hätten und inwiefern das europäische Kartellverfahrensrecht mit diesen Anforderungen in Einklang steht. Diese Dis-

---

333 Konvention zum Schutz der Menschenrechte und Grundfreiheiten vom 04.11.1950 in der Fassung der Bekanntmachung vom 22.10.2010.

334 Vgl. *B. Valerius*, Art. 6 EMRK, in: Graf (Hrsg.), Beck'scher Online-Kommentar StPO mit RiStBV und MiStra (Stand: 01.07.2020), Rn. 1.

335 Vgl. *B. Valerius* (Fn. 334), Rn. 18.

336 Vgl. zum zweiten Gutachten des EuGH vom 18.12.2014 ausführlich *M. Wendel*, Der EMRK-Beitritt als Unionsrechtsverstoß: Zur völkerrechtlichen Öffnung der EU und ihren Grenzen, NJW 2015, S. 921 ff., sowie *M. Breuer*, „Wasch mir den Pelz, aber mach mich nicht nass!" Das zweite Gutachten des EuGH zum EMRK-Beitritt der Europäischen Union, EuR 2015, S. 330 ff.

kussion erfährt seit Mitte der 2000er Jahre[337] im Zusammenhang mit den Vertragsverhandlungen und dem späteren Inkrafttreten des Vertrages von Lissabon im Jahr 2009 insbesondere aus zwei Gründen an Aktualität.[338] Zum einen wurde durch den Vertrag von Lissabon in Art. 6 Abs. 2 EUV die rechtliche Grundlage und zugleich Verpflichtung für einen EMRK-Beitritt der EU geschaffen.[339] Zum anderen hat die europäische Grundrechtecharta durch den Vertrag von Lissabon über Art. 6 Abs. 1 EUV Rechtsverbindlichkeit erlangt,[340] die in ihrem Art. 47 Abs. 2 mit den in Art. 6 EMRK verankerten Rechten teilweise vergleichbare Garantien enthält.[341] Zudem bestimmt Art. 52 Abs. 3 S. 1 Grundrechte-Charta, dass die in der EMRK gewährleisteten Rechte unabhängig von einem EMRK-Beitritt der EU grundsätzlich als Mindestgarantie bei der Auslegung der Grundrechte-Charta heranzuziehen sein sollen, so dass das Schutzniveau der Grundrechte-Charta nicht unterhalb desjenigen der ERMK herabsinken darf.[342]

---

337 Der EuGH beschäftigte sich erstmals Anfang der 1980er Jahre in seinen Urteilen *Van Landewyck* und *Musique Diffusion Francaise* mit der Vereinbarkeit des Kartellverfahrens mit Art. 6 Abs. 1 EMRK, lehnte jedoch einen Verstoß in beiden Fällen bereits mit der Begründung ab, dass die Kommission kein „Gericht" im Sinne des Art. 6 Abs. 1 EMRK sci, vgl. *EuGH*, Urteil vom 29.10.1980, verb. Rs. 209 bis 215 und 218/78 – *Van Landewyck*, Rn. 81 sowie *EuGH*, Urteil vom 07.06.1983, verb. Rs. 100 bis 103/80 – *Musique Diffusion Francaise/ Kommission*, Rn. 6 ff. Zum Überblick über die Entwicklung der Diskussion in Rechtsprechung und Literatur vgl. *W. P. J. Wils*, The Compatibility with Fundamental Rights of the EU Antitrust Enforcement System in which the European Commission Acts both as Investigator and as First-instance Decision Maker, World Competition Law and Economic Review 2014, S. 5 ff.

338 Vgl. *W. P. J. Wils* (Fn. 337), S. 7.

339 Der EuGH hatte in einem ersten Gutachten im Jahr 1996 einen Beitritt wegen einer fehlenden Rechtsgrundlage abgelehnt, vgl. *M. Wendel* (Fn. 336), S. 921.

340 Vgl. hierzu sowie zur Entstehungsgeschichte der Grundrechtecharta *T. Kingreen*, Art. 6 EUV, in: Calliess/Ruffert (Hrsg.), EUV, AEUV: Das Verfassungsrecht der Europäischen Union mit Europäischer Grundrechtecharta (2016), Rn. 8 ff.

341 Art. 47 Abs. 2 Grundrechte-Charta lautet: *„Jede Person hat ein Recht darauf, dass ihre Sache von einem unabhängigen, unparteiischen und zuvor durch Gesetz errichteten Gericht in einem fairen Verfahren, öffentlich und innerhalb angemessener Frist verhandelt wird."*; vgl. zu Art. 47 Abs. 2 Grundrechte-Charta unter Hinweis auf die Erläuterungen des Präsidiums des Konvents *A. Eser/ M. Kubiciel*, Art. 47, in: Meyer/Hölscheidt (Hrsg.), Charta der Grundrechte der Europäischen Union (2019), Rn. 22 ff.

342 Vgl. *J. P. Terhechte*, Art. 52 Charta der Grundrechte, in: von der Groeben/ Schwarze/Hatje (Hrsg.), Europäisches Unionsrecht: Vertrag über die Europäische Union, Vertrag über die Arbeitsweise der Europäischen Union, Charta der Grundrechte der Europäischen Union (2015), Rn. 15.

Art. 6 Abs. 1 S. 2 EMRK betrifft seinem Wortlaut nach Verfahren im Bereich des Strafrechts. Der Begriff der strafrechtlichen Anklage wird von der Rechtsprechung jedoch u.a. anhand von Art und Schwere der jeweiligen staatlichen Sanktionen autonom ausgelegt.[343] Die kartellrechtliche Literatur geht davon aus, dass eine im Rahmen eines Kartellverfahrens ergehende Mitteilung der Beschwerdepunkte der Kommission aufgrund der erheblichen Bußgeldandrohung grundsätzlich als strafrechtliche Anklage im Sinne des Art. 6 EMRK zu werten ist.[344] Die Verfahrensgarantien des Art. 6 EMRK gelten somit im Grundsatz auch im Rahmen des europäischen Kartellverfahrens. Insbesondere in Bezug auf die Ausgestaltung des Kartellverfahrens der Europäischen Kommission hat sich eine Diskussion um die Auswirkungen von Art. 6 EMRK allerdings weniger im Hinblick auf seine Transparenz entwickelt; in den Mittelpunkt rückte vielmehr die Frage, ob die Zusammenfassung der Kompetenzen von Ermittlungs-, Anklage- und Entscheidungsbehörde bei der Kommission mit Art. 6 Abs. 1 EMRK vereinbar ist, oder ob es aufgrund einer möglicherweise strafrechtlichen Natur der Geldbußen erforderlich ist, dass ein unabhängiges Gericht über die Verhängung von Geldbußen in erster Instanz entscheidet.[345]

---

343 Vgl. *B. Valerius* (Fn. 334), Rn. 2; *EGMR*, Urteil vom 19.02.2013, Antrag Nr. 47195/06 – *Müller/Hartburg/Österreich*, Rn. 42 m.w.N.

344 Dies ist mittlerweile unstreitig, vgl. *E. Bueren*, EU-Kartellbußgeldverfahren und EMRK: Aktuelle Implikationen aus der Rechtsprechung des EGMR: Zugleich Besprechung von EGMR, 27.10.2011, Menarini Diagnostics vs. Italy, EWS 2012, S. 363 ff., S. 363 m.w.N.; *A. Riley*, The modernisation of EU anti-cartel enforcement: will the Commission grasp the opportunity?, E.C.L.R. 2010, S. 191 ff., S. 198. *W. Möschel*, Geldbußen im europäischen Kartellrecht, Der Betrieb 2010, S. 2377 ff., S. 2379. Dem steht in Bezug auf das europäische Kartellverfahren auch nicht Art. 23 Abs. 5 VO 1/2003 entgegen. Dieser bestimmt zwar ausdrücklich, dass die auf Grundlage der Art. 23 Abs. 1 und 2 VO 1/2003 verhängten Geldbußen keinen strafrechtlichen Charakter haben. Diese Aussage hat nach allgemeiner Auffassung jedoch nur einen klarstellenden, deklaratorischen Charakter, so dass hieraus keine zwingenden Schlüsse auf die Rechtsnatur der Geldbußen gezogen werden können. Insbesondere lässt sich Art. 23 Abs. 5 VO 1/2003 nicht entnehmen, ob Geldbußen zum Strafrecht im weiteren Sinn gerechnet werden können oder ob sie verwaltungsrechtlicher Natur sind, vgl. *J. Biermann*, Art. 23 VO 1/2003, in: Immenga/Mestmäcker u.a. (Hrsg.), Wettbewerbsrecht, Band 1 (2019), Rn. 328.

345 Vgl. allgemein zu dieser Diskussion u.a. *D. Waelbroeck/D. Fosselard*, Should the Decision-Making Power in EC Antitrust Proceedings be left to an Independent Judge? - The Impact of the European Convention of Human Rights on EC Antitrust Procedures, Yearbook of European Law 1994, S. 111 ff.; *D. Slater/S. Thomas/D. Waelbroeck*, Competition Law proceedings before the European Commission and the right to a fair trial: no need for reform?, GCLC Working

Einen vorläufigen Schlussstrich unter diese Diskussion hat der Europäische Gerichtshof für Menschenrechte (EGMR) mit seinen Urteilen *Jussila*[346] und *Menarini*[347] gezogen.[348] Gegenstand des Verfahrens im Fall *Menarini* aus dem Jahr 2011 war zwar nicht die Vereinbarkeit des Unionskartellverfahrens mit Art. 6 EMRK, sondern eine Beurteilung des italienischen Kartellverfahrens. Da das italienische Kartellverfahren jedoch sowohl im Hinblick auf seine rechtliche Ausgestaltung als auch auf die Vollzugspraxis dem europäischen Verfahren sehr ähnlich ist und auch der Umfang der gerichtlichen Kontrolle demjenigen auf europäischer Ebene sehr nahe kommt, lassen sich die Ausführungen des EGMR auch auf das europäische Kartellverfahren übertragen.[349]

Der EGMR ordnete in seinem Urteil das Wettbewerbsrecht nicht dem Kernbereich des Strafrechts zu, stellte aber durchaus fest, dass das Bußgeldverfahren einen strafrechtlichen Charakter im Sinne der *Engel*-Kriterien[350] aufweist.[351] Außerhalb des Bereichs des Kernstrafrechts sah der EGMR es jedoch nicht als notwendig an, dass die in Art. 6 EMRK niedergelegten Grundsätze in vollem Umfang Anwendung finden.[352] Vielmehr genügt es demnach, wenn das betroffene Unternehmen gegen die verhängte Geldbuße ein Gericht anrufen kann, das die Befugnis zur vollumfänglichen Prüfung der von der Verwaltung getroffenen Entscheidung auf ihre Rechtmäßigkeit und Kohärenz wie auch auf das Vorliegen von Ermessensfehlern besitzt, und das diese Entscheidung gegebenenfalls selbständig sowohl in rechtlicher als auch in tatsächlicher Hinsicht abändern oder zumindest

---

Paper 04/08 (2008); *A. Andreangeli*, Toward an EU Competition Court: "Article-6-Proofing" Antitrust Proceedings before the Commission?, World Competition 2007, S. 595 ff.; *G.-K. d. Bronett* (Fn. 99), S. 204 ff.

346 *EGMR*, Urteil vom 23.11.2006, Antrag Nr. 73053/01 – *Jussila v. Finland*.

347 *EGMR*, Urteil vom 28.09.2011, Antrag Nr. 43509/08 – *A. Menarini Diagnostics S.R.L./ Italien*.

348 Vgl. zu diesen beiden Urteilen *W. P. J. Wils* (Fn. 337), S. 7 ff.

349 Vgl. *T. Körber*, Europäisches Kartellverfahren in der rechtspolitischen Kritik, Referat im Rahmen der Vortragsreihe "Rechtsfragen der Europäischen Integration" des Zentrums für Europäisches Wirtschaftsrecht, gehalten am 28.01.2013 in Bonn, S. 2; *E. Bueren* (Fn. 344), S. 366.

350 Vgl. *EGMR*, Urteil vom 08.06.1976, Antrag Nr. 5100/71 – *Engel u.a./ Niederlande*, Rn. 80 ff. Die sog. „Engel"-Kriterien umfassen eine Beurteilung der jeweiligen Maßnahme anhand der Natur des Vergehens („offence") sowie der Art und Schwere der angedrohten Sanktion.

351 Vgl. *EGMR*, Urteil vom 28.09.2011, Antrag Nr. 43509/08 – *A. Menarini Diagnostics S.R.L./ Italien*, Rn. 38 ff., 42.

352 Vgl. *EGMR*, Urteil vom 28.09.2011, Antrag Nr. 43509/08 – *A. Menarini Diagnostics S.R.L./ Italien*, Rn. 62.

aufheben kann.[353] Geldbußen wegen Kartellverstößen müssen demnach nicht notwendigerweise von einem Gericht verhängt werden, sondern können den betroffenen Unternehmen auch durch eine Verwaltungsbehörde auferlegt werden.[354] Die Diskussion konzentriert sich vor diesem Hintergrund nun insbesondere auf die Frage, ob der Kontrollmaßstab der europäischen Gerichte den Anforderungen des Art. 6 ERMK genügt.[355] Auch wenn die Frage nach einer hinreichenden gerichtlichen Kontrolle der Kommissionsentscheidungen durch die europäischen Gerichte kontrovers diskutiert wird, erscheinen Änderungen am Kartellverfahren der Kommission zumindest aus Gründen der Kompatibilität mit Art. 6 EMRK vor dem Hintergrund der aktuellen Rechtsprechung des EGMR somit derzeit nicht erforderlich.[356]

Die Diskussion um die Vereinbarkeit des europäischen Kartellverfahrens mit Art. 6 EMRK lässt damit als solche keine konkreten Rückschlüsse auf die Anforderungen an die Transparenz des europäischen Kartellverfahrens zu. Dennoch verdeutlicht die vom EGMR bejahte Einordnung der Kartellbußgelder in den erweiterten Bereich des Strafrechts die erhebliche Eingriffsintensität der kartellrechtlichen Regelungen. Vor dem Hintergrund der Strafrechtsnähe der europäischen Kartellrechtsvorschriften sind somit jedenfalls aus rechtspolitischer Sicht auch an die Offenheit und Fairness des Kartellverfahrens der Kommission hohe Anforderungen zu stellen.

3. Transparenz im US-amerikanischen Kartellverfahrensrecht

In den USA besitzt sowohl die *Antitrust Division* des US-Justizministeriums (im Folgenden: *„Antitrust Division"*) als auch die *Federal Trade Commission* (im Folgenden: *„FTC"*) die Kompetenz zur Durchsetzung des US-Kartell-

---

353 Vgl. *EGMR*, Urteil vom 28.09.2011, Antrag Nr. 43509/08 – *A. Menarini Diagnostics S.R.L./ Italien*, Rn. 63 f.; *T. Körber* (Fn. 349), S. 3.

354 Vgl. *EGMR*, Urteil vom 23.11.2006, Antrag Nr. 73053/01 – *Jussila v. Finland*, Rn. 43; vgl. hierzu auch die Schlussanträge der Generalanwältin *Kokott* vom 18.04.2013 im Verfahren C-501/11 P - *Schindler Holding*, Rn. 27.

355 Vgl. *W. P. J. Wils* (Fn. 337), S. 10; diese Frage im Ergebnis bejahend die Schlussanträge der Generalanwältin *Kokott* vom 18.04.2013 im Verfahren C-501/11 P - *Schindler Holding*, Rn. 28.

356 Vgl. zu möglichen Auswirkungen der Rechtsprechung des *EGMR E. Bueren* (Fn. 344), S. 369 ff. sowie *R. Wesseling/M. v. d. Woude*, The Lawfulness and Acceptability of Enforcement of European Cartel Law, World Competition Law and Economic Review 2012, S. 573 ff., S. 579 ff.

rechts.[357] Die *FTC* ist eine eigenständige Verwaltungsbehörde, die grundsätzlich politisch unabhängige Entscheidungen trifft.[358] An ihrer Spitze steht eine Kommission aus fünf Kommissaren (*Commissioners*),[359] die vom US-Präsidenten nach Bestätigung durch den US-Senat jeweils für eine siebenjährige Amtszeit ernannt werden.[360] Da das Verfahren der *FTC* in seinen Grundstrukturen viele Ähnlichkeiten mit dem Kartellverfahren der Europäischen Kommission aufweist und die *FTC* insbesondere gleichzeitig die Funktionen einer Anklage- und Entscheidungsbehörde ausübt,[361] ist ein Blick auf die Regelungen, die die Transparenz des Kartellverfahrens der *FTC* betreffen, vorliegend von besonderem Interesse.[362]

---

357 Die *Antitrust Division* verfügt sowohl über zivile als auch strafrechtliche Sanktionsmöglichkeiten. Sie führt zwar selbst Ermittlungen durch, kann jedoch anders als die *FTC* über Sanktionen oder sonstige Maßnahmen nicht selbst entscheiden, sondern muss diese erst vor Gericht im Verlauf zivil- oder strafrechtlicher Gerichtsverfahren erwirken, vgl. *M. D. Blechmann/J. B. Patterson*, U.S. Antitrust Recht, in: Jaeger/Kokott/Pohlmann/Schroeder (Hrsg.), Frankfurter Kommentar zum Kartellrecht (Juli 2008), Rn. 15. Siehe zur historischen Entwicklung des US-amerikanischen Systems *D. A. Crane*, The institutional structure of antitrust enforcement (2011), S. 28 ff. sowie *II. First/E. M. Fox/D. E. Hemli* (Fn. 311), S. 329 ff. *FTC* und *Antitrust Division* stimmen sich im Fall sich überschneidender Kompetenzen untereinander ab; vgl. hierzu *Antitrust Division Manual, Chapter VII*, S. 3 ff., abrufbar unter: https://www.justice.gov/atr/file/761161/download (zuletzt besucht am 05.08.2020). Vgl. zu Überlegungen zur Abschaffung dieser dualen Struktur *W. Blumenthal*, Models for merging the US antitrust agencies, Journal of Antitrust Enforcement 2013, S. 24 ff.

358 Vgl. *D. A. Crane* (Fn. 357), S. 35.

359 Um die parteipolitische Einflussnahme auf die *FTC* abzumildern, dürfen maximal drei Kommissare der gleichen politischen Partei angehören, vgl. 15 U.S.C. § 41.

360 Vgl. 15 U.S.C. § 41. Der Präsident entscheidet zudem, welcher Kommissar den Vorsitz erhält. Derzeit hat *Edith Ramirez* die Funktion als *Chairwoman* inne (Stand: August 2016). Nach ihrer Ernennung können die Kommissare durch den Präsidenten nicht aus politischen Gründen aus ihrem Amt entfernt werden. Der US-Präsident verliert damit seine Macht über die von den Kommissaren zu treffenden wettbewerbspolitischen Entscheidungen, nachdem er die Kommissare in ihr Amt berufen hat, vgl. *D. A. Crane* (Fn. 357), S. 34.

361 Vgl. hierzu u.a. *M. B. Coate/A. N. Kleit*, Does it Matter that the Prosecutor is Also the Judge? The Administrative Complaint Process at the Federal Trade Commission, Managerial and Decision Economics 1998, S. 1 ff.; *D. A. Balto*, The FTC at a Crossroads: Can it be both Prosecutor and Judge?, Legal Backgrounder 2013, S. 1 ff.

362 Zwischen beiden Verfahren werden daher in der Literatur vielfach Bezüge hergestellt, siehe etwa *T. Calvani/A. M. Diveley*, The FTC at 100: A Modest Proposal

Das US-amerikanische Verwaltungsrecht hat bereits in den 1960er Jahren maßgebliche Regelungen im Hinblick auf die Transparenz staatlicher Verwaltungstätigkeit entwickelt, um im Zusammenhang mit den damaligen politischen Konflikten und nicht zuletzt der *Watergate*-Affäre das Vertrauen der Bevölkerung in die Verwaltung zu stärken.[363] Der sog. *Freedom of Information Act* aus dem Jahr 1966,[364] der allen Bürgern einen Anspruch auf Zugang zu Dokumenten der amerikanischen Bundesbehörden gewährt,[365] gilt bis heute als weltweit einflussreichstes Vorbild für ein Gesetz, das den Bürgern durch Zugang zu Verwaltungsinformationen eine demokratische Kontrolle administrativer Tätigkeit ermöglicht.[366] Die grundsätzliche Öffentlichkeit administrativen Handelns zählt in den USA heute zu den etablierten Elementen einer demokratischen Verwaltung.[367]

Im Hinblick auf die Transparenz des Kartellverwaltungsverfahrens ist neben dem *Freedom of Information Act* insbesondere der *Government in the Sunshine Act*[368] von Bedeutung.[369] Beide Gesetze finden auf die *FTC* Anwendung.[370] Der *Freedom of Information Act* verpflichtet alle Behörden, Informationen zu Organisation, Aufbau und Verfahrensvorschriften zu ver-

---

for Change, George Mason Law Review 2014, S. 1169 ff. sowie *D. A. Crane* (Fn. 357), S. 199 f.

363 Vgl. *A. Frost*, Restoring Faith in Government: Transparency Reform in the United States and the European Union, European Public Law 2003, S. 87 ff., S. 88 ff.

364 5 U.S.C. § 552, oftmals abgekürzt „*FOIA*".

365 Vgl. die Normierung des Anspruchs auf Informationszugang in 5 U.S.C. § 552 (a) (3) (A): „*(…) each agency, upon request for records (…), shall make the records promptly available to any person.*" Einen kurzen Überblick zur Bedeutung der Informationsfreiheit in den USA gibt *B. W. Wegener* (Fn. 44), S. 416 ff.

366 Vgl. *B. W. Wegener* (Fn. 44), S. 416.

367 Vgl. *B. W. Wegener* (Fn. 44), S. 418 m.w.N.

368 5 U.S.C. § 552b.

369 Zur Erhöhung der Verwaltungstransparenz durch den *Freedom of Information Act* und den *Government in the Sunshine Act* vgl. *D. Wolfram*, Prozeduralisierung des Verwaltungsrechts: Am Beispiel des amerikanischen Medien- und Telekommunikationsrechts (2005), S. 109 ff.

370 In Bezug auf den *Freedom of Information Act* vgl. *J. F. Winterscheid*, Confidentiality and Rights of Acces to Documents Submitted to the United States Antitrust Agencies, in: Slot/McDonnell (Hrsg.), Procedure and enforcement in E.C. and U.S. competition law, Proceedings of the Leiden Europa Instituut Seminar on user-friendly competition law, 19 and 20 November 1992 (1993), 177, S. 178. Der *Government in the Sunshine Act* ist nach der Definition des Behördenbegriffs („*agency*") in 5 U.S.C. § 552 (b) (a) (1) auf jede Behörde anwendbar, der ein Leitungsgremium als oberstes Organ vorsteht, und damit auch auf die *FTC*.

öffentlichen.[371] Zudem führt er dazu, dass alle Entscheidungen der Kommissare veröffentlicht werden müssen.[372] Der Zugang der Öffentlichkeit zu Dokumenten aus einem Verfahren der *FTC* ist dagegen nur sehr eingeschränkt möglich, da die im *Freedom of Information Act* vorgesehen Ausnahmen zum Schutz berechtigter Interessen in der Regel einen Zugriff außenstehender Dritter auf die Verfahrensakten der *FTC* verhindern. Daher spielen etwa Informationsansprüche nach dem *Freedom of Information Act* etwa im Zusammenhang mit der Vorbereitung von Privatklagen in der Praxis bislang keine Rolle.[373]

Der *Government in the Sunshine Act* bestimmt, dass grundsätzlich alle Treffen, an welchen ein beschlussfähiges Quorum der Mitglieder der Behördenleitung teilnimmt, vollständig oder zumindest teilweise öffentlich stattfinden müssen, und dass im Anschluss entsprechende Protokolle zugänglich zu machen sind.[374] Da ein beschlussfähiges Quorum aus drei der fünf Kommissare der *FTC* besteht, hat die Anwendung des *Government in the Sunshine Act* zur Folge, dass sich maximal zwei Kommissare über Angelegenheiten der *FTC* besprechen können, ohne ihr Treffen zuvor öffentlich bekanntzugeben und gegebenenfalls für die Öffentlichkeit zugänglich machen zu müssen.[375] Dadurch wird letztlich jede spontane Diskussion über Inhalt und Verlauf eines Kartellverfahrens unter Beteiligung von mehr als zwei Kommissaren verhindert und der Prozess der Meinungsbildung innerhalb der Kommission erschwert. Kritisiert wird daher, dass die Regelungen des *Government in the Sunshine Act* die Effektivität der Behördenarbeit erheblich beeinträchtigen.[376]

Inzwischen haben sich vor diesem Hintergrund in der Praxis der *FTC* verschiedene Möglichkeiten entwickelt, um die Regelungen des *Government in the Sunshine Act* zu umgehen. So kommt es etwa vor, dass die einzelnen Kommissare in einer Reihe von aufeinanderfolgenden Zweiergesprächen ihre Standpunkte austauschen. In anderen Fällen treffen sich le-

---

371 Vgl. insbesondere 5 U.S.C. § 552 (a)(1)(A),(B) und (C).
372 Vgl. 5 U.S.C. § 552 (a)(2)(A). Hierzu zählen danach alle *„final opinions, including concurring and dissenting opinions, as well as orders, made in the adjudication of cases"*.
373 Vgl. *J. P. Westhoff*, Der Zugang zu Beweismitteln bei Schadensersatzklagen im Kartellrecht: Eine rechtsvergleichende Untersuchung (2010), S. 168.
374 Vgl. 5 U.S.C. § 552b subsection (b): „(...). *Except as provided in (....), every portion of every meeting of an agency shall be open to public observation.*" Vgl. hierzu auch *D. Wolfram* (Fn. 369), S. 111.
375 Vgl. *W. E. Kovacic* (Fn. 273), S. 12.
376 Vgl. *W. E. Kovacic* (Fn. 273), S. 12.

diglich ihre Mitarbeiter, um die Positionen der Kommission in einem bestimmten Fall zu entwickeln und abzustimmen.[377] Der *Government in the Sunshine Act* bewirkt daher auf der einen Seite eine größere Transparenz der behördlichen Entscheidungsfindung und ermöglicht der Öffentlichkeit eine Kontrolle des Verwaltungshandelns. Auf der anderen Seite verhindert der *Government in the Sunshine Act* jedoch, dass die *FTC* von einer kollektiven Meinungsbildung innerhalb ihres Leitungsgremiums profitieren kann, obgleich hierin gerade der Vorteil eines aus mehreren Personen bestehenden Leitungsgremiums liegen sollte.[378]

Neben der Veröffentlichung und Begründung von Entscheidungen und dem Zugang zu bestimmten Treffen der Kommissare tragen darüber hinaus verschiedene verfahrensrechtliche Vorkehrungen zur Transparenz eines konkreten Kartellverfahrens bei der *FTC* bei. Das Verfahren vor der *FTC* gliedert sich in zwei Phasen, wobei die erste Phase der Sachverhaltsermittlung dient.[379] Ergibt sich ein hinreichender Verdacht auf einen Wettbewerbsverstoß, wird mit Zustimmung der Kommission eine Verwaltungsbeschwerde eingelegt.[380] In diesem Fall schließt sich in einer zweiten Phase ein besonders ausgestaltetes Verwaltungsverfahren vor einem *Administrative Law Judge* (im Folgenden: „*ALJ*") an, bei dem es sich nicht um einen Richter, sondern um einen unabhängig handelnden Verwaltungsbeamten handelt.[381] Zum Verfahren vor dem *ALJ* gehören regelmäßig ein

---

377 Vgl. *W. E. Kovacic* (Fn. 273), S. 12.

378 Vgl. *W. E. Kovacic* (Fn. 273), S. 12.

379 Üblicherweise beginnt die FTC zunächst eine vorläufige Ermittlung, bei der öffentlich zugängliche Daten oder Informationen aus Umfragen herangezogen werden. Sofern in diesem Rahmen Hinweise auf einen Rechtsverstoß erkennbar werden, kann die FTC weitere Ermittlungen durchführen, wobei sie auf verschiedene Ermittlungsmaßnahmen, u.a. Vorladungen und Durchsuchungen, zurückgreifen kann; vgl. hierzu *W. E. Kovacic/S. Calkins/D. Ludwin/B. Bär-Bouyssière*, § 46 Vereinigte Staaten von Amerika (USA), in: Terhechte (Hrsg.), Internationales Kartell- und Fusionskontrollverfahrensrecht (2008), 1197 ff., Rn. 46.88. Zu den einzelnen förmlichen Ermittlungsmaßnahmen der FTC vgl. *M. W. Sawchak/C. Ann*, United States Federal Trade Commission (FTC) - Organisation, Zuständigkeit, Verfahren, Mitteilungen der deutschen Patentanwälte 1998, S. 288 ff., S. 292 f. In der Regel bemüht sich die FTC um die Kooperation der betroffenen Unternehmen, vgl. *M. W. Sawchak/C. Ann* (Fn. 379), S. 292.

380 Vgl. *W. E. Kovacic/S. Calkins/D. Ludwin/B. Bär-Bouyssière* (Fn. 379), Rn. 46.88; *M. W. Sawchak/C. Ann* (Fn. 379), S. 294.

381 Vgl. zum Verfahren der FTC *M. W. Sawchak/C. Ann* (Fn. 379), S. 291 ff. sowie zur historischen Entwicklung insbesondere *B. D. Hoffman/S. M. Royall*, Administrative Litigation at the FTC: Past, Present and Future, Antitrust Law Journal 2003, S. 319 ff.

Vorverfahren (*prehearing procedure*), eine förmliche Beweisaufnahme (*discovery*) sowie Verhandlungstermine (*hearings*).[382] Gegen die vorläufige Entscheidung des *ALJ* (*initial decision*) können sich beide Seiten wiederum in einer Art Berufungs- oder Widerspruchsverfahren an die Kommission wenden. Diese kann die vorläufige Entscheidung umfassend prüfen und sie durch Mehrheitsentscheid bestätigen, ändern oder aufheben.[383]

Das Verfahren vor dem *ALJ* ist in wesentlichen Zügen einem Gerichtsverfahren angenähert,[384] so dass die Parteien über einige umfassende Verfahrensrechte verfügen, die zur Transparenz des Verfahrens beitragen. Hierzu zählen insbesondere das Recht auf Anhörung vor dem *ALJ* und das Recht zur Vernehmung von Zeugen. Zudem haben beide Seiten die Möglichkeit, im Rahmen eines Kreuzverhörs die Zeugen der jeweils anderen Seite zu befragen.[385] Wird die vorläufige Entscheidung des *ALJ* angegriffen und den Kommissaren zur Überprüfung vorgelegt, erhalten beide Seiten Gelegenheit, ihre Argumente direkt der Kommission vorzubringen.[386] Die Verfahrenstransparenz wird zudem dadurch gestärkt, dass Anhörungen bei der *FTC* grundsätzlich öffentlich stattfinden, sofern nicht die Öffentlichkeit ausnahmsweise ausgeschlossen und eine *in camera*- Sitzung anberaumt wird.[387] Ein Transparenzdefizit wird jedoch insoweit beklagt, als die Einstellung des Verfahrens nicht öffentlich bekannt gemacht und der Öffentlichkeit erläutert wird.[388] Insgesamt erscheint das Verfahren daher zwar in vieler Hinsicht transparent, jedoch aufgrund der Parallelen zu einem gerichtlichen Verfahren auch sehr aufwendig. Dadurch ist das Verfahren der

---

382 Vgl. *M. W. Sawchak/C. Ann* (Fn. 379), S. 293 ff.
383 Vgl. *W. P. J. Wils* (Fn. 284), S. 206. Darüber hinaus kann die *FTC* auch einen bindenden Vergleich (*consent order*) mit den am Verfahren beteiligten Unternehmen schließen, vgl. *J. Haucap/I. Schmidt*, Wettbewerbspolitik und Kartellrecht: Eine interdisziplinäre Einführung10 (2013), S. 291. Gegen die Entscheidung kann eine Beschwerde vor dem zuständigen *Court of Appeals* sowie eine Rechtsbeschwerde vor dem *Federal Supreme Court* eingelegt werden, vgl. *J. Haucap/I. Schmidt* (Fn. 383), S. 291.
384 Vgl. *B. D. Hoffman/S. M. Royall* (Fn. 381), S. 320.
385 Vgl. 16 CFR § 3.41 (c).
386 Vgl. *W. P. J. Wils* (Fn. 284), S. 206.
387 Vgl. *T. Lingos*, Transparency of Proceedings at the United States Federal Trade Commission, in: Slot/McDonnell (Hrsg.), Procedure and enforcement in E.C. and U.S. competition law, Proceedings of the Leiden Europa Instituut Seminar on user-friendly competition law, 19 and 20 November 1992 (1993), 203, S. 212.
388 Vgl. kritisch hierzu *T. Lingos* (Fn. 387), S. 210 f.

FTC oftmals der Kritik ausgesetzt, zu langwierig und hierdurch nicht hinreichend effektiv zu sein.[389]

Transparenz gegenüber den politischen Institutionen besteht insbesondere gegenüber dem US-Kongress. Die *FTC* unterliegt einer zumindest mittelbaren demokratischen Kontrolle durch den Kongress, der eine Aufsichtsfunktion ausübt. In dieser Funktion kann er z.B. Anhörungen durchführen und eine regelmäßige Berichterstattung fordern. Die *FTC* ist unter anderem verpflichtet, jährliche Tätigkeitsberichte zu erstellen, in denen sie ihr Programm, die erzielten Ergebnisse sowie den Umgang mit ihren finanziellen Mitteln offenlegt.[390] Auf dieser Basis stehen dem Kongress zugleich verschiedene Wege zur Verfügung, die Tätigkeit der *FTC* nach seinen politischen Zielsetzungen auszurichten. So entscheidet er insbesondere über die Bewilligung von Haushaltsgeldern und kann auf diesem Weg auch einen nicht unerheblichen Einfluss auf die wettbewerbspolitische Richtung der FTC nehmen.[391] Transparenz führt in dieser Hinsicht zu einer größeren demokratischen Rückkopplung, aufgrund der dem Kongress eingeräumten Einflussmöglichkeiten gleichzeitig aber auch zu einer größeren Abhängigkeit der *FTC* von politischen Strömungen.

---

389 Vgl. *H. First/E. M. Fox/D. E. Hemli* (Fn. 311), S. 362; *W. E. Kovacic*, The Federal Trade Commission at 100: Into our 2nd Century, The Continuing Pursuit of Better Practices (January 2009), S. 43.

390 *H. First/E. M. Fox/D. E. Hemli* (Fn. 311), S. 375. Jahresberichte sowie seit 2011 auch sog. „*Annual Highlights*" sind auf der Website der FTC abrufbar unter: http://www.ftc.gov/policy/reports/policy-reports/ftc-annual-reports (zuletzt besucht am 05.08.2020). Darüber hinaus kann der Kongress die Zuständigkeit der FTC auch gesetzlich einschränken. So führte etwa die in den 1970er und 1980er Jahren geübte Kritik des Kongresses an der von der FTC verfolgten Politik letztlich zu einer Einschränkung der Zuständigkeit der FTC bei der Verfolgung unfairer Geschäftspraktiken, vgl. *H. First/E. M. Fox/D. E. Hemli* (Fn. 311), S. 331 und 375.

391 Vgl. *D. A. Crane* (Fn. 357), S. 35: „*The president lacks the power to remove commissioners, but Congress does not lack the power to remove their funding (or, conversely, give them more).*" *Crane* verweist in dieser Hinsicht auf Studien aus den 1980er Jahren, denen zufolge der Einfluss des US-Kongresses auf die wettbewerbspolitische Ausrichtung und Verfahrensergebnisse der FTC hatte.

II. Internationale Kriterien zur transparenten Gestaltung von Kartellverfahren

Das Interesse an der Frage nach einer fairen und transparenten Ausgestaltung kartellbehördlicher Tätigkeit ist auch auf internationaler Ebene gewachsen und in einem globalen Kontext stärker in den Fokus gerückt. In den letzten Jahren sind verschiedene internationale Organisationen der Frage nachgegangen, unter welchen Bedingungen die Arbeit von Kartellbehörden und die Verfahren, mit deren Hilfe sie kartellrechtliche Regelungen durchsetzen, als transparent und fair angesehen werden können.[392]

1. Rechtsvergleichende Studien zur Transparenz in Kartellverfahren

Umfassende rechtsvergleichende Untersuchungen zur Transparenz in der kartellbehördlichen Praxis wurden etwa im Rahmen zweier Projekte der Organisation für wirtschaftliche Zusammenarbeit und Entwicklung (*Organisation for Economic Co-operation and Development, OECD*) sowie des Internationalen Netzwerks der Wettbewerbsbehörden (*International Competition Network, ICN*) durchgeführt.[393]

Seit dem Jahr 2010 befasste sich eine Arbeitsgruppe der *OECD* im Rahmen mehrerer Gesprächsrunden mit Transparenz und prozeduraler Fairness in der Arbeit verschiedener Kartellbehörden.[394] Die *OECD* konstatierte zwischen den Gesprächsteilnehmern einen *„broad consensus on the need for, and importance of, transparency and procedural fairness in competition enforcement"*, betonte aber zugleich, dass Transparenz auf sehr unterschiedli-

---

392 Ein Überblick über die verschiedenen erarbeiteten Dokumente findet sich im Bericht der *ICN Agency Effectiveness Working Group*, siehe *ICN Agency Effectiveness Project on Investigative Process*, Competition Agency Transparency Practices (2013), S. 1 ff.

393 Daneben befassten sich auch die *International Chamber or Commerce* (ICC) und die *Association of Southeast Asian Nations* (ASEAN) im Rahmen eigener Projekte zu Anforderungen an die Kartellrechtsdurchsetzung unter anderem auch mit dem Thema Transparenz; vgl. hierzu *Association of Southeast Asian Nations*, ASEAN Regional Guidelines on Competition Policy (2010), Chapter 7: Due Process, S. 34 und 36 sowie den Bericht der *ICC Commission on Competition*, Recommended framework for international best practices in competition law enforcement proceedings (2010), Rn. 2.1

394 Siehe hierzu die Zusammenfassung *OECD Competition Comittee*, Procedural Fairness and Transparency - Key Points (2012).

chen Wegen erreicht werden könne.[395] Im Rahmen ihrer Studie stellt die *OECD* verschiedene Mittel heraus, die von Kartellbehörden verbreitet zur Erzielung von Transparenz genutzt werden, und zählt hierzu u.a. Treffen mit den Vertretern der beteiligten Unternehmen, die Unterrichtung der Parteien über den erhobenen Vorwurf, die Gewährung von Einsicht in die Verfah-rensakte und das Recht auf Anhörung.[396]

Im Anschluss hieran hat sich mit dem *ICN* das weltweit wichtigste Forum für die internationale Zusammenarbeit zwischen Kartellbehörden[397] im Jahr 2013 ebenfalls mit dem Thema Transparenz auseinandergesetzt. In der umfassenden Studie zu *„ICN Competition Agency Transparency Practices"*[398] vom April 2013 untersucht das *ICN* auf der Grundlage einer Umfrage unter den an dem Projekt teilnehmenden Kartellbehörden ausführlich die Transparenz ihrer Arbeit für die Parteien wie auch für die Öffentlichkeit. Auf der Grundlage der erarbeiteten Ergebnisse hat das *ICN* im Jahr 2015 eine *„ICN Guidance on Investigative Process"*[399] herausgegeben.[400] Deren Ziel ist es, den Mitgliedern des *ICN* auf einem gemeinsamen Verständnis basierende, praxisnahe Vorschläge zur Implementierung einer fairen und fundierten Durchsetzung der kartellrechtlichen Regelungen an die Hand zu geben.[401] Das *ICN* hebt ausdrücklich hervor, dass die Herstellung von organisatorischer Transparenz durch Veröffentlichung von materiellen Gesetzen und Verfahrensregeln sowie die Transparenz eines konkreten Kartellverfahrens[402] wesentliche Elemente einer wirksamen Kartellverfolgung sind, weil sie die Effektivität, Vorhersehbarkeit und Fairness und damit letztlich auch die Glaubwürdigkeit der Kartellbehörden und

---

395 Vgl. *OECD Competition Comittee* (Fn. 394), S. 5.

396 Vgl. *OECD Competition Comittee* (Fn. 394), S. 9 ff.

397 Dem *ICN* gehören nach Angaben des Bundeskartellamtes 139 Wettbewerbsbehörden aus 126 Staaten an, vgl. Pressemitteilung vom 17.05.2019 anlässlich der Jahreskonferenz des *ICN* im Jahr 2019, abrufbar unter: https://www.bundeskart ellamt.de/SharedDocs/Meldung/DE/Pressemitteilungen/2019/17_05_2019_ICN _Kolumbien.html. Eine Liste der Mitglieder des ICN findet sich im Internet unter http://www.internationalcompetitionnetwork.org/members/member-dire ctory.aspx (jeweils zuletzt besucht am 05.08.2020).

398 Siehe *ICN Agency Effectiveness Project on Investigative Process* (Fn. 392).

399 *International Competition Network*, ICN Guidance on Investigative Process (2015).

400 Vgl. hierzu *P. O'Brien*, The ICN's 2015 Guidance Work Explained (2015), S. 2.

401 Vgl. *P. O'Brien* (Fn. 400), S. 3.

402 *International Competition Network* (Fn. 399), S. 3 f.

das Verständnis der Öffentlichkeit für die Durchsetzung des Kartellrechts erhöhen.[403]

Die Studien des *ICN* und der *OECD* arbeiten im Dialog mit den teilnehmenden nationalen Kartellbehörden wesentliche Kriterien und Mechanismen heraus, die zur Transparenz kartellbehördlichen Handels beitragen können. Dabei lassen sich zunächst zwei grundlegende Kategorien unterscheiden. Die erste Kategorie bilden alle Maßnahmen, die die Arbeit der Kartellbehörde generell gegenüber den von den kartellrechtlichen Regelungen unterworfenen Wirtschaftsakteuren, aber auch gegenüber einer breiteren Öffentlichkeit bekannt machen und somit zur Steigerung der Transparenz der Arbeit der Kartellbehörde als Institution beitragen sollen. In die zweite Kategorie fallen demgegenüber verschiedene Mittel, die die Transparenz eines konkreten Kartellverfahrens gewährleisten sollen und auf diese Weise der Herstellung prozeduraler Transparenz dienen.[404] Im Folgenden soll auf Grundlage der in den verschiedenen Studien gewonnenen Erkenntnisse ein kurzer Überblick über die verschiedenen Mittel gegeben werden, mit deren Hilfe eine transparente kartellbehördliche Arbeit gewährleistet werden kann.

2. Organisatorische Transparenz

Der Steigerung der organisatorischen oder institutionellen Transparenz dienen zunächst alle Maßnahmen, die nicht im Rahmen eines konkreten Kartellverfahrens zur Anwendung kommen, sondern allgemein die Tätigkeit der Kartellbehörde und ihre Arbeitsweise für jeden Interessierten erläutern.[405]

---

403 Vgl. *International Competition Network* (Fn. 399), S. 1.

404 Vgl. zu dieser Kategorienbildung *L. Idot*, La Transparence dans les Procédures Administratives: L'Exemple du Droit de la Concurrence, in: Rideau (Hrsg.), La Transparence dans l'Union Européenne: Mythe ou principe juridique? (1998), 121, S. 122 f., der zwischen einer *„transparence substantielle/ globale"* und einer *„transparence procédurale/ individuelle"* unterscheidet. Eine ähnliche Unterteilung zwischen einer *„general transparency portion"* und einer *„investigation-specific portion"* liegt auch der Untersuchung des *ICN* zugrunde, vgl. *ICN Agency Effectiveness Project on Investigative Process* (Fn. 392), S. 3.

405 Auch die Bestimmtheit materiellrechtlicher Vorschriften sowie gegebenenfalls eine Selbstbindung der Kartellbehörde, die sie dazu verpflichtet, gleiche Fälle grundsätzlich gleich zu behandeln, können zur Vorhersehbarkeit und Transparenz eines kartellbehördlichen Verfahrens beitragen. Die Frage nach einer solchen „materiellen" Transparenz soll jedoch nicht Gegenstand dieser Arbeit sein.

a) Öffentlichkeitsarbeit

Zur Schaffung von Transparenz dient zunächst die Öffentlichkeitsarbeit. Diese umfasst die Veröffentlichung von Pressemitteilungen zu bestimmten Anlässen sowie die Information der Öffentlichkeit durch die Veröffentlichung von Reden, Vorträgen und Stellungnahmen zu aktuellen wettbewerbspolitischen Themenfeldern. Die Öffentlichkeitsarbeit dient dem Ziel, in der Öffentlichkeit ein größeres Verständnis für die Arbeit der Kartellbehörde zu wecken, indem die Kartellbehörde ihre aktuellen wettbewerbspolitischen Schwerpunkte und Prioritäten erläutert oder über ihre Ermittlungen informiert.[406] Zudem soll der interessierten Öffentlichkeit auf diese Weise die Orientierung bei der Einhaltung der kartellrechtlichen Regelungen und beim Kontakt mit der Kartellbehörde erleichtert werden. Die Öffentlichkeitsarbeit dient insofern unter anderem auch präventiven Zwecken.[407]

Ihre Grenze findet die Information der Öffentlichkeit beim Schutz von Geschäftsgeheimnissen und vertraulichen Informationen sowie bei der Wahrung sonstiger berechtigter Interessen der betroffenen Unternehmen oder Personen.[408] Sensibilität beim Umgang mit Informationen ist daher insbesondere dort erforderlich, wo nicht allgemeine wettbewerbspolitische Themen, sondern konkrete Verfahren Gegenstand der veröffentlichten Stellungnahmen sind.

b) Veröffentlichung von Rechtsvorschriften und Mitteilungen

Grundlegende Voraussetzung für transparentes Behördenhandeln ist neben der allgemeinen Öffentlichkeitsarbeit auch die Veröffentlichung der materiell-rechtlichen Grundlagen, auf deren Basis die Behörde tätig wird. Im Bereich des Kartellrechts gehört hierzu zunächst die Veröffentlichung der das Wettbewerbsrecht betreffenden Gesetze, Verordnungen oder sons-

---

Dieser Abschnitt beschränkt sich daher auf Maßnahmen, die im Rahmen eines Kartellverfahrens oder unabhängig hiervon durch eine Kartellbehörde ergriffen bzw. von den Beteiligten veranlasst werden können.

406 Vgl. hierzu *ICN Agency Effectiveness Project on Investigative Process* (Fn. 392), S. 11.
407 Vgl. aus Sicht des Bundeskartellamtes *A. Mundt*, Zur Öffentlichkeitsarbeit des Bundeskartellamtes, NZKart 2016, S. 145 ff., S. 145.
408 Vgl. hierzu aus deutscher Perspektive *B. P. Paal/L. K. Kumkar*, Zur Öffentlichkeitsarbeit des Bundeskartellamtes, NZKart 2015, S. 366 ff., S. 368 ff.

tigen rechtlich verbindlichen Regelungen.[409] Wesentliches Element ist daneben die Veröffentlichung von aktuellen Leitlinien, Mitteilungen, Bekanntmachungen oder sonstigen anderen rechtlich unverbindlichen Regelungen, die u.a. die von der Kartellbehörde verfolgten wettbewerbspolitischen Ansätze schildern sowie Auslegungshilfen bei der Anwendung wettbewerbsrechtlicher Vorschriften beinhalten. Die Veröffentlichung kann etwa offiziell im Amtsblatt, einer regelmäßig aktualisierten Gesetzessammlung oder auch auf der Homepage der Wettbewerbsbehörde erfolgen.[410] Zusätzliche Transparenz wird erzielt, wenn die Behörden auch den Prozess, in dem behördeneigene Leitlinien oder Anwendungshilfen entstehen, dadurch offener gestalten, dass sie die interessierte Öffentlichkeit im Rahmen öffentlicher Konsultationen um die Abgabe von Stellungnahmen bitten und sie so unmittelbar in die Erarbeitung der Regelungen miteinbeziehen.

Die Veröffentlichung von Vorschriften, Leitlinien und sonstigen Erläuterungen kann gerade im Wettbewerbsrecht von Bedeutung sein, zum einen, weil kartellrechtliche Wertungen oftmals auf komplexen ökonomischen Fragestellungen und Theorien beruhen, und zum anderen, weil kartellrechtliche Rechtsvorschriften vielfach unbestimmte Rechtsbegriffe verwenden.[411] Transparenz durch Veröffentlichung der rechtlichen Grundlagen und gegebenenfalls konkretisierender Hinweise bezweckt somit insbesondere die Erzielung von Rechtssicherheit.[412] Durch die Veröffentlichung der rechtlichen Grundlagen wird es Unternehmen erst ermöglicht einzuschätzen, ob ihre wirtschaftliche Betätigung in den Anwendungsbereich der jeweiligen Vorschriften fällt, und sich entsprechend regelungskonform zu verhalten.[413]

c) Veröffentlichung von Verfahrensregelungen

An der Schnittstelle zwischen organisatorischer und prozeduraler Transparenz liegt die Veröffentlichung von Regelungen über interne Abläufe oder Verfahren, nach denen die Behördenmitarbeiter bei ihrer Arbeit vorgehen. Diese Regelungen können etwa den Ablauf von Ermittlungsverfahren,

---

409 Vgl. etwa *ICC Commission on Competition* (Fn. 393), Rn. 2.1.1.
410 Vgl. *ICN Agency Effectiveness Project on Investigative Process* (Fn. 392), S. 9.
411 Vgl. *L. Idot* (Fn. 404), S. 122.
412 Vgl. *L. Idot* (Fn. 404), S. 122.
413 Vgl. *ICC Commission on Competition* (Fn. 393), Rn. 2.1.1.

prozessuale Schritte im Rahmen des Behördenverfahrens sowie die üblicherweise von der Kartellbehörde befolgten Abläufe erklären.[414] Entsprechende Erläuterungen können dabei entweder unmittelbar durch Einbeziehung von Verfahrensregeln in das gesetzliche Regelungsregime publik gemacht werden; denkbar ist aber auch die Veröffentlichung von Behördenhandbüchern, Arbeitsdokumenten, *„Frequently Asked Questions"* (*„FAQs"*) oder Leitlinien zur Durchführung kartellbehördlicher Ermittlungsmaßnahmen.[415]

Die Veröffentlichung von Verfahrensregeln scheint dabei international weniger verbreitet als die Veröffentlichung materiell-rechtlicher Regelungen. So stellte z.b. das ICN in seiner Untersuchung fest, dass – im Gegensatz zu den relevanten Rechtsvorschriften und Leitlinien, die von praktisch allen im Rahmen der Untersuchung befragten Behörden veröffentlicht werden – die Frage nach der Veröffentlichung der Verfahrensregelungen eine weniger einstimmige Antwort bei den befragten Kartellbehörden hervorrief.[416]

3. Prozedurale Transparenz

Zur transparenten Gestaltung eines konkreten Kartellverfahrens kann das verfahrensrechtliche Regelungsregime einer Kartellbehörde verschiedene Mittel vorsehen. So kann die Kartellbehörde verpflichtet sein, von sich aus bestimmte Informationen mitzuteilen oder Dokumente offenzulegen. Transparenz kann aber auch auf Initiative der betroffenen Unternehmen oder außenstehender Dritter hergestellt werden. Dies ist etwa dann der Fall, wenn Einsicht in Dokumente oder Akten begehrt wird, oder wenn die Kartellbehörde auf Antrag hin betroffenen Unternehmen oder auch Dritten die Gelegenheit gibt, sich zu den erhobenen Vorwürfen zu äußern oder sich mit Vertretern der Kartellbehörde zu beraten.[417]

---

414 Vgl. *ICN Agency Effectiveness Project on Investigative Process* (Fn. 392), S. 9.
415 Vgl. *ICN Agency Effectiveness Project on Investigative Process* (Fn. 392), S. 9.
416 Vgl. *ICN Agency Effectiveness Project on Investigative Process* (Fn. 392), S. 9, wonach sämtliche Behörden die Frage nach einer Veröffentlichung der Rechtsvorschriften bejahten, jedoch nur 72% die Veröffentlichung von Verfahrensvorschriften bestätigten.
417 Vgl. *ICN Agency Effectiveness Project on Investigative Process* (Fn. 392), S. 8, das grundlegend zwischen *„agency disclosures"* und *„opportunities to be heard"* unterscheidet. Darüber hinaus differenziert das *ICN* in Bezug auf die Transparenz eines konkreten Verfahrens auch danach, ob die jeweiligen Information nur ge-

a) Mitteilungen und Hinweise der Kartellbehörde

Ein Kartellverfahren wird zunächst insbesondere dadurch transparent, dass die Kartellbehörde die betroffenen Unternehmen kontinuierlich über alle Verfahrensschritte auf dem Laufenden hält.[418] So kann die Behörde zu Beginn des Verfahrens eine Mitteilung an die betreffenden Unternehmen richten, dass sie ein Verfahren eingeleitet hat oder dies beabsichtigt. Zudem kann die Behörde die betroffenen Unternehmen im Laufe des Verfahrens über den weiteren Ablauf und Zeitplan des Verfahren, den von der Behörde untersuchten Sachverhalt, die erhobenen Vorwürfe und die in diesem Zusammenhang relevanten rechtlichen Bewertungen und ökonomischen Theorien sowie über mögliche Sanktionen und Rechtsfolgen unterrichten.[419] Zusätzlich können Informationen über interne Arbeitsschritte der Kartellbehörde[420] der Transparenz dienen und das Verfahren für Beteiligte und Öffentlichkeit nachvollziehbarer gestalten. Umfang und Häufigkeit der von der Kartellbehörde bereitzustellenden Informationen sollen dabei den betroffenen Unternehmen auf der einen Seite eine sachgerechte Verteidigung ermöglichen, dürfen aber auf der anderen Seite nicht eine wirksame Kartellverfolgung durch die Kartellbehörde erschweren oder hindern.

Von Relevanz ist dabei nicht nur, welche Informationen die Kartellbehörde den betroffenen Unternehmen an die Hand gibt, sondern auch, zu welchem Zeitpunkt dies geschieht. Eine frühzeitige Information kann nicht nur den Unternehmen die Vorbereitung ihrer Verteidigungsstrategie erleichtern, sondern auch der Kartellbehörde zugute kommen. So können z.B. Hinweise betroffener Unternehmen oder an dem Verfahren interessierter Dritter in einem frühen Verfahrensstadium die Kartellbehörde auf Einwände oder entgegenstehende Beweismittel aufmerksam machen, so dass sie diese bei der rechtlichen Bewertung und der weiteren Verfahrensführung von vornherein miteinbeziehen und ihre Untersuchungen hier-

---

genüber den am Verfahren unmittelbar beteiligten Unternehmen zugänglich gemacht werden bzw. ob nur diese verschiedene Möglichkeiten zur Anhörung nutzen können, oder ob dies auch auf Dritte oder die Öffentlichkeit zutrifft.

418 Vgl. hierzu *ICC Commission on Competition* (Fn. 393), Rn. 2.1.2.

419 Vgl. *OECD Competition Comittee* (Fn. 394), S. 10; *ICN Agency Effectiveness Project on Investigative Process* (Fn. 392), S. 8.

420 So können z.B. Empfehlungen, die Entscheidungsträger oder Vorgesetzte von Behördenmitarbeitern erhalten, den betroffenen Unternehmen offengelegt werden, vgl. *ICN Agency Effectiveness Project on Investigative Process* (Fn. 392), S. 8 und 18.

durch effektiver gestalten kann.[421] Der Informationsaustausch zwischen der Kartellbehörde und beteiligten Unternehmen während des Verfahrens trägt insofern dazu bei, relevante Aspekte von Beginn an in den Fokus zu rücken.[422] Ein solcher Kommunikationsprozess kann jedoch nur dann stattfinden, wenn Unternehmen und Dritte frühzeitig über den verfahrensgegenständlichen Sachverhalt und die vorläufigen Schlussfolgerungen der Kartellbehörde informiert werden und daraufhin die Gelegenheit erhalten, auf die Informationen der Kartellbehörde zu reagieren. Hierzu können etwa im Laufe des Verfahrens informelle Treffen zwischen Vertretern der betroffenen Unternehmen und der Kartellbehörde stattfinden.[423]

b) Recht auf Anhörung und Akteneinsicht

In engem Zusammenhang mit dieser Kommunikation steht auch das Recht betroffener Unternehmen auf eine Anhörung vor der Kartellbehörde. Auf seiner Grundlage kann betroffenen Unternehmen insbesondere ein Recht auf Abgabe einer schriftlichen Stellungnahme und gegebenenfalls auch die Durchführung einer formellen mündlichen Anhörung zustehen.[424] Auf diese Weise wird gewährleistet, dass sich die Kartellbehörde mit den vorgebrachten Gegenargumenten auseinandersetzen und diese in ihre Erwägungen mit einbeziehen muss.

Voraussetzung für eine effektive Wahrnehmung des Anhörungsrechts ist dabei, dass sich die betroffenen Unternehmen über die gegen sie erhobenen Vorwürfe und den von der Kartellbehörde ermittelten Sachverhalt umfassend unterrichten können. Hierzu dient das Recht auf Einsicht in die Verfahrensakten, das zu den wesentlichen Verteidigungsrechten im Kartellverfahren zählt.[425] Durch Einsicht in die Verfahrensakte – mit Ausnahme vertraulicher Informationen – erhalten betroffene Unternehmen erst die Möglichkeit zu erkennen, auf welcher Basis und im Hinblick auf welchen konkreten Sachverhalt die Kartellbehörde gegen sie ermittelt, über welche Informationen sie verfügt und welche Beweismittel sie zum Nachweis eines kartellrechtswidrigen Verhaltens heranziehen kann. Da-

---

421 Vgl. *ICN Agency Effectiveness Project on Investigative Process* (Fn. 392), S. 4.
422 Vgl. *C. A. Varney* (Fn. 11), S. 3.
423 Vgl. *OECD Competition Comittee* (Fn. 4), S. 9.
424 Vgl. *OECD Competition Comittee* (Fn. 4), S. 11.
425 Vgl. für das europäische Kartellverfahrensrecht *T. Klose/C. Horstkotte* (Fn. 171), Rn. 53.

rüber hinaus soll die Akteneinsicht den betroffenen Unternehmen auch ermöglichen, entlastende Dokumente aufzufinden.[426] Das Recht auf Akteneinsicht dient damit der Transparenz der Entscheidungsgrundlagen der Kartellbehörde und soll Waffengleichheit zwischen der Kartellbehörde und den betroffenen Unternehmen herstellen, indem es dafür sorgt, dass die Kartellbehörde nicht über einen Wissensvorsprung verfügt.[427]

c) Veröffentlichung und Begründung von Entscheidungen

Wesentliches Merkmal transparenter kartellbehördlicher Tätigkeit ist auch die Veröffentlichung von Entscheidungen sowie einer entsprechenden Entscheidungsbegründung. Die Begründung von Entscheidungen dient insbesondere der externen Kontrolle des behördlichen Handelns, da sie den von der Entscheidung Betroffenen ebenso wie einer interessierten Öffentlichkeit ermöglicht, sich über die Gründe der Entscheidung und damit über die Art und Weise, wie die Behörde ihre Aufgaben erfüllt, zu informieren und gegebenenfalls gegen eine Entscheidung vorzugehen.[428]

d) Recht Außenstehender auf Informationszugang

Neben der Information der Öffentlichkeit durch Pressemitteilungen oder sonstige offizielle Veröffentlichungen der Kartellbehörde, die auf Initiative der Kartellbehörde hin stattfinden und von dieser hinsichtlich Zeit, Umfang und Inhalt daher gesteuert werden können, wird Transparenz auch dadurch gefördert, dass Behördendokumente Außenstehenden auf Antrag zugänglich gemacht werden. Die Möglichkeit, auch als nicht an einem Verfahren beteiligter Bürger Einsicht in Behördenunterlagen zu erhalten und so einen Einblick in die Arbeit der Behörde zu gewinnen, soll zur bes-

---

426 Vgl. *ICC Commission on Competition* (Fn. 393), Rn. 2.4.14., wonach die Kartellbehörde während des Verfahrens alle belastenden und entlastenden Beweise gegenüber den betroffenen Unternehmen offenlegen soll; vgl. zur Akteneinsicht auch *OECD Competition Comittee* (Fn. 4), S. 10.

427 Vgl. *T. Klose/C. Horstkotte* (Fn. 171), Rn. 54.

428 Vgl. etwa in Bezug auf die die Organe der Europäischen Union treffende Begründungspflicht *C. Calliess*, Art. 296 AEUV, in: Calliess/Ruffert (Hrsg.), EUV, AEUV: Das Verfassungsrecht der Europäischen Union mit Europäischer Grundrechtecharta (2016), Rn. 11; *EuGH*, Urteil vom 17.06.1997, Rs. C-70/95 – *Sodemare/ Regione Lombardia*, Rn. 19.

seren Beteiligung der Öffentlichkeit führen und damit der Förderung von Verantwortung, Effizienz und Legitimität dienen.[429]

Solche allgemeinen Informationszugangsrechte bestehen in der Regel nicht auf Basis spezifisch kartellverfahrensrechtlicher Regelungen, sondern beziehen sich auf Informationen ganz unterschiedlicher Verwaltungsbehörden.[430] Im Kartellverfahrensrecht finden diese Rechte ihre Grenzen im Schutz von Geschäftsgeheimnissen und anderen vertraulichen Informationen, die in den Verfahrensakten der Kartellbehörde enthalten sein können. Darüber hinaus steht das Recht Außenstehender auf Informationszugang in einem Spannungsverhältnis mit dem Interesse derjenigen Unternehmen, die sich der Kartellbehörde als Kronzeuge zur Verfügung gestellt haben, auf Schutz der in ihren Kronzeugenanträgen enthaltenen Angaben.[431]

Insgesamt zeigen die rechtsvergleichenden Studien der *OECD* und des *ICN* verschiedene Mittel und Kriterien auf, die zur Transparenz und Fairness der Arbeit einer Kartellbehörde beitragen und auf internationaler Ebene in unterschiedlichem Maße verwirklicht sind. Die in diese Studien aufgenommenen Anregungen können auch bei der Bewertung der Transparenz des europäischen Kartellverfahrens herangezogen werden und dienen im Folgenden als Anhaltspunkte bei der Untersuchung seiner einzelnen Verfahrensabschnitte im zweiten Teil dieser Arbeit.

E. Zwischenergebnis

Das Gebot einer transparenten, offenen Verwaltung auf europäischer Ebene ist seit dem Vertrag von Amsterdam im europäischen Primärrecht verankert. Neben Art. 1 Abs. 2 EUV, nach dem alle Entscheidungen in der EU *„möglichst offen"* zu treffen sind, bestimmt Art. 15 AEUV, dass die Organe der Europäischen Union *„unter weitestgehender Beachtung des Grundsatzes der Offenheit"* handeln. Der Transparenzgedanke des europäischen Primärrechts ist inzwischen als übergreifender rechtlicher Leitbegriff etabliert

---

429 Vgl. allgemein in Bezug auf die Tätigkeit öffentlicher Behörden Erwägungsgrund 2, Verordnung (EG) Nr. 1049/2001 des Europäischen Parlaments und des Rates vom 30.05.2001 über den Zugang der Öffentlichkeit zu Dokumenten des Europäischen Parlaments, des Rates und der Kommission, ABl. (EG) Nr. L 145 vom 31.05.2001, S. 43 ff.

430 Vgl. im europäischen Recht etwa den Anspruch auf Dokumentenzugang nach der VO 1049/2001, näher dazu unten Teil 2/ H.I.

431 Vgl. hierzu insbesondere Teil 2/ H.II.1.

und auch als allgemeiner Verwaltungsgrundsatz der europäischen Institutionen anerkannt. Er strahlt auf das gesamte europäische Recht und damit auch auf die Tätigkeit der Kommission als europäische Kartellbehörde aus. Die Mechanismen, die der europäischen Kommission zur Durchsetzung des europäischen Kartellrechts zur Verfügung stehen, werden jedoch gerade im Hinblick auf ihre (mangelnde) Transparenz oftmals kritisiert, obwohl eine transparente Ausgestaltung insbesondere des europäischen Kartellverfahrens aus mehreren Gründen von wesentlicher Bedeutung ist.

Zunächst besitzt eine transparente Verfahrensgestaltung eine legitimationsstiftende Wirkung. Sie ermöglicht es sowohl Verfahrensbeteiligten als auch der Öffentlichkeit, die Entscheidungsfindung der Kommission zu überprüfen und auf diese Weise die Legitimation der verfahrensabschließenden Entscheidung zu fördern. Die Gestaltung und Durchsetzung der kartellrechtlichen Regelungen ist eines der zentralen Kompetenzfelder der Europäischen Union und zudem eines der wenigen Rechtgebiete, in denen sie ihre Regelungen im Eigenvollzug umsetzt. Dabei verfügt die Europäische Union insbesondere in den Bereichen, in denen sie selbst europäisches Recht vollzieht, über erhebliche Hoheitsmacht.[432] Dies gilt insbesondere auch für das europäische Kartellverfahren, in dessen Rahmen die Kommission auf erhebliche Eingriffs- und Sanktionsmöglichkeiten zurückgreifen kann. Das Europäische Parlament, dem die Aufgabe zukommt, eine Kontrollfunktion gegenüber der Kommission wahrzunehmen und das – neben den nationalen Parlamenten – wesentlich zur Legitimation der Europäischen Union beiträgt, verfügt jedoch gerade im Bereich des Wettbewerbsrechts nur über sehr eingeschränkte parlamentarische Kontroll- und Mitbestimmungsrechte. Den weitreichenden Befugnissen der Kommission im Wettbewerbsrecht stehen somit kaum parlamentarische Kontrollrechte gegenüber, so dass einer durch eine transparente Entscheidungsfindung ermöglichte Kontrolle zumindest eine ergänzende Legitimationsfunktion zukommt.

Zudem ist die Transparenz von Entscheidungsmechanismen ein zentrales Element einer guten Verwaltungspraxis und ein wesentlicher Baustein für ein faires Verfahren. Dem ist bereits aufgrund der erheblichen Eingriffsintensität der kartellrechtlichen Sanktionsregelungen ein hoher Stellenwert beizumessen. Als Element einer fairen Verfahrensgestaltung kann Transparenz zur Akzeptanz der Entscheidung durch die Verfahrensbeteiligten beitragen. Darüber hinaus leistet ein faires und transparentes Verfahren nach der besonders im europäischen Verwaltungsrecht ausgepräg-

---

432 Vgl. *J. P. Terhechte* (Fn. 196), Rn. 28.

ten Idee einer *„Richtigkeitsgewähr durch Verfahren"* auch einen wesentlichen Beitrag zur inhaltlichen Richtigkeit der abschließenden Entscheidung. Danach kommt dem Verfahren nicht allein eine dienende Funktion gegenüber dem materiellen Recht zu, sondern die Richtigkeit der Sachentscheidung wird auch durch die Bestimmungen des Verwaltungsverfahrensrechts sichergestellt. Im europäischen Kartellverfahrensrecht kommt diesem Gedanken insbesondere deshalb besonderes Gewicht zu, weil das materielle Kartellrecht eine Vielzahl unbestimmter Rechtsbegriffe enthält, deren „richtige" Ausfüllung im Rahmen des Entscheidungsprozesses durch entsprechende verfahrensrechtliche Vorkehrungen gefördert wird. Ein wesentlicher Aspekt eines transparenten Kartellverfahrens liegt somit in der Gewährleistung größerer Verfahrens- und Ergebnisgerechtigkeit.

Schließlich ist ein transparenter Verfahrensablauf auch ein wesentliches Mittel, um etwaigen Zweifeln an einer objektiven Entscheidungsfindung von vornherein entgegenzuwirken. Auch diese Überlegung ist gerade im Hinblick auf das europäische Kartellverfahren, in dem die Kommission gleichzeitig die Funktionen als Ermittlungs-, Anklage - und Entscheidungsbehörde ausübt, von besonderer Relevanz. Die Gefahr einer Voreingenommenheit in derartigen Entscheidungsstrukturen ist, wie auch verhaltenspsychologische Erkenntnisse zeigen, nicht auszuschließen. Konkrete Auswirkungen möglicherweise mangelnder Objektivität bei der Entscheidungsfindung werden sich in der Praxis zwar nur schwer nachweisen lassen. Angesichts der empfindlich hohen Kartellbußgelder, zu deren Verhängung die Kommission ermächtigt ist, sollte jedoch bereits aus rechtsstaatlichen Gründen jeglicher Anschein etwaiger Voreingenommenheit durch transparente Entscheidungsmechanismen von vornherein so weit wie möglich vermieden werden, um die Akzeptanz der Kommissionsentscheidungen bei den Adressaten zu stärken.

Auch auf internationaler Ebene ist die Bedeutung transparenter Verfahren und Entscheidungsmechanismen anerkannt, wie etwa Bestrebungen im Wirtschaftsvölkerrecht und Untersuchungen internationaler Organisationen konkret im Bereich des Kartellverfahrensrechts belegen. Mögliche Impulse für die Ausgestaltung transparenter europäischer Kartellverfahrensregeln ergeben sich zudem aus dem Vergleich mit Erfahrungen der US-amerikanischen *FTC*, deren Kartellverfahren in seiner Struktur dem der Europäischen Kommission in vielerlei Hinsicht ähnlich ist, jedoch grundsätzlich als transparenter gilt. Schließlich beeinflussen auch die Wertungen der ERMK das europäische Kartellverfahrensrecht. Auch wenn Änderungen am Kartellverfahren der Kommission derzeit nach der Rechtsprechung des EGMR aus Gründen der Kompatibilität mit der EMRK nicht erforderlich scheinen, ist dennoch zu überlegen, ob eine Reform des europäischen Kartellverfahrens nicht aus rechtspolitischen Überlegungen heraus dennoch erstrebenswert sind.[433]

Diese Überlegung gilt insbesondere auch im Hinblick auf die Gewährleistung der von *Bröhmer* entwickelten Kategorien der Ergebnis-, Verfahrens- und Verantwortungstransparenz, denn die Europäische Kommission nimmt in ihrer Funktion als Kartellbehörde eines der größten Wirtschaftsräume der Welt mit ihrem Verfahren auch eine Vorbildfunktion für Verfahrensgestaltungen anderer, jüngerer Kartellbehörden weltweit ein. Unabhängig von grundrechtlichen Implikationen muss sich das Kartellverfahren der Europäischen Kommission daher vor diesem Hintergrund daran messen lassen, ob es bestmögliche Ergebnisse erzielt und sowohl für die betroffenen Unternehmen als auch für außenstehende Dritte transparent, fair und ergebnisoffen verläuft.

---

433 Vgl. *E. Bueren* (Fn. 344), S. 372.

Teil 2 Ausprägungen von Transparenz im europäischen Kartellverfahren

A. Grundlagen der Transparenz des Kartellverfahrens

Im Fokus des zweiten Teils der Arbeit steht die Untersuchung der Transparenz der einzelnen Abschnitte des europäischen Kartellverfahrens im Lichte der bereits im ersten Teil herausgearbeiteten Elemente und Kriterien. Dabei werden zunächst Funktion und Charakteristika der verschiedenen Verfahrensabschnitte des Kartellverfahrens vor der Kommission erläutert und im Anschluss unter Einbeziehung auch entgegenstehender Belange analysiert, inwiefern das Verfahren für die jeweiligen Akteure und die interessierte Öffentlichkeit transparent ausgestaltet ist und somit den Anforderungen des Art. 1 Abs. 2 EUV gerecht wird.

Transparenz bei der Anwendung und Durchsetzung des Kartellrechts wird zunächst ganz allgemein dadurch bewirkt, dass die Kommission die Öffentlichkeit über ihre Arbeit informiert und alle relevanten Rechtsgrundlagen öffentlich zur Verfügung stellt. Bevor auf die einzelnen Abschnitte des europäischen Kartellverfahrens eingegangen wird, soll daher zunächst ein kurzer Überblick hierzu vorangestellt werden.

I. Allgemeine Öffentlichkeitsarbeit der Kommission

Die Europäische Kommission hat die Bedeutung einer für die Öffentlichkeit transparenten Arbeit im Bereich der Durchsetzung der kartellrechtlichen Regelungen und der Wettbewerbspolitik seit langem erkannt.[434] So schreibt sie bereits in ihrem 19. Wettbewerbsbericht aus dem Jahr 1991:

---

434 Vgl. z.B. *L. Idot* (Fn. 404), S. 122 f., der 1998 zu dem Schluss kommt, dass sich die Informationspolitik der Kommission seit einigen Jahren positiv entwickelt habe und in dieser Hinsicht sehr zufriedenstellend sei: "*Comparé à d'autres, le système communautaire est plutôt très satisfaisant. La Commission mène en droit de la concurrence une véritable politique de communication qui s'est beaucoup développé ces dernières années.*" Auch *C. Kerse/N. Khan*, EU Antitrust Procedure6 (2012), Rn. 1-090 bescheinigen der Kommission ernsthafte Anstrengungen in Bezug auf die Verbesserung der Transparenz der verfolgten Wettbewerbspolitik und der Anwendung der kartellrechtlichen Vorschriften in der Praxis.

„Die Wettbewerbspolitik ist ein notwendiger Bestandteil in dem Bestreben der Gemeinschaft, die Märkte zu integrieren, ein dynamisches Wachstum [...] zu ermöglichen und zu gewährleisten, dass diese Nutzwirkungen an die Unternehmen und die Verbraucher [...] weitergegeben werden. Um zu erreichen, dass diese Politik von den Entscheidungsträgern, der Industrie und den Verbrauchern befürwortet und unterstützt wird, muss die Kommission ihr Vorgehen der Öffentlichkeit überzeugender nahebringen. Deshalb sucht sie [...] nach Möglichkeiten, um ihre Tätigkeiten bekanntzumachen und den Zugang zu Informationen in diesem Bereich zu verbessern.“ [435]

Die Öffentlichkeitsarbeit fördert das Verständnis der Öffentlichkeit für die Arbeit der Kommission und dient zugleich der Kontrolle, auf welche Weise und mit welchem Erfolg die Kommission die ihr im öffentlichen Interesse übertragene Aufgabe, das europäische Kartellrecht durchzusetzen, erfüllt. Die Öffentlichkeitsarbeit der Kommission besteht aus verschiedenen Elementen. So erläutert sie beispielsweise in Pressemitteilungen aktuelle Entwicklungen und Schwerpunkte ihrer Tätigkeit, gibt Jahresberichte heraus, informiert in verschiedenen Newslettern regelmäßig über ihre Arbeit und veröffentlicht Reden des für Wettbewerb zuständigen Kommissionsmitgliedes sowie des Generaldirektors auf ihrer Website.[436] Insgesamt lässt sich daher festhalten, dass die Kommission eine aktive Öffentlichkeitsarbeit betreibt.

II. Veröffentlichung der Rechtsgrundlagen

Transparenz wird auch durch Veröffentlichung der materiell-rechtlichen Regelungen, die den kartellrechtlichen Rahmen für die wirtschaftliche Tätigkeit in der Europäischen Union bilden, wie auch durch die Veröffentlichung der Vorschriften des europäischen Kartellverfahrensrechts erzielt. Vorschriften zum europäischen Kartellrecht finden sich sowohl im europäischen Primär- als auch im Sekundärrecht. Daneben hat die Kommission

---

435 *Europäische Kommission*, XXI. Bericht über die Wettbewerbspolitik 1991, Rn. 66.
436 Die Veröffentlichungen der Kommission sind auf ihrer Website unter http://ec.europa.eu/competition/publications/index.html abrufbar (zuletzt besucht am 05.08.2020); vgl. zu den verschiedenen Veröffentlichungen der Kommission auch *C. Kerse/N. Khan* (Fn. 434), Rn. 1-090 f.

eine Vielzahl von Leitlinien, Bekanntmachungen und Mitteilungen[437] (im Folgenden zusammen: „Leitlinien") verfasst. Leitlinien haben keinen normativen Charakter, sondern geben lediglich die Rechtsauffassung der Kommission wieder und dienen der Erläuterung ihrer wettbewerbsrechtlichen oder wettbewerbspolitischen Ansichten. Sie gehören dem Bereich des *soft law*[438] an und binden weder die Gerichte der Europäischen Union noch die mitgliedstaatlichen Gerichte.[439] Die Kommission selbst ist hingegen durch den Gleichheitssatz und den Grundsatz des Vertrauensschutzes im Wege der Selbstbindung an ihre Leitlinien gebunden, so dass sie nicht ohne sachlichen Grund von ihrer in den Leitlinien festgelegten Entscheidungspraxis abweichen kann.[440]

1. Veröffentlichung materieller Regelungen

Die materiell-rechtlichen Grundlagen des europäischen Kartellrechts finden sich im Primärrecht in Art. 101 ff. AEUV. Auf sekundärrechtlicher Ebene sind insbesondere die Gruppenfreistellungsverordnungen zu nennen, die zumeist die Kommission nach Ermächtigung durch den Rat der

---

437 Ob ein Text als Mitteilung, Bekanntmachung oder Leitlinie bezeichnet wird, bedeutet keinen inhaltlichen Unterschied; vgl. z.B. *Europäische Kommission*, Glossar der Wettbewerbspolitik der EU: Kartellrecht und Kontrolle von Unternehmenszusammenschlüssen, S. 34 zum Stichwort „Mitteilung der Kommission"; hierzu auch *P. Pohlmann*, Keine Bindungswirkung von Bekanntmachungen und Mitteilungen der Europäischen Kommission: Entgegnung zu Schweda, WuW 2004, S. 1133 ff., WuW 2005, S. 1005 ff., Fn. 1, die darauf hinweist, dass die Horizontalleitlinen der Kommission als „Bekanntmachung", die Vertikalleitlinien jedoch als „Mitteilung" veröffentlicht wurden.
438 Vgl. hierzu *A. v. Graevenitz*, Mitteilungen, Leitlinien, Stellungnahmen - Soft Law der EU mit Lenkungswirkung, EuZW 2013, S. 169 ff.
439 Vgl. hierzu *H.-J. Bunte*, Einleitung zum EU-Kartellrecht, in: Langen/Bunte (Hrsg.), Kartellrecht, Band 2, Europäisches Kartellrecht (2018), Rn. 24; *S. Thomas*, Die Bindungswirkung von Mitteilungen, Bekanntmachungen und Leitlinien der EG-Kommission, EuR 2009, S. 423 ff., S. 434 ff.; *G. Pampel*, Europäisches Wettbewerbsrecht - Rechtsnatur und Rechtswirkungen von Mitteilungen der Kommission im europäischen Wettbewerbsrecht, EuZW 2005, S. 11 ff., S. 12.; *P. Pohlmann* (Fn. 437), S. 1005; a.A. *M. Schweda*, Die Bindungswirkung von Bekanntmachungen und Leitlinien der Europäischen Kommission, WuW 2004, S. 1133 ff.
440 Vgl. *EuGH*, Urteil vom 13.12.2012, Rs. C- 226/11 - *Expedia*, Rn. 28; *S. Thomas* (Fn. 439), S. 426.

Europäischen Union[441] erlassen hat. Sie konkretisieren die tatbestandlichen Voraussetzungen einer Freistellung nach Art. 101 Abs. 3 AEUV für bestimmte Typen von Vereinbarungen zwischen Unternehmen.[442] Wichtige Gruppenfreistellungsverordnungen betreffen etwa Vereinbarungen zu Forschung und Entwicklung[443], Technologietransfer[444]- und Spezialisierungsvereinbarungen[445] sowie vertikale Vereinbarungen[446] zwischen Unternehmen auf verschiedenen Marktstufen. Gruppenfreistellungsverordnungen sind Verordnungen im Sinne des Art. 288 Abs. 2 AEUV und werden als Rechtsnormen der Europäischen Union im Amtsblatt (Reihe L) veröffentlicht.[447]

Die in Art. 101 und 102 AEUV enthaltenen Grundsätze des europäischen Kartellrechts sind zwar unmittelbar anwendbar, jedoch sehr weit gefasst. Sie enthalten viele unbestimmte Rechtsbegriffe, die auslegungs- und ausfüllungsbedürftig sind. Zusätzlich zu den zum sekundären, ver-

---

441 Grundsätzlich liegt die Kompetenz zum Erlass von Gruppenfreistellungsverordnungen nach Art. 103 Abs. 2 b) AEUV beim Rat. Dies hat die Regelungskompetenz jedoch für viele Bereiche an die Europäische Kommission delegiert; näher hierzu *D. Hengst*, Art. 101 AEUV, in: Langen/Bunte (Hrsg.), Kartellrecht, Band 2, Europäisches Kartellrecht (2018), Rn. 417.

442 Vgl. *D. Hengst* (Fn. 441), Rn. 420.

443 Verordnung (EU) Nr. 1217/2010 vom 14.12.2010 über die Anwendung von Artikel 101 Absatz 3 AEUV auf bestimmte Gruppen von Vereinbarungen über Forschung und Entwicklung, ABl. (EU) Nr. L 355 vom 18.12.2010, S. 43 ff.

444 Verordnung (EU) Nr. 316/2014 vom 21.03.2014 über die Anwendung von Artikel 101 Absatz 3 AEUV auf Gruppen von Technologietransfervereinbarungen, ABl. (EU) Nr. L 93 vom 28.03.2014, S. 17 ff.

445 Verordnung (EU) Nr. 1218/2010 vom 14.12.2010 über die Anwendung von Artikel 101 Absatz 3 AEUV auf bestimmte Gruppen von Spezialisierungsvereinbarungen, ABl. (EU) Nr. L 355 vom 18.12.2010, S. 36 ff.

446 Verordnung (EU) Nr. 330/2010 vom 20.04.2010 über die Anwendung von Artikel 101 Absatz 3 AEUV auf Gruppen von vertikalen Vereinbarungen und abgestimmten Verhaltensweisen, ABl. (EU) Nr. L 130 vom 23.04.2010, S. 1 ff.

447 Weitere Gruppenfreistellungsverordnungen sind insbesondere die Verordnung (EU) Nr. 461/2010 vom 27.05.2010 über die Anwendung von Artikel 101 Absatz 3 AEUV auf Gruppen von vertikalen Vereinbarungen und abgestimmten Verhaltensweisen im Kraftfahrzeugsektor, ABl. (EU) Nr. L 129 vom 28.05.2010, S. 52 ff.; Verordnung (EU) Nr. 267/ 2010 vom 24.03.2010 über die Anwendung von Artikel 101 Absatz 3 AEUV auf Gruppen von Vereinbarungen, Beschlüssen und abgestimmten Verhaltensweisen im Versicherungssektor, ABl. (EU) Nr. L 83 vom 30.03.2010, S. 8 ff; Verordnung (EG) Nr. 906/2009 vom 26.02.2009 über die Anwendung von Artikel 81 Absatz 3 EG-Vertrag auf bestimmte Gruppen von Vereinbarungen, Beschlüssen und aufeinander abgestimmten Verhaltensweisen zwischen Seeschifffahrtsunternehmen (Konsortien), ABl. (EG) Nr. L 256 vom 25.03.2009, S. 31 ff.

bindlichen Gemeinschaftsrecht gehörenden Verordnungen hat die Europäische Kommission daher eine Vielzahl von Bekanntmachungen veröffentlicht, die als *„Auslegungstext zur Erleichterung der Anwendung der Wettbewerbsregeln und zur Gewährleistung von Transparenz und Rechtssicherheit"*[448] dienen und dem Rechtsanwender Orientierung und ein gewisses Maß an Vorhersehbarkeit bei der Anwendung der kartellrechtlichen Grundsatznormen auf komplexe wirtschaftliche Sachverhalte bieten sollen. Die Bekanntmachungen erläutern die von der Kommission herangezogenen Wertungen bei der Ausfüllung ihres materiellen Beurteilungs- und Ermessensspielraums.[449] Sie erfüllen somit einen norm- und ermessenskonkretisierenden Zweck und enthalten Hinweise zur Verwaltungspraxis der Kommission bei der Auslegung und Anwendung der primär- und sekundärrechtlichen Kartellrechtsvorschriften.[450]

Zu den Bekanntmachungen, die materiell-rechtliche Fragestellungen behandeln, zählen zum einen verschiedene Leitlinien zu horizontalen und vertikalen Vereinbarungen, mit denen die Kommission ihre Rechtsauffassung zu einzelnen Themenbereichen erläutert und zum Teil die in den Gruppenfreistellungen enthaltenen Wertungen konkretisiert.[451] Darüber hinaus gibt es weitere Bekanntmachungen zu rechtlichen Aspekten,[452] z.B. zum Begriff der Beeinträchtigung des zwischenstaatlichen Handels,[453] zur

---

448 *Europäische Kommission* (Fn. 437), S. 34.
449 Vgl. *W. Weiß*, Das Leitlinien(un)wesen der Kommission verletzt den Vertrag von Lissabon, EWS 2010, S. 257 ff., S. 257.
450 Vgl. *S. Thomas* (Fn. 439), S. 426; *R. Ellger*, Art. 101 Abs. 3 AEUV, in: Immenga/Mestmäcker u.a. (Hrsg.), Wettbewerbsrecht, Band 1 (2019), Rn. 72.
451 Hierzu zählen etwa die folgenden Mitteilungen der Kommission: Leitlinien für vertikale Beschränkungen, ABl. (EU) Nr. C 130 vom 19.05.2010, S. 1 ff. („Vertikalleitlinien"), Leitlinien zur Anwendbarkeit von Artikel 101 des Vertrags über die Arbeitsweise der Europäischen Union auf Vereinbarungen über horizontale Zusammenarbeit, ABl. (EU) Nr. C 11 vom 14.01.2011, S. 1 ff. („Horizontalleitlinien"), sowie die Leitlinien zur Anwendung von Artikel 101 des Vertrags über die Arbeitsweise der Europäischen Union auf Technologietransfer-Vereinbarungen, ABl. (EU) Nr. C 89 vom 28.03.2014, S. 3 ff. („Technologietransferleitlinien").
452 Eine Liste der derzeit gültigen Bekanntmachungen sowohl zum materiellen Recht als auch zum Verfahrensrecht findet sich bei *H.-J. Bunte* (Fn. 439), Rn. 25.
453 Bekanntmachung der Kommission - Leitlinien über den Begriff der Beeinträchtigung des zwischenstaatlichen Handels in den Artikeln 81 und 82 des Vertrages, ABl. (EU) Nr. C 101 vom 27.04.2004, S. 81 ff.

Spürbarkeit von Wettbewerbsbeschränkungen,[454] zur Beurteilung von Zulieferverträgen,[455] zu der von der Kommission vertretenen Konzeption des Behinderungsmissbrauchs durch marktbeherrschende Unternehmen[456] sowie zur Berechnung von Bußgeldern durch die Kommission.[457]

Auch wenn die Veröffentlichung von Bekanntmachungen der Kommission der Transparenz dient, stößt die Veröffentlichungspraxis der Kommission wegen der großen Vielzahl der erarbeiteten Bekanntmachungen aus demokratietheoretischen Gesichtspunkten auch auf Bedenken. Die Kommission nähert sich aufgrund der enormen faktischen Bedeutung[458] der Bekanntmachungen in der Praxis, in der die Bekanntmachungen oftmals als ergänzende, das Primär- und Sekundärrecht konkretisierende Durchführungsvorschriften betrachtet werden, letztlich der Rolle eines europäischen Gesetzgebers an, ohne dass ihr nach dem institutionellen Gefüge der Europäischen Union diese Funktion zusteht.[459]

---

454 Mitteilung der Kommission - Bekanntmachung über Vereinbarungen von geringer Bedeutung, die im Sinne des Artikels 1 Abs. 1 AEUV den Wettbewerb nicht spürbar beschränken, ABl. (EU) Nr. C 291 vom 30.08.2014, S. 1 ff., sowie das begleitende Dokument „*Commission Staff Working Document - Guidance on restrictions of competition „by object" for the purpose of defining which agreements may benefit from the De Minimis Notice*" vom 25.06.2014, abrufbar unter: http://ec.europa.eu/competition/antitrust/legislation/de_minimis_notice_annex.pdf (zuletzt besucht am 05.08.2020).

455 Bekanntmachung der Kommission vom 18.12.1978 über die Beurteilung von Zulieferverträgen nach Artikel 85 Abs. 1 des Vertrages zur Gründung der Europäischen Wirtschaftsgemeinschaft, ABl. (EG) Nr. C 1 vom 01.01.1979, S. 2 f.

456 Mitteilung der Kommission – Erläuterungen zu den Prioritäten der Kommission bei der Anwendung von Artikel 82 des EG-Vertrages auf Fälle von Behinderungsmissbrauch durch marktbeherrschende Unternehmen, ABl. (EU) Nr. C 45 vom 24.02.2009, S. 7 ff.

457 *Europäische Kommission*, Leitlinien für das Verfahren zur Festsetzung von Geldbußen gemäß Artikel 23 Absatz 2 Buchstabe a) der Verordnung (EG) Nr. 1/2003, ABl. (EU) Nr. C 210 vom 01.09.2006, S. 2 ff.

458 Vgl. hierzu *A. v. Graevenitz* (Fn. 438), S. 169.

459 *W. Weiß* (Fn. 449), S. 258, 261, der sich hierzu insbesondere auch auf die Bußgeldleitlinien der Kommission bezieht; vgl. in diese Richtung für den Bereich des Vergaberechts auch *M. Knauff/R. Schwensfeier*, Kein Rechtsschutz gegen Steuerung mittels "amtlicher Erläuterung"? - Anmerkung zum Urteil des EuG vom 20.05.2010 (T-258/06) zur Auslegungsmitteilung der Kommission über die öffentliche Auftragsvergabe außerhalb des EU-Vergaberechts -, EuZW 2010, S. 611 ff., S. 614.

2. Veröffentlichung prozessualer Regelungen

Das europäische Kartellverfahrensrecht ist auf sekundärrechtlicher Ebene geregelt. Rechtsgrundlagen bilden hier zum einen die VO 1/2003 sowie die zugehörige Durchführungsverordnung VO 773/2004. Zusätzlich gibt es auch zum Kartellverfahrensrecht viele Bekanntmachungen der Kommission, die in der Praxis eine erhebliche Bedeutung besitzen. Sie erläutern verschiedene Aspekte der Ausgestaltung und des Ablaufs des europäischen Kartellverfahrens und konkretisieren die sekundärrechtlichen Regelungen. Zu den für das Kartellverfahrensrecht relevanten Bekanntmachungen zählen u.a. Bekanntmachungen zur Zusammenarbeit im Netzwerk der Wettbewerbsbehörden,[460] zur Einsicht in die Kommissionsakten,[461] zum Umgang mit Beschwerdeführern[462] und zu den Voraussetzungen und Modalitäten des Erlasses oder der Reduktion von Bußgeldern für Kronzeugen.[463]

Im Jahr 2011 hat die Kommission zudem ein Dokument zu bewährten Vorgehensweisen in Kartellverfahren veröffentlicht. Die „Bekanntmachung der Kommission über bewährte Vorgehensweisen in Verfahren nach Artikel 101 und 102 AEUV" („*Commission notice on best practices for the conduct of proceedings concerning Articles 101 and 102 TFEU*", im Folgenden: „*Best Practices*")[464] ist Teil eines Maßnahmenpakets der Kommission, zu dem auch ein neues Mandat für den Anhörungsbeauftragten[465] sowie Hinweise zur Vorgehensweise bei der Einreichung wirtschaftlichen Beweismaterials[466] gehören. Die Kommission verfolgt mit dem Maßnahmenpaket ausdrücklich das Ziel, die Transparenz und Fairness des Kartellver-

---

460 Bekanntmachung der Kommission über die Zusammenarbeit innerhalb des Netzes der Wettbewerbsbehörden, ABl. (EU) Nr. C 101 vom 27.04.2994, S. 43 ff.

461 Mitteilung der Kommission über die Regeln für die Einsicht in Kommissionsakten in Fällen einer Anwendung von Artikel 81 und 82 EG-Vertrag, Artikel 53, 54 und 57 des EWR-Abkommens und der Verordnung (EG) Nr. 139/2004, ABl. (EU) Nr. C 325 vom 22.12.2005, S. 7 ff.

462 Bekanntmachung der Kommission über die Behandlung von Beschwerden durch die Kommission gemäß Artikel 81 und 81 EG-Vertrag, ABl. Nr. C 101 vom 27.04.2004, S. 65 ff.

463 Mitteilung der Kommission über den Erlass und die Ermäßigung von Geldbußen in Kartellsachen, ABl. (EU) Nr. C 298 vom 08.12.2006, S. 17 ff.

464 ABl. (EU) Nr. C 308 vom 20.10.2011, S. 6 ff.

465 Siehe dazu näher Teil 2/ D.I.3.

466 *Best Practices for the submission of economic evidence and data collection in cases concerning the application of Art. 101 and 102 TFEU and in merger cases*, abrufbar unter: http://ec.europa.eu/competition/antitrust/legislation/best_practices_submission_en.pdf (zuletzt besucht am 05.08.2020).

fahrens zu steigern. Die verabschiedeten Maßnahmen sollen den beteiligten Unternehmen eine klare Vorstellung von den einzelnen Phasen eines Kartellverfahrens vermitteln und ihre Möglichkeiten, mit der Kommission zusammenzuarbeiten, verbessern.[467] Die *Best Practices* enthalten einen Überblick über den Verlauf des Kommissionsverfahrens von Beginn der Untersuchung an bis zum Erlass einer endgültigen Entscheidung.[468] Sie sollen auf diesem Weg *„zu einem besseren Verständnis der Untersuchungsverfahren der Kommission führen und damit ihre Effizienz steigern sowie ein hohes Maß an Transparenz und Berechenbarkeit gewährleisten.“*[469]

Im März 2012 hat die Kommission zudem – im Zusammenhang mit einem vor dem Europäischen Ombudsmann geführten Verfahren – zumindest Teile ihres zuvor ausschließlich für den internen Gebrauch erarbeiteten *„Antitrust Manual of Procedures“*[470] veröffentlicht.[471] Hierbei handelt es sich um ein Handbuch, das den Kommissionbeamten zur Orientierung bei der Durchführung eines Kartellverfahrens zur Verfügung steht. Dieses Handbuch informiert die Verfahrensbeteiligten über die einzelnen Verfahrensschritte und Verhaltensleitlinien und dient in der Praxis als nützlicher Leitfaden.[472]

Die Veröffentlichung rechtlicher Regelungen, Leitlinien und Bekanntmachungen zum Ablauf des Kartellverfahrens und zum Umgang der Kom-

---

467 Vgl. Pressemitteilung IP/11/1201 der Kommission vom 17.10.2011, abrufbar unter: http://europa.eu/rapid/ press-release_IP-11-1201_de.htm (zuletzt besucht am 05.08.2020).

468 *A. Italianer*, Best Practices for antitrust proceedings and the submission of economic evidence and the enhanced role of the Hearing Officer, Rede gehalten am 18.10.2011 anlässlich des OECD Competition Comittee Meeting in Paris, S. 5.

469 *Best Practices*, Rn. 1. Geäußert wird jedoch auch der Vorwurf, dass es sich bei den *Best Practices* um *„vollmundige, aber unverbindliche Absichtsbekundungen“* handele, die *„an eine „Bedienungsanleitung“ für das Bußgeldverfahren, in denen vom Hersteller Selbstverständlichkeiten ausgebreitet werden“*, erinnerten, so *U. Soltész*, "Best practices" der Kommission zum Kartellrecht - Noch kein Quantensprung, EuZW 2010, S. 81. Auch wenn viele der in den *Best Practices* erwähnten Verfahrensschritte in der Praxis schon umgesetzt wurden, stellt ihre schriftliche Zusammenstellung dennoch einen Fortschritt für die Transparenz des Kartellverfahrens dar.

470 *Antitrust Manual of Procedures*, abrufbar unter: http://ec.europa.eu/competition/a ntitrust/antitrust_manproc_3_2012_en.pdf (zuletzt besucht am 05.08.2020).

471 Vgl. zur Steigerung der Transparenz des Kartellverfahrens durch die Veröffentlichung der *Best Practices* sowie des *Antitrust Manual of Procedures* auch *C. Kerse/N. Khan* (Fn. 434), Rn. 1-091.

472 Vgl. *T. Klose/C. Horstkotte* (Fn. 171), Rn. 2a.

mission mit verschiedenen verfahrensrechtlichen Situationen trägt in erheblichem Maße zur Transparenz des rechtlichen Rahmens der Durchsetzung des europäischen Wettbewerbs bei. Auch wenn die oben angesprochenen Bedenken gegenüber einer allzu umfangreichen Aktivität der Kommission beim Erlass neuer Leitlinien nicht unberechtigt erscheinen, so ist doch festzuhalten, dass insbesondere die Bekanntmachungen zum Umgang der Kommission mit verfahrensrechtlichen Themen erheblich zur Information für die Verfahrensbeteiligten beitragen. Darüber hinaus trägt auch die Durchführung von öffentlichen Konsultationen (*„public consultations"*) vor der Annahme neuer Bekanntmachungen zur Transparenz bei.[473] Die interessierte Öffentlichkeit wird so in die Lage versetzt, Kenntnis von dem geplanten Inhalt neuer Bekanntmachungen zu erhalten, deren Hintergründe zu erfassen und durch die Abgabe von Stellungnahmen entsprechenden Einfluss auf ihre Ausgestaltung zu nehmen.

B. Transparenz im Netzwerk der europäischen Wettbewerbsbehörden

Die nationalen Wettbewerbsbehörden aller Mitgliedstaaten der Europäischen Union bilden zusammen mit der Kommission ein Netzwerk, in dessen Rahmen sie bei der Verteilung und Bearbeitung von Fällen kooperieren und sich zu aktuellen wettbewerbsrechtlichen und wettbewerbspolitischen Themen austauschen. Die Zusammenarbeit im Netzwerk der europäischen Wettbewerbsbehörden (*„European Competition Network"*, im Folgenden: „Netzwerk" oder „ECN") wird von Seiten der Wettbewerbsbehörden als sehr erfolgreich eingeschätzt. Gleichzeitig wird in der Praxis jedoch auch auf verschiedene Transparenzdefizite hingewiesen[474] und das Netzwerk aus der Perspektive Außenstehender mit einer *„black box"* verglichen.[475] Im Folgenden soll daher untersucht werden, inwiefern dieser Vor-

---

473 Vgl. *I. Lianos/A. Andreangeli*, The European Union: The Competition Law System and the Union's Norms, in: Fox/Trebilcock (Hrsg.), The design of competition law institutions: Global norms, local choices (2013), 384, S. 434. Eine Liste der in den letzten Jahren abgeschlossenen Konsultationen sowie die abgegebenen Stellungnahmen (zumeist in englischer Sprache) findet sich auf der Website der Kommission unter: http://ec.europa.eu/competition/consultations/close d.html (zuletzt besucht am 05.08.2020).

474 Vgl. *S. Brammer* (Fn. 314), S. 1416, 1424.

475 Vgl. hierzu *J. Schwarze*, Die Anfechtung der Fallverteilung im europäischen Netzwerk der Wettbewerbsbehörden, in: Brinker (Hrsg.), Recht und Wettbewerb: Festschrift für Rainer Bechtold zum 65. Geburtstag (2006), 483, S. 492; *P.*

wurf berechtigt ist und in welcher Hinsicht die Zusammenarbeit im Netzwerk transparenter gestaltet werden könnte, ohne dass hierdurch sein Beitrag zu einer wirksamen europaweiten Kartellverfolgung gefährdet wird.

I. Funktion und Aufgaben des Netzwerks

Das ECN setzt sich aus der Kommission und den nationalen Wettbewerbsbehörden der Mitgliedstaaten der Europäischen Union zusammen[476] und soll als *„Diskussions- und Kooperationsforum für die Anwendung und Durchsetzung der EG-Wettbewerbspolitik"*[477] dienen. Zweck des ECN ist es insbesondere, durch die enge Zusammenarbeit zwischen den nationalen Wettbewerbsbehörden und der Kommission eine möglichst wirkungsvolle Durchsetzung des europäischen Wettbewerbsrechts[478] zu erreichen und gleichzeitig eine kohärente Anwendung seiner Regeln durch die beteiligten Wettbewerbsbehörden sicherzustellen.[479]

1. Das Netzwerk im System paralleler Zuständigkeiten bei der Anwendung des europäischen Kartellrechts

Die Gründung des ECN steht in engem Zusammenhang mit der Dezentralisierung der europäischen Kartellrechtsdurchsetzung im Zuge der Reform des europäischen Kartellverfahrensrechts durch die VO 1/2003.[480] Unter ihrer Vorgängerverordnung, der VO 17/62,[481] besaß die Kommission die ausschließliche Zuständigkeit für Freistellungen nach Art. 101 Abs. 3 AEUV (Art. 85 Abs. 3 EG a.F.),[482] der in den Mitgliedstaaten nicht unmit-

---

Marsden, Checks and Balances: European Competition Law and the Rule of Law, Loyola Consumer Law Review 2009, S. 62 ff., S. 64.

476 Vgl. Netzbekanntmachung, Rn. 1; eine Übersicht über die Mitglieder des ECN findet sich auf der Website der Kommission unter: http://ec.europa.eu/competit ion/ecn/competition_authorities.html (zuletzt besucht am 05.08.2020).

477 Vgl. Erwägungsgrund Nr. 15 der VO 1/2003 sowie Netzbekanntmachung, Rn. 1.

478 Vgl. Gemeinsame Erklärung des Rates und der Kommission zur Arbeitsweise des Netzes der Wettbewerbsbehörden, Ratsdokument 15432/02 ADD 1, Rn. 5.

479 Vgl. *A. Bardong/C. Stempel*, Art. 11 VO 1/2003, in: *Säcker/Bien/Meier-Beck/Montag* (Hrsg.), Münchener Kommentar zum Wettbewerbsrecht (2020), Band 1, Rn. 2.

480 Vgl. zur Entstehung des Netzwerkes *A. Bardong/C. Stempel* (Fn. 479), Rn. 3 ff.

481 Verordnung Nr. 17, Erste Durchführungsverordnung zu den Artikeln 85 und 86 des Vertrages, ABl. 1962, S. 204 ff.

482 Art. 9 Abs. 1 VO Nr. 17.

telbar anwendbar war. Die VO 17/62 konstituierte daher ein Anmeldungs- und Genehmigungssystem auf Gemeinschaftsebene. Unternehmen waren danach verpflichtet, alle Vereinbarungen und sonstigen Verhaltensweisen, die in den Anwendungsbereich des Art. 85 EG a.F. fielen, bei der Kommission anzumelden und ihre Freistellung nach Art. 85 Abs. 3 EG a.F. zu beantragen.[483] Dieses Genehmigungssystem erwies sich in den ersten Jahrzehnten der Kartellverfolgung durch die europäische Kommission als sinnvoll, da es die Entwicklung einer einheitlichen Wettbewerbskultur in den Mitgliedstaaten förderte[484] und für die Unternehmen, die sich noch kaum an einer gefestigten Praxis und Rechtsprechung zum europäischen Wettbewerbsrecht orientieren konnten, Rechtssicherheit gewährleistete.[485]

Mit der Erweiterung der Europäischen Union und den Veränderungen des rechtlichen Umfelds entstand jedoch ein zunehmender Reformbedarf.[486] Die Anzahl der zu bearbeitenden Freistellungsanträge war erheblich angestiegen[487] und erschwerte es der Kommission, sich auf die schwerwiegenden Kartellverstöße von gemeinschaftsweiter Bedeutung zu konzentrieren.[488] In ihrem Weißbuch zur Modernisierung des europäischen Kartellverfahrensrechts aus dem Jahr 1999 forderte die Kommission daher u.a.

---

483 Vgl. Art. 4 VO Nr. 17.

484 Vgl. Weißbuch der Kommission über die Modernisierung der Vorschriften zur Anwendung der Art. 85 und 86 EG-Vertrag, Arbeitsprogramm der Kommission Nr. 99/027, ABl. Nr. C 132 vom 12.05.1999, S. 1 ff., S. 4, Rn. 4 (im Folgenden: „Weißbuch 1999").

485 Vgl. *A. Klees* (Fn. 147), § 1 Rn. 2; umfassend hierzu sowie zum Wechsel zum System der Legalausnahme *S. C. Pelka*, Rechtssicherheit im europäischen Kartellverfahren? VO 1/2003, unternehmerische Selbstbeurteilung und die Vorhresehbarkeit der Rechtslage (2009).

486 Vgl. zu den Entwicklungen in der europäischen Kartellrechtsdurchsetzung *T. Wißmann*, Decentralised Enforcement of EC Competition Law and the New Policy on Cartels: The Commission White Paper of 28th of April 1999, World Competition Law and Economics Review 2000, S. 123 ff., S. 123 ff.

487 Vgl. *E.-J. Mestmäcker*, Versuch einer kartellpolitischen Wende in der EU - Zum Weissbuch der kommission über die Modernisierung der Vorschriften zur Anwendung der Art. 85 und 86 EGV a.F. (Art. 81 und 82 EGV n.F.), EuZW 1999, S. 523 ff., S. 524, der dies als „*Massenproblem*" bezeichnet.

488 Vgl. Weißuch der Kommission über die Modernisierung der Vorschriften zur Anwendung der Art. 85 und 86 EG-Vertrag, Arbeitsprogramm der Kommission Nr. 99/027, ABl. Nr. C 132 vom 12.05.1999, S. 1 ff., S. 5, Rn. 9 sowie S. 21, Rn. 42. Eines der wesentlichen Ziele, das die Kommission mit dem Weißbuch anstrebte, war die Schaffung von Freiräumen für die Aufdeckung und Sanktionierung geheimer, grenzüberschreitender Kartellabsprachen und die Fokussierung auf die bedeutendsten Fälle von Gemeinschaftsintersse, vgl. *R. Bechtold*, Modernisierung des EG-Wettbewerbsrechts: Der Verordnungs-Entwurf der

eine verstärkte Anwendung des europäischen Wettbewerbsrechts durch die Behörden der Mitgliedstaaten.[489] Neben der Abschaffung der Anmeldepflicht und der Einführung eines Systems der Legalausnahme sollte insbesondere die Dezentralisierung der Kartellrechtsanwendung durch eine umfassende Einbeziehung der nationalen Wettbewerbsbehörden in die Durchsetzung des europäischen Kartellrechts die Arbeitslast der Kommission reduzieren und so Kapazitäten für die Fokussierung auf die tatsächlich bedeutsamen Fälle freisetzen.[490]

Dieser Vorschlag der Kommission fand in der neuen VO 1/2003 Niederschlag. Mit Inkrafttreten der VO 1/2003 erhielten die Mitgliedstaaten eine parallele Zuständigkeit für die Anwendung des europäischen Wettbe-

---

Kommission zur Umsetzung des Weißbuchs, BB 2000, S. 2425 ff., S. 2430 sowie *T. Wißmann* (Fn. 486), S. 125. Das Weißbuch wurde grundsätzlich positiv aufgenommen, in Deutschland jedoch teilweise heftig kritisiert, vgl. *R. Bechtold* (Fn. 488), S. 2425; kritisch aus deutscher Perspektive etwa *E.-J. Mestmäcker* (Fn. 487) sowie *A. Deringer*, Stellungnahme zum Weißbuch der Europäischen Kommission über die Modernisierung der Vorschriften zur Anwendung der Art. 85 und 86 EG-Vertrag, EuZW 2000, S. 5 ff.

489 Vgl. zum Weißbuch 1999 *T. Wißmann* (Fn. 486). Bereits vor Erscheinen des Weißbuchs im Jahr 1999 legte die Kommission im Jahr 1997 durch ihre Bekanntmachung über die Zusammenarbeit mit den nationalen Wettbewerbsbehörden, dem Vorläufer der heutigen Netzbekanntmachung, eine wesentliche Grundlage für eine engere Kooperation (Bekanntmachung der Kommission über die Zusammenarbeit zwischen der Kommission und den Wettbewerbsbehörden der Mitgliedstaaten bei der Bearbeitung von Fällen im Anwendungsbereich der Artikel 85 und 86 EG-Vertrag, ABl. (EG) Nr. C 313 vom 15.10.1997, S. 3 ff.). Diese Bekanntmachung enthielt Regelungen zur Allokation von Fällen zwischen den Wettbewerbsbehörden und zu weiteren Einzelheiten der Zusammenarbeit in nationalen und europäischen Kartellverfahren. Sie war bereits getragen von dem Bemühen der Kommission, ihre Arbeitsbelastung zu verringern, die eigenen sowie die Ressourcen der mitgliedstaatlichen Wettbewerbsbehörden effizienter einzusetzen und sich Freiraum für die Bearbeitung von Fällen von gemeinschaftsweiter Bedeutung zu verschaffen, vgl. *A. Leopold*, Rechtsprobleme der Zusammenarbeit im Netzwerk der Wettbewerbsbehörden nach der Verordnung (EG) Nr. 1/2003 (2006), S. 62 m.w.N. Da aufgrund des noch bestehenden Systems der Legalausnahme und der oftmals fehlenden Kompetenzen der nationalen Wettbewerbsbehörden zur Anwendung des europäischen Kartellrechts keine dezentrale Anwendung der europäischen Kartellrechtsvorschriften erfolgte, blieb die Bekanntmachung von 1997 ohne große praktische Bedeutung. Sie zeigte jedoch bereits die Absicht der Kommission, die nationalen Wettbewerbsbehörden in die Kartellverfolgung verstärkt einzubinden, vgl. *A. Leopold* (Fn. 489), S. 63.

490 Vgl. *A. Klees* (Fn. 147), § 7, Rn. 2.

werbsrechts.[491] Art. 4 und 5 Abs. 1 VO 1/2003 bestimmen ausdrücklich, dass neben der Kommission auch die Wettbewerbsbehörden der Mitgliedstaaten für den Erlass von Entscheidungen in Anwendung der Art. 101 und 102 AEUV zuständig sind.[492] Die Wettbewerbsbehörden der Mitgliedstaaten sind nach Art. 3 Abs. 1 VO 1/2003 verpflichtet, neben ihrem jeweiligen nationalen Kartellrecht Art. 101 und 102 AEUV auf alle wettbewerbsrechtlich relevanten Sachverhalte anzuwenden, von denen eine Beeinträchtigung des zwischenstaatlichen Handelns ausgeht. Vor dem Hintergrund der durch die VO 1/ 2003 statuierten parallelen Vollzugszuständigkeit sah die Kommission das Bedürfnis, Vorkehrungen zur Gewährleistung einer kohärenten und effektiven Durchsetzung des europäischen Kartellrechts zu treffen.[493] Im Zuge der Reform des europäischen Kartellverfahrensrechts entstanden daher unter anderem auch die Regelungen zur engen Zusammenarbeit zwischen der Kommission und den nationalen Wettbewerbsbehörden im ECN.[494] Die rechtlichen Grundlagen des ECN finden sich zunächst in Art. 11 ff. VO 1/2003; darüber hinaus enthalten jedoch auch die Bekanntmachung der Kommission über die Zusammenarbeit in-

---

491 Vgl. Gemeinsame Erklärung des Rates und der Kommission zur Arbeitsweise des Netzes der Wettbewerbsbehörden, Rn. 11.

492 Vgl. *J.-C. Puffer-Mariette*, Art. 4 VO (EG) 1/2003, in: von der Groeben/Schwarze/ Hatje (Hrsg.), Europäisches Unionsrecht: Vertrag über die Europäische Union, Vertrag über die Arbeitsweise der Europäischen Union, Charta der Grundrechte der Europäischen Union (2015), Rn. 1.

493 Die Zusammenarbeit zwischen der Kommission und den nationalen Wettbewerbsbehörden war keine vollständig neue Idee. Bereits Art. 10 VO 17/62 regelte unter dem Titel *„Verbindung mit den Behörden der Mitgliedstaaten"* erste Formen einer Zusammenarbeit zwischen der Kommission und den nationalen Wettbewerbsbehörden bei der Durchführung von Kartellverfahren. Diese Zusammenarbeit war jedoch allein auf Verfahren der Kommission beschränkt, die die Kommission nach Art. 10 Abs. 2 VO 17/62 *„in enger und stetiger Verbindung mit den zuständigen Behörden der Mitgliedstaaten"* durchführen sollte. Hierzu übermittelte sie den nationalen Wettbewerbsbehörden u.a. die wichtigsten Dokumente, die bei ihr im Rahmen eines Kartellverfahrens eingereicht wurden; zudem waren die nationalen Wettbewerbsbehörden nach Art. 10 Abs. 1 und 2 VO Nr. 17 berechtigt, zu den Kommissionsverfahren Stellung zu nehmen. Da sich die Kooperation damit lediglich in wenigen Informationspflichten erschöpfte und sich allein auf Kommissionsverfahren bezog, war von einem „Netzwerk" zu diesem Zeitpunkt jedoch noch nicht die Rede. Vgl. hierzu und zur Entstehungsgeschichte des ECN *A. Leopold* (Fn. 489), S. 61.

494 Vgl. *W. Weiß* (Fn. 5), Rn. 47. Die Gründung des ECN erfolgte bereits kurz vor Inkrafttreten der VO 1/2003 im Jahr 2000 in Rom, zunächst jedoch in Gestalt eines informellen Forums, vgl. *J. Schwarze/A. Weitbrecht* (Fn. 118), S. 169, Fn. 578.

nerhalb des Netzes der Wettbewerbsbehörden[495] (im Folgenden: „Netzbekanntmachung") und die Gemeinsame Erklärung des Rates und der Kommission zur Arbeitsweise des Netzes der Wettbewerbsbehörden[496] (im Folgenden: „Gemeinsame Erklärung") wesentliche Regelungen zur Zusammenarbeit im Netz.

Das ECN ist keine Behörde,[497] sondern dient ausschließlich der Koordination und Zusammenarbeit zwischen den Wettbewerbsbehörden. Die im ECN vertretenen Wettbewerbsbehörden haben interne Stellen eingerichtet, die für die gegenseitige Unterrichtung und Abstimmung bei der Zusammenarbeit im ECN zuständig sind. Beispielsweise findet sich bei der Kommission in der Generaldirektion Wettbewerb in der Direktion A („*Policy and Strategy*") eine Einheit zum „*European Competition Network and Private Enforcement*",[498] und auch das Bundeskartellamt hat im Referat „*Deutsches und Europäisches Kartellrecht*" eine ECN-Koordinationsstelle eingerichtet.[499] Die Wettbewerbsbehörden üben bei der Zusammenarbeit im ECN ihre Kompetenzen weiterhin selbständig aus; Art. 11 Abs. 1 VO 1/2003 verpflichtet sie jedoch in Ausprägung des in Art. 4 Abs. 3 EUV primärrechtlich verankerten Loyalitätsgrundsatzes zur engen gegenseitigen Zusammenarbeit.[500]

2. Zusammenarbeit der Wettbewerbsbehörden im Netzwerk

Die Aufgaben des ECN bestehen insbesondere in der Verteilung von Fällen zwischen den nationalen Wettbewerbsbehörden, im Austausch von Informationen und Beweismitteln während eines Verfahrens und der Gewährung von Amtshilfe bei Ermittlungen in anderen Mitgliedstaaten. Im Rahmen eines konkreten Kartellverfahrens soll die Kooperation im ECN

---

495 Bekanntmachung der Kommission über die Zusammenarbeit innerhalb des Netzes der Wettbewerbsbehörden, ABl. (EU) Nr. C 101 vom 27.04.2004, S. 43 ff.

496 Gemeinsame Erklärung des Rates und der Kommission zur Arbeitsweise des Netzes der Wettbewerbsbehörden, Ratsdokument 15432/02 ADD 1.

497 Vgl. *A. Klees* (Fn. 147), § 7, Rn. 64.

498 Vgl. Organigramm der Generaldirektion Wettbewerb, abrufbar in englischer Sprache unter: http://ec.europa.eu/dgs/competition/directory/organi_en.pdf (zuletzt besucht am 05.08.2020).

499 Vgl. das Organigramm des Bundeskartellamts, abrufbar unter: http://www.bund eskartellamt.de/SharedDocs/Publikation/DE/Sonstiges/Organigramm.pdf?__blo b=publicationFile&v=47 (zuletzt besucht am 05.08.2020).

500 *M. Sura*, Art. 11 VO 1/2003, in: Langen/Bunte (Hrsg.), Kartellrecht, Band 2, Europäisches Kartellrecht (2018), Rn. 1.

auf diese Art sicherstellen, dass diejenige Wettbewerbsbehörde einen Fall verfolgt, die hierzu am besten in der Lage ist, und dass der verfolgenden Wettbewerbsbehörde alle notwendigen Mittel zur Verfügung stehen, um das europäische Kartellrecht bestmöglich durchzusetzen. Die Mechanismen, die bei der Erfüllung dieser Aufgaben im ECN zur Verfügung stehen, sollen im Folgenden umrissen werden.

a) Fallverteilung im Netzwerk

Die Fallverteilung im Netzwerk beginnt mit der Mitteilung einer nationalen Wettbewerbsbehörde oder der Kommission über die beabsichtigte Einleitung eines Verfahrens. Die Mitteilung erfolgt vor Beginn oder unverzüglich nach Einleitung der ersten förmlichen Ermittlungsmaßnahmen; in der Praxis geschieht dies durch Eingabe grundlegender Fallinformationen in das Intranet des ECN.[501] Durch die gegenseitige Unterrichtung zu Beginn werden parallele Verfahren im ECN frühzeitig bekannt gemacht,[502] so dass es anderen Wettbewerbsbehörden ermöglicht wird, in einem frühen Verfahrensstadium selbst Interesse an der Weiterverfolgung eines Falles anzumelden. Auf diese Weise soll eine zügige Umverteilung der Fälle zwischen den Wettbewerbsbehörden garantiert werden.[503]

Die Netzbekanntmachung geht zunächst davon aus, dass in aller Regel diejenige Wettbewerbsbehörde, die das Verfahren als erste eingeleitet hat, auch im weiteren Verlauf mit dem Fall befasst sein wird.[504] Eine Umverteilung soll grundsätzlich nur in Ausnahmefällen in Betracht kommen, wenn sich der bekannte Sachverhalt im Laufe des Verfahrens wesentlich ändert[505] und die verfahrenseinleitende Wettbewerbsbehörde zu dem Ergebnis gelangt, für die Durchführung nicht gut geeignet zu sein, oder andere Wettbewerbsbehörden sich selbst als gut geeignet einschätzen.[506] Ist eine Umverteilung sinnvoll, sieht die Netzbekanntmachung vor, dass diese möglichst zu Beginn eines Verfahrens erfolgen und in der Regel innerhalb

---

501 Die Netzbekanntmachung zählt verschiedene Informationen auf, die dem Netzwerk zur Verfügung gestellt werden, darunter die das Verfahren durchführende Behörde, betroffene Produkte, Gebiete und den mutmaßlichen Verstoß der Parteien, vgl. Netzbekanntmachung, Rn. 17 a.E.
502 Vgl. Netzbekanntmachung, Rn. 16.
503 Vgl. Netzbekanntmachung, Rn. 16 und 17.
504 Vgl. Netzbekanntmachung, Rn. 6.
505 Vgl. Netzbekanntmachung, Rn. 19.
506 Vgl. Netzbekanntmachung, Rn. 6.

von zwei Monaten abgeschlossen sein soll.[507] In der Praxis gibt es bislang nur wenige Beispiele, in denen ein Fall im Netz tatsächlich umverteilt wurde.[508] Oftmals nehmen die Netzwerkmitglieder – etwa bei Eingang paralleler Beschwerden oder wenn absehbar ist, dass ein Fall mehrere Netzwerkmitgliedstaaten tangiert – bereits vor der Information des gesamten Netzwerks Kontakt miteinander auf, um sich untereinander abzustimmen,[509] so dass eine spätere Umverteilung in der Regel nicht mehr notwendig wird.

Die Verteilung der Fälle zwischen den ECN-Mitgliedern soll eine effiziente Arbeitsteilung innerhalb des ECN gewährleisten und sicherstellen, dass jeder Fall trotz paralleler Zuständigkeit der Wettbewerbsbehörden grundsätzlich nur von einer einzigen, hierfür „gut geeigneten" Wettbewerbsbehörde bearbeitet wird.[510] Nach der Netzbekanntmachung ist eine nationale Wettbewerbsbehörde dann gut geeignet für die Bearbeitung eines Falles, wenn sich das kartellrechtlich relevante Verhalten auf ihr Hoheitsgebiet auswirkt oder in diesem stattfindet, die Behörde die Zuwiderhandlung gegen das Kartellrecht vollständig durch eine Verbotsentscheidung oder sonstige Maßnahmen beenden und sie gegebenenfalls auch mit der Hilfe anderer Wettbewerbsbehörden hinreichende Beweismittel für die Zuwiderhandlung erlangen kann.[511] Die Kommission selbst ist gut geeignet, wenn sich der Verstoß gegen das Wettbewerbsrecht in mehr als drei Mitgliedstaaten auswirkt.[512] Während in einigen Fällen nur eine Wettbewerbsbehörde die Kriterien der Netzbekanntmachung erfüllt, können in anderen Fällen mehrere Wettbewerbsbehörden zur Bearbeitung eines Falles gut geeignet sein. In diesem Fall sollen sich die parallel mit einem Fall befassten Wettbewerbsbehörden bemühen, ihr Vorgehen so weit wie mög-

---

507 Vgl. Netzbekanntmachung, Rn. 6 und 18.

508 Umverteilungen fanden bislang nur selten und zumeist im vertikalen Verhältnis zwischen Kommission und nationalen Wettbewerbsbehörden statt, jedoch nicht zwischen den nationalen Wettbewerbsbehörden untereinander, vgl. *A. Bardong/ C. Stempel* (Fn. 479), Rn. 116, 121 und 128. Auf der Website des ECN sind keine Statistiken zur Zahl der umverteilten Fälle verfügbar; zu allgemeinen Statistiken des ECN siehe unter: http://ec.europa.eu/competition/ecn/statistics.h tml (zuletzt besucht am 05.08.2020).

509 Vgl. *A. Mikroulea*, Case Allocation in Antitrust and Collaboration between the National Competition Authorities and the European Commission, in: Kokkoris/Lianos (Hrsg.), The reform of EC competition law: New challenges (2010), 55, S. 62.

510 Vgl. VO 1/2003, Erwägungsgrund 18, S. 2 sowie Netzbekanntmachung, Rn. 7.

511 Vgl. Netzbekanntmachung, Rn. 8.

512 Vgl. Netzbekanntmachung, Rn. 14.

lich untereinander abzustimmen und festzulegen, welche Wettbewerbsbehörde federführend tätig wird.[513]

b) Informationsaustausch im Netzwerk

Die Möglichkeit zum gegenseitigen Informationsaustausch und zur Verwendung aller Informationen, die zur Anwendung der Art. 101 und 102 AEUV erhoben wurden, ist ein zentrales Element für die Zusammenarbeit der Wettbewerbsbehörden[514] und gilt als fundamentale Voraussetzung für das Funktionieren des ECN.[515] Innerhalb des ECN können in verschiedenen Situationen Informationen ausgetauscht werden, so z.B. bei der Erfüllung der Unterrichtungspflichten, bei der Weiterleitung einer Ermittlungsakte anlässlich der Umverteilung eines Falles oder bei der engen Abstimmung zwischen zwei Wettbewerbsbehörden, die parallel einen Fall bearbeiten.[516] Ein Informationsfluss besteht dabei sowohl im Vertikalverhältnis zwischen der Kommission und den nationalen Wettbewerbsbehörden als auch im Horizontalverhältnis zwischen den nationalen Wettbewerbsbehörden untereinander. Grundsätzlich lassen sich hierbei zwei Arten des Informationsaustausches unterscheiden: der institutionalisierte Informationsaustausch nach Art. 11 VO 1/2003 und der jeweils in einzelnen Fällen stattfindende Informationsaustausch nach Art. 12 VO 1/2003.[517]

aa) Informationsaustausch zu Beginn und bei Abschluss des Kartellverfahrens

Nach Art. 11 Abs. 3 S. 1 VO 1/2003 unterrichten die nationalen Wettbewerbsbehörden die Kommission vor Beginn oder unmittelbar nach Einleitung der ersten Ermittlungsmaßnahmen. Eine Unterrichtung findet dabei nicht nur im Fall „aktiver" Maßnahmen wie eines Auskunftsersuchens

---

513 Vgl. Netzbekanntmachung, Rn. 13.
514 Vgl. Netzbekanntmachung, Rn. 26.
515 Vgl. *P. Gussone/R. Michalczyk*, Der Austausch von Informationen im ECN - wer bekommt was wann zu sehen?, EuZW 2011, S. 130 ff., S. 130.
516 Vgl. *M. Sura*, Art. 12 VO 1/2003, in: Langen/Bunte (Hrsg.), Kartellrecht, Band 2, Europäisches Kartellrecht (2018), Rn. 1.
517 *P. Gussone/R. Michalczyk* (Fn. 515), S. 131.

statt, sondern z.B. auch bei Erhalt eines Kronzeugenantrags.[518] Die Unterrichtung erfolgt in der Praxis mittels eines Standardformblatts im Intranet des ECN, das Einzelheiten zu dem anhängigen Fall enthält und anhand dessen insbesondere Informationen zu den betroffenen Produkten, Gebieten und Parteien, dem mutmaßlichen Verstoß, seiner vermutlichen Dauer und dem Ursprung des Falles an das Netzwerk übermittelt werden.[519] Der handelnden Wettbewerbsbehörde steht es nach Art. 11 Abs. 3 S. 2 VO 1/2003 frei, neben der obligatorischen Unterrichtung der Kommission auch die anderen nationalen Wettbewerbsbehörden über die Einleitung der Ermittlungsmaßnahmen zu informieren. Die nationalen Wettbewerbsbehörden haben sich vor diesem Hintergrund bereits zur Zeit des Inkrafttretens der VO 1/2003 untereinander darauf verständigt, die relevanten Fallinformationen nicht nur der Kommission, sondern zugleich auch allen anderen nationalen Wettbewerbsbehörden durch Einstellung in das Intranet des ECN zu übermitteln.[520] Die Bereitstellung der Informationen dient dabei vor allem der Erkennung paralleler Verfahren und ermöglicht gegebenenfalls eine Umverteilung des Falles innerhalb des Netzwerks.[521]

Spätestens 30 Tage vor Erlass einer abschließenden Entscheidung in einem von ihr geführten Verfahren übermittelt eine nationale Wettbewerbsbehörde der Kommission nach Art. 11 Abs. 4 S. 1 und 2 VO 1/2003 eine zusammenfassende Darstellung des Falles, die beabsichtigte Entscheidung oder, sofern derartige Unterlagen noch nicht vorliegen, sonstige Dokumente, aus denen sich ihre weitere Vorgehensweise ergibt. Auf Ersuchen der Kommission leitet die nationale Wettbewerbsbehörde auch zusätzliche Unterlagen weiter, die ihr vorliegen und die für die Beurteilung des Falles wichtig sind.[522] Nach Art. 11 Abs. 3 und 5 VO 1/2003 können die der Kommission übersandten Informationen zudem allen nationalen Wettbewerbsbehörden zur Verfügung gestellt werden, was in der Praxis

---

518 Vgl. *E. Gippini-Fournier*, The Modernisation of European Competition Law: First Experiences with Regulation 1/2003: Community Report to the FIDE Congress 2008 (2008), S. 73.

519 Vgl. Netzbekanntmachung, Rn. 17.

520 Vgl. Tätigkeitsbericht des Bundeskartellamts 2003/2004, BT Drucksache 15/5790 vom 22.06.2005, S. 49.

521 Vgl. Netzbekanntmachung, Rn. 17; *S. Blake/D. Schnichels*, Schutz der Kronzeugen im neuen EG-Wettbewerbsrecht, EuZW 2004, S. 551 ff., S. 552.

522 Vgl. Art. 11 Abs. 4 S. 4 VO 1/2003.

auch geschieht.[523] Der Informationsaustausch gegen Ende des Verfahrens einer nationalen Wettbewerbsbehörde dient vorrangig der Sicherstellung einer kohärenten Rechtsanwendung der europäischen Wettbewerbsregeln und ermöglicht es der Kommission, gegebenenfalls selbst ein Verfahren nach Art. 11 Abs. 6 VO 1/2003 einzuleiten.[524] Die Kommission kann zudem vor dem Erlass einer Entscheidung durch eine nationale Wettbewerbsbehörde eine Stellungnahme hierzu abgeben.[525]

Auch die Kommission trifft umgekehrt eine Pflicht zur Unterrichtung der Netzwerkmitglieder. Ebenso wie die nationalen Wettbewerbsbehörden informiert die Kommission das Netzwerk anlässlich der Einleitung erster Ermittlungsschritte über das Standardformblatt im Intranet über Gegenstand und Umfang der Ermittlungen. Zwar normiert Art. 11 Abs. 2 VO 1/2003 nicht ausdrücklich eine Informationspflicht parallel zu derjenigen der nationalen Wettbewerbsbehörden; die Kommission sieht sich jedoch nach der Netzbekanntmachung ebenso wie diese zur Unterrichtung des Netzwerks verpflichtet.[526]

Art. 11 Abs. 2 S. 1 VO 1/2003 bestimmt darüber hinaus, dass die Kommission den nationalen Wettbewerbsbehörden eine Kopie der wichtigsten Schriftstücke übermittelt, die sie zur Anwendung des Wettbewerbsrechts in einem konkreten Fall zusammengetragen hat. Nach Art. 11 Abs. 2 S. 2 VO 1/2003 stellt die Kommission auf Ersuchen einer nationalen Wettbewerbsbehörde dieser auch weitere Unterlagen, die zur Beurteilung eines Falles erforderlich sind, zur Verfügung. Die Übermittlung von Informationen durch die Kommission dient insbesondere dem Zweck, den mitgliedstaatlichen Wettbewerbsbehörden nicht erst im Rahmen der Anhörung

---

523 Nach Art. 11 Abs. 4 S. 3 und 5 steht es der nationalen Wettbewerbsbehörde ebenso wie bei der Unterrichtung der Kommission zu Beginn eines Verfahrens zwar frei, die Informationen anderen auch an die nationalen Wettbewerbsbehörden zu übersenden; die Informationen werden in der Praxis jedoch stets an alle Mitglieder des Netzwerkes übermittelt, vgl. Tätigkeitsbericht des Bundeskartellamts 2003/2004, BT Drucksache 15/5790 vom 22.06.2005, S. 50.

524 Vgl. *M. Sura* (Fn. 500), Rn. 8; Netzbekanntmachung, Rn. 8.

525 Vgl. Netzbekanntmachung, Rn. 46.

526 Vgl. Netzbekanntmachung, Rn. 17; *G. Kallfaß*, Art. 11 VO 1/2003, in: Loewenheim/Meessen/Riesenkampff/Kersting/Meyer-Lindemann (Hrsg.), Kartellrecht: Kommentar zum Deutschen und Europäischen Recht (2020) , Rn. 20. Für eine aus Art. 11 Abs. 2 VO 1/2003 rührende Pflicht zur Information des Netzwerks kurz vor oder nach Vornahme der ersten Ermittlungshandlungen *M. Sura* (Fn. 500), Rn. 4.

des Beratenden Ausschusses, sondern bereits frühzeitig eine Mitarbeit in dem Verfahren zu ermöglichen.[527]

bb) Informationsaustausch zum Zwecke der Anwendung des Wettbewerbsrechts

Nach Art. 12 Abs. 1 VO 1/2003 können die Mitglieder des ECN zum Zweck einer Anwendung des europäischen Wettbewerbsrechts einander tatsächliche oder rechtliche Umstände einschließlich vertraulicher Angaben mitteilen und diese im Rahmen eigener Verfahren als Beweismittel verwenden. Im ECN können sämtliche Informationen ausgetauscht werden, die im Rahmen der Tätigkeit der Wettbewerbsbehörden bei der Anwendung des europäischen Wettbewerbsrechts anfallen. Denkbar ist z.B. der Austausch von Schriftstücken in Original oder Kopie, digital gespeicherten Informationen, mündlichen Erklärungen oder Daten zur wirtschaftlichen Tätigkeit von Unternehmen, unabhängig davon, ob diese allgemein zugänglich sind, an die Wettbewerbsbehörde herangetragen werden oder im Rahmen ihrer Ermittlungen in ihren Besitz gelangt sind.[528] Auch vertrauliche Informationen können zwischen den Mitgliedern des Netzwerkes ausgetauscht werden.[529] Art. 12 VO 1/2003, der im Gegensatz zu Art. 11 VO 1/2003 keine Verpflichtung zur Zusammenarbeit, sondern eine Ermächtigung zum Austausch von Informationen zwischen den Wettbewerbsbehörden enthält, bewirkt insofern, dass gegebenenfalls entgegenstehende nationale Vorschriften[530] eine Wettbewerbsbehörde nicht am Austausch von Informationen hindern können.[531]

cc) Schranken des Informationsaustauschs im Netzwerk

Zum Schutz der im ECN übermittelten Informationen und der hiervon betroffenen Unternehmen existieren verschiedene Vorkehrungen. Insbesondere dürfen die ausgetauschten Informationen nach Art. 12 Abs. 2 VO

---

527 Vgl. *M. Sura* (Fn. 500), Rn. 4; *A. Klees* (Fn. 147), § 7 Rn. 82.

528 Vgl. *M. Sura* (Fn. 516), Rn. 4.

529 Art. 28 Abs. 2 VO 1/2003 gilt nach seinem Wortlaut „unbeschadet" der Art. 11 und 12 VO 1/2003.

530 Zu denken ist hier insbesondere an Vorschriften, die eine Weitergabe von Informationen an ausländische Behörden untersagen, vgl. *M. Sura* (Fn. 516), Rn. 1.

531 Vgl. *R. Bechtold/W. Bosch/I. Brinker* (Fn. 115), Art. 12 VO 1/2003, Rn. 1.

1/2003 nur in Verfahren zur Anwendung von Art. 101 und 102 AEUV und nur in Bezug auf den Untersuchungsgegenstand als Beweismittel verwendet werden, für den sie von der übermittelnden Behörde erhoben wurden. Eine Verwendung in parallelen Verfahren nach nationalem Recht ist nur dann zulässig, wenn dieses nicht zu anderen Ergebnissen als das europäische Wettbewerbsrecht führt. Bei der Verwendung der ausgetauschten Informationen gilt somit das Verbot zweckwidriger Beweisverwertung.[532]

Beabsichtigt eine Wettbewerbsbehörde, ausgetauschte Informationen in einem Verfahren zur Verhängung von Sanktionen gegen natürliche Personen zu verwenden, gelten zu ihrem Schutz zusätzliche Beschränkungen nach Art. 12 Abs. 3 VO 1/2003. Ausgetauschte Informationen dürfen in diesem Fall nur dann als Beweismittel verwendet werden, wenn das Recht der übermittelnden Behörde ähnliche Sanktionen vorsieht oder die übermittelnde Behörde bei den Ermittlungen hinsichtlich der Wahrung der Verteidigungsrechte der betroffenen Unternehmen das Schutzniveau des empfangenden Staates gewährleistet.[533] Die Regelungen des Art. 12 VO 1/2003 zu Austausch und Verwendung erlangter Informationen gelten auch dann, wenn die Informationen durch eine Wettbewerbsbehörde übermittelt wurden, die im Wege der Amtshilfe für eine andere Wettbewerbsbehörde Ermittlungen durchgeführt hat.[534]

Wird das Netzwerk über ein aufgrund eines Kronzeugenantrages eingeleitetes Verfahren informiert, greift ein zusätzlicher, in der Netzbekanntmachung verankerter Mechanismus zum Schutz der von einem Kronzeugen freiwillig an eine Kartellbehörde gelieferten Informationen ein. Danach werden zwar auch im Fall von Kronzeugenanträgen die entsprechenden Informationen über die Einleitung eines Verfahrens nach Art. 11 Abs. 3 VO 1/2003 im Netzwerk übermittelt;[535] sie dürfen von anderen Kartellbehörden jedoch nicht als Grundlage für die Einleitung eigener Ermitt-

---

532 Vgl. *M. Sura* (Fn. 516), Rn. 7. Für Informationen, die die Kommission aus eigenen Ermittlungsmaßnahmen erlangt hat, enthält Art. 28 Abs. 1 VO 1/2003 ein entsprechendes Verwertungsverbot.

533 Vgl. hierzu *M. Sura* (Fn. 516), Rn. 9 ff.

534 Vgl. Art. 22 Abs. 1 S. 2 VO 1/2003.

535 Die Kommission macht die Informationen nach Rn. 42 der Netzbekanntmachung jedoch nur denjenigen Wettbewerbsbehörden zugänglich, die sich zur Einhaltung der in der Netzbekanntmachung zum Schutz von Kronzeugeninformationen festgelegten Grundsätze verpflichtet haben, vgl. auch *M. Sura*, Art. 23 VO 1/2003, in: Langen/Bunte (Hrsg.), Kartellrecht, Band 2, Europäisches Kartellrecht (2018), Rn. 69.

lungen herangezogen werden.[536] Außerdem dürfen Informationen, die im Rahmen von Kronzeugenanträgen nach Art. 12 VO 1/2003 übermittelt wurden, nur im Einverständnis mit dem antragstellenden Unternehmen sowie in bestimmten Fällen, in denen eine Weiterleitung diesem nicht schadet, an andere Wettbewerbsbehörden übermittelt werden. Dies kann etwa dann der Fall sein, wenn das Unternehmen auch bei der empfangenden Behörde bereits einen Kronzeugenantrag gestellt hat.[537] Auf diese Weise wird verhindert, dass eine Wettbewerbsbehörde auf der Grundlage eines bei einer anderen Wettbewerbsbehörde eingereichten Kronzeugenantrages ein Verfahren einleiten und so die Wirkung des Kronzeugenantrages umgehen könnte.

Informationen, die unter das Berufsgeheimnis fallen und die im Netzwerk übermittelt werden, werden zusätzlich durch die in Art. 28 Abs. 2 VO 1/2003 statuierte Pflicht zur Amtsverschwiegenheit geschützt. Danach dürfen weder Beamte der Kommission noch der Mitgliedstaaten solche Informationen preisgeben, d.h. unberechtigt gegenüber Dritten oder der Öffentlichkeit offenlegen.[538] Damit wird zugleich klargestellt, dass ein Austausch vertraulicher Informationen innerhalb der Mitglieder des ECN den Amtsverschwiegenheitsgrundsatz nicht verletzt.[539]

3. Das Netzwerk als Diskussionsforum

Neben der einzelfallbezogenen Kooperation in Kartellverfahren stehen die Mitglieder des ECN auch informell in Kontakt, um generelle wettbewerbspolitische oder praktische Themen zu diskutieren und hierbei gemeinsame Ansätze und gegenseitiges Vertrauen zu entwickeln. Das ECN stellt somit auch eine Plattform dar, die dem regelmäßigen Austausch zwischen der Kommission und den nationalen Wettbewerbsbehörden dient.[540] Losgelöst von formellen Konsultationsverfahren und dem Austausch von Informationen im Rahmen eines konkreten Kartellverfahrens können die Mitglieder des ECN in einem informellen Rahmen aktuelle ökonomische, rechtliche oder prozessuale Fragestellungen erörtern und ihre eigenen Er-

---

536 Vgl. Netzbekanntmachung, Rn. 39.
537 Vgl. Netzbekanntmachung, Rn. 40 und 41; vgl. hierzu *M. Sura* (Fn. 535), Rn. 69.
538 Vgl. *M. Sura*, Art. 28 VO 1/2003, in: Langen/Bunte (Hrsg.), Kartellrecht, Band 2, Europäisches Kartellrecht (2018), Rn. 8 und 11.
539 Vgl. *M. Sura* (Fn. 516), Rn. 3.
540 Vgl. *S. Brammer*, Co-operation between national competition agencies in the enforcement of EC competition law (2009), S. 134.

fahrungen z.B. in der Bewertung komplexer Geschäftsmodelle mit denjenigen anderer Netzwerkmitglieder vergleichen.[541]

Innerhalb des ECN existieren Gremien auf verschiedenen Verwaltungsebenen, die sich aus Vertretern der im ECN vertretenen Wettbewerbsbehörden zusammensetzen. Zentrale Gremien sind das jährlich stattfindende Generaldirektorentreffen und das Plenum, das sich aus den für die Zusammenarbeit im ECN zuständigen Beamten aller ECN-Mitglieder zusammensetzt.[542] Daneben befassen sich branchenspezifische Arbeitsgruppen mit rechtlichen und wettbewerbspolitischen Themen aus verschiedenen Wirtschaftsbereichen. Diese können sich, wenn der Zweck ihrer Arbeit erfüllt ist, wieder auflösen.[543] Das ECN verfügt beispielsweise über spezialisierte Arbeitsgruppen für den Banken-, Energie-, Telekommunikations-, IT-, Medien-, Umwelt- und Gesundheitssektor.[544] Die Zusammenarbeit im ECN führt auf diese Weise zur Entwicklung gemeinsamer Standpunkte sowie langfristig zur Annährung der verschiedenen nationalen Wettbewerbsregime und zur Herausbildung einer gemeinsamen europäischen Wettbewerbskultur.[545]

Das ECN trägt damit aktiv zur Harmonisierung und Konvergenz der nationalen Wettbewerbsrechtsregime bei. Ein prägnantes Beispiel hierfür ist das am 29. September 2006 veröffentlichte ECN-Kronzeugenregelungsmodell, das im Jahr 2012 durch eine überarbeitete Fassung ersetzt wurde.[546] Das ECN-Kronzeugenregelungsmodell enthält eine Zusammenstellung

---

541 Vgl. *K. Dekeyser/M. Jaspers*, A New Era of ECN Cooperation: Achievements and Challenges with Special Focus on Work in the Leniency Field, World Competition 2007, S. 3 ff., S. 11.

542 Vgl. zu den Gremien und Arbeitsgruppen die Kurzinformation auf der Website des BKartA, abrufbar unter: https://www.bundeskartellamt.de/DE/UeberUns/Int ernationales/Europa/europa_artikel.html;jsessionid=6767B509EC0D90C98A-DA82DE59826638.2_cid362?nn=3590172#doc3712222bodyText1 (zuletzt besucht am 05.08.2020); vgl. auch Commission Staff Working Document SWD(2014)230/2, Ten Years of Antitrust Enforcement under Regulation 1/2003, Rn. 231 ff., abrufbar unter https://ec.europa.eu/competition/antitrust/sw d_2014_230_en.pdf (zuletzt besucht am 05.08.2020).

543 Vgl. *S. Brammer* (Fn. 540), S. 135.

544 Siehe zu den Arbeitsgruppen auch die Website des *ECN* unter: http://ec.europa. eu/competition/ecn/more_details.html (zuletzt besucht am 05.08.2020).

545 Vgl. *G.-K. d. Bronett* (Fn. 144), Vorbemerkungen zu den Artikeln 11 bis 16, Rn. 6.

546 Sowohl das „*2006 ECN Model Leniency Programme*" sowie das „*ECN Model Leniency Programme: 2012 Revision*" sind auf der Website der Kommission abrufbar unter: https://ec.europa.eu/competition/ecn/documents.html (zuletzt besucht am 05.08.2020). Zusätzlich hat die Kommission dort auch FAQs zu beiden Fas-

der Elemente, die nach Ansicht der ECN-Mitglieder in ein erfolgreiches Kronzeugenprogramm Eingang finden sollten.[547] Es wurde von einer Expertengruppe des ECN vor dem Hintergrund der zum Teil stark voneinander abweichenden[548] nationalen Kronzeugenregelungen[549] erarbeitet, um Unternehmen die gleichzeitige Einreichung von mehreren Kronzeugenanträgen in verschiedenen europäischen Ländern zu erleichtern. Das ECN-Kronzeugenregelungsmodell dient als Modellregelung zur Harmonisierung der nationalen Kronzeugenregime[550] und soll dazu beitragen, die unterschiedlichen Kronzeugenprogramme in den Mitgliedstaaten in wesentlichen Punkten zu vereinheitlichen.[551] Die Wettbewerbsbehörden haben sich grundsätzlich dazu bereit erklärt, ihre Kronzeugenprogramme dem ECN-Kronzeugenregelungsmodell möglichst anzugleichen.[552] Da sie je-

---

sungen veröffentlicht. Einen Überblick über Änderungen in der Neufassung des ECN-Kronzeugenregelungsmodells im Jahr 2012 geben *F. Murphy/F. Liberatore*, Simplified procedures for multiple leniency applications across Europe, E.C.L.R. 2013, S. 407 ff.

547   Vgl. Pressemitteilung IP/06/1288 der Kommission vom 29.09.2006, „*Wettbewerb: Kommission und andere ECN-Mitglieder kooperieren bei Kronzeugenregelung zur Bekämpfung grenzübergreifender Kartelle*", abrufbar unter: http://europa.eu/ra pid/press-release_IP-06-1288_de.htm (zuletzt besucht am 05.08.2020).

548   Vgl. *M. Sura* (Fn. 535), Rn. 62; vgl. hierzu auch die angeführten Beispiele von *A. Schwab/C. Steinle*, Pitfalls of the European Competition Network - why better protection of leniency applicants and legal regulation of case allocation is needed, E.C.L.R. 2008, S. 523 ff., S. 525.

549   Die meisten nationalen Wettbewerbsbehörden im ECN unterhalten inzwischen eigene Kronzeugenprogramme; eine entsprechende Liste findet sich auf der Website des ECN, abrufbar unter: http://ec.europa.eu/competition/antitrust/legi slation/authorities_with_leniency_programme.pdf (zuletzt besucht am 05.08.2020). Demgegenüber hatten im März 2005 nur Kartellbehörden aus 17 der damals 25 Mitgliedstaaten ein Kronzeugenprogramm, vgl. insoweit *D. Reichelt*, To what Extend does the Co-operation within the European Competition Network protect the Rights of Undertakings?, C.M.L.R. 2005, S. 745 ff., S. 768, im Jahr 2002 sogar lediglich vier Mitgliedstaaten, vgl. *K. Dekeyser/M. Jaspers* (Fn. 541), S. 14.

550   Vgl. *K. Dekeyser/F. Polverino*, The ECN and the Model Leniency Programme, in: Kokkoris/Lianos (Hrsg.), The reform of EC competition law: New challenges (2010), 505, S. 515.

551   Vgl. *K. Dekeyser/M. Jaspers* (Fn. 541), S. 17.

552   Vgl. die anlässlich der Vorstellung des ECN-Kronzeugenregelungsmodells herausgegebene Pressemitteilung der Kommission vom 29.09.2006 (oben Fn. 547), die zugehörigen *FAQs* sowie das anlässlich der neuen Version des ECN-Kronzeugenregelungsmodells von der Kommission herausgegebene MEMO vom 22.11.2012, abrufbar unter: http://ec.europa.eu/competition/ecn/documents.ht ml (zuletzt besucht am 05.08.2020).

doch auch weiterhin ihre eigenen Kronzeugenprogramme unterhalten, bietet das ECN- Kronzeugenregelungsmodell keinen verbindlichen „*one stop leniency shop*"[553] für Kronzeugenanträge. Unternehmen, die einen Kronzeugenstatus anstreben, müssen daher auch weiterhin entsprechende Anträge bei allen Wettbewerbsbehörden, die für die Verfolgung des gemeldeten Kartellverstoßes in Betracht kommen, einreichen.[554]

II. Transparenz der Zusammenarbeit im Netzwerk

Das ECN dient den europäischen Wettbewerbsbehörden als Forum für ihre Kooperation und Kommunikation. Während das Handeln der Wettbewerbsbehörden untereinander aufgrund der vielfältigen Möglichkeiten zum gegenseitigen Austausch transparent erscheint, wird ihre Zusammenarbeit aus der Perspektive Außenstehender jedoch umgekehrt als undurchsichtig und wenig vorhersehbar empfunden. Diese Kritik soll im Folgenden näher beleuchtet und der Frage nachgegangen werden, ob und in welchem Umfang eine größere Transparenz der zwischenbehördlichen Kommunikation insbesondere für Außenstehende sinnvoll erscheint.

1. Interne Transparenz des Netzwerks

Innerhalb des Netzwerks besteht im Hinblick auf Verfahrenseinleitungen, beabsichtigtes Vorgehen und anvisierte Entscheidungen der Netzwerkmitglieder große Transparenz. Sowohl zu Beginn als auch am Ende eines Verfahrens unterrichten sich die Wettbewerbsbehörden über das Intranet gegenseitig über ihre laufenden Verfahren und die von ihnen gefällten abschließenden Entscheidungen. Da die Wettbewerbsbehörden auch die Informationen, zu deren Übermittlung sie nach den Regelungen der VO 1/2003 nur gegenüber der Kommission verpflichtet wären, ins Intranet stellen, ist jede Wettbewerbsbehörde darüber informiert, mit welchen wettbewerbsrelevanten Verhaltensweisen und welchen Unternehmen sich die anderen Wettbewerbsbehörden aktuell beschäftigen oder hinsichtlich welcher Sachverhalte diese beabsichtigen, Ermittlungen einzuleiten. Die

---

553 Vgl. zu verschiedenen denkbaren Gestaltungsmöglichkeiten eines „*one stop leniency shop*" auf europäischer Ebene *C. Gauer/M. Jaspers*, Designing a European solution for a "one stop leniency stop", E.C.L.R. 2006, S. 685 ff.

554 Vgl. *K. Dekeyser/F. Polverino* (Fn. 550), S. 513.

Transparenz ist hier nur insoweit begrenzt, als – soweit ersichtlich – keine Informationen über Beschwerden seitens Dritter, die von einer Wettbewerbsbehörde zurückgewiesen wurden und daher nicht zur Einleitung von Ermittlungen geführt haben, ins Intranet eingestellt werden.

Die Wettbewerbsbehörden verfügen zudem über die Möglichkeit, jederzeit Informationen bei anderen Netzwerkmitgliedern einzuholen.[555] Die Bandbreite der im Netzwerk ausgetauschten Informationen ist außerdem sehr breit. Sie reicht von der Übermittlung konkreter, unternehmensbezogener Informationen bis hin zu einem generellen Meinungsaustausch über bewährte Ermittlungsstrategien oder den richtigen juristischen Umgang mit komplexen wirtschaftlichen Fragestellungen. Der Austausch im Netzwerk findet häufig in einem informellen Rahmen statt, so dass sich inzwischen eine aktive Kommunikationskultur entwickelt hat.[556] Darüber hinaus trägt allgemein auch die Einrichtung verschiedener Arbeitsgruppen im Netzwerk, die als Forum für den Erfahrungsaustausch zwischen den Netzwerkmitgliedern und zur Entwicklung gemeinsamer Standpunkte dienen, zur Transparenz innerhalb des ECN bei.

2. Transparenz der Fallverteilung

Hinsichtlich der Transparenz der Fallverteilung im ECN aus der Sicht Außenstehender bieten insbesondere zwei Punkte Anlass zur Diskussion. Zum einen erfolgt die Fallverteilung anhand flexibler rechtlicher Wertungen, die eine zuverlässige Abschätzung des Ergebnisses zu Beginn erschweren. Zum anderen stellt sich der tatsächliche Ablauf der Fallverteilung als

---

555 Kritisch gesehen wurde ursprünglich, dass der Informationsaustausch im ECN nur fakultativ ausgestaltet ist und kein Anspruch einer Wettbewerbsbehörde auf Übermittlung von Informationen oder der Gewährung von Amtshilfe gegenüber einer anderen Wettbewerbsbehörde besteht. In diesem Zusammenhang wurde insbesondere zu Bedenken gegeben, dass Informationsersuchen in Fällen, in denen ein Kartellverfahren gegen ein inländisches Unternehmen aus politischen Gründen nicht unterstützt werde, von der jeweiligen nationalen Wettbewerbsbehörde blockiert werden könnten, vgl. Monopolkommission, 32. Sondergutachten (2001), Rn. 54. In der Praxis haben sich Bedenken hinsichtlich der Zusammenarbeit im ECN jedoch bislang nicht als begründet erwiesen, vgl. *R. Bechtold/W. Bosch/I. Brinker* (Fn. 115), Art. 22 VO 1/2003, Rn. 3.

556 Vgl. etwa auch *F. Cengiz*, Multi-level governance in competition policy: the European Competition Network, European Law Review 2010, S. 660 ff., S. 668 mit dem Hinweis auf die Herausbildung einer *„extensive informal communication culture between the competition officials"* im Netzwerk.

eine rein interne Angelegenheit des Netzwerks dar, in die ausschließlich die Netzwerkmitglieder Einblick erhalten. Beide Aspekte werden nachfolgend näher beleuchtet, bevor anschließend mögliche Ansätze zur Erhöhung der Transparenz diskutiert werden.

a) Flexibilität der Fallverteilung

Rechtlich bindende Regelungen, anhand derer betroffene Unternehmen im Vorfeld erkennen können, welche Wettbewerbsbehörde des Netzwerks die Untersuchungen in ihrem Fall leiten wird, bestehen derzeit nicht. Weder VO 1/2003, die Netzbekanntmachung noch die Gemeinsame Erklärung enthalten rechtsverbindliche Regelungen. Die Gemeinsame Erklärung weist selbst ausdrücklich darauf hin, dass sie rein politischen Charakters sei und daher keinerlei rechtliche Ansprüche oder Verpflichtungen begründe.[557] Auch die Netzbekanntmachung ist weder für die Kommission noch für die nationalen Wettbewerbsbehörden unmittelbar verbindlich; allerdings haben die meisten nationalen Wettbewerbsbehörden die in ihr festgelegten Grundsätze anerkannt und dies durch Unterschrift einer entsprechenden Erklärung in der Anlage zur Netzbekanntmachung dokumentiert.[558] Die Kriterien, nach denen sich bestimmt, welche Wettbewerbsbehörde zur Untersuchung eines konkreten Wettbewerbsverstoßes „gut geeignet" ist, finden sich in der Netzbekanntmachung und damit ausschließlich im *soft law*.[559] Grund für den Verzicht auf verbindliche Vorschriften zur Fallverteilung im Sekundärrecht, etwa in der VO 1/2003 oder der VO 773/2004, war insbesondere die größere Flexibilität einer lediglich in Bekanntmachungen enthaltenen Regelung. Die Kommission hatte aus diesem Grund eine im Sekundärrecht festgeschriebene Regelung bei den Vorarbeiten zur Reform des Kartellverfahrensrechts im Jahr 2003 entgegen entsprechenden Vorschlägen einiger nationaler Kartellbehörden abgelehnt.[560]

---

557 Vgl. Gemeinsame Erklärung des Rates und der Kommission zur Arbeitsweise des Netzes der Wettbewerbsbehörden, Rn. 3.
558 Vgl. *G. Kallfaß* (Fn. 526), Rn. 4 mit Verweis auf die Netzbekanntmachung, Rn. 72 und eine Liste der Wettbewerbsbehörden, welche die Erklärung unterzeichnet haben, abrufbar unter: https://ec.europa.eu/competition/antitrust/legisl ation/list_of_authorities_joint_statement.pdf (zuletzt besucht am 05.08.2020).
559 Vgl. *S. Brammer* (Fn. 540), S. 215.
560 Vgl. *A. Schwab/C. Steinle* (Fn. 548), S. 524.

Alle Wettbewerbsbehörden des ECN bleiben somit grundsätzlich – je nach den in ihren nationalen Verfahrensregelungen getroffenen Kriterien – für die Bearbeitung eines Falles zuständig;[561] nach Abstimmung im ECN verzichten jedoch einige Wettbewerbsbehörden darauf, in einem bestimmten Fall tätig zu werden.[562] Auch zur (Um-) Verteilung eines Falles bedarf es einer Einigung zwischen den nationalen Wettbewerbsbehörden.[563] Das ECN baut somit auf dem Konsens seiner Mitglieder auf.[564] Die Verfahrenseinleitung durch eine nationale Wettbewerbsbehörde besitzt daher keine Sperrwirkung und hindert andere Wettbewerbsbehörden nicht an der Aufnahme eines eigenen Verfahrens.[565] Weder die Kommission noch die nationalen Wettbewerbsbehörden verfügen zudem über die Kompetenz, eine andere Wettbewerbsbehörde zur Aufnahme von Ermittlungen oder zur Einstellung eines Verfahrens zu verpflichten. Es sind daher sowohl Fälle denkbar, in denen gleichzeitig parallele Verfahren durch verschiedene Wettbewerbsbehörden eingeleitet werden, als auch solche, in denen keine Wettbewerbsbehörde ein Interesse an der Aufnahme von Untersuchungen zeigt. Die Vermeidung unterbliebener oder paralleler Verfahren sowie eine etwaige Koordinierung der Ermittlungen bei einer federführenden Wettbewerbsbehörde[566] hängen damit allein von der guten Zusammenarbeit und dem gegenseitigem Vertrauen der Wettbewerbsbehörden untereinander ab.[567] Eine Ausnahme besteht nur bei einer Verfahrenseinleitung durch die Kommission, da die nationalen Wettbewerbsbehörden in diesem Fall nach Art. 11 Abs. 6 S. 1 VO 1/2003 ihre Zuständigkeit verlieren. So kann die Kommission etwa bei parallelen Ermittlungsverfahren mehrerer nationaler Wettbewerbsbehörden und einer hierdurch drohenden Gefahr divergierender Entscheidungen beschließen, selbst ein Verfahren ein-

---

561 Hat bereits eine Wettbewerbsbehörde in einem konkreten Fall Ermittlungen aufgenommen, sind die anderen Behörden nach Art. 13 Abs. 1 VO 1/2003 ausdrücklich berechtigt, ein bereits begonnenes Verfahren auszusetzen oder die Aufnahme eines Verfahrens auch im Fall einer Beschwerde abzulehnen.

562 Vgl. *G. Kallfaß* (Fn. 526), Rn. 9.

563 Nur die Kommission kann durch Einleitung eines Verfahrens nach Art. 11 Abs. 6 VO 1/2003 die Zuständigkeit einer nationalen Wettbewerbsbehörde entfallen lassen.

564 Vgl. *M. Sura*, Vorbemerkung vor Art. 11 VO 1/2003, in: Langen/Bunte (Hrsg.), Kartellrecht, Band 2, Europäisches Kartellrecht (2018), Rn. 7.

565 *W. Weiß* (Fn. 5), Rn. 52.

566 Vgl. Netzbekanntmachung, Rn. 13.

567 Vgl. *A. Mikroulea* (Fn. 509), S. 64.

zuleiten und den nationalen Wettbewerbsbehörden auf diese Weise die Kompetenz zur Bearbeitung des Falles zu entziehen.[568]

Die Fallverteilungsregelungen der Netzbekanntmachung sind recht offen formuliert und dienen in erster Linie zur Orientierung.[569] Die Wettbewerbsbehörden im ECN können sich gegenseitig nicht zum Einschreiten oder zum Abstandnehmen von einer Verfahrenseinleitung veranlassen: Weder kann eine Wettbewerbsbehörde dazu verpflichtet werden, tatsächlich tätig zu werden, wenn sie nach den Kriterien hierfür „gut geeignet" ist, noch kann umgekehrt einer Wettbewerbsbehörde ein Verfahren entzogen werden, weil sie die Fallverteilungskriterien der Netzbekanntmachung nicht erfüllt. Nach der Netzbekanntmachung liegt es vielmehr *„im vollen Ermessen jedes Netzwerkmitglieds zu entscheiden, ob in einem bestimmten Fall Ermittlungen eingeleitet werden sollen oder nicht."*[570] Das EuG hat in seinem Urteil *France Télécom* bestätigt, dass es sich bei einer Verteilung anhand der Kriterien der Netzbekanntmachung nur um eine mögliche Aufgabenverteilung handelt. Auch wenn eine Behörde im Sinne der Netzbekanntmachung als „gut geeignet" für die Übernahme eines Verfahrens angesehen werden kann, lässt sich hieraus nicht ableiten, dass nur diese Behörde zur Aufnahme eines Verfahrens berechtigt sei.[571] Neben den in der Netzbekanntmachung genannten Kriterien können darüber hinaus auch der Kenntnis Außenstehender entzogene, intransparente Überlegungen die Fallverteilung im Netzwerk erheblich beeinflussen. Hierzu zählen z.B. die Ressourcen, die einer Wettbewerbsbehörde zur Verfügung stehen, sowie auf unterschiedlichen Verfolgungsprioritäten beruhende Entscheidungen.[572] Betroffene Unternehmen können daher anhand der Kriterien der Netzbekanntmachung nur schwer vorhersehen, welche nationalen Wettbewerbsbehörden sich mit einem Fall befassen werden und ob Anhaltspunkte für eine etwaige spätere Umverteilung des Falles im Netzwerk bestehen.[573]

Diese Rechtsunsicherheit führt dazu, dass Unternehmen, die die Stellung eines Kronzeugenantrags in Erwägung ziehen, nicht zuverlässig einschätzen können, welche Behörde sich mit ihrem Fall befassen wird. Da mangels eines gemeinschaftsweiten Kronzeugensystems ein bei einer na-

---

568 Vgl. hierzu Netzbekanntmachung, Rn. 50 ff., insbesondere Rn. 54 a).
569 Vgl. *S. Brammer* (Fn. 540), S. 215.
570 Vgl. *S. Brammer* (Fn. 540), S. 212; Netzbekanntmachung, Rn. 5.
571 Vgl. *EuG*, Urteil vom 08.03.2007, Rs. T-339/04 – *France Télécom*, Rn. 84.
572 Vgl. *S. Brammer* (Fn. 540), S. 212.
573 *A. Schwab/C. Steinle* (Fn. 548), S. 524.

tionalen Wettbewerbsbehörde gestellter Kronzeugenantrag bislang nicht zugleich als Antrag bei allen anderen Wettbewerbsbehörden im ECN gilt,[574] müssen Unternehmen einen Antrag somit bei allen potentiell für die Verfahrensführung geeigneten Wettbewerbsbehörden einreichen,[575] wenn sie sichergehen wollen, dass ihr Kronzeugenantrag bei der verfahrensführenden Behörde vorliegt. Dies ist angesichts der unterschiedlichen Anforderungen der nationalen Kronzeugenprogramme mit erheblichem Aufwand und Unsicherheiten verbunden.

b) Fallverteilung als interne Angelegenheit des Netzwerks

Die Fallallokation zwischen den nationalen Wettbewerbsbehörden und der Kommission ist als rein interne Angelegenheit des Netzwerkes ausgestaltet.[576] Die Verteilung eines Falles im Netzwerk erfolgt ohne eine formelle Entscheidung, da weder die Kommission noch nationale Wettbewerbsbehörden entscheiden können, welche Wettbewerbsbehörde sich mit einem Fall befasst, sondern jede Wettbewerbsbehörde selbst beschließt, ob sie ein Verfahren einleitet.[577] Die Fallverteilung ist somit keine eigenständige, rechtlich relevante Zwischenentscheidung des Netzwerkes, sondern das Ergebnis der netzwerkinternen Konsultation. Da die Zusammenarbeit innerhalb des Netzwerks ausschließlich als Angelegenheit zwischen den Wettbewerbsbehörden gilt, können betroffene Unternehmen auch keine Rechte aus der Fallverteilung im ECN herleiten.[578] Die Netzbekanntmachung bestimmt daher ausdrücklich, dass die Kooperation zwischen den Wettbewerbsbehörden im ECN nicht die Rechte der Unternehmen ändert, die sich aus dem Gemeinschaftsrecht oder dem staatlichen Recht ergeben.[579] Vor diesem Hintergrund besteht auch kein Recht der betroffenen Unternehmen darauf, dass sich eine bestimmte Behörde mit einem konkreten Fall befasst.[580]

---

574 Vgl. Netzbekanntmachung, Rn. 38.
575 Vgl. *M. Sura* (Fn. 535), Rn. 68.
576 Vgl. *S. Brammer* (Fn. 540), S. 213 f.; *A. Mikroulea* (Fn. 509), S. 65; Netzbekanntmachung, Rn. 4.
577 Vgl. Netzbekanntmachung, Rn. 5; *S. Brammer* (Fn. 540), S. 213, 214 sowie 216 f.; siehe dazu auch oben Teil 2/ B.II.2.a).
578 Vgl. Netzbekanntmachung, Rn. 4; bestätigend *EuG*, Urteil vom 08.03.2007, Rs. T-339/04 – *France Télécom*, Rn. 83.
579 Vgl. Netzbekanntmachung, Rn. 4.
580 Vgl. Netzbekanntmachung, Rn. 31.

Die betroffenen Unternehmen können sich somit nicht auf eine formale Rechtsposition berufen; sie werden zur Fallverteilung im Netzwerk nicht angehört und erhalten keine Gelegenheit, sich im Rahmen einer Stellungnahme hierzu zu äußern. Ein Meinungsaustausch zwischen den Wettbewerbsbehörden und den betroffenen Unternehmen während des Fallverteilungsprozesses findest nicht statt. Die Netzbekanntmachung sieht lediglich vor, dass die betroffenen Unternehmen von einer Umverteilung des Falles an eine andere Wettbewerbsbehörde „so rasch wie möglich" unterrichtet werden.[581] Eine Information der betroffenen Unternehmen über eine etwaige Umverteilung ihres Falles erfolgt also nur *ex post*.[582]

Die interne Natur des Abstimmungsprozesses innerhalb des Netzwerkes wird durch Art. 27 Abs. 2 S. 4 VO 1/2003 und Art. 15 Abs. 2 S. 2 VO 773/2004 abgesichert, die ein Recht der betroffenen Unternehmen auf Akteneinsicht in die Korrespondenz zwischen den Mitgliedern des Netzwerkes ausschließen.[583] Betroffene Unternehmen sind daher bereits mangels entsprechender Informationsmöglichkeiten nicht in der Lage, sich zur Fallverteilung zu äußern.[584] Der Ausschluss des Rechts auf Einsicht in die Unterlagen des Netzwerks soll sicherstellen, dass die Mitglieder des ECN frei untereinander kommunizieren können, da dies für die Funktionsfähigkeit des ECN als elementar angesehen wird.[585]

Aufgrund der ausschließlich netzwerkinternen Natur der Fallverteilung ist es für Unternehmen oft nur schwer nachprüfbar, ob die Kriterien der Netzbekanntmachung bei der Fallverteilung eingehalten wurden.[586] Ein Schreiben, in dem die Erwägungen der Wettbewerbsbehörden in Bezug auf die Fallverteilung in einem konkreten Fall erläutert werden, wird bei der Fallverteilung nicht erstellt.[587] Eine Begründung erfolgt damit höchstens in der abschließenden Entscheidung der jeweiligen Wettbewerbsbehörde, die sich mit dem Fall beschäftigt hat.

---

581 Vgl. Netzbekanntmachung, Rn. 34.
582 Vgl. *S. Brammer* (Fn. 540), S. 214, Fn. 303.
583 Diese Regelung wurde durch § 3 Nr. 3 a) IFG entsprechend auf die Akten des Bundeskartellamtes erweitert, vgl. *A. Leopold*, Die Kartellbehörden im Angesicht der Informationsfreiheit, WuW 2006, S. 592 ff., S. 596.
584 Vgl. *S. Brammer* (Fn. 540), S. 214.
585 Vgl. *A. Klees* (Fn. 147), § 5, Rn. 60 f.
586 Vgl. *J. Schwarze* (Fn. 475), S. 493.
587 Vgl. *S. Brammer* (Fn. 540), S. 215.

c) Transparenzgewinn durch Formalisierung der Fallverteilung

Der derzeitige Fallverteilungsmechanismus der Netzbekanntmachung gewährleistet ausschließlich die Transparenz des Ergebnisses des Fallverteilungsprozesses innerhalb des Netzwerks. Das Verfahren der Fallverteilung im Netzwerk bleibt dagegen gegen Einblicke Dritter geschützt. Dieses Transparenzdefizit könnte behoben werden, indem verbindliche Kriterien zur Fallverteilung geschaffen und die an dem potentiellen Wettbewerbsverstoß mutmaßlich beteiligten Unternehmen über die im Netz anvisierte Fallverteilung bzw. über eine spätere Umverteilung eines Falles informiert und hierzu angehört werden.

Gegen eine Einbeziehung betroffener Unternehmen bei der Fallverteilung lässt sich zunächst anführen, dass jede Kartellbehörde, die sich als gut geeignet für die Verfahrensführung sieht, weil sie einen engen Bezug zu dem potentiellen Wettbewerbsverstoß besitzt, stets von sich aus eine Untersuchung nach ihrem eigenen nationalen Wettbewerbsrecht einleiten könnte. Dies könnten betroffene Unternehmen ohnehin nicht verhindern, und sie würden auch nach dem nationalen Verfahrensrecht vor einer Verfahrenseinleitung wohl in aller Regel nicht angehört. Betrachtet man die Fallverteilung im Netzwerk aus dieser Perspektive, erscheint nicht ersichtlich, warum die Unternehmen im Falle einer netzwerkinternen (Um-)verteilung dennoch angehört werden sollten.[588]

Eine Steigerung der Transparenz bei der Zusammenarbeit im Netzwerk durch Anhörungs- und Einsichtsrechte, eine Festschreibung der Fallverteilungskriterien im verbindlichen Sekundärrecht und eine damit gegebenenfalls einhergehende Möglichkeit, die Einhaltung dieser Kriterien gerichtlich überprüfen zu lassen, würde zudem die Gefahr bergen, dass der Zusammenarbeit im Netzwerk ihre Flexibilität genommen würde. Darüber hinaus würde die Einräumung einer Gelegenheit zur Stellungnahme und die anschließende Auseinandersetzung mit den von den betroffenen Unternehmen oder Beschwerdeführern vorgebrachten Argumenten den Fallverteilungsprozess im Netzwerk zumindest in Fällen, in denen der mutmaßliche Wettbewerbsverstoß engere Verbindungen zu mehreren Mitgliedstaaten aufweist, voraussichtlich nicht unerheblich verlängern. Es bestünde daher die Gefahr, dass die Effektivität der Zusammenarbeit im Netzwerk, die bislang gerade auch auf seinem flexiblen und informellen Umgang der Wettbewerbsbehörden untereinander beruht, beeinträchtigt würde. Zudem stellt die bloße Einigung im Netzwerk, welche Kartellbe-

---

588 Vgl. *S. Brammer* (Fn. 540), S. 215 f.

hörde ein bestimmtes Verfahren führen wird, an sich keine Beeinträchtigung für die Unternehmen dar; sie kann ihnen im Gegenteil sogar zu Gute kommen, da auf diesem Weg eine Beeinträchtigung durch mögliche parallele Verfahren verhindert werden kann.[589]

Die Entscheidung, welche Behörde sich mit einem Fall befasst, ist jedoch sowohl für die betroffenen Unternehmen als auch für etwaige Beschwerdeführer insbesondere deshalb relevant, weil jede Wettbewerbsbehörde aufgrund der Verwaltungs- und Verfahrensautonomie der Mitgliedstaaten die bei ihr anhängigen Verfahren nach dem eigenen Verfahrensrecht führt. Das in einem konkreten Fall anwendbare Verfahrensrecht richtet sich ebenso wie die zur Verfügung stehenden Möglichkeiten zur Verhängung von Sanktionen danach, welche nationale Wettbewerbsbehörde das Verfahren durchführt.[590] Da die nationalen Verfahrensrechte bislang nicht europarechtlich harmonisiert sind, können sich für betroffene Unternehmen u.a. in Bezug auf die ihnen zur Verfügung stehenden Verteidigungsrechte,[591] die Sanktionsbefugnisse der Wettbewerbsbehörden und die jeweiligen Voraussetzungen der Inanspruchnahme gerichtlichen Rechtsschutzes nicht unerhebliche Unterschiede ergeben.[592] Die konkreten prozessualen Rechte, über die ein betroffenes Unternehmen in einem Kartellverfahren verfügt, und die Risiken, die ihm in einem Verfahren drohen, sind damit von der Fallverteilung im Netzwerk abhängig.[593]

---

589 Vgl. *J. Schwarze* (Fn. 475), S. 496.

590 Vgl. *S. Brammer* (Fn. 540), S. 212 f.; *J. Schwarze* (Fn. 475), S. 488.

591 Denkbar sind u.a. Unterschiede in Bezug auf den Umgang der Anhörungsrechte und die Länge der Antwortfrist nach Erhalt einer Mitteilung der Beschwerdepunkte, vgl. *C. Gauer*, Does the Effectiveness of the EU Network of Competition Authorities Require a Certain Degree of Harmonisation of National Procedures and Sanctions?, in: Ehlermann/Atanasiu (Hrsg.), European competition law annual 2002, constructing the EU network of competition authorities (2004), 187, S. 196.

592 Vgl. *M. Sura*, Vor Art. 11 VO 1/2003, in: Langen/Bunte (Hrsg.), Kartellrecht, Band 2, Europäisches Kartellrecht (2018), Rn. 17.

593 Vgl. *A. Mikroulea* (Fn. 509), S. 64. Gleiches gilt für eine mögliche Einbeziehung eines Beschwerdeführers in die Fallverteilung. Auch dessen Rechte richten sich nach den nationalen Verfahrensrechten, die z.B. im Hinblick auf das Akteneinsichtsrecht oder das Recht auf eine formelle Entscheidung im Fall der Zurückweisung der Beschwerde Unterschiede aufweisen können, vgl. *S. Brammer* (Fn. 540), S. 213. Die Wahl der verfahrensführenden Wettbewerbsbehörde kann daher auch für Beschwerdeführer von besonderem Interesse sein, insbesondere wenn das Recht der den Fall untersuchenden Wettbewerbsbehörde keine Rechtsmittel gegen eine Zurückweisung der Beschwerde vorsieht, sondern Beschwerden nur informell behandelt, vgl. *S. Brammer* (Fn. 540), S. 230.

Die Fallverteilung im Netzwerk ist aufgrund dieser Faktoren für den gesamten Verlauf des weiteren Verfahrens von einer so grundlegenden Bedeutung, dass es insgesamt sinnvoll erscheint, den betroffenen Unternehmen vorab die beabsichtigte Fallverteilung mitzuteilen und ihnen im Anschluss die Möglichkeit einer zumindest schriftlichen Anhörung einzuräumen, bevor die Verteilung des Verfahrens an eine bestimmte Wettbewerbsbehörde festgelegt wird.[594] Auf diese Weise würde nicht mehr nur Ergebnistransparenz *ex post* bestehen, sondern es würden auch Elemente einer Verfahrenstransparenz eingeführt.

3. Transparenz des Informationsaustauschs

Der Informationsaustausch im Netzwerk erfasst eine große Bandbreite von Informationen, zu denen u.a. belastende Schriftstücke, aber auch Stellungnahmen und Anregungen zu einer effektiven Verfahrensführung oder Zusammenfassungen eines angestrebten Verfahrensabschlusses zählen. Im Folgenden soll zwischen der Weiterleitung von Dokumenten oder sonstiger Sachverhaltsinformationen auf der einen Seite sowie dem formellen oder informellen Austausch behördlicher Stellungnahmen und fallbezogener Kommunikation auf der anderen Seite unterschieden werden.

a) Austausch von Informationen zum Sachverhalt

Betroffene Unternehmen können anhand der Regelungen in Art. 11 und 12 VO 1/2003 und der Netzbekanntmachung zwar allgemein nachvollziehen, welche Informationen zu welcher Zeit grundsätzlich im Netzwerk kursieren können. Insbesondere in Bezug auf die Informationen, die zu Beginn der Ermittlungen in das Intranet eingestellt werden, lässt sich aufgrund der Angaben in der Netzbekanntmachungund der Verwendung eines entsprechenden Standardformblattes[595] durch alle Wettbewerbsbehörden zumindest in allgemeiner Form bestimmen, welche Arten von Informationen den anderen Wettbewerbsbehörden im Intranet bekannt gegeben werden.[596] Ähnliches gilt für die Informationen, die nach Durchführung von Ermittlungen im Wege der Amtshilfe nach Art. 22 Abs. 1

---

594 Vgl. hierzu *S. Brammer* (Fn. 540), S. 215 f.
595 Vgl. hierzu die Angaben in der Netzbekanntmachung, Rn. 17.
596 Vgl. *D. Reichelt* (Fn. 549), S. 759 f. und 766.

VO /2003 weitergeleitet werden,[597] da die Wettbewerbsbehörde, die die Ermittlungen im Namen der ersuchenden Wettbewerbsbehörde durchführt,
zur Weiterleitung aller gesammelten Informationen verpflichtet ist.[598]

Die betroffenen Unternehmen erhalten jedoch keine Kenntnis davon,
welche konkreten Informationen tatsächlich zwischen den Wettbewerbsbehörden im Netzwerk ausgetauscht werden. Dies gilt sowohl für den vertikalen Austausch von Informationen zwischen der Kommission und den
nationalen Wettbewerbsbehörden als auch für den horizontalen Informationsaustausch zwischen den nationalen Wettbewerbsbehörden untereinander. Die VO 1/2003 enthält keine Regelungen, die Informationspflichten
der Mitglieder des ECN begründen und diese dazu verpflichten würden,
den betroffenen Unternehmen mitzuteilen, welche Informationen im
Netzwerk ausgetauscht wurden.[599] Weder die konkreten Informationen,
die von der erstermittelnden Behörde in das Standardformblatt im Intranet bei Einleitung von Ermittlungen gemäß Art. 11 VO 1/2003 eingegeben
werden, noch die Informationen, die im Verlauf der Ermittlungen nach
Art. 12 VO 1/2003 im Netzwerk ausgetauscht werden, werden den betroffenen Unternehmen gegenüber bekannt gegeben. Da der Informationsaustausch nach Art. 12 VO 1/2003 zudem auf freiwilliger Basis erfolgt und im
Ermessen der jeweils um Information gebetenen Wettbewerbsbehörden
steht, ist der Umfang der auf dieser Basis tatsächlich ausgetauschten Informationen für die betroffenen Unternehmen nur schwer einschätzbar.[600]
Der Informationsaustausch im Netzwerk findet damit in einem internen
und teilweise fakultativen, im Ermessen der jeweiligen Wettbewerbsbehörde stehenden Prozess statt, dessen Ablauf und Umfang weder für die betroffenen Unternehmen noch für Dritte einsehbar ist.

Eine transparentere Gestaltung des Informationsaustausches könnte erzielt werden, indem betroffenen Unternehmen mitgeteilt würde, welche
Informationen im Netzwerk ausgetauscht werden. Teilweise wird dies
auch gefordert und angeregt, die Wettbewerbsbehörden dazu zu verpflichten, die betroffenen Unternehmen über den bevorstehenden Austausch
einer Information zu unterrichten und ihnen die Gelegenheit zu geben, in-

---

597 Vgl. *D. Reichelt* (Fn. 549), S. 765 f.
598 Auch wenn diesbezüglich keine ausdrückliche Regelung besteht, wird eine Verpflichtung, die gesammelten Informationen vollständig weiterzuleiten, aus der
Pflicht zu loyaler Zusammenarbeit abgeleitet, vgl. *M. Sura*, Art. 22 VO 1/2003,
in: Langen/Bunte (Hrsg.), Kartellrecht, Band 2, Europäisches Kartellrecht
(2018), Rn. 5; a.A. *A. Klees* (Fn. 147), § 9, Rn. 137.
599 Vgl. *D. Reichelt* (Fn. 549), S. 766.
600 Vgl. *S. Brammer* (Fn. 540), S. 273.

nerhalb einer bestimmten Frist die Zulässigkeit des Austauschs gegebenenfalls im Eilrechtsschutz überprüfen zu lassen und unzulässigen Informationsaustausch auf diese Weise zu verhindern.[601] Dies erscheint zwar insbesondere aus Sicht der betroffenen Unternehmen nachvollziehbar, da auf diese Weise sichergestellt werden könnte, dass sich eine Wettbewerbsbehörde in ihrer Entscheidung nicht auf eine Information stützt, deren Verwertung später etwa wegen Verstoßes gegen Art. 12 VO 1/2003 als unzulässig eingestuft wird.[602] In der Praxis erscheint dies jedoch nur schwer umsetzbar. Eine Bekanntgabe aller ausgetauschten Informationen an sämtliche Unternehmen und Verfahrensbeteiligten ist wenig praktikabel und wäre – je nach Umfang der ausgetauschten Informationen und der Häufigkeit des Informationsaustauschs in einem Verfahren – mit einem hohen bürokratischen Aufwand verbunden. Zudem bestünde die Gefahr, dass der für das Funktionieren des Netzwerks elementare Informationsaustausch erheblich eingeschränkt würde oder gegebenenfalls vollständig zum Erliegen käme.[603] Dies würde insbesondere bei Kartellabsprachen, die sich in mehreren Mitgliedstaaten auswirken, eine erhebliche Beeinträchtigung der wirksamen Kartellverfolgung in der Europäischen Union bedeuten und ist daher nach hier vertretener Auffassung abzulehnen.

Eine vollständige Transparenz des Informationsaustauschs im Netzwerk erscheint auch im Hinblick auf die Wahrung der Verteidigungsrechte betroffener Unternehmen im Allgemeinen nicht erforderlich. In diesem Zusammenhang werden zwei nur in speziellen Fällen relevante Fragen diskutiert:[604] Die erste Fragestellung wird insbesondere bei einer späteren Umverteilung eines Falles im Netzwerk relevant und bezieht sich darauf, dass betroffene Unternehmen aufgrund der fehlenden Unterrichtung über den Informationsaustausch keine Möglichkeit haben zu überprüfen, ob der vollständige Akteneinhalt weitergeleitet wurde.[605] Würde ihnen Einsicht

---

601 Vgl. *B. Perrin*, Challenges facing the EU network of competition authorities: insights from a comparative criminal law perspective, European Law Review 2006, S. 540 ff., S. 564.

602 So *B. Perrin* (Fn. 601), S. 564.

603 Vgl. *S. Brammer* (Fn. 540), S. 274.

604 Vgl. zu beiden Fragestellungen *S. Brammer* (Fn. 540), S. 274 ff.

605 Zu einer solchen Situation kann es etwa im Fall der späteren Umverteilung eines Falles kommen, wenn sich aus den im Rahmen der Ermittlungen gewonnenen Informationen eine wesentliche Änderung der Tatsachen ergibt und im Lichte dieser Informationen nun eine andere Wettbewerbsbehörde besser zur Durchführung des weiteren Verfahrens geeignet ist. Zu Beginn eines Verfahrens dürften dagegen zumeist ohnehin nur wenige Informationen weitergeleitet werden, vgl. hierzu *S. Brammer* (Fn. 540), S. 274 f.

in die übermittelten Informationen gewährt, könnten Unternehmen sichergehen, dass die empfangende Wettbewerbsbehörde im Sinne eines fairen Verfahrens neben den belastenden Informationen auch sämtliche in der Akte vorhandenen entlastenden Informationen erhält.[606] Da das von der Umverteilung betroffene Unternehmen im Verfahren vor der den Fall übernehmenden Wettbewerbsbehörde in der Regel ein Recht auf Akteneinsicht hat,[607] ist es ihm vor Erlass der abschließenden Entscheidung jedoch möglich, die Akte auf die Vollständigkeit auch in Bezug auf entlastende Unterlagen zu überprüfen. Dies muss somit nicht notwendigerweise während des Austauschs im Netzwerk geschehen, sondern kann dem Verfahren vor der ermittelnden Wettbewerbsbehörde vorbehalten bleiben. Zwar kann das betroffene Unternehmen nur durch eine Einsicht während der Fallverteilungsphase sichergehen, dass die verfahrensübernehmende Wettbewerbsbehörde von Anfang an sämtliche relevanten Informationen erhält. Dies rechtfertigt aber letztlich nicht den doppelten Aufwand bei der Prüfung des Akteneinsichtsgesuchs und die Zeitverzögerung, die eine vorzeitige Akteneinsicht mit sich bringen würde.

Die zweite Frage betrifft den Umstand, dass betroffene Unternehmen aufgrund der Intransparenz des Informationsaustauschs keine Kenntnis darüber erhalten, ob und gegebenenfalls welche als vertraulich eingestuften Informationen zwischen den Wettbewerbsbehörden übermittelt werden. Sie können nicht überprüfen, ob ein möglicher Antrag auf vertrauliche Behandlung von Informationen, den sie bei der übersendenden Behörde gegebenenfalls bereits gestellt haben, ebenfalls übermittelt wird, und ob der beantragte Schutz der Informationen auch bei der Behörde, die sich später mit möglichen Anträgen Dritter auf Akteneinsicht befasst, bekannt ist.[608] Da es sich bei vielen in einem Kartellverfahren relevanten Informationen um sensible Geschäftsinformationen handelt, würde die Information der Unternehmen über den Austausch aller als vertraulich gekennzeichneten Informationen einen erheblichen Aufwand bedeuten und den Informationsaustausch erheblich beeinträchtigen. Eine solche Unterrichtung ist zum Schutz der Informationen im Netzwerk außerdem nicht notwendig, denn alle Wettbewerbsbehörden im ECN trifft nach Art. 28 Abs. 2 VO 1/2003 eine Pflicht zum Schutz vertraulicher Informationen gegenüber

---

606 Vgl. zum Recht auf Weiterleitung des gesamten Akteninhalts S. *Brammer* (Fn. 540), S. 274 f.
607 Vgl. S. *Brammer* (Fn. 540), S. 275.
608 Vgl. zu dieser Frage S. *Brammer* (Fn. 540), S. 273 ff.

Dritten.[609] Da somit alle Wettbewerbsbehörden dafür Sorge tragen, dass sie die Vertraulichkeit der ihnen übermittelten Informationen entsprechend gewährleisten, gewährleistet die VO 1/2003 einen hinreichenden Schutz für vertrauliche Informationen.[610] Die eingeschränkte Transparenz im Rahmen des Austauschs fallbezogener Informationen ist daher zur Sicherung der Wirksamkeit der europäischen Kartellverfolgung durch die Mitglieder des Netzwerks gerechtfertigt.

b) Berichte, Stellungnahmen und informelle Beratungen im Netzwerk

Akteneinsicht in die Korrespondenz zwischen der Kommission und den nationalen Wettbewerbsbehörden sowie in die Korrespondenz zwischen den nationalen Wettbewerbsbehörden untereinander wird in Kartellverfahren vor der Kommission[611] durch Art. 27 Abs. 2 S. 4 VO 1/2003 und Art. 15 Abs. 2 S. 2 VO 773/2004 ausgeschlossen. Die Kommunikation zwischen den Wettbewerbsbehörden im Netzwerk ist so vor Einblicken durch Außenstehende geschützt, und es bestehen keine Informationspflichten gegenüber den betroffenen Unternehmen. Diese haben daher beispielsweise kein Recht auf Kenntnis der zusammenfassenden Darstellung des Falles, den die Wettbewerbsbehörden vor Abschluss ihres Verfahrens an die Kommission übersenden. Auch Stellungnahmen der Kommission zu den angestrebten Verfahrensergebnissen sind für betroffene Unternehmen nicht zugänglich, obwohl sie trotz ihrer fehlenden rechtlichen Bindungswirkung Einfluss auf die Entscheidung der nationalen Wettbewerbsbehörde haben können.[612]

Darüber hinaus ist auch die sonstige Kommunikation innerhalb des Netzwerks nicht nach außen transparent. Informelle Kontakte und Beratungen zwischen den Wettbewerbsbehörden nehmen seit der Gründung des ECN eine immer wichtigere Funktion ein. Während bislang nur wenige Fälle zwischen den Netzwerkmitgliedern umverteilt wurden[613] und auch der Austausch von einzelfallbezogenen Informationen im Netzwerk

---

609 Vgl. dazu auch oben Teil 2/ B.I.2.b)cc).

610 Vgl. *S. Brammer* (Fn. 540), S. 281.

611 Umstritten ist, ob diese Bestimmungen auch Auswirkungen auf Kartellverfahren besitzen, die eine nationale Wettbewerbsbehörde nach ihrem eigenen Verfahrensrecht führt, vgl. hierzu *E. Gippini-Fournier* (Fn. 518), S. 89 ff.

612 Vgl. *F. Cengiz* (Fn. 556), S. 675, 676.

613 Vgl. *A. Bardong/ C. Stempel* (Fn. 479), Rn. 121 und 128; zu entsprechenden Erfahrungen der französischen Autorité de la Concurrence vgl. *L. Idot*, How has

nur unregelmäßig stattfindet, haben informelle Gespräche zum richtigen Vorgehen in rechtlich und ökonomisch komplexen Fällen stark an Bedeutung gewonnen.[614] Nationale Wettbewerbsbehörden können auf diese Weise beispielsweise die Kommission um informelle Beratung ersuchen[615] und hierdurch auf die Erfahrungen der Kommission in vergleichbaren Fällen zurückgreifen.[616] Die Kommission nutzt derartige Anfragen, die oftmals mündlich am Telefon erfolgen, regelmäßig dazu, um die Aufmerksamkeit einer nationalen Wettbewerbsbehörde auf bestimmte Punkte zu lenken oder sie auf kritische Aspekte eines Falles hinzuweisen.[617] In der Praxis tritt diese Konsultationsfunktion des ECN verstärkt in den Vordergrund[618] und hat sich als wichtiges Instrument zur Wahrung der Kohärenz der Anwendung des europäischen Kartellrechts erwiesen.[619]

Eine größere Transparenz der netzwerkinternen Kommunikation würde den freien Meinungsaustausch zwischen den verschiedenen Wettbewerbsbehörden verhindern. Müssten sämtliche Diskussionsansätze, die zwischen den Beamten der einzelnen Wettbewerbsbehörden erörtert werden, den betroffenen Unternehmen gegenüber bekannt gemacht werden, würde ein freier Erfahrungs- und Meinungsaustausch im ECN voraussichtlich nicht mehr stattfinden. Dieser ist jedoch für die effektive Verteilung von Ressourcen im Netzwerk erforderlich, da die Möglichkeit zur Konsultation der Kommission sowie die Bereitschaft der nationalen Wettbewerbsbehörden, die Vorschläge der Kommission zu berücksichtigen, maßgeblich dazu beiträgt, dass die Kommission Verfahren nach Art. 11 Abs. 6 VO 1/2003

Regulation 1/2003 affected the Role and Work of National Competition Authorities? - The French Example, NZKart 2014, S. 12 ff., S. 14.

614 Vgl. *G. Monti*, Independence, Interdependence and Legitimacy: The EU Commission, National Competition Authorities, and the European Competition Network (2014), S. 17.

615 Vgl. zur Möglichkeit von Stellungnahmen durch die Kommission im Rahmen von Informationsübermittlungen nach Art. 11 Abs. 4 VO 1/2003 die Netzbekanntmachung, Rn. 46.

616 Nach Art. 11 Abs. 5 VO 1/2003 können die Wettbewerbsbehörden der Mitgliedstaaten die Kommission zu jedem Fall, in dem es um die Anwendung des Gemeinschaftsrechts geht, konsultieren. In der Praxis suchen die nationalen Wettbewerbsbehörden Rat bei der Kommission über informelle Kontakte anlässlich der Übersendung von Informationen nach Art. 11 Abs. 4 VO 1/2003, vgl. *E. Gippini-Fournier* (Fn. 518), S. 87 f.

617 Vgl. *K. Dekeyser/M. Jaspers* (Fn. 541), S. 9.

618 Vgl. *G. Monti* (Fn. 614), S. 17.

619 Vgl. *K. Dekeyser/M. Jaspers* (Fn. 541), S. 8.

nicht an sich ziehen muss.[620] Zudem ist der Meinungsaustausch im Netzwerk ein wesentliches Mittel zur Etablierung einer einheitlichen Wettbewerbskultur in der Europäischen Union.[621] Eine Offenlegung der Kommunikation zwischen den Netzwerkmitgliedern für Außenstehende würde daher die Einheitlichkeit der Kartellrechtsanwendung und die Effektivität der europäischen Kartellverfolgung gefährden, da sich die Kommission und die nationalen Wettbewerbsbehörden nicht mehr über Ideen zu Vorgehensweisen oder Argumentationsansätzen austauschen und gemeinsame Standpunkte erarbeiten könnten. Netzwerkinterne Stellungnahmen enthalten zudem keine neuen Beweise oder entlastende bzw. belastende Informationen, so dass die Verteidigungsrechte der Parteien durch ihre Übermittlung im ECN nicht beeinträchtigt werden.[622] Eine Beibehaltung des rein netzwerkinternen Charakters von Berichten, Stellungnahmen und informellen Konsultationen erscheint somit im Sinne einer effektiven und einheitlichen Durchsetzung des europäischen Kartellrechts sinnvoll und angemessen.

4. Transparenz des Netzwerks als Diskussionsforum

Das ECN informiert die interessierte Öffentlichkeit über seine Arbeit vor allem auf seiner Website, die in den Internetauftritt der Generaldirektion Wettbewerb eingegliedert ist.[623] Die Website des ECN dient dem Ziel, die Zusammenarbeit im ECN für Außenstehende transparenter zu gestalten.[624] Neben kurzen Erläuterungen und häufig gestellten Fragen (*„FAQs"*)

---

620 Vgl. *K. Dekeyser/M. Jaspers* (Fn. 541), S. 9. Die Kommission hat im April 2009 ausdrücklich darauf hingewiesen, dass sie bislang keiner nationalen Wettbewerbsbehörde einen Fall durch Einleitung eines Verfahrens entzogen hat, vgl. Commission Staff Working Document accompanying the Communication from the Commission to the European Parliament and Council, Report on the functioning of Regulation 1/2003, SEC(2009) 574 final vom 29.04.2009, Rn. 256, abrufbar unter: https://eur-lex.europa.eu/legal-content/EN/TXT/PDF/?uri=CELEX:52009SC0574&from=EN (zuletzt besucht am 05.08.2020).

621 Vgl. *K. Dekeyser/M. Jaspers* (Fn. 541), S. 9, 10.

622 Vgl. *K. Dekeyser/M. Jaspers* (Fn. 541), S. 10.

623 Die Website des ECN findet sich unter: http://ec.europa.eu/competition/ecn/index_en.html (ausschließlich in englischer Sprache; zuletzt besucht am 05.08.2020).

624 Zur Transparenz soll zunächst insbesondere die Veröffentlichung von Statistiken zu den im ECN laufenden Ermittlungen und anstehenden Entscheidungen beitragen, vgl. hierzu die Rubrik Nr. 6 der *FAQs* auf der Website des ECN, ab-

zum ECN finden sich auf der Website elektronische Fassungen der wesentlichen Rechtsgrundlagen des europäischen Kartellrechts und der Zusammenarbeit im ECN sowie verschiedene vom ECN erarbeitete Dokumente. So sind u.a. die im Dezember 2013 veröffentlichten Empfehlungen des ECN zu zentralen Ermittlungs- und Entscheidungsbefugnissen, über die alle Wettbewerbsbehörden im ECN grundsätzlich verfügen sollten, sowie einige auf Treffen der Behördenleiter der europäischen Wettbewerbsbehörden verabschiedete Beschlüsse auf der Website abrufbar. Auch die ECN-Kronzeugenregelungsmodelle aus den Jahren 2006 und 2012 sind mit zusätzlichen erklärenden Dokumenten auf der Website eingestellt. Darüber hinaus können etwa auch Statistiken zur Anzahl der im ECN zwischen 2004 und Dezember 2015 gemeldeten Fälle auf der Website abgerufen werden. Im Übrigen enthält die Website Links zu den jeweiligen Internetauftritten der dem ECN zugehörigen nationalen Wettbewerbsbehörden. In einem vierteljährlich erscheinenden und kostenlos verfügbaren „*ECN Brief*" informiert das ECN zudem über wichtige Verfahren und neuere Entwicklungen in der Arbeit seiner Mitglieder.

Auch wenn die im Internet zugänglichen Dokumente einen ersten Schritt zu einer besseren Information der Öffentlichkeit über die Tätigkeit des ECN darstellen, trägt die Website aufgrund ihres geringen Informationsgehalts nur in begrenztem Umfang zur Transparenz des ECN bei.[625] Zwar informiert die Website in gewissem Rahmen auch über die im ECN erzielten Arbeitsergebnisse; insbesondere Informationen zu Aktivitäten, die die Funktion des ECN als Diskussionsforum für wettbewerbsrechtliche oder –politische Fragestellungen betreffen, sind für Außenstehende jedoch kaum erhältlich. Das ECN informiert die interessierte Öffentlichkeit weder darüber, welche Arbeitsgruppen jeweils aktuell eingerichtet sind und ihre Arbeit aufgenommen haben, noch darüber, welche Themen dort diskutiert oder welche Standpunkte erarbeitet werden. Sitzungstermine, Programme oder Arbeitsergebnisse der Arbeitsgruppen werden grundsätzlich nicht publik gemacht. Dies ist insoweit nachvollziehbar, als eine weitgehende Transparenz etwa durch Veröffentlichung von Sitzungsprotokollen oder die Zulassung der Öffentlichkeit zu Arbeitsgruppensitzungen den aktiven Austausch in diesem Rahmen voraussichtlich erheblich erschweren würde. So könnten z.B. Zwischenstände in der Diskussion oder einzelne Standpunkte bereits vorab in einschlägigen (Fach-) Medien vorgestellt und

---

rufbar unter: http://ec.europa.eu/competition/ecn/faq.html (zuletzt besucht am 05.08.2020).

625 Vgl. auch *S. Brammer* (Fn. 540), S. 134 f.

gegebenenfalls angegriffen werden. Dennoch besteht ein berechtigtes öffentliches Informationsinteresse an den in den Arbeitsgruppen diskutierten Themen. Die im Rahmen der Arbeitsgruppen definierten Zielsetzungen oder Vorgehensweisen prägen die Arbeit der einzelnen nationalen Wettbewerbsbehörden und wirken sich zumindest mittelbar auf die Erfüllung des öffentlichen Auftrags der Wettbewerbsbehörden aus. Es wäre zur Steigerung der Transparenz des ECN beispielsweise denkbar, auf der Website einen Überblick über die Gremien und Arbeitsgruppen des ECN, ihre Arbeitsergebnisse und Zusammensetzung zu geben. Das Europäische Parlament fordert ausdrücklich, dass sämtliche Schlussfolgerungen der Sitzungen und die Arbeitsprogramme des ECN im Internet veröffentlicht werden sollten.[626] Dies wäre im Sinne einer größeren Transparenz und eines offeneren Dialoges über die Wettbewerbspolitik zwischen den Wettbewerbsbehörden im ECN und der interessierten Öffentlichkeit zu begrüßen.

Darüber hinaus wäre es zum besseren Verständnis der Arbeit der Netzwerkmitglieder und der Entwicklung der Anwendung der europäischen Kartellrechtsvorschriften in den verschiedenen EU-Mitgliedstaaten sinnvoll, wenn insbesondere die im ECN vertretenen nationalen Wettbewerbsbehörden mehr Informationen zu von ihnen bearbeiteten Fällen auch über die Website des ECN, zumindest über entsprechende Links auf ihre eigenen Internetauftritte, veröffentlichen würden. Die Veröffentlichung sollte insbesondere abschließende Entscheidungen, in denen Wettbewerbsverstöße festgestellt und gegebenenfalls auch Sanktionen verhängt werden, sowie Entscheidungen, in denen ein Wettbewerbsverstoß verneint oder ein Verfahren eingestellt wurde, umfassen. Auf diese Weise würde das ECN einen Beitrag dazu leisten, dass die vor dem Hintergrund unterschiedlicher marktwirtschaftlicher Gegebenheiten in den Mitgliedstaaten der Europäischen Union entsprechend unterschiedlichen Verfolgungsprioritäten, rechtlichen Ansätze und Herangehensweisen der verschiedenen nationalen Wettbewerbsbehörden für die interessierte Öffentlichkeit erkennbar und verständlich würden. Dies wäre nicht nur für die Unternehmen, die sich über die bestehende Praxis einer bestimmten Wettbewerbsbehörde besser informieren wollen, sondern auch für die Wettbewerbsbehörden selbst von Vorteil, da sie auf diese Weise in noch größerem Umfang von den bereits erarbeiteten Erkenntnissen anderer Wettbewerbsbehörden profitieren und gegebenenfalls eigene Ressourcen schonen oder gezielter einsetzen

---

626 Vgl. *Europäisches Parlament*, Bericht über den Jahresbericht der Kommission über die Wettbewerbspolitik der EU vom 29.10.2013 (2013/2075(INI)), Rn. 33.

könnten. Zudem würde eine Plattform zur Veröffentlichung von Entscheidungen langfristig einen Beitrag zu einer einheitlichen Anwendung des europäischen Kartellrechts leisten.[627]

III. Zwischenergebnis

Eine wesentliche Stärke des ECN liegt im flexiblen, von außen aber nur schwer einsehbaren Informationsaustausch, der zur wirksamen Zusammenarbeit zwischen den Netzwerkmitgliedern maßgeblich beiträgt. Eine größere Transparenz der Zusammenarbeit ECN würde dazu führen, dass der Verdichtung in der Zusammenarbeit der europäischen Wettbewerbsbehörden und dem damit verbundenen Machtzuwachs auf Seiten der Kartellbehörden eine verbesserte Kontrolle der Tätigkeit der Wettbewerbsbehörden im ECN durch die betroffenen Unternehmen, das Europäische Parlament und die Öffentlichkeit gegenüberstünde. Hinsichtlich konkreter Anforderungen an eine transparente Ausgestaltung des ECN ist dieser Gedanke mit den mitunter gegenläufigen Interessen einer effektiven Kooperation im ECN und der Sicherstellung einer einheitlichen Anwendung des europäischen Kartellrechts abzuwägen. Dabei ist zwischen den verschiedenen Aufgaben des ECN zu differenzieren.

Hinsichtlich der Fallverteilung ist eine größere Transparenz zu befürworten. Die Gemeinsame Erklärung sieht in dieser Hinsicht zwar ausdrücklich vor, dass alle Mitglieder des Netzes darauf hinwirken, *„dass die Verteilung nach einem für alle transparenten Verfahren erfolgt, bei dem die Wirtschaft und andere Beteiligte darüber informiert werden, wohin sie sich mit Beschwerden wenden können.“*[628] Dies wird durch die Fallverteilungsmechanismen der Netzbekanntmachung derzeit jedoch nicht gewährleistet.[629] Vielmehr besteht Transparenz im Sinne einer Vorhersehbarkeit, Nachvollziehbarkeit und Rechtssicherheit bezüglich der Fallverteilung nur sehr eingeschränkt. Eine Mitteilung über die (Um-)Verteilung eines Falles erfolgt erst nach Abschluss des Fallverteilungsprozesses, so dass lediglich eine *ex post*-Transparenz des Fallverteilungsergebnisses besteht. Während eines

---

627 Vgl. *P. Marsden*, Checks and balances: EU competition law and the rule of law, Competition Law International 2009, S. 24 ff., S. 26.

628 Gemeinsame Erklärung des Rates und der Kommission zur Arbeitsweise des Netzes der Wettbewerbsbehörden, Rn. 13.

629 Das Bestehen der in der Gemeinsamen Erklärung angekündigten Transparenz der Fallverteilung bezweifelt auch *J. Schwarze* (Fn. 475), S. 493.

konkreten Fallverteilungsprozesses verfügen die betroffenen Unternehmen dagegen weder über ein Einsichts- noch über ein Anhörungsrecht. Zudem stimmen sich die Netzwerkmitglieder anhand der im Intranet zur Verfügung gestellten Informationen zumeist informell und einvernehmlich untereinander ab, welche Wettbewerbsbehörde die Durchführung eines bestimmten Verfahrens übernimmt.

Da die Regeln, anhand derer die Fallverteilung erfolgt, sehr weich ausgestaltet sind, stellt sich die Frage, ob die Fälle im ECN allein nach rechtlichen Kriterien oder auch nach wettbewerbspolitischen und praktischen Gründen verteilt werden (sollen). So wird etwa gefordert, dass die Fallverteilung *„a matter of law, not of policy“*[630] sein sollte. Eine größere Transparenz durch die Einführung rechtlich verbindlicher Verteilungskriterien und formeller Anhörungsrechte der betroffenen Unternehmen würde den bisherigen, weitgehend flexiblen und unverbindlichen Charakter der Fallverteilung im Netzwerk allerdings grundlegend verändern. Der derzeit bestehende Fallverteilungsmechanismus ist zwar aus Sicht der Wettbewerbsbehörden sehr effektiv, stellt jedoch eine nicht unerhebliche Einbuße für die Rechtsstellung von betroffenen Unternehmen und Beschwerdeführern dar.[631] Für diese hat die Fallverteilung eine erhebliche Bedeutung, da die Wahl der verfahrensführenden Wettbewerbsbehörde zugleich darüber entscheidet, welches Verfahrensrecht Anwendung findet und welche Rechte den Beteiligten im Verfahren danach zustehen. Vor diesem Hintergrund erscheint es geboten, die Fallverteilung im ECN durch rechtlich verbindliche Kriterien und die Einräumung von Anhörungsrechten rechtssicherer, vorhersehbarer und transparenter zu gestalten.

Im Hinblick auf den Informationsaustausch im Netzwerk lässt sich festhalten, dass zwar zwischen den Wettbewerbsbehörden untereinander ein hohes Maß an Transparenz über die Aktivitäten der anderen Netzwerkmitglieder durch verschiedene Informationspflichten und eine aktive informelle Kommunikationskultur gewährleistet ist, im Gegenzug jedoch nur wenig Transparenz gegenüber betroffenen Unternehmen und der interessierten Öffentlichkeit besteht. Bei der Frage nach einer größeren Transparenz des Informationsaustauschs ist dabei zwischen den verschiedenen Formen des Informationsaustauschs im Netzwerk zu unterscheiden. In Bezug auf den Austausch von Unternehmensdokumenten und Sachverhaltsinformationen im Rahmen konkreter Verfahren ist die Kritik an der mangelnden Transparenz mit der Wahrung der Verteidigungsrechte verknüpft. Ge-

---

630 So *A. Schwab/C. Steinle* (Fn. 548), S. 530.
631 Vgl. *S. Brammer* (Fn. 540), S. 230.

gen eine Offenlegung aller ausgetauschten Informationen gegenüber den betroffenen Unternehmen spricht insbesondere, dass dies den Austausch im Netzwerk erheblich erschweren und hierdurch eine wirksame Kartellverfolgung auf europäischer Ebene gefährden würde. Die schnelle und effektive Informationsübermittlung, sowohl horizontal zwischen der Kommission und den nationalen Wettbewerbsbehörden als auch vertikal zwischen den nationalen Wettbewerbsbehörden untereinander, ist jedoch gerade eine der wesentlichen Aufgaben des Netzwerks. Erst durch den Informationsaustausch wird eine sinnvolle Verteilung und Bearbeitung konkreter Wettbewerbsverfahren ermöglicht. Zudem wird ein hinreichender Schutz vertraulicher Informationen durch die VO 1/2003 gewährleistet. Der Wahrung einer wirksamen Kartellverfolgung sollte hier deshalb der Vorrang gegenüber einer größeren Transparenz eingeräumt werden.

Gleiches gilt letztlich auch für den Austausch von netzwerkinternen Berichten oder Stellungnahmen und die Möglichkeit zur informeller Beratung und Diskussion, um das ECN vor dem Hintergrund der Entwicklung einer gemeinsamen europäischen Wettbewerbskultur und einer kohärenten Anwendung des europäischen Wettbewerbsrechts als einen *„common space to think"*[632] der europäischen Wettbewerbsbehörden zu erhalten. Sofern es jedoch um die Erarbeitung von gemeinsamen Standpunkten oder rechtlichen Argumentationsmustern sowie um die Angleichung der nationalen Wettbewerbsregeln und -verfahren in Arbeitsgruppen oder sonstigen Gremien des ECN geht und das ECN mithin einen Beitrag zur wettbewerbspolitischen Ausrichtung seiner Mitglieder leistet, wäre es im Sinne einer besseren Information der interessierten Öffentlichkeit zu begrüßen, wenn die im ECN erarbeiteten Arbeitsprogramme, Sitzungsergebnisse und Schlussfolgerungen gegenüber der Öffentlichkeit bekanntgegeben und die Ergebnis- und Verfahrenstransparenz in dieser Hinsicht gesteigert würde.

C. Transparenz in der Ermittlungsphase

Die Kommission legt in der Ermittlungsphase den Grundstein für das weitere Verfahren, indem sie mit der Untersuchung eines potentiellen Wettbewerbsverstoßes den Rahmen für die später zu treffende Entscheidung bestimmt. Im Folgenden soll daher untersucht werden, inwiefern in der Ermittlungsphase Transparenz für die in die Ermittlungen einbezogenen

---

632 Commission Staff Working Document SWD(2014)230/2, Ten Years of Antitrust Enforcement under Regulation 1/2003, Rn. 230.

Unternehmen, die Beschwerdeführer und die interessierte Öffentlichkeit besteht.

I. Funktion und Ablauf der Ermittlungsphase

Die Ermittlungsphase beginnt mit Einleitung der ersten Ermittlungsmaßnahmen durch die Kommission. Diese Phase dient der Sammlung von Informationen, auf deren Basis die Kommission entscheiden kann, ob sie eine weitere Verfolgung des ihr vorliegenden Falles und ein Einschreiten gegen ein möglicherweise wettbewerbsbeschränkendes Verhalten befürwortet. Zur Aufdeckung von Verstößen gegen kartellrechtliche Vorschriften und zur Erlangung entsprechenden Beweismaterials stehen der Kommission verschiedene Ermittlungsbefugnisse zur Verfügung.[633] Zu diesen zählen unter anderem die Befugnis zur Durchsuchung von Räumlichkeiten betroffener Unternehmen sowie die Durchführung von Befragungen. Die Festlegung der der Kommission im Kartellverfahren zustehenden Ermittlungsbefugnisse in der VO 1/2003 konkretisiert Art. 337 AEUV, demzufolge die Kommission zur Erfüllung der ihr übertragenen Aufgaben alle erforderlichen Maßnahmen einholen und alle erforderlichen Nachprüfungen vornehmen kann.[634]

Grundsätzlich kann die Einleitung eines Verfahrens „jederzeit" erfolgen.[635] Da die Erkenntnisse, die die Kommission im Zuge ihrer Ermittlungen sammelt, sie erst in die Lage versetzen sollen zu entscheiden, ob sie die Einleitung eines förmlichen Kartellverfahrens anstrebt oder die Ermittlungen einstellt,[636] entscheidet sie über die Verfahrenseinleitung in der Regel nicht unmittelbar zu Beginn der ersten Ermittlungshandlungen, sondern erst nach Abschluss einer Erstprüfungsphase. Die Verfahrenseinleitung selbst ist ein hoheitlicher Rechtsakt, mit dem die Kommission ihre Absicht zum Ausdruck bringt, eine Entscheidung in dem eingeleiteten Verfahren

---

633 Vgl. Art 18 ff. VO 1/2003.

634 Vgl. *M. Sura*, Vorbemerkung zu Art. 17 ff., in: Langen/Bunte (Hrsg.), Kartellrecht, Band 2, Europäisches Kartellrecht (2018), Rn. 1.

635 Vgl. Art. 2 Abs. 1 VO 773/2004.

636 Vgl. *A. Klees* (Fn. 147), § 5, Rn. 12.

treffen zu wollen.[637] Als vorbereitende Verfahrenshandlung ist sie jedoch nicht selbständig anfechtbar.[638]

Sofern die Kommission sich aufgrund der Ergebnisse ihrer Ermittlungen entscheidet, das Verfahren über die Untersuchungsphase hinaus fortzuführen und in die zweite Phase des Kartellverfahrens, die formelle Entscheidungsphase, überzugehen, übersendet sie den betroffenen Unternehmen nach Art. 10 Abs. 1 VO 773/2004 eine Mitteilung der Beschwerdepunkte. In dieser erläutert die Kommission den ermittelten Sachverhalt und die auf seiner Grundlage erhobenen wettbewerbsrechtlichen Vorwürfe und begründet ihre Rechtsauffassung. Die Mitteilung der Beschwerdepunkte steht am Ende der Ermittlungsphase und dient als Grundlage für das weitere Verfahren bis zur abschließenden Entscheidung. Die Kommission darf ihre Entscheidung später nicht auf Erwägungen stützen, die in der Mitteilung der Beschwerdepunkte nicht enthalten waren und zu denen sich die betroffenen Unternehmen daher nicht äußern konnten.[639] Die Mitteilung der Beschwerdepunkte ist in der Praxis auch deshalb von großer Bedeutung, weil die in ihr aufgeführten Vorwürfe oftmals nur wenig verändert in die abschließende Entscheidung einfließen.[640] In der Ermittlungsphase werden daher wichtige Weichenstellungen für den weiteren Verfahrensverlauf getroffen, so dass bereits dieser ersten Phase des Kartellverfahrens eine grundlegende Bedeutung zukommt.

II. Transparenz aus Sicht der betroffenen Unternehmen

Sobald die Kommission Ermittlungsmaßnahmen einleitet, können die betroffenen Unternehmen Informationen zu Gegenstand und Verlauf der Er-

---

637 Vgl. Netzbekanntmachung, Rn. 52; *EuGH*, Urteil vom 06.02.1973, Rs. 48/72 – *Brasserie de Haecht*, Rn. 16. Die Verfahrenseinleitung kann in einem separaten Beschluss oder etwa im Zusammenhang mit der Durchführung einer Ermittlungsmaßnahme erfolgen; zwar setzt die Versendung der Mitteilung der Beschwerdepunkte an die betroffenen Unternehmen nach Art. 2 Abs. 1 VO 773/2004 die Verfahrenseinleitung voraus, kann jedoch mit ihr zusammenfallen, vgl. *K. L. Ritter/ M.M. Wirtz*, Art. 27 VO (EG) 1/2003, in: Immenga/Mestmäcker u.a. (Hrsg.), Wettbewerbsrecht, Band 1 (2019), Rn. 6.
638 Vgl. *R. Bechtold/W. Bosch/I. Brinker* (Fn. 115), Art. 11 VO 1/2003, Rn. 17; *EuGH*, Urteil vom 11.11.1981, Rs. 60/81 – *IBM*, Rn. 21.
639 Vgl. Art. 27 Abs. 1 S. 2 VO 1/2003.
640 Vgl. *D. Melamed*, Good Competition Law Enforcement Requires Good Process, Competition Law International 2015, S. 51 ff., S. 58 unter Berufung auf Stimmen aus der Praxis.

mittlungen erlangen. Zum einen werden sie unmittelbar anlässlich einer konkreten Ermittlungsmaßnahme punktuell über deren Hintergrund unterrichtet. Zum anderen besteht im weiteren Verlauf der Ermittlungsphase teilweise die Möglichkeit, Kontakt mit dem für das Verfahren zuständigen *Case Team* aufzunehmen und sich über den Fortgang des Verfahrens zu informieren.

1. Information anlässlich konkreter Ermittlungsmaßnahmen

Unternehmen, gegen die ein Verdacht wegen einer Zuwiderhandlung gegen das Wettbewerbsrecht besteht, erfahren von einem möglicherweise bevorstehenden Kartellverfahren in der Regel zum ersten Mal anlässlich der ersten Ermittlungsmaßnahme der Kommission, zumeist im Rahmen einer unangekündigten Durchsuchung[641] (sog. *„dawn raid"*) oder eines Auskunftsersuchens.[642] Die Kommission ist verpflichtet, die betroffenen Unternehmen im Zusammenhang mit einer Ermittlungsmaßnahme über Rechtsgrundlage, Gegenstand und Zweck[643] der Ermittlungen in Kenntnis zu setzen. Entsprechende Regelungen finden sich in der VO 1/2003 jeweils im Zusammenhang mit den Vorschriften über die verschiedenen Ermittlungsmaßnahmen; beispielsweise muss die Kommission den betroffenen Unternehmen nach Art. 18 Abs. 2 und 3 VO 1/2003 Rechtsgrundlage und Zweck eines Auskunftsverlangens, nach Art. 19 Abs. 1 VO 1/2003 den Gegenstand einer Befragung sowie nach Art. 20 Abs. 3 VO 1/2003 und Art. 21 Abs. 2 VO 1/2003 Gegenstand und Zweck einer Nachprüfung bekanntgeben.[644]

Die Kommission ist jeweils verpflichtet, den vermuteten Wettbewerbsverstoß konkret zu bezeichnen und den Zweck der Ermittlung mit hinrei-

---

641 Art. 20 VO 1/2003.

642 Art. 18 VO 1/2003.

643 Die genaue Bestimmung des Zwecks der jeweiligen Ermittlungsmaßnahme ist dabei auch im Hinblick auf die nachträgliche Verwertung der gewonnenen Informationen relevant, da die erlangten Informationen nach Art. 28 Abs. 1 VO 1/2003 nur zu dem Zweck verwertet werden dürfen, zu dem sie eingeholt wurden, und im Übrigen einem Verwertungsverbot unterliegen, vgl. *R. Bechtold/W. Bosch/I. Brinker* (Fn. 115), Art. 28 VO 1/2003, Rn. 4 ff.

644 Die fehlende Verpflichtung zur Angabe einer Rechtsgrundlage bei Nachprüfungen gilt als Redaktionsversehen, vgl. *M. Sura*, Art. 20 VO 1/2003, in: Langen/Bunte (Hrsg.), Kartellrecht, Band 2, Europäisches Kartellrecht (2018), Rn. 35.

chender Genauigkeit anzugeben.[645] Aufgrund der Ausführungen müssen die betroffenen Unternehmen in der Lage sein, die maßgeblichen Wettbewerbsverstöße zu identifizieren und die erhobenen Vorwürfe entsprechend einzuordnen.[646] Im Sinne einer effektiven Verfahrensführung ist jedoch keine Übermittlung sämtlicher bislang vorliegender Daten erforderlich; auch muss die Kommission keine Abgrenzung des relevanten Marktes vornehmen oder sich auf den maßgeblichen Zeitraum oder eine konkrete rechtliche Einordnung der mutmaßlichen Wettbewerbsverstöße festlegen.[647] Die Kommission ist zudem nicht verpflichtet, eine ausführliche Darstellung des Sachverhaltes sowie eine umfängliche Begründung der Ermittlungsmaßnahmen vorzunehmen[648] oder bei einer Nachprüfung schon zu Beginn die gesuchten Dokumente eindeutig zu bezeichnen.[649]

Welche konkreten Anforderungen an die Informationspflichten der Kommission zu stellen sind, bestimmt sich jeweils im Einzelfall.[650] Hierzu hat sich eine umfassende Kasuistik herausgebildet.[651] Im Wesentlichen scheinen sich die europäischen Gerichte insbesondere entlang der Linie zu orientieren, betroffene Unternehmen auf der einen Seite nicht von vornherein in der Ausübung ihrer Verteidigungsrechte einzuschränken, auf der anderen Seite jedoch auch nicht die Wirksamkeit der Kartellverfolgung durch zu hohe Anforderungen an die Informationspflichten zu gefährden. Auf dieser Basis entwickeln sich die Anforderungen an Art und Umfang der anlässlich einer Ermittlungsmaßnahme mitzuteilenden Informationen laufend fort. Als Beispiel soll hier die vielbeachtete Entscheidung des EuG

---

645 Vgl. *T. T. Hennig*, Art. 18 VO 1/2003, in: Immenga/Mestmäcker u.a. (Hrsg.), Wettbewerbsrecht, Band 1 (2019), Rn. 31.

646 Vgl. hierzu *T. T. Hennig* (Fn. 645), Rn. 32.

647 Vgl. *T. T. Hennig* (Fn. 645), Rn. 31; vgl. zu den inhaltlichen Anforderungen an die Angaben der Kommission etwa *EuG*, Urteil vom 08.03.2007, Rs. T-339/04 – *France Télécom*, Rn. 58 f.; *EuGH*, Urteil vom 17.10 1989, Rs. 85/87 – *Dow Benelux*, Rn. 8 ff.

648 *T. T. Hennig* (Fn. 645), Rn. 32; *G. Miersch*, Art. 18 VO 1/2003, in: Dalheimer/Feddersen/Miersch, EU-Kartellverfahrensverordnung: Kommentar zur VO 1/2003 (2005), Rn. 15.

649 Vgl. *T. T. Hennig*, Art. 20 VO 1/2003, in: Immenga/Mestmäcker u.a. (Hrsg.), Wettbewerbsrecht, Band 1 (2019), Rn. 26.

650 Vgl. *E. Bueren* (Fn. 317), S. 690.

651 Vgl. z.B. zu den Anforderungen an die Angabe des Zwecks im Rahmen eines Auskunftsverlangens *T. T. Hennig* (Fn. 645), Rn. 31 f.

in Sachen *AC Treuhand*[652] erwähnt werden. Das EuG sah es darin zur effektiven Wahrung der Verteidigungsrechte in der Ermittlungsphase als erforderlich an, betroffene Unternehmen im Rahmen der üblichen Informationen über den Gegenstand und Zweck einer Ermittlungsmaßnahme hinaus auch über ihre verfahrensrechtliche Stellung zu informieren, d.h. darüber, ob die Kommission ihnen selbst eine Zuwiderhandlung gegen das Wettbewerbsrecht vorwirft oder ob die Ermittlungsmaßnahmen Teil einer gegen andere Unternehmen gerichteten Untersuchung sind.[653] Die Kommission hat dies inzwischen in ihrer Praxis aufgegriffen; seit dem Erlass des aktuellen Mandates des Anhörungsbeauftragten im Jahr 2011 können sich Un-

---

652 *EuG*, Urteil vom 08.07.2008, T-99/04 – *AC Treuhand*. Nach dem zugrunde liegenden Sachverhalt hatte die Beratungs- und Treuhandgesellschaft *AC Treuhand* organisatorische Dienstleistungen für das von der Kommission untersuchte Kartell auf dem Markt für organische Peroxide erbracht. Die AC Treuhand war u.a. damit betraut, in ihren Geschäftsräumen verschiedene Dokumente, darunter auch eine ältere Kartellvereinbarung, aufzubewahren und Daten über die Geschäftstätigkeit einiger am Kartell beteiligter Chemieunternehmen zu erheben und auszuwerten. Zudem übernahm sie organisatorische Aufgaben bei der Planung und Durchführung einiger Treffen der kartellbeteiligten Hersteller. Im Rahmen der im Jahr 2000 begonnen Untersuchung richtete die Kommission im Februar 2003 ein Auskunftsersuchen an die *AC Treuhand*, in dessen Folge es im März zu einem Treffen zwischen Beamten der Kommission und Vertretern der *AC Treuhand* kam. Bei diesem Treffen erfuhr die *AC Treuhand*, dass sich die Ermittlungen auch gegen sie richteten. Nach einer entsprechenden Mitteilung der Beschwerdepunkte verhängte die Kommission schließlich 2003 eine Geldbuße gegen die *AC Treuhand* wegen einer Beteiligung am Kartell der Chemieproduzenten. Da es bis dahin keinen Präzedenzfall für die Beteiligung eines Beratungsunternehmens an einem Kartell von Produktherstellern gab, fiel die Geldbuße mit 1000 € allerdings sehr gering aus, vgl. *Europäische Kommission*, Entscheidung vom 10.12.2003, COMP/E-2/37.857- *Organische Peroxide*. Die *AC Treuhand* berief sich vor dem EuG auf eine Verletzung ihrer Verteidigungsrechte und des Rechts auf ein faires Verfahren. Sie machte geltend, die Kommission habe sie zu spät über das gegen sie eingeleitete Verfahren und die Vorwürfe informiert. Dies sei erst im Rahmen des Treffens und der kurz darauf folgenden Mitteilung der Beschwerdepunkte geschehen. Das EuG bejahte zwar eine entsprechende Informationspflicht der Kommission, konnte jedoch keine konkrete Beeinträchtigung der Verteidigungsrechte der *AC Treuhand* feststellen, so dass es den Klagegrund im Ergebnis als unbegründet zurückwies, vgl. *EuG*, Urteil vom 08.07.2008, Rs. T-99/04 – *AC Treuhand*, Rn. 59, 60.

653 Vgl. *EuG*, Urteil vom 08.07.2008, Rs. T-99/04 – *AC Treuhand*, Rn. 56, 57. Vgl. hierzu *M. Albers*, Aktuelle Entwicklungen in der Praxis des Anhörungsbeauftragten (2012), S. 32.

ternehmen im Falle einer mutmaßlichen Verletzung dieses Rechts an den Anhörungsbeauftragten wenden.[654]

Die Angaben anlässlich der Ermittlungsmaßnahmen vermitteln den betroffenen Unternehmen zu Beginn des Verfahrens eine grundlegende, wenn auch nur punktuelle Information über den von der Kommission untersuchten, möglichen Kartellverstoß und geben ihnen damit erste Anhaltspunkte über Gegenstand und Umfang des eventuell auf sie zukommenden Verfahrens an die Hand. Hierdurch wird es ihnen erst möglich, ihre Mitwirkungspflichten zu erkennen, insbesondere aber auch ihre Verteidigungsrechte im Ermittlungsverfahren auszuüben.[655] Die Ermittlungsmaßnahmen, die der Kommission in der ersten Phase des Kartellverfahrens zur Verfügung stehen, greifen zum Teil stark in die Rechte der betroffenen Unternehmen ein. Die Kommission ist daher grundsätzlich verpflichtet, ihnen Informationen zu übermitteln, anhand derer sie die Rechtmäßigkeit der von der Kommission eingeleiteten Maßnahmen überprüfen und gegebenenfalls darüber entscheiden können, ob sie gerichtlichen Rechtsschutz in Anspruch nehmen. Darüber hinaus werden die betroffenen Unternehmen in die Lage versetzt, möglichst zeitnah Entlastungsbeweise sammeln und somit auch im weiteren Verfahrensverlauf ihre Verteidigungsrechte effektiv wahrnehmen zu können.[656]

2. Kontakte zwischen der Kommission und den betroffenen Unternehmen

Sobald die betroffenen Unternehmen Kenntnis von der Aufnahme der Ermittlungen erlangt haben, besteht für sie ein erhebliches Interesse, über deren Stand und den weiteren Verlauf des Verfahrens informiert zu werden und gegebenenfalls eine abweichende Sicht auf den zugrunde liegenden Sachverhalt darlegen zu können. Gleichzeitig ist es auch im Interesse der Kommission, möglichst frühzeitig Informationen zum Sachverhalt zu erhalten, etwa um ihre Ermittlungen von Beginn an in die richtige Richtung zu lenken und auf diese Weise Ressourcen zu schonen. Ein Informationsfluss zwischen betroffenen Unternehmen und der Kommission wäh-

---

654   Art. 4 Abs. 2 lit. d) Mandat 2011; vgl. hierzu auch *Best Practices*, Rn. 15.
655   Vgl. für den Fall einer Nachprüfung *T. T. Hennig*, Art. 20 VO 1/2003, in: Immenga/Mestmäcker u.a. (Hrsg.), Wettbewerbsrecht, Band 1 (2019), Rn. 20.
656   Vgl. *EuG*, Urteil vom 08.07.2008, Rs. T-99/04 – *AC Treuhand*, Rn. 51 f.

rend der Ermittlungsphase kann daher grundsätzlich für beide Seiten von Vorteil sein.

Weder die VO 1/2003 noch die VO 773/2004 enthalten Vorschriften, die die Kommunikation zwischen Kommission und betroffenen Unternehmen während der Ermittlungsphase betreffen. Regelungen hierzu finden sich jedoch in den *Best Practices* der Kommission aus dem Jahr 2011.[657] Danach ist die Kommission auch in der Ermittlungsphase ausdrücklich bestrebt, *„den Parteien des Verfahrens unter Berücksichtigung des Verfahrensstandes von sich aus oder auf Antrag reichlich Gelegenheit für offene und freimütige Gespräche und zur Äußerung ihres Standpunkts zu bieten."*[658] Die *Best Practices* sehen verschiedene Möglichkeiten zur Kontaktaufnahme und zum Informationsaustausch während der Ermittlungsphase vor, die im Folgenden untersucht werden sollen.

a) Informelle Kontakte zur Kommission

Unternehmen, die Adressaten eines Auskunftsverlangen sind oder bei denen Durchsuchungen durchgeführt wurden, können sich nach den *Best Practices* grundsätzlich jederzeit, auch bereits vor dem Beschluss zur Einleitung eines Verfahrens, an die Kommission wenden, um sich über den Stand der Untersuchung zu erkundigen.[659] Nähere Angaben hierzu enthalten die *Best Practices* nicht; welche Informationen die Kommission einem Unternehmen auf seine Nachfrage hin mitteilt, steht in ihrem Ermessen. Da nach der Rechtsprechung ein Anspruch auf Unterrichtung über etwaige Zwischenergebnisse der Kommission vor Zugang der Mitteilung der Beschwerdepunkte nicht besteht,[660] ist dies ein – wenn auch nur sehr vager – Hinweis auf Bestrebungen nach mehr Transparenz. Darüber hinaus soll den betroffenen Unternehmen und dem Beschwerdeführer nach den *Best Practices* auf Verlangen normalerweise auch die Gelegenheit gegeben werden, den Fall mit einem hochrangigen Beamten der Kommission, etwa dem Generaldirektor der Generaldirektion Wettbewerb oder gegebenenfalls mit dem Wettbewerbskommissar selbst, zu besprechen.[661] Genauere

---

657 Vgl. zu den *Best Practices* bereits Teil 2/ A.II.2.
658 *Best Practices*, Rn. 60.
659 Vgl. *Best Practices*, Rn. 15.
660 Vgl. einen Anspruch auf Auskunft ablehnend *EuG*, Urteil vom 08.07.2004, Rs. T-50/00 - *Dalmine*, Rn. 110.
661 Vgl. *Best Practices*, Rn. 70.

Angaben zu Voraussetzungen, Zeitpunkt und Inhalt der Treffen enthalten die *Best Practices* jedoch nicht.

Darüber hinaus sind auch weitere informelle Kontakte zwischen der Kommission und den betroffenen Unternehmen während des Ermittlungsverfahrens möglich. Die *Best Practices* stellen ausdrücklich klar, dass unabhängig von etwaigen Treffen zum Verfahrensstand auch informelle Gespräche über Sachfragen oder den weiteren zeitlichen Ablauf eines Verfahrens geführt werden können.[662] Die Kommunikation mit den betroffenen Unternehmen scheint dabei vorrangig ein Mittel zu sein, mit dessen Hilfe die Kommission im Verfahrensverlauf auftretende organisatorische oder sonstige Fragen flexibel, informell und zügig klären kann, und ergänzt damit die sonstigen Informationsmöglichkeiten der Kommission. Damit dient die Kommunikation insbesondere einer effektiven Verfahrensführung.

b) Treffen zum Verfahrensstand

Neben den informellen Kontakten können auch sog. Treffen zum Verfahrensstand (*state of play meetings*) zwischen Vertretern der betroffenen Unternehmen und den für die Fallbearbeitung zuständigen Kommissionsbeamten stattfinden. Solche Treffen sind zwar insbesondere in Fällen eines mutmaßlichen Missbrauchs einer marktbeherrschenden Stellung bereits seit längerem möglich;[663] sie wurden jedoch nur selten von der Kommission tatsächlich angeboten.[664] In den *Best Practices* wird nun die Möglichkeit, derartige Treffen durchzuführen, erstmals ausdrücklich bestätigt[665] und als üblicherweise einzuhaltender Verfahrensschritt eingeführt. Als Vorbild diente hierbei neben dem Beihilfeverfahren insbesondere das Fusionskontrollverfahren, in dessen Rahmen solche Treffen von der Kommission bereits seit 2004 angeboten werden.[666]

---

662 Vgl. *Best Practices*, Rn. 66.
663 *A. MacGregor/B. Gecic*, Due Process in EU Competition Cases Following the Introduction of the New Best Practices Guidelines on Antitrust Proceedings, J.E.C.L.P. 2012, S. 425 ff., S. 434.
664 *U. Soltész* (Fn. 469), S. 81.
665 Vgl. *U. Soltész* (Fn. 469), S. 81.
666 Vgl. *U. Soltész* (Fn. 469), S. 81; *M. Albers* (Fn. 653), S. 1. Nach den „*Best Practices on the conduct of EC merger control proceedings*" der Europäischen Kommission vom 20.01.2004 (Rn. 30 ff.) bietet die Kommission im Fusionskontrollverfahren freiwillige Treffen zum Verfahrensstand an wesentlichen Punkten im Verfahren

aa) Treffen zwischen der Kommission und betroffenen Unternehmen

Treffen zum Verfahrensstand können von der Kommission auf eigene Initiative oder auf Antrag eines betroffenen Unternehmens angeboten werden. Gegenstand der Treffen können neben einer aktuellen Beurteilung des Sachverhalts zum Zeitpunkt des Treffens auch Informationen zum weiteren Verlauf des Verfahrens und zu den nächsten Verfahrensschritten sein. In welcher Form die Treffen stattfinden, ist nicht festgelegt. Sie können als Meeting in den Räumlichkeiten der Kommission stattfinden oder etwa im Rahmen eines Telefonates oder einer Videokonferenz abgehalten werden.[667] Die Treffen zum Verfahrensstand finden auf freiwilliger Basis statt. Den betroffenen Unternehmen steht es frei, ob sie die Gelegenheit zum Gespräch mit der Kommission wahrnehmen.[668]

Treffen zum Verfahrensstand sollen nach den *Best Practices* zu wichtigen Zeitpunkten im Verfahren stattfinden.[669] Das erste Treffen ist dabei noch in der Ermittlungsphase kurz nach der Verfahrenseinleitung vorgesehen.[670] In seinem Rahmen unterrichtet die Kommission die betroffenen Unternehmen zum aktuellen Sachstand und gibt auch einen Ausblick auf den voraussichtlichen Umfang der Untersuchung. Das Treffen soll den betroffenen Unternehmen die Möglichkeit geben, in einem frühen Verfahrensstadium zu dem von der Kommission bislang ermittelten Sachverhalt Stellung zu nehmen und sich erstmals zu möglichen Vorwürfen zu äußern. Zudem teilt die Kommission den betroffenen Unternehmen bei diesem Treffen in der Regel einen provisorischen Zeitplan für den weiteren Verlauf des Verfahrens mit.[671] Ein zweites Treffen ist nach den *Best Practices* zwischen der Verfahrenseinleitung und der Versendung der Mitteilung der Beschwerdepunkte vorgesehen, wenn sich die Ermittlungen in einem weiter fortgeschrittenen Stadium befinden. In Rahmen des zweiten Treffens sollen die betroffenen Unternehmen von der Kommission eine

---

an. Die „*Best Practices on the conduct of EC merger control proceedings*" sind in englischer Sprache auf der Website der Generaldirektion Wettbewerb abrufbar unter: http://ec.europa.eu/competition/mergers/legislation/proceedings.pdf (zuletzt besucht am 05.08.2020).

667 Vgl. *Best Practices*, Rn. 42 und 62.
668 Vgl. *Best Practices*, Rn. 61.
669 Vgl. *A.-H. Bischke/S. Brack*, EU Kommission reformiert Kartellverfahren - neue Best Practices und Stärkung des Anhörungsbeauftragten, NZG 2011, S. 1261, S. 1261.
670 Vgl. *Best Practices*, Rn. 63.
671 Vgl. *Best Practices*, Rn. 63.

vorläufige Beurteilung des aktuellen Verfahrensstandes erhalten. Die Kommission kann in diesem Zusammenhang ihre aktuelle Auffassung zu den wettbewerbsrechtlichen Problemen des Falles erläutern und gegebenenfalls relevante Fragen und Fakten mit den betroffenen Unternehmen klären.[672]

Mit den Treffen zum Verfahrensstand in der Ermittlungsphase strebt die Kommission ausdrücklich an, die Qualität und Effizienz des Entscheidungsprozesses zu steigern und ein größeres Maß an Transparenz und Kommunikation zwischen den mit dem Fall betrauten Beamten und den betroffenen Unternehmen zu erreichen, indem sie die betroffenen Unternehmen in wichtigen Verfahrensstadien über den weiteren Fortgang des Verfahrens informiert.[673] Den betroffenen Unternehmen bietet sich im Rahmen der Treffen die Chance, sich über den Stand der Ermittlungen informieren zu lassen und der Kommission ihre Sichtweise näher zu bringen.[674]

Die Treffen können insofern dazu beitragen, dass die Kommission ihre rechtliche Würdigung in der Mitteilung der Beschwerdepunkte nicht auf einen Sachverhalt stützt, zu dem sich die betroffenen Unternehmen zuvor nicht äußern konnten. Für die betroffenen Unternehmen ist es von wesentlicher Bedeutung, zumindest einen gewissen Einfluss darauf ausüben zu können, dass die zugrunde liegenden Tatsachen bereits in der Mitteilung der Beschwerdepunkte umfassend ermittelt und zutreffend dargestellt werden.[675] Zudem ermöglicht ihnen eine frühzeitige Kenntnis der von der Kommission geprüften kartellrechtlichen Vorwürfe, ihre Verteidi-

---

672 Vgl. *Best Practices*, Rn. 63. Außerhalb des Ermittlungsverfahrens können die betroffenen Unternehmen zudem nach Erwiderung auf eine ihnen zugesandte Mitteilung der Beschwerdepunkte oder gegebenenfalls auch nach der mündlichen Anhörung erneut ein Treffen beantragen, in dessen Rahmen die Kommission ihnen ihre vorläufige rechtliche Bewertung und den weiteren Verfahrensablauf schildert, vgl. *Best Practices*, Rn. 64.

673 Vgl. *Best Practices*, Rn. 61.

674 Vgl. *M. Glader*, Best Practices in Article 101 and 102 Proceedings: Some Suggestions for Improved Transparency, The CPI Antitrust Journal 2010, S. 1 ff., S. 3.

675 Vgl. zur Bedeutung frühzeitiger Kommunikationsmöglichkeiten etwa *Clifford Chance*, Comments on the European Commission's guidance on (I) Best Practices for the Submission of Economic Evidence (II) Best Practices in Antitrust Proceedings and (III) Guidance on Procedures of the Hearing Officer (2010), Rn. 3.3 und Rn. 3.19.1. Darin wird darauf verwiesen, dass die Kommission sich zum Zeitpunkt der Zustellung der Mitteilung der Beschwerdepunkte oftmals bereits ein (wenn auch vorläufiges) Bild der Verstöße gemacht habe, die sie verfolgen wolle, und nicht mehr hinreichend offen für entlastende Beweise sei.

gung auf den weiteren Verfahrensverlauf anzupassen und möglicherweise strittige Aspekte von vornherein herauszuarbeiten. Für die Kommission ergibt sich umgekehrt die Gelegenheit, frühzeitig zusätzliche Informationen über den zugrunde liegenden Sachverhalt zu erhalten und hierdurch gegebenenfalls Zeit- und Ermittlungsaufwand zu sparen.

Das Angebot von Treffen zum Verfahrensstand fördert die Kommunikation zwischen Kommission und Unternehmen und ist daher im Sinne einer Steigerung der Verfahrenstransparenz grundsätzlich positiv zu bewerten.[676] In Bezug auf bestimmte Regelungen lassen sich jedoch auch Kritikpunkte ausmachen, die im Folgenden untersucht werden.

i. Zeitpunkt der Treffen

Im Rahmen der öffentlichen Konsultationen der Kommission vor Erlass der *Best Practices* wurde insbesondere kritisiert, dass der für das erste Treffen gewählte Zeitpunkt nach der Verfahrenseinleitung zu spät liege. In der Praxis falle die offizielle Verfahrenseinleitung häufig mit der Übersendung der Mitteilung der Beschwerdepunkte zusammen. Auch wenn die Mitteilung der Beschwerdepunkte nur eine vorläufige Sachverhaltsschilderung enthalte, stehe der Sachverhalt zumindest aus Sicht der Kommission bei Übersendung der Mitteilung der Beschwerdepunkte in der Regel bereits weitgehend fest.[677] Diese Kritik gründet insbesondere auf der früheren Praxis der Kommission, ein Verfahren erst dann einzuleiten, wenn die Ermittlungen schon sehr weit fortgeschritten waren. Hierauf hat die Kommission jedoch inzwischen reagiert und strebt nun grundsätzlich eine frühere Verfahrenseinleitung unmittelbar nach Abschluss der Erstprüfungsphase an.[678] Den *Best Practices* liegt daher das Verständnis zugrunde, dass zwi-

---

676 Vgl. etwa auch *Bundesverband der deutschen Industrie e.V./Deutscher Industrie- und Handelskammertag*, Stellungnahme zur Konsultation der Europäischen Kommission zu mehr Transparenz und Vorhersehbarkeit in Kartelluntersuchungen (2010), S. 2, die die Ankündigung in den *Best Practices*, zukünftig Treffen zum Verfahrensstand durchzuführen, als *„deutliche Verbesserung der Transparenz des Verfahrens und der Kommunikation mit den Unternehmen"* bewerten.

677 Vgl. *Clifford Chance* (Fn. 675), Rn. 3.19.1, die darauf hinweisen, dass in Fusionskontrollverfahren vor Versendung der Mitteilung der Beschwerdepunkte sogar drei Treffen zum Verfahrensstand vorgesehen sind.

678 Vgl. *A. MacGregor/B. Gecic* (Fn. 663), S. 433.

schen Verfahrenseinleitung und der Übersendung der Mitteilung der Beschwerdepunkte grundsätzlich ein gewisser Zeitraum liegt.[679]

Sofern Verfahrenseinleitung und Übersendung der Beschwerdepunkte in der Praxis dennoch zusammenfallen, erscheint die Kritik berechtigt, da ein erstes Treffen erst nach Erhalt der Mitteilung der Beschwerdepunkte zu spät im Verfahrensverlauf angesiedelt ist. Ein möglichst frühzeitiges Treffen zu einem Zeitpunkt, an dem die Kommission noch keinen gefestigten Eindruck von dem zugrunde liegenden Sachverhalt und der Berechtigung der daraufhin erhobenen Vorwürfe hat, erscheint sinnvoll, weil die Kommission anderenfalls die gewonnenen Informationen nicht mehr in ihre Meinungsbildung in der Ermittlungsphase einfließen lassen kann. Vorläufige Einschätzungen der ermittelnden Beamten können sich zu diesem Zeitpunkt bereits unbewusst gefestigt haben, da sie nicht bereits durch einen frühzeitigen Kontakt mit den betroffenen Unternehmen auf eine Probe gestellt wurden. Ein frühzeitiger Informationsaustausch vor dem Entwurf der Mitteilung der Beschwerdepunkte trägt daher dazu bei, das Kartellverfahren transparenter, fairer und wirksamer zu gestalten, da der Austausch dazu führt, dass die Kommission bereits von Beginn an die Stichhaltigkeit ihrer Argumente überprüfen kann. Zudem würde dem – wenn auch möglicherweise unberechtigten – späteren Verdacht einer „*confirmation bias*" auf diese Weise bereits von vornherein begegnet und so gegebenenfalls die Akzeptanz des weiteren Entscheidungsprozesses gestärkt.

ii. Kein Rechtsanspruch auf Treffen zum Verfahrensstand

Die *Best Practices* sind als Bekanntmachung der Kommission nicht verbindlich, sondern dem Bereich des *soft law* zuzuordnen. Ein Anspruch auf Befolgung der in den *Best Practices* erläuterten Verfahrensschritte durch die Kommission steht den betroffenen Unternehmen daher nicht zu. Dementsprechend können betroffene Unternehmen die Kommission nicht dazu verpflichten, ein Treffen zum Verfahrensstand anzubieten. Darüber hinaus hat sich die Kommission in den *Best Practices* explizit vorbehalten, jederzeit von den dort festgehaltenen Vorgehensweisen abzuweichen, wenn die

---

679 Dies ergibt sich im Umkehrschluss daraus, dass die *Best Practices* ausdrücklich darauf hinweisen, dass in Kartellsachen die Verfahrenseinleitung und die Annahme der Mitteilung der Beschwerdepunkte in der Regel gleichzeitig erfolgen, vgl. *Best Practices*, Rn. 24.

Umstände des Einzelfalles dies aus ihrer Sicht erfordern.[680] Im Interesse einer größeren Transparenz in Bezug auf den zu erwartenden Verfahrensverlauf und zur Stärkung der Kommunikation zwischen der Kommission und den betroffenen Unternehmen erscheint es daher überlegenswert, betroffenen Unternehmen einen Rechtsanspruch auf ein Treffen zum Verfahrensstand einzuräumen.

Gegen die Einräumung eines solchen Rechtsanspruchs spricht zunächst die Wahrung einer flexiblen Verfahrensgestaltung zugunsten der Kommission. Allerdings besteht in diesem Fall bei den betroffenen Unternehmen so weiterhin Unsicherheit darüber, ob und wann die Kommission ein Treffen zum Verfahrensstand anbieten wird. Denkbar im Sinne einer größeren Transparenz wäre es daher, die Kommission grundsätzlich dazu zu verpflichten, zu einem Treffen zum Verfahrensstand einzuladen, so dass sie nur bei Vorliegen bestimmter, festgelegter Ausnahmetatbestände, wie z.B. einer drohenden Gefährdung der Untersuchungen, hiervon absehen könnte. Ein solch umgekehrtes Regel-Ausnahme-Verhältnis würde eine flexible Verfahrensgestaltung weiterhin zulassen und gleichzeitig dem Informationsbedürfnis der betroffenen Unternehmen durch Gewährung eines Anspruchs auf Durchführung eines Treffens zum Verfahrensstand einen größeren Stellenwert einräumen.

iii. Kein Treffen zum Verfahrensstand in Kartellsachen

Für Verfahren, in denen die Kommission Kartellabsprachen im Sinne der Kronzeugenregelung untersucht, gelten nach den *Best Practices* zum Teil gesonderte Regeln.[681] Hierzu zählen alle Verfahren, die den Nachweis geheimer, kartellrechtswidriger Absprachen oder abgestimmter Verhaltensweisen zwischen Wettbewerbern zwecks Abstimmung ihres Verhaltens im Markt wie beispielsweise Preisabsprachen, Kunden- oder Gebietsaufteilungen betreffen.[682] Die Kommission bietet den betroffenen Unternehmen in diesen Verfahren Treffen zum Verfahrensstand erst nach der mündlichen Anhörung an, so dass keine Treffen zum Verfahrensstand während der Ermittlungsphase stattfinden.[683]

---

680 Vgl. *Best Practices*, Rn. 6.
681 Vgl. *Best Practices*, Rn. 4.
682 Vgl. näher Kronzeugenregelung, Rn. 1.
683 Vgl. *Best Practices*, Rn. 65.

Die Kommission begründet dies in den *Best Practices* damit, dass auf diese Weise negative Auswirkungen auf Kronzeugenanträge und Vergleichsverfahren vermieden werden sollen.[684] Zwingende Gründe, warum Treffen zum Verfahrensstand in Kartellsachen erst erheblich später als in anderen Fällen angeboten werden, sind jedoch nicht ersichtlich.[685] Zwar kann der Sachverhalt in Fällen, in denen es etwa um den möglichen Missbrauch einer marktbeherrschenden Stellung geht, besonders umfangreich sein oder komplizierte ökonomische Aspekte beinhalten, so dass Gespräche hier von besonderem Wert sein können. Jedoch kann auch in rechtlich eventuell einfacher gelagerten Kartellsachen eine frühzeitige Kommunikation zwischen der Kommission und den Unternehmen, gegen die die Kommission wegen der Beteiligung an einem Kartell ermittelt, sinnvoll sein. So kann die Kommission mögliche Argumente, die die Unternehmen zu ihrer Verteidigung vorbringen, in einem früheren Verfahrensstadium zur Kenntnis nehmen und hierdurch ihre Ermittlungen entsprechend anpassen.

Eine größere Transparenz kann möglicherweise die Akzeptanz der Entscheidung gerade in Verfahren, die Kartellabsprachen betreffen, fördern, andererseits aber auch eine wirksame Kartellverfolgung beeinträchtigen. Im Interesse einer wirksamen Kartellverfolgung sollte es daher grundsätzlich im Ermessen der Kommission stehen, ein Treffen zum Verfahrensstand anzubieten und dieses so durchzuführen, dass laufende Ermittlungen nicht durch zu frühzeitig bekannt gewordene Informationen gefährdet werden. Es wäre aber im Sinne einer Steigerung der Transparenz zu begrüßen, wenn im Rahmen einer Abwägung zumindest überlegt würde, ob nicht eine frühzeitige Möglichkeit zur Stellungnahme bei der Ermittlung der für die Mitteilung der Beschwerdepunkte relevanten Fakten sinnvoll erscheint. Gerade in Fällen, die mit der Verhängung eines hohen Bußgelds abgeschlossen werden können, könnte einer Bußgeldentscheidung der Kommission durch eine transparentere Gestaltung der Ermittlungsphase auf diese Weise zusätzliche Legitimation verliehen werden. Treffen zum Verfahrensstand vor dem Versand der Mitteilung der Beschwerdepunkte sollten deshalb auch in Kartellsachen jedenfalls nicht von vornherein ausgeschlossen werden.

---

684 Vgl. *Best Practices*, Rn. 4.
685 Vgl. *Clifford Chance* (Fn. 675), Rn. 3.18.

bb) Treffen unter Beteiligung Dritter

Treffen zum Verfahrensstand werden grundsätzlich nur für die betroffenen Unternehmen, in der Regel aber nicht für Beschwerdeführer oder andere Dritte angeboten.[686] Die Kommission kann sich jedoch in Ausnahmefällen dazu entscheiden, neben den bilateralen Treffen zum Verfahrensstand zusammen mit den betroffenen Unternehmen auch Beschwerdeführer und/oder Dritte im Rahmen von sog. Dreiertreffen (*„triangular meetings"*) einzuladen. Dreiertreffen finden in der Regel auf Initiative der Kommission statt, die Teilnahme ist für alle Eingeladenen freiwillig.[687]

Dreiertreffen stellen nach den *Best Practices* ausdrücklich keinen Ersatz für eine förmliche mündliche Anhörung dar.[688] Anders als bei der mündlichen Anhörung, auf deren Durchführung betroffene Unternehmen einen Anspruch haben,[689] steht es vielmehr allein im Ermessen der Kommission, zu einem Dreiertreffen einzuladen. Die Kommission zieht Dreiertreffen insbesondere dann in Betracht, wenn ihr in Bezug auf zentrale Beweise oder Daten widersprüchliche Angaben vorliegen und sie sich die Standpunkte aller Eingeladenen im Rahmen eines gemeinsamen Treffens erläutern lassen möchte, um sie besser auf ihre Richtigkeit und Vollständigkeit überprüfen zu können.[690]

Da die Dreiertreffen in erster Linie der Informationsgewinnung der Kommission dienen, ist es von Vorteil, sie grundsätzlich zu einem frühen Zeitpunkt im Verfahren stattfinden zu lassen. Die *Best Practices* sehen dementsprechend vor, dass Dreiertreffen in der Regel vor dem Versand der Mitteilung der Beschwerdepunkte anberaumt werden, damit die Kommission ihre Schlussfolgerungen in Bezug auf die entscheidenden Sachverhaltsfragen ziehen kann, bevor sie darüber beschließt, ob sie eine Mitteilung der Beschwerdepunkte verschickt.[691] Dreiertreffen können somit ein wirksames Mittel zur Informationsgewinnung für alle Beteiligten sowie insbesondere für eine effektive Verfahrensführung der Kommission sein.

---

686 Vgl. *Best Practices*, Rn. 61. Der Beschwerdeführer kann hiernach nur dann ein Treffen zum Verfahrensstand beantragen, wenn die Kommission beabsichtigt, eine Beschwerde förmlich nach Art. 7 Abs. 1 S. 1 VO 773/2004 zurückzuweisen.

687 Vgl. *Best Practices*, Rn. 68.

688 Vgl. *Best Practices*, Rn. 68.

689 Vgl. zur mündlichen Anhörung Teil 2/ D.II.2.b).

690 Vgl. *Best Practices*, Rn. 67.

691 Vgl. *Best Practices*, Rn. 69.

3. Einsicht in Akten und Unterlagen

Transparenz kann in besonderem Maße auch durch die Einsicht in die im Besitz der Kommission befindlichen Unterlagen hergestellt werden. Wie im Folgenden gezeigt wird, bestehen hierzu in der Ermittlungsphase jedoch lediglich eingeschränkte Möglichkeiten.

a) Ausschluss der Akteneinsicht in der Ermittlungsphase

Während der Ermittlungsphase ist eine Einsicht in die Verfahrensakte der Kommission ausgeschlossen, so dass betroffene Unternehmen ein Recht auf Akteneinsicht erst nach Übermittlung der Beschwerdepunkte im zweiten Verfahrensabschnitt geltend machen können.[692] Hintergrund dieser Einschränkung ist nach der Rechtsprechung eine andernfalls drohende Gefährdung der Ermittlungen.[693] Diese Befürchtung erscheint auch berechtigt. Würde einem Unternehmen, dessen Verhalten Gegenstand von Ermittlungsmaßnahmen ist, ein Anspruch auf Einblick in die bisherigen Untersuchungsergebnisse zustehen, bestünde die Gefahr, dass die weiteren Untersuchungen beeinträchtigt werden könnten.[694] In diesem Fall würde das betroffene Unternehmen Kenntnis darüber erlangen, welche Informationen der Kommission bereits bekannt sind und damit im Umkehrschluss auch, welche belastenden Informationen gegebenenfalls noch vor der Kommission verborgen werden können.[695]

Dennoch wird teilweise gefordert, Unternehmen zumindest in ökonomisch und rechtlich komplexen Verfahren, insbesondere in Fällen des mutmaßlichen Missbrauchs einer marktbeherrschenden Stellung, bereits während der Ermittlungsphase Einblick in die Verfahrensakte zu gewähren. Dies hätte den Vorteil, dass sich die betroffenen Unternehmen durch eine frühzeitige Akteneinsicht auf konstruktive Art einbringen, das vorliegende Beweismaterial prüfen und mit der Kommission die relevanten öko-

---

692 Vgl. Art. 15 Abs. 1 S. 2 VO 773/2004. Kritisch unter Verweis auf anderweitige Regelungen in einigen mitgliedstaatlichen Kartellverfahrensordnungen *J. R. Calzado/G. de Stefano*, Rights of Defence in Cartel Proceedings: Some Ideas for Manageable Improvements, in: Cardonnel/Rosas/Wahl (Hrsg.), Constitutionalising the EU judicial System: Essays in Honour of Pernilla Lindh (2012), 423, S. 430.

693 Vgl. *EuG*, Urteil vom 08.07.2008, Rs. T-99/04 – *AC Treuhand*, Rn. 48.

694 Vgl. *EuG*, Urteil vom 08.07.2004, Rs. T-55/00 - *Dalmine*, Rn. 110.

695 Vgl. *EuG*, Urteil vom 08.07.2008, Rs. T-99/04 – *AC Treuhand*, Rn. 48.

nomische Theorien und rechtlichen Bewertungen erörtern könnten. Hierdurch würde die Qualität des Verfahrensergebnisses verbessert, da Fehler leichter korrigiert werden könnten und die Kommission gegebenenfalls den Fokus ihrer Untersuchungen neu ausrichten könnte.[696] Vorgeschlagen wird als milderes Mittel gegenüber einem vollständigen Ausschluss des Akteneinsichtsrechts in der Ermittlungsphase auch ein eingeschränktes Akteneinsichtsrecht, von dem nur diejenigen Dokumente auszunehmen wären, deren Bekanntwerden den weiteren Gang der Untersuchung beeinträchtigen könnten.[697]

Nach hier vertretener Auffassung ist jedoch auch ein solches eingeschränktes Akteneinsichtsrecht im Ergebnis abzulehnen. Während der Ermittlungsphase ist die Gefahr der Beweisvereitelung besonders hoch, so dass während dieser Zeit dem Ermittlungsinteresse der Kommission der Vorzug einzuräumen ist. Die Gewährung einer eingeschränkten Akteneinsicht würde erhebliche Abgrenzungsschwierigkeiten in Bezug auf die Reichweite eines solchen Rechts aufwerfen und bereits in der Ermittlungsphase einen nicht unerheblichen Verwaltungsaufwand verursachen. Zudem kann dem berechtigten Interesse von Unternehmen an einer konstruktiven Begleitung eines Verfahrens auch durch die Durchführung von regelmäßigen Treffen zum Verfahrensstand sowie die Möglichkeit zur Einsicht in die Hauptunterlagen eines Falles angemessen Rechnung getragen werden.

b) Möglichkeit zur Einsicht in die Hauptunterlagen

Nach den *Best Practices* gibt die Kommission den betroffenen Unternehmen *„im Sinne eines offenen Meinungsaustausches"* frühzeitig, spätestens jedoch nach Verfahrenseinleitung, Gelegenheit zur Einsicht in eine nicht-vertrauliche Fassung der eingegangenen Beschwerde sowie zur Abgabe

---

696 Vgl. *J. Killick/A. Dawes*, DG COMP and the Hearing Officers Publish Detailed Explanations on How they Conduct Antitrust (and certain aspects of merger) Proceedings, J.E.C.L.P. 2010, S. 211 ff., S. 213.

697 Vgl. unter Hinweis auf Regelungen im schwedischen Kartellverfahrensrecht, das einen eingeschränkten Zugang zu den Verfahrensakten bereits während der Ermittlungsphase erlaubt, sofern hierdurch nicht die Ermittlungen gefährdet werden, *M. Glader* (Fn. 674), S. 4.

einer entsprechenden Stellungnahme.[698] Darüber hinaus können betroffene Unternehmen nach der Verfahrenseinleitung auch Gelegenheit zur Prüfung weiterer Hauptunterlagen erhalten,[699] zu denen beispielsweise die der Kommission vorgelegten ökonomischen Studien zählen. Die betroffenen Unternehmen sollen auf diese Weise in die Lage versetzt werden, die gegen sie erhobenen Vorwürfe besser nachvollziehen zu können.[700]

Die Kommission erhofft sich hiervon, dass die betroffenen Unternehmen ihr insbesondere durch eine frühzeitige Einsichtnahme in die Beschwerde Informationen zur Verfügung stellen, die die wettbewerbliche Bewertung des Falles erleichtern.[701] Die Möglichkeit, bereits während der Ermittlungsphase solche Fallunterlagen einzusehen, führt daher zu einer transparenteren und wirksameren Verfahrensführung, da sie den betroffenen Unternehmen erlaubt, sich bereits in einem frühen Verfahrensstadium aktiv und informiert am Verfahren zu beteiligen.[702] Die Einsicht in die Hauptunterlagen trägt außerdem dazu bei, das mangels Akteneinsicht bestehende Informationsgefälle in der Ermittlungsphase abzumildern, die betroffenen Unternehmen in das Verfahren einzubeziehen und es ihnen zu ermöglichen, bereits vor Erlass der Mitteilung der Beschwerdepunkte Stellung zu den wesentlichen Vorwürfen zu nehmen.

In Verfahren, die Kartellabsprachen im Sinne der Kronzeugenregelung betreffen, schließen die *Best Practices* eine Prüfung der Hauptunterlagen hingegen aus.[703] Dies erscheint gerechtfertigt, da auf diese Weise Beschwerdeführer oder Kronzeugen wirksam vor einer eventuell unerwünschten Offenlegung ihrer Identität sowie vor etwaigen Vergeltungsmaßnahmen betroffener Unternehmen geschützt werden können und mutmaßliche Kartellteilnehmer vor Abschluss der Ermittlungen keine Informationen erhalten, die die Ermittlungen gefährden könnten.

---

698 Vgl. *Best Practices*, Rn. 71. Etwas anderes gilt nur dann, wenn die Kommission die Beschwerde ohne nähere Prüfung wegen eines fehlenden Unionsinteresses bereits zurückgewiesen hat, vgl. *Best Practices*, Rn. 71.
699 Vgl. *Best Practices*, Rn. 73.
700 Vgl. *A.-H. Bischke/S. Brack* (Fn. 669), S. 1261.
701 Vgl. *Best Practices*, Rn. 72.
702 Vgl. *M. Glader* (Fn. 674), S. 3.
703 Vgl. *Best Practices*, Rn. 74.

4. Information über Einleitung oder Einstellung eines Verfahrens

Die Kommission ist verpflichtet, die betroffenen Unternehmen von einer Verfahrenseinleitung in Kenntnis zu setzen, bevor sie diese öffentlich bekanntgibt.[704] Der den Unternehmen in diesem Zusammenhang übermittelte Beschluss zur Verfahrenseinleitung enthält eine Auflistung der am Verfahren beteiligten Parteien sowie eine kurze Darstellung des Verfahrensgegenstandes.[705] Durch die Pflicht zur vorherigen Unterrichtung der betroffenen Unternehmen wird sichergestellt, dass die Parteien von dem gegen sie gerichteten Verfahren nicht zum ersten Mal sprichwörtlich „aus der Zeitung" erfahren.[706] Die Parteien sollen durch eine rechtzeitige Mitteilung zudem die Möglichkeit erhalten, vor Bekanntwerden der Verfahrenseinleitung selbst eine entsprechende Mitteilung etwa für die Presse, ihre Aktionäre oder sonstige Geschäftspartner vorzubereiten.[707]

Eine Pflicht der Kommission, die betroffenen Unternehmen im Falle der Einstellung von Ermittlungen zu unterrichten, besteht dagegen nicht. Beschließt die Kommission in der Erstprüfungsphase, den Fall nicht weiter zu verfolgen, informiert sie nach den *Best Practices* jedoch alle Adressaten von Ermittlungsmaßnahmen von Amts wegen über die Einstellung.[708] Zudem ist eine Mitteilung über die Einstellung der Ermittlungen in Fällen vorgesehen, in denen ein förmliches Verfahren gegen verschiedene Unternehmen eingeleitet wurde und dieses Verfahren später gegen eines oder mehrere der Unternehmen eingestellt wird.[709]

III. Transparenz aus Sicht der Beschwerdeführer

Ein Interesse an Informationen über Inhalt und Verlauf der Ermittlungsphase besitzen neben den betroffenen Unternehmen auch Unternehmen,

---

704 Vgl. Art. 2 Abs. 2 S. 2 VO 773/2004. Da insbesondere in Kartellsachen Verfahrenseinleitung und Mitteilung der Beschwerdepunkte in der Regel eng beieinander liegen, werden die Betroffenen dementsprechend erstmals zusammen mit der Mitteilung der Beschwerdepunkte über die Einleitung eines förmlichen Verfahrens informiert, vgl. *W. Weiß* (Fn. 146), Rn. 12; *A. Klees* (Fn. 147), § 5, Rn. 12; *Best Practices*, Rn. 24.

705 Vgl. *Best Practices*, Rn. 19.

706 Vgl. *A. Klees* (Fn. 147), § 5, Rn. 15.

707 Vgl. *Best Practices*, Rn. 21.

708 Vgl. *Best Practices*, Rn. 15 a.E.

709 Vgl. *Best Practices*, Rn. 76.

die als Beschwerdeführer an diesem teilnehmen. Im Folgenden soll daher, nachdem zunächst die Transparenz des Beschwerdeverfahrens untersucht wird, auf weitere Informationsmöglichkeiten des Beschwerdeführers in der ersten Phase des Kartellverfahrens eingegangen werden.

1. Ablauf und Transparenz des Beschwerdeverfahrens

Ziel eines Beschwerdeführers ist es, die Kommission zur Einleitung einer Untersuchung mutmaßlicher Kartellverstöße der von ihm bezeichneten Unternehmen zu veranlassen. Zu diesem Zweck kann er eine Beschwerde bei der Kommission einreichen, die dann über die Annahme oder Zurückweisung zu entscheiden hat. Der Ablauf und die Transparenz dieses Beschwerdeverfahrens aus der Perspektive des Beschwerdeführers ist Gegenstand des folgenden Abschnitts.

Der Beschwerdeführer kann bei der Kommission die Einleitung eines Verfahrens mit verschiedenen Rechtsschutzzielen ersuchen, zu denen insbesondere die Feststellung einer Zuwiderhandlung nach Art. 7 Abs. 1 VO 1/2007 und der Erlass einer Abstellungsverfügung zählen.[710] Bei der Entscheidung über den Antrag verfügt die Kommission über ein Aufgreif- und Verfolgungsermessen, so dass sie lediglich dazu verpflichtet ist, das Anliegen des Beschwerdeführers ermessensfehlerfrei zu prüfen. Die Kommission kann daher auf Grundlage ihrer Verfolgungsprioritäten entscheiden, ob sie ein Gemeinschaftsinteresse an der Verfolgung des der Beschwerde zugrunde liegenden Wettbewerbsverstoßes sieht oder ob sie dem Beschwerdeführer gegebenenfalls vorschlägt, sich an eine nationale Wettbewerbsbehörde oder ein Gericht zu wenden.[711] Der Beschwerdeführer besitzt keinen Anspruch auf die Einleitung von Untersuchungen und erst Recht keinen Anspruch auf Feststellung eines Wettbewerbsverstoßes und den Erlass einer Abstellungsverfügung durch die Kommission.[712]

Nach Eingang der Beschwerde prüft die Kommission ihre Schlüssigkeit und untersucht, ob sie Anlass zu einem begründeten Verdacht auf Vorliegen eines Wettbewerbsverstoßes gibt und den Ausgangspunkt für weitere

---

710 In Betracht kommen daneben auch die Anordnung einstweiliger Maßnahmen nach Art. 8 VO 1/2003, die Wiederaufnahme eines Verfahrens oder die Entziehung eines Rechtsvorteils aus einer Gruppenfreistellungsverordnung, vgl. *K. L. Ritter/ M.M. Wirtz* (Fn. 178), Rn. 18.

711 Vgl. Art. 7 Abs. 3 VO 773/2004; Beschwerdebekanntmachung, Rn. 57.

712 Vgl. *J. P. Heidenreich* (Fn. 183), S. 103; *EuG*, Urteil vom 12.05.2010, Rs. 432/05 – *EMC Development*, Rn. 57 f.

Ermittlungen bilden kann. Die Kommission kann sich hierfür an den Beschwerdeführer wenden, durch Rückfragen weitere Informationen einholen und ihm so Gelegenheit geben, sein Vorbringen zu ergänzen.[713] Sofern die Kommission beabsichtigt, die Beschwerde abzuweisen, ist der Beschwerdeführer durch verschiedene Rechte geschützt.

Die Zurückweisung einer Beschwerde ist eine für den Beschwerdeführer belastende Entscheidung.[714] Sofern die Kommission nach Prüfung der Beschwerde keine hinreichenden Gründe für die Aufnahme von Ermittlungen sieht und daher beabsichtigt, die Beschwerde nach Art. 7 Abs. 2 VO 773/2004 zurückzuweisen, teilt sie dies dem Beschwerdeführer vorab und unter Angabe ihrer Gründe mit.[715] Hierbei muss die Kommission nicht zu allen Argumenten des Beschwerdeführers Stellung nehmen; es genügt, wenn sie die tatsächlichen und rechtlichen Erwägungen erläutert, die für ihre Entscheidung maßgeblich sind und die sie veranlassen, die Beschwerde zurückzuweisen.[716] Nach eigener Aussage ist die Kommission bestrebt, dem Beschwerdeführer grundsätzlich innerhalb von vier Monaten mitzuteilen, wie sie mit seiner Beschwerde umgehen wird.[717]

Sobald die Kommission den Beschwerdeführer darüber unterrichtet, dass sie die Zurückweisung seiner Beschwerde beabsichtigt, hat der Beschwerdeführer nach Art. 8 Abs. 1 VO 773/2004 das Recht, Einsicht in die Unterlagen zu beantragen, auf die die Kommission ihre vorläufige Einschätzung stützt.[718] In der Praxis fügt die Kommission ihrem Schreiben an den Beschwerdeführer regelmäßig eine Kopie der relevanten Unterlagen bei.[719] Der Beschwerdeführer hat ausschließlich Anspruch auf Einsicht in die für die Entscheidung der Kommission maßgebenden Unterlagen. Ein Recht auf Einsicht in die gesamte von der Kommission angelegte Verfahrensakte steht ihm dagegen nicht zu. Hierdurch wird verhindert, dass Beschwerden bei der Kommission nur mit dem Ziel eingereicht werden, Einblick in vertrauliche Unterlagen eines konkurrierenden Unternehmens zu erlangen, und die Möglichkeit zur Einlegung einer Beschwerde somit missbraucht wird. Diese Einschränkung der Transparenz erscheint aus die-

---

713 Vgl. Beschwerdebekanntmachung, Rn. 55.
714 Vgl. *K. L. Ritter/ M.M. Wirtz* (Fn. 178), Rn. 29.
715 Vgl. Beschwerdebekanntmachung, Rn. 68; Art. 7 Abs. 1 VO 773/2004.
716 Vgl. Beschwerdebekanntmachung, Rn. 75; *EuG*, Urteil vom 27.11.1997, Rs. T-224/95 – *Tremblay*, Rn. 57.
717 Vgl. *Best Practices*, Rn. 16; Beschwerdebekanntmachung, Rn. 61.
718 Geschäftsgeheimnisse oder andere vertrauliche Informationen sind hiervon ausgenommen, vgl. Vgl. Art. 8 Abs. 1 VO 773/2004.
719 Vgl. Beschwerdebekanntmachung, Rn. 69.

sem Grund zum Schutz der berechtigten Interessen der betroffenen Unternehmen und auch im Sinne einer wirksamen Kartellverfolgung erforderlich und angemessen.

Die Kommission setzt dem Beschwerdeführer in dem Schreiben, in dem sie ihn über die beabsichtigte Zurückweisung seiner Beschwerde informiert, eine Frist zur schriftlichen Stellungnahme. Der Beschwerdeführer hat somit die Gelegenheit, ergänzende Angaben zu machen oder seine Argumente weiter auszuführen.[720] Äußert er sich innerhalb der gesetzten Frist nicht, gilt die Beschwerde als zurückgezogen.[721] Anderenfalls prüft die Kommission, ob die Ausführungen des Beschwerdeführers Anlass dazu geben, die Beschwerde anders zu beurteilen und Ermittlungen einzuleiten. Ist dies nicht der Fall, weist die Kommission die Beschwerde zurück.[722]

Auch die Entscheidung, mit der die Kommission die Beschwerde schließlich zurückweist, muss mit einer klaren und für den Beschwerdeführer nachvollziehbaren Begründung versehen werden. Da der Beschwerdeführer die Entscheidung über die Zurückweisung einer Beschwerde vor Gericht angreifen kann,[723] hat die Begründungspflicht hier zudem den Zweck, dem Beschwerdeführer die Inanspruchnahme von Rechtsschutz zu ermöglichen. Die Begründung muss daher dem Gericht, welches der Beschwerdeführer zur Überprüfung der Zurückweisung seiner Beschwerde anruft, ermöglichen, seiner Kontrollfunktion nachzukommen und die Rechtmäßigkeit der Beschwerdezurückweisung zu überprüfen.[724] Allerdings kann es hier genügen, auf das vorherige Schreiben, mit dem die Kommission den Beschwerdeführer über ihre Absicht zur Zurückweisung unterrichtet hatte, Bezug zu nehmen.[725]

---

720 Vgl. Beschwerdebekanntmachung, Rn. 68.
721 Vgl. *K. L. Ritter/ M.M. Wirtz* (Fn. 178), Rn. 20.
722 Vgl. Art. 7 Abs. 2 VO 773/2004; Beschwerdebekanntmachung, Rn. 57.
723 Vgl. hierzu *K. L. Ritter/ M.M. Wirtz* (Fn. 178), Rn. 30. Ausführlich zu den Rechtsschutzmöglichkeiten des Beschwerdeführers *C. Nowak*, Rechtsschutz von Beschwerdeführern im Europäischen Wettbewerbsrecht, in: Behrens/Braun/Nowak (Hrsg.), Europäisches Wettbewerbsrecht nach der Reform (2006), 165, S. 172 ff.
724 Vgl. Beschwerdebekanntmachung, Rn. 75. Beschwerdezurückweisungen werden zumeist wegen unzureichender Begründung, einem zu Unrecht abgelehnten Gemeinschaftsinteresse an der Verfolgung des Wettbewerbsverstoßes oder einer zu Unrecht verneinten Zuwiderhandlung gegen die Wettbewerbsvorschriften durch die Beschwerdeführer vor Gericht angegriffen, vgl. *K. L. Ritter/ M.M. Wirtz* (Fn. 178), Rn. 30.
725 Vgl. *K. L. Ritter/ M.M. Wirtz* (Fn. 178), Rn. 29.

2. Informationsmöglichkeiten während der Ermittlungsphase

Leitet die Kommission Ermittlungen ein, besitzt der Beschwerdeführer ein Informationsinteresse hinsichtlich des Vorgehens und der von der Kommission erzielten Ermittlungsergebnisse in dem von ihm angeregten Verfahren. Diesem Interesse trägt das Kartellverfahrensrecht im Rahmen der Ermittlungsphase bislang nur in geringem Umfang Rechnung. Nach den *Best Practices* sind jedoch informelle Kontakte zwischen Beschwerdeführer und Kommission im Laufe der Ermittlungsphase möglich.[726]

Nachdem die Kommission den betroffenen Unternehmen eine nicht-vertrauliche Fassung der eingereichten Beschwerde übersendet hat, kann sie dem Beschwerdeführer im Anschluss hieran ebenfalls eine nicht-vertrauliche Fassung der Erwiderung der betroffenen Unternehmen auf seine Beschwerde zukommen lassen.[727] Auf diese Weise wird der Beschwerdeführer umgekehrt über die von den betroffenen Unternehmen vertretene Sicht und ihre Verteidigung gegen die von ihm erhobenen Vorwürfe unterrichtet. Darüber hinaus kann die Kommission den Beschwerdeführer einladen, an einem Dreiertreffen teilnehmen.[728] Ein eigenes Treffen zum Verfahrensstand, an dem nur der Beschwerdeführer und Beamte der Kommission teilnehmen, ist dagegen in den *Best Practices* nicht vorgesehen. Sofern die Kommission die Beschwerde noch in der Phase nach der förmlichen Verfahrenseinleitung zurückweisen will, kann sie jedoch ausnahmsweise zu einem solchen Treffen einladen.[729]

Ansprüche auf den Zugang zu bestimmten Informationen in der Ermittlungsphase stehen Beschwerdeführern somit nicht zu, so dass sie während dieses Verfahrensabschnittes nur wenige Informationen über die von der Kommission geführten Ermittlungen erhalten. Beschwerdeführern kommt in der Ermittlungsphase vorrangig die Rolle als Informationsgeber zu. Die Kommission kann den Beschwerdeführer dementsprechend jederzeit stärker einbinden, wenn ihr dies zur Erlangung von weiteren Informationen sinnvoll erscheint. Unter Transparenzgesichtspunkten ist dies insbesondere vor dem Hintergrund, dass der Beschwerdeführer über das Schicksal seiner Beschwerde selbst hinreichend informiert wird, angemessen. Auf diese Weise wird dem in der Ermittlungsphase vorrangigen Ziel einer zügigen Verfahrensführung Rechnung getragen und der Schutz der Geschäftsge-

---

726 Vgl. *Best Practices*, Rn. 66.
727 Vgl. *Best Practices*, Rn. 71, Fn. 51.
728 Zu Dreiertreffen siehe bereits oben Abschnitt Teil 2/ C.II.2.b)bb).
729 Vgl. *Best Practices*, Rn. 61.

heimnisse der betroffenen Unternehmen gewährleistet, ohne die Interessen des Beschwerdeführers unverhältnismäßig stark einzuschränken.

IV. Information der Öffentlichkeit im Ermittlungsverfahren

Pflichten der Kommission, bestimmte Informationen in der Ermittlungsphase zu veröffentlichen, sind in der VO 1/2003 und der VO 773/2004 nicht vorgesehen. Trotzdem bestehen verschiedene Möglichkeiten zur Information der Öffentlichkeit.

1. Einleitung und Einstellung von Verfahren

Die Kommission ist berechtigt, Informationen zu einem Verfahren zu veröffentlichen, sofern es sich hierbei nicht um Geschäftsgeheimnisse handelt.[730] Die Kommission kann daher beispielsweise anlässlich der Einleitung von Ermittlungsmaßnahmen eine Pressemitteilung herausgeben.[731]

Art. 2 Abs. 2 S. 1 VO 773/2004 erlaubt es der Kommission zudem ausdrücklich, die förmliche Einleitung eines Verfahrens in geeigneter Weise öffentlich bekanntzugeben.[732] Diese Regelung dient dem allgemeinen öffentlichen Informationsinteresse.[733] Eine Pflicht zur öffentlichen Bekanntmachung besteht dagegen nicht, vielmehr liegt die Entscheidung über eine öffentliche Bekanntmachung im Ermessen der Kommission. Sie kann von einer Bekanntgabe daher absehen, wenn die Veröffentlichung etwa die weiteren Untersuchungen gefährden würde.[734] Die öffentliche Bekanntmachung der Verfahrenseinleitung dient aber nicht nur dem Zweck der Information der Öffentlichkeit, sondern richtet sich auch an die nationa-

---

730 Vgl. *EuGH*, Urteil vom 15.07.1970, Rs. 41/69 – *ACF Chemiefarma*, Rn. 101/104.

731 Vgl. etwa eine Pressemitteilung der Kommission, mit der sie die Durchführung von Durchsuchungen im Schienenverkehrssektor bestätigte, abrufbar unter: http://europa.eu/rapid/press-release_STATEMENT-16-2438_en.htm (zuletzt besucht am 05.08.2020).

732 Vgl. *K. L. Ritter/ M.M. Wirtz* (Fn. 637), Rn. 6.; *A. Klees* (Fn. 147), S. 86, Rn. 14. Die Wettbewerbsbehörden der Mitgliedstaaten erfahren von der Verfahrenseinleitung hingegen unabhängig von der Veröffentlichung bereits über den Informationsfluss im ECN (vgl. Art. 11 Abs. 6 VO in Verbindung mit Art. 2 Abs. 1 VO 773/2004).

733 Vgl. *M. Sura* (Fn. 500), Rn. 15.

734 Vgl. *Best Practices*, Rn. 20.

len Gerichte. Diese dürfen nach Art. 16 Abs. 1 S. 2 VO 1/2003 keine Entscheidungen treffen, die einer beabsichtigten Entscheidung der Kommission in einem von ihr bereits eingeleiteten Verfahren entgegenstehen würden. Um dies berücksichtigen zu können, müssen die Gerichte jedoch zuvor überhaupt Kenntnis von der Einleitung eines entsprechenden Verfahrens erhalten.[735]

In der Praxis veröffentlicht die Kommission anlässlich der Einleitung eines förmlichen Verfahrens und der Versendung der Mitteilung der Beschwerdepunkte in der Regel jeweils eine Pressemitteilung und gibt dies auf ihrer Internetseite bekannt.[736] Alle Bekanntmachungen und Pressemitteilungen der Kommission enthalten den ausdrücklichen Hinweis, dass die Aufnahme von Ermittlungen, die Einleitung eines Verfahrens oder die Übersendung einer Mitteilung der Beschwerdepunkte nicht bedeuten, dass die Kommission bereits einen Wettbewerbsverstoß festgestellt hat.[737] Hiermit wird der auch im Kartellverfahren geltenden Unschuldsvermutung[738] Rechnung getragen.

Stellt die Kommission ihre Ermittlungen bereits nach der Erstprüfung ein, teilt sie dies grundsätzlich nicht gesondert auf ihrer Internetseite mit. Da sich das Verfahren zu diesem Zeitpunkt noch in einem sehr frühen Stadium befindet und eine Mitteilung die Arbeitsbelastung der Kommission erheblich erhöhen würde, ohne dass dem ein besonderer Informationsge-

---

735 Vgl. *A. Klees* (Fn. 147), S. 86, Rn. 14. Die Wettbewerbsbehörden der Mitgliedstaaten erfahren von der Verfahrenseinleitung hingegen unabhängig von der Veröffentlichung bereits über den Informationsfluss im Netzwerk der nationalen Wettbewerbsbehörden.

736 Vgl. *M. Sura* (Fn. 500), Rn. 15; *Best Practices*, Rn. 20. Beispiele für die Kommissionspraxis sind u.a. die Pressemitteilung der Kommission anlässlich der Einleitung von zwei förmlichen Untersuchungen wegen möglichen Missbrauchs einer marktbeherrschenden Stellung des Chipsatz-Anbieters Qualcomm vom 16.07.2015, abrufbar auf der Website der Kommission unter: http://europa.eu/ra pid/press-release_IP-15-5383_de.htm, sowie die Pressemitteilung der Kommission anlässlich der Verfahrenseinleitung in Bezug auf die E-Book-Vertriebsvereinbarungen von Amazon vom 11.06.2015, abrufbar unter: http://europa.eu/rapid/ press-release_IP-15-5166_de.htm (jeweils zuletzt besucht am 05.08.2020). Früher wurden Verfahrenseinleitungen nicht öffentlich bekanntgemacht; die Praxis der Kommission hat sich hier insofern geändert, vgl. *K. L. Ritter/ M.M. Wirtz* (Fn. 637), Rn. 6, Fn. 20.

737 Vgl. *Best Practices*, Rn. 22.

738 Vgl. zur Unschuldsvermutung *C. Baudenbacher/M. Am Ende/T. Haas*, Verfahren vor den Europäischen Gerichten in Wettbewerbs- und Beihilfesachen, in: *Säcker/Meier-Beck (Hrsg.)*, Münchener Kommentar zum Wettbewerbsrecht (2020), Band 2, Rn. 84 ff.

winn seitens der Öffentlichkeit gegenüberstünde, erscheint dies auch nicht erforderlich. Hat sich die Kommission dagegen bereits öffentlich zu den Ermittlungen geäußert und etwa die Durchsuchung der Räumlichkeiten eines Unternehmens bestätigt, unterrichtet sie die Öffentlichkeit entsprechend über die Einstellung der Ermittlungen.[739] Auch in Fällen, in denen die Kommission die Einleitung eines förmlichen Verfahrens öffentlich bekanntgegeben hat, veröffentlicht sie anlässlich einer späteren Einstellung dieses Verfahrens eine entsprechende Mitteilung.[740] Mithin wird das Interesse der betroffenen Unternehmen an einer gleichwertigen Information der Öffentlichkeit sowohl bei Beginn als auch bei Einstellung eines Verfahrens gewahrt.

2. Zurückweisung von Beschwerden

Die Kommission beabsichtigt nach den *Best Practices* im Sinne einer verbesserten Transparenz ausdrücklich, Beschlüsse zur Zurückweisung von Beschwerden vollständig oder auch in Zusammenfassung zu veröffentlichen.[741] Diese Beschlüsse sind für die (Fach-)Öffentlichkeit von nicht unerheblichem Interesse. Aufgrund des der Kommission zustehenden Aufgreifermessens bei der Einleitung neuer Ermittlungen[742] liegt es in ihrer Entscheidung, wie sie ihre Ressourcen zur Durchsetzung des europäischen Kartellrechts einsetzt.[743] Maßgebliches Kriterium bei der Entscheidung über die Aufnahme von Ermittlungen und die Einleitung eines Verfahrens oder die Zurückweisung einer Beschwerde ist das Vorliegen eines Gemeinschaftsinteresses an einem Tätigwerden der Kommission.[744] Wesentliche Gesichtspunkte, die die Kommission bei der Prüfung des Gemeinschaftsinteresses einbezieht, sind insbesondere die Schwere und Dauer der der Be-

---

739 Vgl. *Best Practices*, Rn. 76.
740 Vgl. *Best Practices*, Rn. 76.
741 Vgl. *Best Practices*, Rn. 150; siehe z.B. die Veröffentlichung der Entscheidung zur Zurückweisung einer Beschwerde gegen Suzuki vom 14.10.2014, abrufbar auf der Website der Kommission unter: http://ec.europa.eu/competition/antitrust/ca ses/dec_docs/40072/40072_109_12.pdf (zuletzt besucht am 05.08.2020). Zum Schutz legitimer Interessen des Beschwerdeführers kann eine Veröffentlichung auch ohne Angabe seiner Identität erfolgen.
742 Vgl. *W. Frenz*, Handbuch Europarecht, Band 2 - Europäisches Kartellrecht2 (2015), S. 801, Rn. 2503.
743 Vgl. *Best Practices*, Rn. 13.
744 Vgl. Beschwerdebekanntmachung, Rn. 41 ff.

schwerde zugrunde liegenden Wettbewerbsbeeinträchtigung, ihre möglichen Auswirkungen auf den Wettbewerb im Binnenmarkt, die Erfolgsaussichten hinsichtlich des Nachweises des Wettbewerbsverstoßes sowie der Umfang der hierfür voraussichtlich erforderlichen Ermittlungen.[745]

Die Begründung eines beschwerdeabweisenden Beschlusses der Kommission kann daher Aufschluss über die aktuellen Prioritäten, wettbewerbspolitischen Ausrichtungen und Rechtsauffassungen der Kommission geben. Die Veröffentlichung solcher Beschlüsse fördert daher das Verständnis der Öffentlichkeit sowie der dem Kartellrecht unterworfenen Marktteilnehmer für die Arbeit der Kommission und dient der Orientierung bei der Einhaltung der Regeln des europäischen Kartellrechts. Auf diese Weise trägt die Veröffentlichung dazu bei, dass die auf dem Markt agierenden Unternehmen das Handeln der Kommission besser nachvollziehen und ihr Verhalten daran ausrichten können.

V. Zwischenergebnis

In der Ermittlungsphase bestehen Informations- und Mitwirkungsrechte der betroffenen Unternehmen nur in eingeschränktem Umfang, so dass die Transparenz des ersten Abschnitts des Kartellverfahrens eher gering ausgeprägt ist. Der wesentliche Grund hierfür liegt in der zweiteiligen Struktur des Kommissionsverfahrens: Während der erste Abschnitt bis zur Versendung der Mitteilung der Beschwerdepunkte der Voruntersuchung des Sachverhaltes dient und es der Kommission ermöglichen soll, zum weiteren Verfahrensverlauf Stellung zu nehmen, dient der zweite Abschnitt einer abschließenden Klärung und Beurteilung der beanstandeten Verhaltensweisen.[746] Die Ermittlungsphase besitzt nach kartellverfahrensrechtlichem Verständnis keinen kontradiktorischen Charakter in dem Sinn, dass sich in ihr Kommission und betroffene Unternehmen auf Augenhöhe gegenüberstehen.[747] Sie soll vorrangig der Informationsgewinnung der Kommission dienen und ihr möglichst umfangreiche Gelegenheiten zur Sachverhaltsermittlung und zur Entwicklung ihrer rechtlichen Argumentation geben; erst der zweite Abschnitt dient der tiefergehenden

---

745 Vgl. hierzu die von der Kommission genannten Gesichtspunkte in der Beschwerdebekanntmachung, Rn. 44.

746 Vgl. *EuGH*, Urteil vom 15.10.2002, verb. Rs. C-238/99 P u.a. – *Limburgse Vinyl Maatschappij u.a.*, Rn. 182 und 183.

747 Vgl. *L. Idot* (Fn. 404), S. 127.

Klärung, ob die erhobenen Vorwürfe berechtigt sind. Beide Abschnitte folgen damit nach der Rechtsprechung der europäischen Gerichte ihrer eigenen inneren Logik[748] und bedingen vor diesem Hintergrund die Reichweite von Informations- und Mitwirkungsmöglichkeiten der betroffenen Unternehmen. Entsprechend der Zielsetzung einer zügigen und effektiven Informationsgewinnung durch die Kommission sind diese Rechte in der Ermittlungsphase begrenzt.[749]

Ermittlungen der Kommission liegt notwendigerweise bereits ein bestimmter, wenn auch vorläufiger Vorwurf wettbewerbswidrigen Verhaltens zugrunde, der Anlass zur Einleitung der Ermittlungen gegeben hat. Die Aufnahme von Ermittlungen kann jedoch bereits erhebliche Auswirkungen auf die Unternehmen haben,[750] die sich dem Verdacht rechtswidrigen Handelns ausgesetzt sehen. Auch wenn grundsätzlich keine Verteidigungsrechte gegen den Verdacht bestehen, dass eine Zuwiderhandlung vorliegt,[751] stehen den betroffenen Unternehmen während der Ermittlungsphase bereits einige, wenn auch stark eingeschränkte Informationsrechte zu, um irreversible Verletzungen ihrer Verteidigungsrechte zu verhindern. So soll das Recht, grundlegende Informationen über den eigenen Verfahrensstatus oder anlässlich von Ermittlungsmaßnahmen zu erhalten, im Wesentlichen sicherstellen, dass die betroffenen Unternehmen ihre Verteidigungsrechte in der zweiten Phase des Kartellverfahrens wirksam ausüben können. Die Ermittlungsphase steht damit im Zeichen der effektiven Durchführung der Ermittlungen durch die Kommission auf der einen und einer vorläufigen Sicherung der Verteidigungsrechte der betroffenen Unternehmen auf der anderen Seite, wobei der möglichst umfassenden Ausübung von Ermittlungsbefugnissen durch die Kommission in diesem Verfahrensabschnitt klar der Vorrang vor einer transparenten Verfahrensgestaltung eingeräumt ist.[752]

---

748 Vgl. *EuGH*, Urteil vom 15.10.2002, verb. Rs. C-238/99 P u.a. – *Limburgse Vinyl Maatschappij u.a.*, Rn. 184; *EuG*, Urteil vom 08.07.2008, Rs. T-99/04 – *AC Treuhand*, Rn. 47.

749 So ist die Kommission insbesondere erst nach Abschluss der Untersuchungsphase verpflichtet, den Unternehmen durch die Mitteilung der Beschwerdepunkte alle wesentlichen Aspekte mitzuteilen, auf die sie ihre bis dahin getroffenen Annahmen stützt, vgl. *EuGH*, Urteil vom 29.09.2011, Rs. C-521/09 P – *Elf Aquitaine*, Rn. 115; *EuG*, Urteil vom 08.07.2008, Rs. T-99/04 – *AC Treuhand*, Rn. 48.

750 Vgl. *EuG*, Urteil vom 08.07.2008, Rs. T-99/04 – *AC Treuhand*, Rn. 50.

751 Vgl. *G.-K. d. Bronett* (Fn. 144), Art. 27, Rn. 2.

752 Vgl. *L. Idot* (Fn. 404), S. 127.

Die von der Kommission im Jahr 2011 veröffentlichten *Best Practices* rücken jedoch einige Verfahrenselemente stärker in den Vordergrund, die unter anderem dazu beitragen, das Kartellverfahren transparenter zu gestalten und eine frühzeitige Kommunikation zwischen der Kommission und den betroffenen Unternehmen anzuregen. Die erstmals ausdrücklich aufgeführten Treffen zum Verfahrensstand sowie die Möglichkeit, Einsicht in wesentliche Hauptunterlagen bereits vor Erhalt der Mitteilung der Beschwerdepunkte zu erhalten, ermöglichen einen Informationsaustausch zwischen den betroffenen Unternehmen und der Kommission. Dies trägt zur Transparenz und einer größeren Offenheit bei, verleiht der Ermittlungsphase zumindest ansatzweise kontradiktorische Züge[753] und fördert die Legitimität der Entscheidungsfindung der Kommission, da die Kommission bereits vor dem Entwurf der Mitteilung der Beschwerdepunkte Argumente und Hinweise der betroffenen Unternehmen zur Kenntnis nehmen und diese im weiteren Verfahrensverlauf berücksichtigen kann. Diese Entwicklung ist grundsätzlich positiv zu bewerten, da sie die Kommunikationsbeziehungen zwischen Kommission und betroffenen Unternehmen zum beiderseitigen Vorteil betont. Da die Kommission auf Grundlage der in der Ermittlungsphase zusammengetragenen Informationen die Mitteilung der Beschwerdepunkte erarbeitet und somit die Basis für den gesamten weiteren Verfahrensinhalt legt, kommt einer von vornherein möglichst zutreffenden Ausrichtung des Verfahrens ein nicht zu unterschätzender Wert zu.

Die *Best Practices* gehören jedoch bislang lediglich zum unverbindlichen *soft law*. Die Kommission kann daher von den Regelungen der *Best Practices* jederzeit nach eigenem Ermessen abweichen, wenn ihr dies für die Verfahrensführung sinnvoll erscheint. Sie hat sich in diesem Zusammenhang ausdrücklich vorbehalten, Besonderheiten des Einzelfalls berücksichtigen und je nach Sachlage Anpassungen oder Abweichungen von den vorgesehenen Regelungen vornehmen zu können.[754] Betroffene Unternehmen können sich daher nicht darauf verlassen, dass die in den *Best Practices* vorgesehen Regelungen in ihrem Verfahren tatsächlich zur Anwendung gelangen werden. In welchem Umfang die Kommission in der Praxis tatsächlich Informationen bereits im Ermittlungsverfahren preisgibt und sich auf inhaltliche Gespräche mit den betroffenen Unternehmen einlässt, ist somit offen. Zur Erhöhung der Transparenz wäre es vor diesem Hinter-

---

753 Vgl. *M. Glader* (Fn. 674), S. 4.
754 Vgl. *Best Practices*, Rn. 6.

grund denkbar, dass die Kommission ausdrücklich auf ihre Absicht hinweist, in einem Verfahren von den *Best Practices* abzuweichen.[755]

Darüber hinaus sind die Regelungen der *Best Practices* in Verfahren, die Kartellabsprachen im Sinne der Kronzeugenregelung betreffen, nicht oder nur sehr eingeschränkt anwendbar. Grundsätzlich erscheint eine Trennung zwischen Kartellverfahren im engeren Sinn und anderen Verfahren gerechtfertigt. Die Verfolgung der tendenziell zwar rechtlich einfacher gelagerten, aber strafrechtsähnlich sanktionierten „*hard core*"-Kartellverstöße erfordert mitunter eine andere Verfahrensführung – etwa um der Gefahr möglicher Beweisvernichtung entgegenzuwirken – als sie beispielsweise bei der Durchdringung der häufig juristisch und ökonomisch wesentlich komplexeren Fälle einer missbräuchlichen Ausnutzung einer marktbeherrschenden Stellung zielführend erscheinen. Dennoch ist es überlegenswert, in der Ermittlungsphase nicht von vornherein alle Kommunikationsmöglichkeiten auszuschließen.

Gegenüber Beschwerdeführern und der interessierten Öffentlichkeit besteht in der Ermittlungsphase nur eine geringe Transparenz. Beschwerdeführer können jedoch von der Kommission beispielsweise informell kontaktiert werden und von ihr Einsicht in die Erwiderung der betroffenen Unternehmen auf die in der Beschwerde geäußerten Vorwürfe erhalten, insbesondere wenn sich die Kommission hiervon weitere Sachverhaltsinformationen erhofft. Zudem ist das Beschwerdeverfahren für den Beschwerdeführer insgesamt weitgehend transparent ausgestaltet, da er bei einer beabsichtigten Abweisung seiner Beschwerde ein Recht auf Einsicht in die relevanten Unterlagen, auf eine entsprechende Begründung der Kommission sowie auf die Abgabe einer ergänzenden Stellungnahme erhält.

Pflichten der Kommission zur Information der Öffentlichkeit während der Ermittlungsphase sind rechtlich nicht vorgesehen. Es ist jedoch auch hier eine Tendenz zu einer größeren Transparenz erkennbar. Die Kommission informiert die interessierte Öffentlichkeit durch Pressemitteilungen und im Internet etwa über die Einleitung eines förmlichen Verfahrens oder bestimmte Ermittlungsmaßnahmen und erläutert auf diesem Weg

---

755 Vgl. etwa *American Bar Association*, Joint Comments of the American Bar Association, Sections of Antitrust Law and Section of International Law, to the European Commission regarding Consultation Documents on Improved Transparency and Predictability in Competition Proceedings (2010), S. 2, Rn. 5 sowie *UK Competition Law Association*, Consultation Response - European Commission, DG Competition, Best Practices on Antitrust Proceedings and Guidance on Hearing Officer Procedures (2010), S. 14.

ihre Arbeit. Zudem beabsichtigt sie, Entscheidungen über die Abweisung einer Beschwerde zu veröffentlichen. Dies trägt dazu bei, dass sich Unternehmen an der von der Kommission befürworteten Auslegung der europäischen Kartellrechtsvorschriften orientieren und ihr Verhalten danach ausrichten können. Gleichzeitig unterrichtet die Kommission auch die interessierte Öffentlichkeit über ihre Prioritäten und Vorgehensweisen bei der Durchsetzung des Kartellrechts. Es wäre jedoch begrüßenswert, wenn sich die Kommission zur Veröffentlichung der verschiedenen Entscheidungen und Maßnahmen nicht nur in den *Best Practices* bereit erklären würde, sondern dies verbindlich regeln würde.

D. Das Verfahren vor dem Anhörungsbeauftragten

Mit der Mitteilung der Beschwerdepunkte, in der die Kommission gegenüber den betroffenen Unternehmen einen konkreten Vorwurf eines Verstoßes gegen kartellrechtliche Verbotstatbestände erhebt, endet die Ermittlungsphase, und es beginnt mit der Entscheidungsphase ein neuer Abschnitt des europäischen Kartellverfahrens.[756] Nach Erhalt der Mitteilung der Beschwerdepunkte wird den betroffenen Unternehmen ein Recht auf Anhörung gewährt, in dessen Rahmen sie Einsicht in die Ermittlungsakten der Kommission beantragen und zu den von der Kommission geäußerten Anschuldigungen Stellung nehmen können. Der Kommission dient dieser Verfahrensabschnitt zur Überprüfung der durch die Ermittlungen gewonnenen Erkenntnisse und der darauf basierenden rechtlichen Wertungen sowie gegebenenfalls der Erlangung neuer Erkenntnisse im Austausch mit den betroffenen Unternehmen. Inwiefern dieser Teil des Verfahrens für betroffene Unternehmen, Beschwerdeführer, interessierte Dritte und die Öffentlichkeit transparent ausgestaltet ist, wird nachfolgend untersucht.

I. Der Anhörungsbeauftragte im europäischen Kartellverfahren

Der Anhörungsbeauftragte[757] ist für die Durchführung der Anhörung und die Wahrung der Verteidigungsrechte der betroffenen Unternehmen zu-

---

756 Vgl. *G.-K. d. Bronett* (Fn. 144), Art. 27 VO 1/2003, Rn. 2.

757 Im Folgenden ist zur besseren Lesbarkeit stets von „dem Anhörungsbeauftragten" die Rede. Derzeit gibt es zwei Anhörungsbeauftragte, *Wouter Wils* (seit

ständig. Ihm kommt in diesem Verfahrensabschnitt mithin eine wesentliche Rolle zu.

1. Funktion des Anhörungsbeauftragten

Grundlegende Aufgabe des Anhörungsbeauftragten ist es, die effektive Wahrnehmung der Verfahrensrechte zu gewährleisten und zur Objektivität, Transparenz und Effizienz des Kartellverfahrens[758] vor der Kommission beizutragen.[759] Zu den relevanten Verfahrensrechten zählen insbesondere die Verteidigungsrechte der betroffenen Unternehmen, die den Anspruch auf rechtliches Gehör, den Schutz von Geschäftsgeheimnissen, die Wahrung der Vertraulichkeit der Kommunikation zwischen Anwalt und Mandant sowie die Pflicht der Kommission, ihre Entscheidungen zu begründen, umfassen. Darüber hinaus ist der Anhörungsbeauftragte auch für den Schutz der Beteiligungsrechte von Beschwerdeführern und anderen interessierten Dritten zuständig.[760] Der Anhörungsbeauftragte soll nach dem Leitbild einer unabhängigen Schiedsperson als neutrale, aber kommissionsinterne Kontrollinstanz bei Konflikten zwischen den für das jeweilige Wettbewerbsverfahren zuständigen Beamten der Generaldirektion Wettbewerb, den betroffenen Unternehmen und den am Verfahren beteiligten Dritten vermitteln.[761] Zu diesem Zweck ist er auch mit bestimmten eigenen Entscheidungskompetenzen ausgestattet.

2010) sowie *Dorothe Dalheimer* (seit 2020). Für jedes Verfahren vor der Kommission ist jeweils einer der beiden Anhörungsbeauftragten zuständig. Welcher Anhörungsbeauftragte zuständig ist, wird den betroffenen Unternehmen spätestens in einem Begleitschreiben zur Mitteilung der Beschwerdepunkte mitgeteilt, vgl. *M. Kellerbauer*, Art. 27 VO 1/2003, in: Schröter/Jakob/Klotz/Mederer (Hrsg.), Europäisches Wettbewerbsrecht (2014), Rn. 5.

758 Der Anwendungsbereich des Mandates des Anhörungsbeauftragten erstreckt sich hingegen nicht auf Verfahren vor den nationalen Wettbewerbsbehörden. Der Anhörungsbeauftragte verfügt auch nicht über Kompetenzen im Rahmen von Beihilfeverfahren nach Art. 106 Abs. 3 AEUV, vgl. *W. P. J. Wils*, The Role of the Hearing Officer in Competition Proceedings before the European Commission, World Competition Law and Economic Review 2012, S. 431 ff., S. 433.

759 Vgl. Beschluss des Präsidenten der Europäischen Kommission vom 13.10.2011 über Funktion und Mandat des Anhörungsbeauftragten, ABl. (EU) Nr. L 275 vom 20.10.2011, S. 29 ff., 3. Erwägungsgrund sowie Art. 1 Abs. 2 (im Folgenden: „Mandat 2011").

760 Vgl. *T. Klose/C. Horstkotte* (Fn. 171), Rn. 10.

761 Vgl. *M. Albers* (Fn. 653), S. 36 f.

Der Anhörungsbeauftragte ist verwaltungstechnisch direkt dem für Wettbewerb zuständigen Mitglied der Kommission zugeordnet.[762] Er ist ein Kommissionsbeamter,[763] der durch die Kommission nach dem Statut der Beamten sowie den geltenden Beschäftigungsbedingungen ernannt wird.[764] Entscheidungen des Anhörungsbeauftragten werden der Kommission zugerechnet und besitzen den gleichen rechtlichen Status wie Beschlüsse der Kommission nach Art. 288 Abs. 4 AEUV.[765]

2. Entwicklung der Aufgaben des Anhörungsbeauftragten

Das Amt des Anhörungsbeauftragten war nicht von Anfang an Bestandteil des europäischen Kartellverfahrensrechts. Mit der fortschreitenden Integration der europäischen Märkte und der wachsenden Bedeutung der Regelungen des europäischen Kartellrechts rückte jedoch die Frage nach der Fairness und Objektivität des Verfahrens, mit der diese Regelungen durch die Europäische Union umgesetzt wurden, in den Fokus der rechtswissenschaftlichen Diskussion. Die Einführung und weitere Entwicklung des Amtes des Anhörungsbeauftragten stand daher in engem Zusammenhang mit der Forderung nach einer größeren Verfahrensgerechtigkeit und Transparenz des europäischen Kartellverfahrens, in dem die Kommission als Ermittlungsbehörde, Ankläger und Richter fungiert.[766]

a) Frühe Kritik am Kartellverfahren

Bereits in den 1970er Jahren war das Kartellverfahren der Europäischen Kommission dem Vorwurf mangelnder Fairness und Objektivität ausgesetzt. Kritisch hingewiesen wurde insbesondere darauf, dass das europä-

---

762 Vgl. Art. 2 Abs. 2 Mandat 2011.

763 Bislang wurden meist Beamte aus der Generaldirektion Wettbewerb als Anhörungsbeauftragte eingesetzt, bei denen keine Absicht bestand, später in ihre alte Abteilung zurückzukehren, vgl. *E. Bueren* (Fn. 317), S. 687. Der Anhörungsbeauftragte muss jedoch nicht zwingend zuvor ein Kommissionsbeamter gewesen sein, vgl. Erwägungsgrund 6 des Mandat 2011.

764 Vgl. Art. 2 Abs. 1 und Erwägungsgrund 6 Mandat 2011; zum Status des Anhörungsbeauftragten siehe auch *W. P. J. Wils* (Fn. 758), S. 432.

765 Vgl. *J. P. Heidenreich* (Fn. 183), S. 241.

766 Vgl. *M. Kellerbauer*, Das neue Mandat des Anhörungsbeauftragten für EU-Wettbewerbsverfahren, EuZW 2013, S. 10 ff., S. 10.

ische Kartellverfahren nicht den Anforderungen an ein effektives und unparteiliches Verfahren genüge, die angesichts der wachsenden Bedeutung der Kommission bei der Durchsetzung des Kartellrechts zeitgemäß erschienen. Inzwischen hatte sich das Wettbewerbsrecht in der Praxis etabliert und die Kommission sich im Laufe der Zeit neben den US-amerikanischen Kartellbehörden zu einer der aktivsten Kartellbehörden weltweit entwickelt, deren Entscheidungen, Analysen und vor den Gemeinschaftsgerichten vertretenen Positionen weithin beachtet wurden.[767] Angesichts der abschreckenden Wirkung der von der Kommission bei Wettbewerbsverstößen verhängten Bußgelder war zudem bereits abzusehen, dass viele wettbewerbsrechtlich besonders kritische Absprachen aller Voraussicht nach nicht mehr schriftlich festgehalten und damit nur noch schwer nachweisbar sein würden. Im Zentrum wettbewerbsrechtlicher Verfahren, so wurde damals angenommen, würden somit zunehmend stark umstrittene Sachverhalte stehen, deren Klärung eine entsprechend korrekte, effektive und unparteiische Tatsachenermittlung erforderte. Gerade hier wurde jedoch eine wesentliche Schwachstelle im Verfahren der Europäischen Kommission ausgemacht.[768]

Grund zu verschärfter Kritik an der Objektivität und Effektivität der Anhörung und der Fairness des Kartellverfahrens insgesamt bot insbesondere die Tatsache, dass dieselben Beamten der Generaldirektion Wettbewerb für die gesamte Bearbeitung des Falles – von der Ermittlung des relevanten Sachverhaltes bis zum Entwurf der endgültigen Entscheidung – verantwortlich waren.[769] Die mündliche Anhörung wurde zu diesem Zeitpunkt von einem Beamten der Kommission, in der Regel dem zuständigen Abteilungsleiter, durchgeführt.[770] Hinzu kam, dass die Kommission den betrof-

---

767 Vgl. *J. Davidow*, EEC Fact-Finding Procedures in Competition Cases: An American Critique, C.M.L.R. 1977, S. 175 ff., S. 175.

768 Vgl. *J. Davidow* (Fn. 767), S. 175 und 177.

769 Vgl. *J. P. Heidenreich* (Fn. 183), S. 200 ff. und *M. Albers/J. Jourdan*, The Role of Hearing Officers in EU Competition Proceedings: A Historical and Practical Perspective, J.E.C.L.P. 2011, S. 185 ff., S. 186, jeweils mit Verweis auf *House of Lords, Select Committee on the European Communities*, Competition Practice, 8th Report, Session 1981-1982, H.L. 91.

770 Vgl. Art. 9 der Verordnung Nr. 99/63/EWG der Kommission vom 25.07.1962 über die Anhörung nach Artikel 19 Absätze (1) und (2) der Verordnung Nr. 17 des Rates, Amtsblatt der europäischen Gemeinschaften vom 20.08.1963, S. 2268 ff.; *J. P. Heidenreich* (Fn. 183), S. 200 m.w.N.; *M. Albers/J. Jourdan* (Fn. 769), S. 186; siehe für einen Überblick über das Verfahren der Kommission vor Einführung des Anhörungsbeauftragten *J. Temple Lang*, The Procedure of the Commission in Competition Cases, C.M.L.R. 1977, S. 155 ff., S. 155 ff.

fenen Unternehmen zur Vorbereitung der Verteidigung damals noch keinen Zugang zu ihrer vollständigen Ermittlungsakte gewährte.[771]

Diese Kritik an der Ausgestaltung des europäischen Kartellverfahrens wurde vor dem Hintergrund der Beitritte des Vereinigten Königreichs und Irlands zur Europäischen Gemeinschaft zum 1. Januar 1973 insbesondere auch von Juristen mit Common Law-Hintergrund geäußert.[772] Nach dem dortigen Verfahrensverständnis galten Konfrontations- und Befragungsmöglichkeiten unter Leitung eines neutralen Dritten als zentrale Verfahrenselemente; ihnen wurde traditionell ein größerer Wert beigemessen, als dies im kontinental-europäischen Verwaltungsverfahrensrecht der Fall war, in dem das Kommissionsverfahren wurzelt.[773] Angeregt wurde insbesondere, betroffenen Unternehmen weitergehende Akteneinsichts- und Befragungsmöglichkeiten zuzugestehen, als sie im Kommissionverfahren zu dieser Zeit eingeräumt wurden, und die Leitung der Anhörung einer außerhalb der Generaldirektion Wettbewerb stehenden Schiedsperson zu übertragen.[774]

Maßgeblichen Einfluss bei der Forderung nach einer gesteigerten Fairness der mündlichen Anhörung übte insbesondere auch das *House of Lords* aus,[775] das in einem vielbeachteten Bericht aus dem Jahr 1982 die mangelnde Unparteilichkeit und das Fehlen einer Möglichkeit zur objektiven Tatsachenfeststellung und Verteidigung im Kartellverfahren wie folgt kritisierte: *„the opportunity for the undertaking to clear up questions of fact and law, or of economic analysis, and to explore questions arising on a Statemet of Objections, is, under present practice, seriously deficient."*[776]

---

771 Vgl. *M. Albers/J. Jourdan* (Fn. 769), S. 186.

772 Vgl. hierzu etwa *J. P. Heidenreich* (Fn. 183), S. 200 f.; *J. Davidow* (Fn. 767), S. 176 sowie dort Fn. 2; *D. Thompson*, EEC: Commission Hearings in Competition Cases, Journal of World Trade Law 1982, S. 448 ff., S. 449.

773 Vgl. unter Hinweis auf das Fehlen einer entsprechenden Tradition im Verwaltungsrecht der EU-Mitgliedstaaten *J. Davidow* (Fn. 767), S. 176.

774 Vgl. entsprechende Anregungen bei *F. Graupner*, Commission Decision-Making on Competition Questions, C.M.L.R. 1973, S. 291 ff., S. 304 f., sowie *J. Davidow* (Fn. 767), S. 182 ff.

775 Vgl. *M. Albers/J. Jourdan* (Fn. 769), S. 186, sowie *N. Zingales* (Fn. 266), S. 138, Fn. 41, mit dem Hinweis, dass dieser Bericht als wesentlicher Auslöser für die Einrichtung des Amtes des Anhörungsbeauftragten durch die Kommission angesehen wird.

776 Vgl. *House of Lords, Select Committee on the European Communities* (Fn. 769), Rn. 18, zitiert nach *M. Albers/J. Jourdan* (Fn. 769), S. 186.

b) Einführung des Anhörungsbeauftragten im Jahr 1982

Die Kommission reagierte auf diese Bedenken und kündigte 1981 die Ernennung von Anhörungsbeauftragten an.[777] Sie stellt jedoch gleichzeitig klar, dass hierdurch nicht der durch die Komplexität der Fälle bedingte schriftliche Charakter des Verfahrens geändert werde und die Anhörung auch weiterhin vorrangig der Klärung offen gebliebener, spezieller Fragen diene.[778] Zudem solle der administrative Charakter des Kommissionsverfahrens beibehalten und das Wettbewerbsverfahren keinesfalls gerichtsähnliche Züge erhalten.[779]

1982 wurde die Institution des Anhörungsbeauftragten in das EU-Kartellverfahren eingeführt.[780] Art. 2 Abs. 1 des Mandates 1982 definierte erstmalig die Rolle des Anhörungsbeauftragten; danach sollte der Anhörungsbeauftragte *„für einen geregelten Ablauf der Anhörung Sorge tragen und dadurch zur Objektivität sowohl der Anhörung als auch der späteren Entscheidung beitragen"*. Im Rahmen dieser Aufgabe sollte er insbesondere darüber wachen, *„dass alle für die Beurteilung des Falles erheblichen Umstände tatsächlicher Art, gleichgültig, ob sie für die Beteiligten günstig oder ungünstig sind, bei der Ausarbeitung von Entwürfen zu kartellrechtlichen Entscheidungen der Kommission angemessen berücksichtigt werden."* Zweck der Einführung des Amtes des Anhörungsbeauftragten war es nach Auffassung der Kommission somit sicherzustellen, dass die beteiligten Unternehmen die Gelegenheit erhielten, während der Anhörung umfassend auf alle wesentlichen Umstände ihres Falles einzugehen.[781]

Darüber hinaus sollte der Anhörungsbeauftragte für die Wahrung der Verteidigungsrechte nicht nur während der mündlichen Anhörung, son-

---

777 Vgl. *Europäische Kommission*, 11. Bericht über die Wettbewerbspolitik, 1981, Rn. 26; *M. Albers/J. Jourdan* (Fn. 769), S. 186; *M. v. d. Woude*, Hearing Officers and EC Antitrust Procedures: The Art of Making Subjective Procedures More Objective, C.M.L.R. 1996, S. 531 ff., S. 537.

778 Vgl. *Europäische Kommission*, 11. Bericht über die Wettbewerbspolitik, 1981, Rn. 26.

779 Vgl. *Europäische Kommission*, 11. Bericht über die Wettbewerbspolitik, 1981, Rn. 27.

780 Vgl. Europäische Kommission Kommissionbeschluss zum Mandat des Anhörungsbeauftragten, abgedruckt in Europäische Kommission, 13. Bericht über die Wettbewerbspolitik, Anhang, S. 284 f. (im Folgenden: „Mandat 1982"). Zur Entwicklung des Anhörungsbeauftragten siehe insbesondere *J. P. Heidenreich* (Fn. 183), S. 200ff., *M. Albers/J. Jourdan* (Fn. 769), S. 186 ff. sowie *N. Zingales* (Fn. 266), S. 137 ff.

781 Vgl. *Europäische Kommission*, 13. Bericht zur Wettbewerbspolitik, 1983, Rn. 75.

dern auch im weiteren Verlauf des Verfahrens Sorge tragen. Er sollte darauf achten, dass alle erheblichen Tatsachen und Argumente, die von den beteiligten Unternehmen während der Anhörung vorgebracht würden, auch später Berücksichtigung fänden, und so zu einer sachlich fundierten Entscheidung der Kommission beitragen.[782] Bezüglich des Ablaufs der Anhörung sowie seiner Schlussfolgerungen traf den Anhörungsbeauftragten eine Berichtspflicht gegenüber dem Wettbewerbskommissar, in deren Rahmen er auch die Streichung oder Hinzufügung zusätzlicher Beschwerdepunkte anregen konnte.[783] Die Rolle des Anhörungsbeauftragten beschränkte sich damit zwar usprünglich im Wesentlichen auf die Vorbereitung und Leitung der mündlichen Anhörungen in Kartellverfahren;[784] darüber hinaus sollte die neu geschaffene Institution des Anhörungsbeauftragten letztlich aber auch bereits in dieser frühen Fassung dazu beitragen, über diese Aufgaben hinaus auch im nachfolgenden Verfahren die Objektivität des Entscheidungsprozesses zu stärken.[785]

Die Kommission zog nach einiger Zeit eine positive Bilanz.[786] So hatte sich nach ihrer Auffassung u.a. die Vorbereitung der mündlichen Anhörung erheblich verbessert, da die Unternehmen bereits vorab schriftliche Stellungnahmen einsenden konnten und es auf diese Weise möglich wurde, die mündliche Anhörung auf die Erörterung strittiger Fragen zu beschränken. Zudem bewertete die Kommission positiv, dass der Anhörungsbeauftragte Beschwerden über eine mangelnde Gewährung rechtlichen Gehörs frühzeitig nachgehen konnte.[787] Die Kommission stellte außerdem fest, dass Hinweise des Anhörungsbeauftragten auf Lücken im Sachverhalt in mehreren Fällen zu einem späteren Verzicht auf einige in den Beschwerdepunkten noch enthaltene Vorwürfe geführt[788] und somit die Qualität der Entscheidung verbessert hatten.

Trotz der positiven Aufnahme des Anhörungsbeauftragten gab der geringe Umfang seiner Kompetenzen und Ressourcen weiterhin Anlass zu

---

782 Vgl. *Europäische Kommission*, 13. Bericht zur Wettbewerbspolitik, 1983, Rn. 75; *M. v. d. Woude* (Fn. 777), S. 537 f.; *J. P. Heidenreich* (Fn. 183), S. 204; vgl. auch Art. 2 Abs. 2 Mandates 1982.

783 Vgl. Art. 5 Mandat 1982.

784 Vgl. Art. 1 Abs. 1 und Art. 2 Abs. 1 Mandat 1982; *M. v. d. Woude* (Fn. 777), S. 37; *M. Kellerbauer* (Fn. 766), S. 10.

785 Vgl. *J. P. Heidenreich* (Fn. 183), S. 204; *Europäische Kommission*, 18. Bericht zur Wettbewerbspolitik, 1988, Rn. 44; *M. v. d. Woude* (Fn. 777), S. 537.

786 Vgl. *M. v. d. Woude* (Fn. 777), S. 538.

787 *Europäische Kommission*, 18. Bericht zur Wettbewerbspolitik, 1988, Rn. 44.

788 *Europäische Kommission*, 18. Bericht zur Wettbewerbspolitik, 1988, Rn. 44.

Kritik.[789] Vor diesem Hintergrund wurden die Aufgaben und Kompetenzen des Anhörungsbeauftragten in der folgenden Zeit in mehreren Reformschritten beständig erweitert. In den verschiedenen Neufassungen des Mandates des Anhörungsbeauftragten übernahm die Kommission jeweils im Wesentlichen die bestehenden Regelungen und ergänzte oder verfeinerte sie auf der Basis neuer Erfahrungen oder Kritik.

c) Erweiterungen des Mandates in den Jahren 1990 und 1994

Zum ersten Mal erweiterte die Kommission den Anwendungsbereich des Mandats im Jahr 1990.[790] Darin bezog sie die Durchführung von Anhörungen in Wettbewerbsverfahren im Bereich verschiedener Verkehrssektoren in den Tätigkeitsbereich des Anhörungsbeauftragten ein.[791] Im Übrigen blieben Rolle und Kompetenzen des Anhörungsbeauftragten jedoch unverändert.[792]

Anfang der 1990er Jahre hob das 1988 neu eingeführte EuG[793] in einigen Urteilen die Bedeutung verfahrensrechtlicher Garantien hervor.[794]

---

789 Vgl. *J. P. Heidenreich* (Fn. 183), S. 205. Das *House of Lords* regte in einem Bericht aus dem Jahr 1993 weitere Änderungen des Kartellverfahrens an, vgl. *House of Lords, Select Committee on the European Communities*, Enforcement of Community Competition Rules, 1st Report, Session 1993-1994, H.L. 7; vgl. hierzu näher *C.-D. Ehlermann*, The European administration and the public administration of Member States with regard to competition law, E.C.L.R. 1996, S. 454 ff. sowie *A. J. Riley*, EC competition procedures re-evaluated: the House of Lords reports, E.C.L.R. 1994, S. 247 ff.

790 Vgl. *Europäische Kommission*, Beschluss vom 23.11.1990 über die Durchführung von Anhörungen in Verfahren zur Anwendung der Artikel 85 und 86 EWG-Vertrag sowie der Artikel 65 und 66 EGKS-Vertrag, abgedruckt in *Europäische Kommission*, 20. Bericht zur Wettbewerbspolitik, 1990, S. 360 ff. (im Folgenden: „Mandat 1990").

791 Vgl. Art. 1 Abs. 2 Mandat 1990.

792 Vgl. hierzu *M. v. d. Woude* (Fn. 777), S. 538.

793 Damals unter der Bezeichung „Gericht erster Instanz", vgl. Beschluss des Rates vom 24.10.1988 zur Errichtung eines Gerichts erster Instanz der Europäischen Gemeinschaften (88/591/EGKS, EWG, Euratom), ABl. Nr. L 319 vom 25.11.1988, S. 1 ff.

794 Vgl. hierzu *M. Albers/J. Jourdan* (Fn. 769), S. 187 die insbesondere auf die *EuG*-Urteile in Sachen *Hercules* und *Cimenteries* hinweisen. Darin entschied das *EuG*, dass die Kommission verpflichtet ist, betroffenen Unternehmen Einsicht nicht nur in die belastenden Dokumente, sondern in die vollständige Verfahrensakte inklusive der entlastenden Dokumente zu gewähren, vgl. *EuG*, Urteil vom 17.12.1991, Rs. T-7/89 – *Hercules*, Rn. 54, und deutete an, dass eine Missachtung

Hierdurch wurde deutlich, dass die europäischen Gerichte zukünftig einen strengeren Kontrollmaßstab hinsichtlich der Wahrung der Verteidigungsrechte im Kartellverfahren anlegen würden und das europäische Kartellverfahren insofern reformbedürftig war.[795] In der Folge kündigte die Kommission im Jahr 1993 eine Revision des bisherigen Mandates des Anhörungsbeauftragten an.[796] Das neue Mandat, das im Jahr 1994 in Kraft trat,[797] erstreckte die Befugnisse des Anhörungsbeauftragten auch auf das Fusionskontrollverfahren,[798] erweiterte die Kompetenzen des Anhörungsbeauftragten in verschiedener Hinsicht[799] und übertrug ihm insbesondere neue Kompetenzen in Bezug auf die Wahrung des Anhörungs- und Akteneinsichtsrechts sowie des Schutzes der Geschäftsgeheimnisse Verfahrensbeteiligter.[800] Der Anhörungsbeauftragte erhielt die Aufgabe, über Anträge auf Akteneinsicht in bisher von der Kommission nicht zugänglich gemachte Unterlagen zu entscheiden, wenn ein betroffenes Unternehmen dies zur wirksamen Ausübung seines Anhörungsrechts als notwendig ansah.[801] Für den Fall, dass hierdurch der Zugang zu Dokumenten eröffnet würde, die etwaige Geschäftsgeheimnisse anderer Unternehmen enthielten, regelte das Mandat das vom Anhörungsbeauftragten einzuhaltende Verfahren gegenüber den betroffenen Unternehmen.[802]

Zudem wurde dem Anhörungsbeauftragten im Mandat 1994 die Aufgabe übertragen, über die Anträge Dritter auf schriftliche Anhörung sowie auf Zulassung zur mündlichen Anhörung nach Rücksprache mit dem für

---

des Rechts auf vollständigen Zugang zur Verfahrensakte zur Nichtigkeit einer Kommissionsentscheidung führen könnte, vgl. *EuG*, Urteil vom 18.12.1992, verb. Rs. T-10/92, T-11/92, T-12/92 und T-15/92 – *Cimenteries CBR SA u.a.*, Rn. 47.

795 Vgl. *M. Albers/J. Jourdan* (Fn. 769), S. 187.

796 Vgl. die Ankündigung der geplanten Änderungen in *Europäische Kommission*, 23. Bericht über die Wettbewerbspolitik 1993, Rn. 204 ff.

797 *Europäische Kommission*, Beschluss vom 12.12.1994 über das Mandat des Anhörungsbeauftragten in Wettbewerbsverfahren vor der Kommission, ABl. (EG) Nr. L 330 vom 21.12.1994, S. 67 ff. (im Folgenden: „Mandat 1994").

798 Art. 1 Abs. 1 und 2 f) Mandat 1994.

799 Siehe hierzu den Überblick über die wesentlichen Neuerungen des Mandates 1994 bei *H. Johannes/J. Gilchrist*, Role and Powers of the Hearing Officers under the enlarged mandate, Competition Policy Newsletter Spring 1995, S. 11–12 f., S. 11 f.

800 Vgl. *M. Kellerbauer* (Fn. 766), S. 10.

801 Art. 5 Abs. 1 und 2 Mandat 1994.

802 Vgl. Art. 5 Abs. 3 und 4 Mandat 1994; zu weiteren Einzelheiten *M. v. d. Woude* (Fn. 777), S. 542.

das jeweilige Verfahren zuständigen Direktor zu entscheiden.[803] Schließlich wurde der Anhörungsbeauftragte auch für die Entscheidung über Anträge auf Verlängerung der von der Kommission gesetzten Fristen zur Abgabe der schriftlichen Stellungnahmen zuständig.[804] Die erstmalige offizielle Veröffentlichung des Mandates des Anhörungsbeauftragten im Amtsblatt der EU (Serie L) verlieh dem Mandat zudem einen rechtlich bindenden Charakter und verdeutlichte die gefestigte Stellung des Anhörungsbeauftragten im Wettbewerbsverfahren.[805] Das Mandat 1994 gewährte dem Anhörungsbeauftragten somit eigenständige Entscheidungsbefugnisse und erstreckte seine Aufgaben über die mündliche Anhörung hinaus auf einen wesentlichen Teil des Verfahrens vor der Kommission.[806]

d) Stärkung der Unabhängigkeit im Jahr 2001

Obwohl das Mandat 1994 einen Zuwachs an Kompetenzen für den Anhörungsbeauftragten mit sich gebracht hatte, blieben weiterhin verschiedene Kritikpunkte bestehen.[807] Konstatiert wurde insbesondere eine mangelnde Unabhängigkeit des Anhörungsbeauftragten: Auch wenn der Anhörungsbeauftragte nach Art. 1 Abs. 3 Mandat 1994 *„seine Tätigkeit in voller Unabhängigkeit ausüben"* sollte, blieb er doch ein Beamter der Generaldirektion Wettbewerb, der während der Anhörungen bei den anderen Kommissionsbeamten saß, diesen nur selten Fragen stellte, und dessen Berichte an den Generaldirektor als kommissionsinterne Dokumente behandelt und nicht

---

803 Vgl. Art. 3 und Art. 4 Mandat 1994.

804 Art. 5 Abs. 5 Mandat 1994. Kritisch zum Fehlen einer Einflussmöglichkeit auf die Länge der Fristen zur schriftlichen Stellungnahme vor dem Jahr 1994 *H. Johannes*, Erfahrungen eines Anhörungsbeauftragten, in: Everling/K.-H. Narjes/J. Sedemund (Hrsg.), Europarecht, Kartellrecht, Wirtschaftsrecht: Festschrift für Arved Deringer (1993), 293, S. 295 f.

805 Vgl. hierzu sowie zum Überblick über das Mandat 1994 *M. v. d. Woude* (Fn. 777), S. 540 f. sowie *J. P. Heidenreich* (Fn. 183), S. 205 ff.

806 Vgl. *M. v. d. Woude* (Fn. 777), S. 545.

807 Vgl. *J. P. Heidenreich* (Fn. 183), S. 207 m.w.N.; *S. Durande/M. Kellerbauer*, Der Anhörungsbeauftragte in EG-Wettbewerbsverfahren, WuW 2007, S. 865 ff., S. 867; zu Änderungsvorschlägen vgl. *House of Lords, Select Committee on the European Union*, Strengthening the role of the Hearing Officer in EC competition cases, 19th Report, Session 1999-2000, H.L. 125, Rn. 58 ff.

veröffentlicht wurden.[808] Gleichzeitig verfestigte sich die Tendenz der Rechtsprechung, die Einhaltung des Anhörungsrechts im Kartellverfahren strenger als zuvor zu überprüfen.[809]

Im Jahr 2001 fasste die Kommission das Mandat des Anhörungsbeauftragten daraufhin neu,[810] um dem Anhörungsbeauftragten *„zu größerer Unabhängigkeit und Autorität [zu] verhelfen, seine Rolle bei Fusions- und Kartellverfahren in der EG [zu] stärken und die Objektivität wie auch die Qualität der Wettbewerbsverfahren der Kommission und der daraus resultierenden Entscheidungen [zu] verbessern.“*[811] Das Mandat 2001 brachte insbesondere zwei grundlegendere Änderungen,[812] die zum einen die Stellung des Anhörungsbeauftragten im Organisationsgefüge der Kommission, zum anderen die Offenlegung seines Abschlussberichtes[813] über die Wahrung des Anhörungsrechts betrafen.[814]

Ein wesentliches Ziel der Neufassung bestand darin, die Unabhängigkeit des Anhörungsbeauftragten gegenüber der Generaldirektion Wettbe-

---

808 Vgl. *M. Levitt*, Commission hearings and the role of the hearing officer: suggestions for reform, E.C.L.R. 1998, S. 404 ff., S. 408; vlg. auch *S. Durande/M. Kellerbauer* (Fn. 807), Fn. 16.

809 Vgl. *S. Durande/M. Kellerbauer* (Fn. 807), S. 866, Fn. 9, die hierzu auf verschiedene Urteile verweisen, in denen die europäischen Gerichte Entscheidungen zumindest teilweise wegen Verfahrensfehlern aufgehoben hatten. So hatte etwa das EuG einige von der Kommission verhängte Geldbußen aufgehoben, weil sich die hiervon betroffenen Unternehmensvereinigungen nicht zu der beabsichtigten Verhängung hatten äußern können, vgl. *EuG*, Urteil vom 15.03.2000, verb. Rs. T-25/95 u.a. - Sachen *Cimenteries CBR SA u.a.*, Rn. 479 ff., 488. In einem weiteren Urteil hatte der EuGH die Festsetzung einer Geldbuße gegen einzelne Unternehmen für nichtig erklärt, da eine Geldbuße nur der Unternehmensvereinigung, deren Mitglieder sie waren, angedroht worden war und nicht ihnen selbst, vgl. *EuGH*, Urteil vom 16.03.2000, verb. Rs. C-395/96 und 396/96 - *Compagnie maritime belge*, Rn. 144 ff.

810 *Europäische Kommission*, Beschluss vom 23.05.2001 über das Mandat von Anhörungsbeauftragten in bestimmten Wettbewerbsverfahren, ABl. (EG) Nr. L 162 vom 19.06.2001, S. 21 ff. (im Folgenden: „Mandat 2001“).

811 *Europäische Kommission*, XXXI. Bericht über die Wettbewerbspolitik 2001, Rn. 20.

812 Vgl. zu den Aufgaben des Anhörungsbeauftragten unter dem Mandat 2001 ausführlich *S. Durande/M. Kellerbauer* (Fn. 807), S. 868 ff.

813 Art. 15 Mandat 2001.

814 Vgl. Pressemitteilung IP/01/736 der Europäischen Kommission vom 23.05.2001, abrufbar unter: http://europa.eu/rapid/press-release_IP-01-736_de.htm (zuletzt besucht am 05.08.2020).

werb organisatorisch besser abzusichern.[815] Um dies zu erreichen, unterstellte das Mandat 2001 den Anhörungsbeauftragten unmittelbar dem für Wettbewerb zuständigen Kommissar.[816] Seit dem Jahr 2001 gehört der Anhörungsbeauftragte daher nicht mehr wie zuvor der – ebenfalls unmittelbar dem Wettbewerbskommissar zugeordneten – Generaldirektion Wettbewerb an, sondern befindet sich organisatorisch mit ihr auf gleicher Ebene. Er ist damit dem Wettbewerbskommissar selbst als unabhängiger Berater zugeordnet.[817] Das Mandat 2001 sah zudem die Veröffentlichung der Ernennung des Anhörungsbeauftragten im Amtsblatt vor und bestimmte, dass seine Abberufung oder Versetzung nur durch eine mit Gründen versehene und ebenfalls im Amtsblatt zu veröffentlichende Entscheidung der Kommission erfolgen konnte.[818] Diese Veröffentlichungs- und Begründungspflichten sollten einer Beeinträchtigung der Entscheidungsfreiheit des Anhörungsbeauftragten durch drohende Versetzungen oder Entlassungen entgegenwirken.[819] Eine weitere maßgebliche Neuerung betraf den Abschlussbericht des Anhörungsbeauftragten, der zukünftig den betroffenen Unternehmen zusammen mit der endgültigen Entscheidung der Kommission übermittelt und darüber hinaus im Amtsblatt veröffentlichen werden sollte.[820] Hiermit erfüllte die Kommission eine der zentralen Forderungen, die in der Literatur sowie in einem erneuten Bericht des *House of Lords* aus dem Jahr 2000 geäußert worden waren.[821]

3. Das aktuelle Mandat aus dem Jahr 2011

Derzeit bildet der Beschluss der Kommission über das Mandat des Anhörungsbeauftragten aus dem Jahr 2011 die Rechtsgrundlage für die Kompetenzen und Befugnisse des Anhörungsbeauftragten.[822] Das aktuelle Man-

---

815 Vgl. Erwägungsgründe 3 und 6 des Mandates 2001; *M. Kellerbauer* (Fn. 766), S. 10.
816 Vgl. Erwägungsgrund 6 und Art. 2 Abs. 2 Mandat 2001.
817 Vgl. *M. Kellerbauer* (Fn. 766), S. 11.
818 Art. 2 Abs. 1 Mandat 2001.
819 Vgl. *M. Kellerbauer* (Fn. 766), S. 11.
820 Art. 16 Abs. 3 Mandat 2001; vgl. hierzu *J. P. Heidenreich* (Fn. 183), S. 209.
821 Vgl. *J. P. Heidenreich* (Fn. 183), S. 230 f.; *House of Lords, Select Committee on the European Union* (Fn. 807), Rn. 59 ff.; *M. Albers/J. Jourdan* (Fn. 769), S. 188.
822 Beschluss des Präsidenten der Europäischen Kommission vom 13.10.2011 über Funktion und Mandat des Anhörungsbeauftragten in bestimmten Wettbewerbsverfahren, ABl. EU Nr. L 275 vom 20.10.2011, S. 29 ff.

dat ist am 21. Oktober 2011 als Teil des Maßnahmenpaketes[823] der Kommission zur Reformierung des Kartellverfahrens mit dem ausdrücklichen Ziel der Stärkung von Transparenz und Fairness im Kartellverfahren in Kraft getreten.[824]

Nach der neugefassten Aufgabenzuweisung in Art. 1 Abs. 2 Mandat 2011 gewährleistet der Anhörungsbeauftragte *„die effektive Wahrung der Verfahrensrechte über den gesamten Verlauf von Wettbewerbsverfahren der Kommission"*. Das Mandat 2011 weitet die Aufgaben des Anhörungsbeauftragten damit auf die Ermittlungsphase aus.[825] Zur Erfüllung seiner Aufgaben verfügt er über verschiedene Entscheidungs- und Empfehlungskompetenzen, auf deren Grundlage er nun auch bereits vor der formalisierten Anhörung tätig werden kann.[826] Dies stellt eine neue Stufe in der Entwicklung des Anhörungsbeauftragten dar, da ihm zuvor nur eine Funktion in der Entscheidungsphase, nicht jedoch bereits in der Ermittlungsphase zukam.[827] Der Anhörungsbeauftragte ist damit nicht mehr nur Garant des Rechts auf Anhörung, sondern aller Verfahrensrechte.[828] Mit der Erweiterung seiner Kompetenzen hat sich seine Rolle letztlich zu der eines „Verfahrensbeauftragten" weiterentwickelt.[829]

Betroffene Unternehmen, Beschwerdeführer und Dritte können sich nun bei Streitigkeiten in Bezug auf die Wahrung von Verfahrensrechten grundsätzlich während des gesamten Verfahrensverlaufs an den Anhörungsbeauftragten wenden.[830] Parallel hierzu wurden auch die Berichts-

---

823 Zum Maßnahmenpaket der Kommission gehörten neben dem neuen Mandat des Anhörungsbeauftragten die Bekanntmachung der Kommission über bewährte Vorgehensweisen in Verfahren nach Art. 101 und 102 AEUV, ABl. (EU) Nr. C 308 vom 20.10.2012, S. 6 ff. sowie eine Bekanntmachung über bewährte Vorgehensweisen für die Einreichung wirtschaftlichen Beweismaterials, abrufbar unter: http://ec.europa.eu/competition/antitrust/legislation/best_practices_s ubmission_en.pdf (zuletzt besucht am 05.08.2020).

824 Vgl. auch *M. Albers* (Fn. 653), S. 35; zum Maßnahmenpaket der Kommission vgl. Pressemitteilung der Kommission IP/11/1201 vom 17.10.2011, abrufbar unter: http://europa.eu/rapid/press-release_IP-11-1201_de.htm (zuletzt besucht am 05.08.2020); vgl. hierzu auch *A.-H. Bischke/S. Brack* (Fn. 669), 1261.

825 Vgl. Art. 4 Abs. 1 Mandat 2011; vgl. zu den neuen Kompetenzen des Anhörungsbeauftragten in der Ermittlungsphase *B. Holles*, The Hearing Officer: Thirty Years Protecting the Right to Be Heard, World Competition Law and Economic Review 2013, S. 5 ff., S. 22 f.

826 *M. Kellerbauer* (Fn. 766), S. 10.

827 Vgl. *S. Lechler* (Fn. 317), S. 117.

828 Vgl. *M. Albers* (Fn. 653), S. 60.

829 *M. Albers* (Fn. 653), S. 61.

830 Vgl. *S. Lechler* (Fn. 317), S. 117.

pflichten des Anhörungsbeauftragten erweitert.[831] Das Mandat 2011 stärkt die Position des Anhörungsbeauftragten zudem symbolisch durch die ausdrückliche Feststellung, dass er bei der Wahrnehmung seiner Aufgaben unabhängig arbeitet.[832] Entsprechende Klarstellungen zu seiner Unabhängigkeit finden sich insbesondere in Art. 3 Abs. 1 Mandat 2011, nach dem der Anhörungsbeauftragte bei der Wahrnehmung seiner Aufgaben unabhängig ist, sowie in Art. 10 Abs. 2 Mandat 2011, nach dem er die mündliche Anhörung „in voller Unabhängigkeit" durchführt.[833]

Die Aufgaben des Anhörungsbeauftragten unter dem Mandat 2011 lassen sich grundsätzlich in vier Kategorien fassen:[834] *Erstens* ist der Anhörungsbeauftragte für die Vorbereitung und Leitung der mündlichen Anhörung zuständig.[835] Die Wahrung des rechtlichen Gehörs der Adressaten einer Mitteilung der Beschwerdepunkte wie auch die Einbeziehung der sonstigen Verfahrensbeteiligten ist die Kernaufgabe des Anhörungsbeauftragten.[836] In diesem Zusammenhang entscheidet der Anhörungsbeauftragte nach Rücksprache mit dem zuständigen Direktor der Generaldirektion Wettbewerb auch über Anträge Dritter auf schriftliche Anhörung bzw. auf Zulassung zur mündlichen Anhörung.[837] *Zweitens* ist der Anhörungsbeauftragte zuständig bei Beschwerden wegen eines Verstoßes gegen die Verteidigungsrechte und bei Fragen zur Offenlegung vertraulicher Informationen.[838] Abhängig vom konkreten Anlass und Gegenstand der Beschwerde verfügt der Anhörungsbeauftragte in diesem Zusammenhang über Entscheidungs- oder Empfehlungskompetenzen.[839] Nach der Intention des Mandates 2011 soll dem Anhörungsbeauftragten dabei vorrangig eine Funktion als neutraler Schiedsperson zukommen.[840] Dies zeigt sich insbesondere daran, dass sich betroffene Unternehmen und Dritte bei

---

831 Vgl. Art. 14 und 16 Mandat 2011; *B. Holles* (Fn. 825), S. 13 f.

832 Art. 3 Abs. 1 Mandat 2011; vgl. *M. Albers* (Fn. 653), S. 60.

833 Vgl. hierzu *B. Holles* (Fn. 825), S. 16.

834 Vgl. dazu *W. P. J. Wils* (Fn. 758), S. 434.

835 Art. 10 bis 13 Mandat 2011.

836 Vgl. *M. Kellerbauer* (Fn. 757), Rn. 6.

837 Vgl. Art. 5 Mandat 2011.

838 Vgl. Art. 8 des Mandat 2011.

839 Vgl. z.B. die in Art. 4 Abs. 2 Mandat 2011 geregelten Befugnisse des Anhörungsbeauftragten während der Ermittlungsphase, u.a. die Befugnis des Anhörungsbeauftragten zur Abgabe von Empfehlungen bei Fragen zur Reichweite des Anwaltsprivilegs nach Art. 4 Abs. 2 lit. a) oder des Schutzes vor selbstbelastenden Äußerungen nach Art. 4 Abs. 2 lit. b) Mandat 2011.

840 Vgl. siehe Erwägungsgrund 8 des Mandates 2011 sowie ausführlich *E. Bueren* (Fn. 317), S. 693 ff.

Konflikten stets zunächst an die zuständigen Beamten der Generaldirektion Wettbewerb wenden müssen.[841] Nur in Fällen, in denen keine Lösung mit diesen erzielt wurde, kann im Folgenden der Anhörungsbeauftragte subsidiär mit einer unabhängigen Prüfung der strittigen Frage befasst werden.[842] *Drittens* berichtet der Anhörungsbeauftragte u.a. dem Wettbewerbskommissar und den zuständigen Beamten der Generaldirektion Wettbewerb über die Anhörung und die Wahrung der Verfahrensrechte der beteiligten Unternehmen.[843] *Viertens* fungiert er als Berater des Wettbewerbskommissars, wobei er in dieser Rolle neben prozessualen auch materiell-rechtliche Fragen in seine Stellungnahmen einbeziehen kann.[844]

Seit der Einführung im Jahr 1982 hat sich die Position des Anhörungsbeauftragten mit jeder Neufassung des Mandates weiterentwickelt. Während die ursprüngliche Konzeption mit wenig weitreichenden, hauptsächlich auf die Anhörung begrenzten Befugnissen darauf hindeutete, dass der Anhörungsbeauftragte aus Sicht der Kommission vorrangig zur Stärkung ihrer eigenen Stellung im Verfahren beitragen und als zusätzliche interne Kontrollinstanz dienen sollte, ohne den Verfahrensbeteiligten gesonderte, zusätzliche Rechte einzuräumen,[845] hat sich dieses Bild inzwischen gewandelt. Seitdem entwickelt sich die Institution des Anhörungsbeauftragten zumindest in Grundzügen aufgrund des Zuwachses an Entscheidungskompetenzen, der zugedachten Vermittlerrolle und einer größeren Betonung seiner Unabhängigkeit zunehmend hin zu einer neutralen Kontrollinstanz.[846]

4. Exkurs: Der Europäische Bürgerbeauftragte

Der Auftrag des Europäischen Bürgerbeauftragten[847] liegt in der Sicherstellung einer guten Verwaltungspraxis im gesamten Bereich der europäischen

---

841 Vgl. Art. 3 Abs. 7 Mandat 2011.
842 Vgl. *E. Bueren* (Fn. 317), S. 694; *S. Lechler* (Fn. 317), S. 117 f.
843 Vgl. Art. 14 Mandat 2011 betreffend den Zwischenbericht sowie Art. 16 Mandat 2011 über den Abschlussbericht des Anhörungsbeauftragten.
844 Vgl. Art. 3 Abs. 5 Mandat 2011.
845 Vgl. *N. Zingales* (Fn. 266), S. 139 f., der insofern von „*Peer Review*"-Funktion spricht.
846 Vgl. *N. Zingales* (Fn. 266), S. 140, der den Anhörungsbeauftragten noch weitergehender als einen „*judicial (or quasi-judicial) body*" bezeichnet.
847 Seit Oktober 2013 hat *Emily O'Reilly* das Amt inne (aus Gründen besserer Lesbarkeit im Folgenden dennoch „Bürgerbeauftragter").

Verwaltung; er umfasst somit den Bereich der europäischen Wirtschaftsverwaltung und auch das europäische Kartellverfahren.[848] In den vergangenen Jahren wurde der Bürgerbeauftragte in verschiedenen Fällen mit Fragen aus dem Bereich des Kartellrechts befasst.[849] Aus diesem Grund soll sein Beitrag zur Transparenz des europäischen Kartellverfahrens im Folgenden im Überblick dargestellt werden, auch wenn dem Bürgerbeauftragten hierbei keine zentrale Rolle zukommt.

a) Funktion, Stellung und Kompetenzen

Die Institution des Bürgerbeauftragten wurde zum ersten Mal durch den Vertrag von Maastricht in das europäische Recht eingeführt.[850] Aufgabe des Bürgerbeauftragten ist es nach Art. 228 Abs. 1 S. 1 und 2 AEUV, Beschwerden von Bürgern und juristischen Personen mit Sitz in der Europäischen Union über Missstände bei der Tätigkeit der Organe, Einrichtungen und sonstigen Stellen der Europäischen Union[851] entgegenzunehmen, diese zu untersuchen und hierüber Bericht zu erstatten.[852] Das Recht zur An-

---

848 Die Kompetenzen des Bürgerbeauftragten überschneiden sich teilweise mit denjenigen des Anhörungsbeauftragten, vgl. *E. Bueren* (Fn. 317), S. 698 f. Eine eigenständige Rolle kommt ihm jedoch insbesondere bei Fragen hinsichtlich der Gewährung von Dokumentenzugang zu, vgl. *K. L. Ritter/ M.M. Wirtz* (Fn. 637), Rn. 68.

849 Vgl. hierzu die Hinweise auf vom Europäischen Bürgerbeauftragten in diesem Bereich bereits geprüfte Fälle bei *H. Dieckmann*, § 44 Das rechtliche Gehör im Verwaltungsverfahren, in: Wiedemann (Hrsg.), Handbuch des Kartellrechts (2020), Rn. 47.

850 Vgl. *S. Hölscheidt*, Art. 228 AEUV, in: Grabitz/Hilf/Nettesheim (Hrsg.), Das Recht der Europäischen Union (April 2017), Rn. 1. Vgl. zu Einführung und Entwicklung der Institution des Bürgerbeauftragten in der Europäischen Union *J. Haas*, Der Ombudsmann als Institution des Europäischen Verwaltungsrechts: Zur Neubestimmung der Rolle des Ombudsmanns als Organ der Verwaltungskontrolle auf der Grundlage europäischer Ombudsmann-Einrichtungen (2012), S. 239 ff.

851 Ausgenommen hiervon ist eine Überprüfung der europäischen Gerichte in Ausübung ihrer Rechtsprechungsbefugnisse, vgl. Art. 228 Abs. 1 S. 1 AEUV.

852 Die Aufgaben und Befugnisse des Bürgerbeauftragten werden im Beschluss des Europäischen Parlaments über die Regelungen und allgemeinen Bedingungen für die Ausübung der Aufgaben des Bürgerbeauftragten (im Folgenden: „Statut") näher geregelt. Der Beschluss wurde ursprünglich vom Europäischen Parlament am 09.03.1994 angenommen und im Amtsblatt veröffentlicht, vgl. ABl. (EG) Nr. L 113 vom 04.05.1994, S. 15 ff., sowie durch Beschlüsse vom 14.03.2002 (ABl. (EG) Nr. L 92 vom 09.04.2002, S. 13 f.) und vom 18.06.2008

rufung des Bürgerbeauftragten wurde zudem als Bürgerrecht in Art. 43 Grundrechte-Charta aufgenommen. Der Bürgerbeauftragte wird durch das Europäische Parlament gewählt[853] und übt sein Amt nach Art. 228 Abs. 3 S. 1 AEUV in völliger Unabhängigkeit aus.

Unter den Begriff des „Missstandes" im Sinne des Art. 228 Abs. 1 S. 1 AEUV fallen neben rechtswidrigen Verhaltensweisen auch Verstöße gegen die Grundsätze einer ordnungsgemäßen Verwaltung.[854] Der Bürgerbeauftragte legt bei seiner Arbeit eine selbst erarbeitete Definition zugrunde, nach der ein Missstand dann vorliegt, *„wenn eine öffentliche Einrichtung nicht im Einklang mit den für sie verbindlichen Regeln oder Grundsätzen handelt."*[855] Zudem orientiert er sich an dem von ihm entwickelten „Europäischen Kodex für gute Verwaltungspraxis",[856] der Anhaltspunkte für eine weitere Präzisierung des in Art. 41 Grundrechte-Charta gewährleisteten Rechts auf eine gute Verwaltung enthält.[857]

Der Bürgerbeauftragte kann bei der Wahrnehmung seiner Kontrollaufgaben auf eine bei ihm eingehende Beschwerde hin[858] oder auch in eigener Initiative tätig werden.[859] Die Einrichtungen der Union sind verpflichtet, an der Aufklärung des relevanten Sachverhaltes mitzuwirken und mit dem Bürgerbeauftragten zu kooperieren, indem sie Fragen des Bürgerbeauftragten beantworten und ihm angeforderte Unterlagen zur Verfügung

---

(ABl. (EU) Nr. L 189 vom 17.07.2008, S. 25 ff.) geändert. Das Statut ist in seiner aktuellen Fassung abrufbar unter: https://www.ombudsman.europa.eu/de/legal-basis/statute/de (zuletzt besucht am 05.08.2020).

853 Art. 228 Abs. 2 S. 1 AEUV.

854 Vgl. *M. Haag*, Art. 228 AEUV, in: von der Groeben/Schwarze/Hatje (Hrsg.), Europäisches Unionsrecht: Vertrag über die Europäische Union, Vertrag über die Arbeitsweise der Europäischen Union, Charta der Grundrechte der Europäischen Union (2015), Rn. 36.

855 *M. Haag* (Fn. 854), Rn. 36; vgl. hierzu auch den Jahresbericht des Bürgerbeauftragten aus dem Jahr 2012, S. 15, abrufbar unter: https://www.ombudsman.europa.eu/activities/annualreports.faces (zuletzt besucht am 05.08.2020).

856 Der Europäische Kodex für gute Verwaltunspraxis ist auf der Website des Bürgerbeauftragten abrufbar unter: http://www.ombudsman.europa.eu/de/resources/code.faces#/page/1 (zuletzt besucht am 05.08.2020).

857 Vgl. *S. Magiera*, Art. 41, in: Meyer/Hölscheidt (Hrsg.), Charta der Grundrechte der Europäischen Union (2019), Rn. 16 f.

858 Vor Einlegung einer Beschwerde beim Bürgerbeauftragten muss der Beschwerdeführer zunächst die geeigneten administrativen Schritte zur Behebung der Streitigkeit bei der jeweiligen Einrichtung unternehmen, vgl. Art. 2 Abs. 4 Statut.

859 Vgl. Art. 228 Abs. 1 Unterabs. 2 AEUV.

stellen.[860] Liegt nach Auffassung des Bürgerbeauftragten ein Missstand vor, kann er, sofern eine einvernehmliche Lösung mit der jeweiligen Einrichtung nicht erzielt werden kann, das Vorliegen eines Missstandes feststellen und eine Empfehlung zu seiner Beseitigung aussprechen.[861] Der Bürgerbeauftragte besitzt jedoch nicht die Kompetenz, selbst einen von ihm festgestellten Missstand durch eine verbindliche Entscheidung auszuräumen.[862] Auch ist er nicht befugt, in ein schwebendes Gerichtsverfahren einzugreifen oder die Rechtmäßigkeit einer gerichtlichen Entscheidung in Frage zu stellen.[863]

b) Bedeutung des Bürgerbeauftragten im Kartellverfahren

In den vergangenen Jahren wurde der Bürgerbeauftragte mehrfach mit Beschwerden befasst, die im Zusammenhang mit der Transparenz der Kommissionstätigkeit im Bereich des Kartellrechts standen.[864] In der kartellrechtlichen Praxis für Aufmerksamkeit sorgte etwa eine Beschwerde von *Intel*, in der *Intel* u.a. rügte, dass die Kommission es unterlassen habe, ein Sitzungsprotokoll eines Treffens mit dem Zulieferer *Dell* anzufertigen, obwohl Gegenstand des Treffens das von der Kommission gegen *Intel* geführte Verfahren gewesen sei.[865] *Intel* berief sich dabei darauf, dass auf diese Weise möglicherweise entlastende Informationen aus diesem Treffen nicht in die Verfahrensakte gelangt seien.[866] Der Bürgerbeauftragte bejahte im Ergebnis einen Verstoß der Kommission gegen die Grundsätze einer guten Verwaltungspraxis, nahm jedoch keine Stellung dazu, ob hierdurch auch

---

860 Vgl. *M. Haag* (Fn. 854), Rn. 46; Art. 3 Abs. 2 Statut.
861 Vgl. Art. 3 Abs. 5 und 6 Statut; *E. Bueren* (Fn. 317), S. 698.
862 Vgl. *H. Dieckmann* (Fn. 849), Rn. 47.
863 Vgl Art. 1 Abs. 3 Statut.
864 Vgl. für einen Überblick zu Entscheidungen des Bürgerbeauftragten im Bereich des Kartellrechts *A. Scordamaglia-Tousis*, The Role of the Eurpean Ombudsman in Competition Proceedings: A Second Guardian of Procedural Guarantees?, Journal of European Competition Law & Practice 2012, S. 29 ff., S. 32 ff.
865 Vgl. ausführlich zum Vorbringen von *Intel* sowie zur Rolle des Bürgerbeauftragten in diesem Verfahren *N. P. Diamandouros*, Improving EU Competition Law Procedures by Applying Principles of Good Administration: The Role of the Ombudsman, Journal of European Competition Law & Practice 2010, S. 379 ff., S. 380 ff.
866 Vgl. Entscheidung des Bürgerbeauftragten vom 14.07.2009 im Fall 1935/2008/FOR, Rn. 4, abrufbar unter: http://www.ombudsman.europa.eu/de/cases/decisio n.faces/de/4164/html.bookmark (zuletzt besucht am 05.08.2020)

die kartellverfahrensrechtlichen Verteidigungsrechte von *Intel* verletzt worden waren.[867]

Eine weitere vielbeachtete Beschwerde führte zur Veröffentlichung von Teilen des *„Antitrust Manual of Procedure"* (im Folgenden: *„ManProc"*) der Generaldirektion Wettbewerb. Bei dem *ManProc* handelt es sich um ein Verfahrenshandbuch, das ursprünglich ausschließlich für den internen Gebrauch durch die Kommissionbeamten bestimmt war und in elektronischer Form eine große Sammlung verschiedener Dokumente mit Hinweisen zu kartellverfahrensrechtlichen Themenkomplexen und zum Umgang mit verschiedenen Verfahrenssituationen enthält. Einen auf die VO 1049/2001 gestützten Antrag auf Zugang zum *ManProc* hatte die Kommission zunächst abgelehnt und dies damit begründet, dass eine Offenlegung des *ManProc* ihren Entscheidungsprozess erheblich beeinträchtigen und ihre Ermittlungen behindern könne. Hiergegen richtete sich die Beschwerde. Auf Vorschlag des Bürgerbeauftragten stimmte die Kommission schließlich einer Veröffentlichung von Auszügen aus der kommissionsinternen Dokumentensammlung im Rahmen einer einvernehmlichen Lösung mit dem Beschwerdeführer zu.[868] Die Veröffentlichung des *ManProc* erlaubt Verfahrensbeteiligten einen näheren Einblick in die Vorgaben, an denen sich die Kommissionsbeamten bei ihrer Arbeit orientieren, und trägt insofern zur Transparenz der Tätigkeit der Generaldirektion Wettbewerb bei der Durchsetzung des europäischen Kartellrechts bei.[869]

Anlass zu einer Auseinandersetzung mit der Transparenz und Fairness des Kommissionshandelns mit Bezug zum Kartellrecht hatte der Bürgerbeauftragte zudem im Jahr 2015. Hintergrund war eine Beschwerde u.a. der *Crédit Agricole* über Äußerungen des damaligen Wettbewerbskommissars *Almunia*, die nach ihrer Auffassung seine Voreingenommenheit während der laufenden Ermittlungen erkennen ließen. *Crédit Agricole* rügte, der

---

867 Vgl. hierzu die Zusammenfassung des Bürgerbeauftragten zu seiner Entscheidung vom 14.07.2009 in Fall 1935/2008/FOR *„Verfahrensfehler in einem Wettbewerbsfall"*, abrufbar zusammen mit der vollständigen Entscheidung unter: https://www.ombudsman.europa.eu/de/decision/de/4164 (zuletzt besucht am 05.08.2020).

868 Vgl. hierzu die Zusammenfassung des Bürgerbeauftragten zu seiner Entscheidung vom 26.09.2011 in Fall 297/2010/GG *„Verweigerung des Zugangs zum Verfahrenshandbuch für Wettbewerbssachen"*, abrufbar zusammen mit der vollständigen Entscheidung unter: https://www.ombudsman.europa.eu/de/decision/de/10 879 (zuletzt besucht am 05.08.2020).

869 Vgl. ausführlich zum Hintergrund der Veröffentlichung sowie zum Inhalt des *ManProc*: *J. Temple Lang*, The strengths and weaknesses of the DG Competition Manual of Procedure, Journal of Antitrust Enforcement 2013, S. 132 ff.

Kommissar habe hierdurch seine Pflicht zur Unparteilichkeit verletzt. Der Bürgerbeauftragte folgte dieser Argumentation und stellte fest, dass die Äußerungen *Almunias* den Eindruck vermittelt hatten, der Kommissar habe bereits vor Abschluss des Verfahrens Schlussfolgerungen zur Beteiligung an den kartellrechtswidrigen Verhaltensweisen gezogen. In der Folge regte der Bürgerbeauftragte gegenüber der Kommission an, eine Richtlinie zur Äußerung von Kommissaren während eines laufenden Kartellverfahrens zu erlassen.[870]

Die Entscheidungen des Bürgerbeauftragten besitzen mangels einer rechtlichen Bindungswirkung für die Kommission keinen unmittelbaren Einfluss auf den Ausgang eines konkreten Kartellverfahrens. Dies wurde insbesondere im Fall *Intel* deutlich, in dem die Prüfung einer Verletzung der Verteidigungsrechte dem *EuG* vorbehalten blieb. Dieses bejahte zwar einen Verstoß der Kommission gegen die Grundsätze einer guten Verwaltungspraxis, lehnte aber eine Aufhebung der Kommissionsentscheidung unter Berufung auf eine spätere Heilung ab.[871] *Intel* konnte aus seiner Beschwerde daher letztlich keinen Vorteil ziehen.[872] Dem Bürgerbeauftragten kommt im Kartellverfahren daher nur eine untergeordnete Rolle zu.[873]

Dennoch kann der Bürgerbeauftragte eine wertvolle Ergänzung zum Anhörungsbeauftragten darstellen, da er aus einer anderen Perspektive heraus agiert. Während der Anhörungsbeauftragte als interne Kontrollinstanz der Kommission fungiert, nimmt der Bürgerbeauftragte eine primärrechtlich verankerte Kontrollfunktion wahr, die ihm einen distanzierteren Blick von außerhalb auf das Kommissionshandeln ermöglicht.[874] Zudem ist der Bürgerbeauftragte in der Lage, politische Signale mit einer nicht unwesentlichen Öffentlichkeitswirkung zu senden.[875] Dies hat die Kommissi-

---

870 Vgl. hierzu die Pressemitteilung vom 12.03.2015, *„Ombudsfrau kritisiert Äußerungen in Kartellverfahren"*, abrufbar unter: http://www.ombudsman.europa.eu/de/press/release.faces/de/59265/html.bookmark, sowie die Entscheidung des Bürgerbeauftragten vom 11.11.2015 in Fall 1021/2014/PD, Rn. 10 ff., abrufbar unter: https://www.ombudsman.europa.eu/de/decision/de/61312 (jeweils zuletzt besucht am 05.08.2020).

871 Vgl. *EuG*, Urteil vom 12.06.2014, Rs. T-286/09 – *Intel*, Rn. 621 f.

872 Vgl. *S. Wernicke*, Das Intel-Urteil des EuG - ein Lehrstück dogmatischer Kontinuität, EuZW 2015, S. 19 ff., S. 23.

873 Vgl. *K. L. Ritter/ M.M. Wirtz* (Fn. 637), Rn. 67.

874 Vgl. *E. Bueren* (Fn. 317), S. 698 f.

875 Vgl. *U. Soltész*, Der Ombudsmann im Wettbewerbsrecht - Eine Institution erfindet sich neu!, EuZW 2015, S. 409–410 f., S. 410. Vgl. hierzu *I. v. Bael*, Due Process in EU Competition Proceedings (2011), S. 127, der dem Bürgerbeauftragten *"high moral authority"* zuerkennt.

on bereits veranlasst, nach einer Empfehlung des Bürgerbeauftragten entsprechende Reformen ihrer Verfahrenspraxis vorzunehmen, so dass diese sich zumindest in späteren Verfahren auswirken.[876] In dieser Hinsicht stellt der Bürgerbeauftragte zumindest ein gewisses Gegengewicht zur Machtkonzentration der Kommission dar[877] und kann auch in Zukunft weitere Impulse zur Steigerung der Fairness und Transparenz im Kartellverfahren leisten.

II. Anhörung der betroffenen Unternehmen

Die Anhörung dient im Kartellverfahren der Überprüfung der in der Mitteilung der Beschwerdepunkte enthaltenen Tatsachenfeststellungen und rechtlichen Wertungen. Sie gibt den betroffenen Unternehmen Gelegenheit, sich über die Grundlagen der gegen sie erhobenen Vorwürfe zu informieren und zu ihnen Stellung zu nehmen. Das Recht auf Anhörung umfasst das Recht, vor Erlass einer belastenden Entscheidung über die Vorwürfe unterrichtet zu werden, Einsicht in die Verfahrensakte der Kommission zu nehmen und hierzu Stellung zu beziehen. Es ist ein grundlegendes Verfahrensrecht der am Kartellverfahren beteiligten Unternehmen und ein wesentliches Element der Transparenz des europäischen Kartellverfahrens. Da die Kommission in diesem Verfahrensabschnitt ihre endgültige Entscheidung vorbereitet, kommt dem Anhörungsrecht herausragende Bedeutung für das Ergebnis des gesamten Kartellverfahrens zu.

1. Recht auf Anhörung als elementare Verfahrensgarantie

Das Recht der von einem Verfahren unmittelbar betroffenen Unternehmen auf Anhörung wurde durch die Gerichte der Europäischen Union als unionsrechtlicher Rechtsgrundsatz vielfach herausgearbeitet und ist in der Rechtsprechung seit langem anerkannt.[878] Es stellt eine grundlegende Verfahrensgarantie dar, die auch grundrechtlich durch Art. 41 Abs. 2 lit. a)

---

876 Vgl. *A. Scordamaglia-Tousis* (Fn. 864), S. 38.

877 Vgl. *U. Soltész* (Fn. 875), S. 410.

878 Vgl. *M. Kellerbauer* (Fn. 757), Rn. 2; vgl. ausdrücklich *EuGH*, Urteil vom 23.10.1974, Rs. 17/74 – *Transocean Marine Paint Association*, Rn. 15, wonach *„die Adressaten von Entscheidungen der öffentlichen Behörden, wenn ihre Interessen durch die Entscheidung spürbar berührt werden, Gelegenheit erhalten müssen, ihren Standpunkt gebührend darzulegen".*

Grundrechte-Charta verbürgt ist.[879] Zudem zählt es zu den Grundsätzen einer guten Verwaltungspraxis und ist Teil des Bürgerrechts auf eine gute Verwaltung.[880]

Das Recht auf Anhörung erfüllt zwei elementare Funktionen.[881] In einer objektivrechtlichen Komponente dient das Anhörungsrecht den Entscheidungsträgern auf Behördenseite dazu, alle relevanten Informationen zu einem Fall zu erhalten, so dass sie sich bei der Entscheidungsfindung auf einen zutreffenden und vollständigen Sachverhalt stützen können. Die Gewährung rechtlichen Gehörs ist damit eine Grundvoraussetzung für die Richtigkeit der abschließenden Entscheidung und damit des Verfahrensergebnisses.[882] Gleichzeitig kommt dem Anhörungsrecht eine wichtige individualschützende Zielsetzung zu, da es den betroffenen Unternehmen ermöglicht, auf das weitere Verfahren und die an seinem Ende getroffene Entscheidung Einfluss nehmen zu können. Da die Betroffenen in diesem Zusammenhang Einblick in die Tatsachenannahmen und rechtlichen Argumentationsstrukturen der Kommission erhalten, schützt es zudem vor Überraschungsentscheidungen.[883] Das Recht auf Anhörung im Kartellverfahren schützt damit insbesondere auch die Interessen der von einer belastenden Entscheidung potenziell Betroffenen und stellt sicher, dass die Entscheidung in Kenntnis der vollständigen Tatsachengrundlage gefällt wird.[884]

Die Anhörung soll dazu beitragen, das Vertrauen der von einer negativen Entscheidung potenziell Betroffenen in die Entscheidungsfindung zu festigen. Das Recht auf Anhörung dient der Schaffung von Transparenz und soll die Akzeptanz einer späteren, für die Betroffenen belastenden Entscheidung fördern.[885] Damit ist die Anhörung auch eine wichtige Komponente zur Stärkung der Legitimation der abschließenden Entscheidung.[886]

---

879 Vgl. *S. Lechler* (Fn. 317), S. 123.
880 Vgl. *I. Lianos/A. Andreangeli* (Fn. 473) mit Verweis auf *H. P. Nehl*, Principles of administrative procedure in EC law (1999), S. 96; vgl. hierzu sowie zu Entstehung und Entwicklung des Art. 41 Grundrechte-Charta *S. Nöhmer*, Das Recht auf Anhörung im europäischen Verwaltungsverfahren (2013), S. 22 ff.
881 Vgl. *I. Lianos/A. Andreangeli* (Fn. 473), S. 409.
882 Vgl. *S. Nöhmer* (Fn. 880), S. 29.
883 Vgl. *S. Nöhmer* (Fn. 880), S. 29.
884 Vgl. *A. Hatje* (Fn. 252), Rn. 5.13.
885 Vgl. *S. Nöhmer* (Fn. 880), S. 30.
886 Vgl. *S. Nöhmer* (Fn. 880), S. 30.

2. Zweistufige Ausgestaltung des Anhörungsrechts

Für das europäische Kartellverfahrensrecht bestimmt Art. 27 Abs. 1 S. 1 VO 1/2003 in Ausprägung des Grundsatzes auf rechtliches Gehör, dass die Kommission den Unternehmen, gegen die sich das von ihr betriebene Verfahren richtet, Gelegenheit zur Äußerung zu den Beschwerdepunkten gibt, bevor sie eine Entscheidung zur Feststellung und Abstellung von Zuwiderhandlungen nach Art. 7 VO 1/2003 oder eine Bußgeldentscheidung nach Art. 23 VO 1/2003 trifft, ein Zwangsgeld nach Art. 24 VO 1/2003 festsetzt oder einstweilige Maßnahmen nach Art. 8 VO 1/2003 erlässt.[887] Das Recht auf Gewährung rechtlichen Gehörs im Kartellverfahren verleiht allen Unternehmen, deren Verhalten Gegenstand der Untersuchung war und gegen die die Kommission ein formelles Verfahren eingeleitet hat, das Recht, vor Erlass einer belastenden Entscheidung durch die Kommission zu den erhobenen Vorwürfen angehört zu werden. Erfasst sind damit grundsätzlich nur diejenigen Unternehmen, die eine Mitteilung der Beschwerdepunkte erhalten haben und potentielle Adressaten einer Bußgeld- oder Untersagungsentscheidung der Kommission sind.[888] Das Recht auf Anhörung setzt sich grundsätzlich aus zwei Komponenten zusammen: dem Recht, über die wettbewerbsrechtlichen Bedenken und die entsprechenden Tatsachen und Beweismittel informiert zu werden, auf die die Kommission sich im Verfahren stützt, sowie dem Recht, selbst vor Erlass der endgültigen Entscheidung zum Sachverhalt und zu seiner rechtlichen Beurteilung Stellung nehmen zu können.[889]

Die Anhörung der betroffenen Unternehmen im europäischen Kartellverfahren besteht aus einer schriftlichen und einer mündlichen Anhörung. Das Recht auf schriftliche Anhörung ist von Amts wegen zu gewähren, ohne dass hierfür ein Antrag erforderlich ist.[890] Nach Erhalt der Mitteilung

---

887 Art. 27 Abs. 1 S. 1 VO 1/2003 enthält keine abschließende Aufzählung. Rechtliches Gehör ist unabhängig von einer ausdrücklichen Regelung nach einem allgemeinen Grundsatz des Unionsrechts in jedem Verfahren zu gewähren, das zu einer für den Betroffenen negativen Entscheidung führen kann, vgl. *M. Kellerbauer* (Fn. 757), Rn. 9.

888 Vgl. *J. P. Heidenreich* (Fn. 183), S. 88; *W. Weiß*, Art. 27 VO (EG) 1/2003, in: Loewenheim/Meessen/Riesenkampff/Kersting/Meyer-Lindemann (Hrsg.), Kartellrecht: Kommentar zum Deutschen und Europäischen Recht (2020), Rn. 5. Art. 27 Abs. 3 S. 1 VO 1/2003 bestimmt darüber hinaus, dass die Kommission auch andere natürliche oder juristische Personen anhören kann, wenn sie dies für erforderlich hält.

889 Vgl. *S. Lechler* (Fn. 317), S. 123.

890 Vgl. *J. P. Heidenreich* (Fn. 183), S. 87.

der Beschwerdepunkte können die betroffenen Unternehmen in einem ersten Schritt zunächst schriftlich gegenüber der Kommission Stellung nehmen und sich zu den gegen sie erhobenen Vorwürfen äußern. Zur Vorbereitung ihrer Stellungnahme können sie Akteneinsicht in die Verfahrensakten der Kommission beantragen.[891] In einem zweiten Schritt haben die betroffenen Unternehmen die Möglichkeit, eine mündliche Anhörung vor dem Anhörungsbeauftragten zu verlangen, die ihnen auf ihren Antrag hin zu gewähren ist.[892] Diese zusätzliche mündliche Anhörung findet nur dann statt, wenn ein Unternehmen dies ausdrücklich beantragt. Der Schwerpunkt des Verfahrens liegt daher klar auf der schriftlichen Stellungnahme.[893] Die mündliche Anhörung soll demgegenüber in der Regel vorrangig dazu dienen, streitige Fragen zu klären und wesentliche Argumente nochmals herauszuarbeiten und gegebenenfalls weiterzuentwickeln.[894]

a) Obligatorische schriftliche Anhörung

Die Kommission ist verpflichtet, den betroffenen Unternehmen vor Erlass einer nachteiligen Entscheidung Gelegenheit zu geben, zu den von ihr erarbeiteten Beschwerdepunkten schriftlich Stellung zu nehmen.[895] Hierzu setzt sie den betroffenen Unternehmen eine mindestens vierwöchige Frist zur Abgabe einer schriftlichen Erwiderung, die je nach dem für die Prüfung der Beschwerdepunkte erforderlichen Zeitaufwand und der Dringlichkeit des Falles auch verlängert werden kann; in der Regel sieht die Rechtsprechung eine Frist von zwei bis drei Monaten auch bei komplexen Fällen als ausreichend an.[896]

Zur Vorbereitung auf ihre Stellungnahmen werden die betroffenen Unternehmen sowohl durch die Mitteilung der Beschwerdepunkte selbst als

---

891 Vgl. Art. 27 Abs. 2 S. 2 VO 1/2003 sowie Art. 15 Abs. 1 VO 773/2004.

892 Art. 12 VO 773/2004 bestimmt, dass die Kommission den Parteien, an die sie eine Mitteilung der Beschwerdepunkte gerichtet hat, Gelegenheit gibt, ihre Argumente in einer Anhörung vorzutragen, wenn sie dies in ihren schriftlichen Ausführungen beantragen. Betroffene Unternehmen haben daher einen Anspruch auf eine mündliche Anhörung.

893 Vgl. *A. Klees* (Fn. 147), § 5, Rn. 46, nach dem das Kommissionsverfahren dem Schriftlichkeitsgrundsatz folgt und die mündliche Anhörung daher als "*Annex der schriftlichen Äußerung*" ausgestaltet ist.

894 Vgl. *W. Weiß* (Fn. 888), Rn. 8.

895 Vgl. Art. 27 Abs. 2 S. 1 VO 1/2003.

896 Vgl. Art. 10 Abs. 2 und Art. 17 Abs. 2 VO 773/2004; hierzu *R. Bechtold/W. Bosch/I. Brinker* (Fn. 115), Art. 27 VO 1/2003, Rn. 20.

auch durch die im Anschluss mögliche Einsicht in die Verfahrensakte der Kommission über das ihnen vorgeworfene Verhalten informiert. Die Übersendung der Mitteilung der Beschwerdepunkte und die Gewährung der Akteneinsicht tragen so zur Transparenz der von der Kommission bislang im Ermittlungsverfahren gewonnenen Erkenntnisse und Beweismittel bei.

aa) Mitteilung der Beschwerdepunkte

Die Mitteilung der Beschwerdepunkte bildet die Basis für die Anhörung und ist gleichsam der *„Auslöser"*[897] für die Ausübung des Anhörungsrechts. In der Mitteilung der Beschwerdepunkte erfahren die betroffenen Unternehmen zum ersten Mal vollumfänglich, welche Vorwürfe die Kommission im Einzelnen gegen sie erhebt und auf welche Belastungsbeweise sie sich hierbei stützt.

i. Funktion und Inhalt

Zweck der Mitteilung der Beschwerdepunkte ist es, den Unternehmen alle wesentlichen tatsächlichen und rechtlichen Informationen zur Verfügung zu stellen, die sie für eine sachgerechte und effektive Verteidigung benötigen, bevor die Kommission eine endgültige Entscheidung trifft.[898] Die Mitteilung der Beschwerdepunkte bildet die Grundlage der Gewährung rechtlichen Gehörs durch die Kommission und soll es den Betroffenen ermöglichen, ihren Anspruch auf rechtliches Gehör im weiteren Verfahren wirksam wahrzunehmen.[899] Die Verpflichtung der Kommission, die Adressaten einer Mitteilung der Beschwerdepunkte vor Erlass einer Entscheidung anzuhören, wird verfahrensrechtlich dadurch abgesichert, dass die Kommission ihre Entscheidung nur auf solche Beschwerdepunkte stützen kann, zu denen sich die betroffenen Unternehmen äußern konnten.[900] Die Bedeutung der Mitteilung der Beschwerdepunkte liegt damit auch da-

---

897 *S. Lechler* (Fn. 317), S. 123.
898 Vgl. *R. v. d. Hout/P. Lux*, Art. 27 VO 1/2003, in: Berg/Mäsch (Hrsg.), Praxiskommentar zum deutschen und europäischen Kartellrecht (2015), Rn. 19.
899 Vgl. *R. v. d. Hout/P. Lux* (Fn. 898), Rn. 17; *M. Sura*, Art. 27 VO 1/2003, in: Langen/Bunte (Hrsg.), Kartellrecht, Band 2, Europäisches Kartellrecht (2018), Rn. 5.
900 Vgl. Art. 27 Abs. 1 S. 2 VO 1/2003 und Art. 11 Abs. 2 VO 773/2004.

rin begründet, dass sie den Gegenstand des Verfahrens festlegt und begrenzt.[901]

Die Mitteilung der Beschwerdepunkte enthält eine Darstellung des von der Kommission zugrunde gelegten Sachverhaltes sowie dessen rechtliche Bewertung.[902] Die Kommission muss in der Mitteilung der Beschwerdepunkte sämtliche Wettbewerbsverstöße erschöpfend darlegen[903] und die Adressaten über alle wesentlichen Aspekte, auf die sie sich zur Darlegung und zum Beweis des vorgeworfenen kartellrechtswidrigen Verhaltens stützt, unterrichten.[904] Auch wenn die Mitteilung der Beschwerdepunkte unter Umständen knapp gehalten sein kann,[905] muss sie klar formuliert sein und die betroffenen Unternehmen in die Lage versetzen, das ihnen zur Last gelegte Verhalten tatsächlich verstehen zu können.[906] Die Rechtsprechung hat die Anforderungen an eine hinreichende Information der Parteien in der Mitteilung der Beschwerdepunkte stetig erhöht und fordert unter anderem, dass die relevanten Aspekte in einen für das betroffene Unternehmen verständlichen Zusammenhang eingeordnet und bewertet werden.[907]

In der Mitteilung der Beschwerdepunkte benennt die Kommission die Beweismittel und die jeweils aus ihnen gezogenen Schlussfolgerungen, auf deren Grundlage sie ihre Entscheidung getroffen hat. Die Kommission kann zu diesem Zweck entweder belastende Dokumente der Mitteilung der Beschwerdepunkte beifügen und in Kopie übermitteln oder Bezug auf die Verfahrensakte nehmen.[908] Zudem müssen aus der Mitteilung der Beschwerdepunkte die von der Kommission beabsichtigten Maßnahmen ein-

---

901 Vgl. *G. Miersch*, Art. 27 VO 1/2003, in: Dalheimer/Feddersen/Miersch, EU-Kartellverfahrensverordnung: Kommentar zur VO 1/2003 (2005), Rn. 11.

902 Vgl. *M. Sura* (Fn. 899), Rn. 10.

903 Vgl. *G. Miersch* (Fn. 901), Rn. 13.

904 Vgl. *R. v. d. Hout/P. Lux* (Fn. 898), Rn. 4 mit Verweis auf *EuG*, Urteil vom 08.07.2008, Rs. T-99/04 – *AC Treuhand*, Rn. 48. Die Rechtsprechung hat die Anforderungen, die die Mitteilung der Beschwerdepunkte erfüllen muss, wiederholt konkretisiert, so dass hierzu inzwischen eine umfangreiche Kasuistik besteht; vgl. hierzu u.a. *H.-J. Freund*, Verteidigungsrechte im kartellrechtlichen Bußgeldverfahren: Zu den Urteilen ADM, Bolloré und Akzo Nobel des Gerichtshofs, EuZW 2009, S. 839 ff.

905 Vgl. *M. Sura* (Fn. 899), Rn. 11 m.w.N.

906 Vgl. *W. Weiß* (Fn. 146), Rn. 15.

907 Vgl. *S. Lechler* (Fn. 317), S. 123.

908 Vgl. *M. Sura* (Fn. 899), Rn. 15 m.w.N. In letzterem Fall kann die Kommission eine Liste erstellen, die den betroffenen Unternehmen einen Überblick über die Dokumente vermittelt, die in ihrer Akte enthalten sind, und auch die Aktenbestandteile vermerken, die aus Gründen des Geheimnisschutzes nicht eingesehen

deutig hervorgehen.[909] Sofern die Kommission beabsichtigt, eine Geldbuße zu verhängen, muss sie dies in der Mitteilung der Beschwerdepunkte androhen. In diesem Fall nimmt die Kommission auch Angaben zu den wesentlichen Bemessungsgrundlagen, insbesondere zu Dauer, Schwere und Vorhersehbarkeit des kartellrechtswidrigen Verhaltens, in die Mitteilung der Beschwerdepunkte auf.[910] Hierdurch sollen die betroffenen Unternehmen zu Beginn der Entscheidungsphase in die Lage versetzt werden, sich nicht nur gegen die Feststellung wettbewerbswidriger Verhaltensweisen, sondern gegebenenfalls auch gegen die beabsichtigte Verhängung einer Geldbuße zu verteidigen.[911]

Die Mitteilung der Beschwerdepunkte erfolgt schriftlich[912] in der Landessprache des jeweiligen Empfängers und wird allen Adressaten zugestellt.[913] Will die Kommission neue, entscheidungserhebliche Tatsachen oder Beschwerdepunkte einführen oder ihre Entscheidung auf eine neue Rechtsgrundlage stützen, muss sie dies den Parteien mittels ergänzender Beschwerdepunkte mitteilen und sie hierzu erneut anhören.[914]

ii. Zur Erforderlichkeit einer gesonderten Anhörung zur Höhe des Bußgelds

Hinsichtlich der beabsichtigten Bußgeldverhängung nimmt die Kommission in der Mitteilung der Beschwerdepunkte u.a. zur angenommenen Dauer des Verstoßes und der Schwere der Zuwiderhandlung Stellung.[915] Die Mitteilung der Beschwerdepunkte enthält jedoch keine Angaben zur angewandten Berechnungsweise und zur konkreten Höhe der Geldbuße.[916]

---

werden können, da sie z.B. Geschäftsgeheimnisse oder sonstige vertrauliche Angaben beinhalten, vgl. *W. Weiß* (Fn. 146), Rn. 15.

909 Vgl. *G. Miersch* (Fn. 901), Rn. 15.
910 Vgl. *M. Sura* (Fn. 899), Rn. 12 f.
911 Vgl. *M. Sura* (Fn. 899), Rn. 12.
912 Art. 10 Abs. 1 S. 1 VO 773/2004.
913 Vgl. *M. Sura* (Fn. 899), Rn. 6. Die Möglichkeit, die Mitteilung durch öffentliche Bekanntmachung im Amtsblatt vorzunehmen, besteht inzwischen hingegen nicht mehr. Art. 10 VO 773/2004 enthält nicht mehr die noch in Art. 3 Abs. 2 VO 2842/98 vorgesehene Möglichkeit zur Publikation im Amtsblatt z.B. in solchen Fällen, in denen viele verschiedene Unternehmen zu benachrichtigen waren, vgl. *W. Weiß* (Fn. 888), Rn. 9 sowie Fn. 33.
914 Vgl. *K. L. Ritter/ M.M. Wirtz* (Fn. 637), Rn. 8 und 13.
915 Vgl. *M. Sura* (Fn. 899), Rn. 13.
916 Vgl. *M. Sura* (Fn. 899), Rn. 12, 14.

Da die Kommission sich im Rahmen des Verfahrens an die betroffenen Unternehmen wenden kann, um für die Berechnung relevante Daten, wie z.B. Umsätze, zu erfragen, können diese hieraus zwar in gewissem Umfang Rückschlüsse über die Erwägungen der Kommission ziehen; von der genauen Kalkulation des Bußgeldes durch die Kommission erhalten sie jedoch erst mit der abschließenden Bußgeldentscheidung Kenntnis.[917] Betroffene Unternehmen haben daher keine Möglichkeit, sich zur Bestimmung des Bußgeldes und der konkreten Anwendung der Bußgeldleitlinien zu äußern, bevor die Kommission ihre abschließende Entscheidung getroffen hat.[918]

Eine diesbezügliche Anhörung ist derzeit aus Sicht der Rechtsprechung nicht notwendig. Sie sieht den Anspruch auf rechtliches Gehör bereits dann als erfüllt an, wenn die Kommission das betroffene Unternehmen in Bezug auf das dem Unternehmen vorgeworfene Verhalten angehört hat. Sofern es um die Bemessung der Geldbuße gehe, werde das Recht auf Anhörung durch die Möglichkeit der Stellungnahme zu Dauer, Schwere und Erkennbarkeit des Wettbewerbsverstoßes gewahrt.[919] Dies sei auch dadurch gerechtfertigt, dass die betroffenen Unternehmen die Möglichkeit besäßen, die verhängte Geldbuße gerichtlich überprüfen zu lassen.[920]

Das Fehlen einer Anhörungsmöglichkeit zur Bußgeldberechnung erscheint aus Sicht der Adressaten der Mitteilung der Beschwerdepunkte zunächst unbefriedigend, da die Höhe des zu befürchtenden Bußgeldes für sie zu den wichtigsten Informationen zählen dürfte. Es lässt sich wohl nicht ausschließen, dass in einigen Gerichtsverfahren, in deren Rahmen Bußgeldentscheidungen der Kommission angegriffen werden, eine fehlende Anhörungsmöglichkeit zu Berechnung und Höhe des Bußgeldes ein entscheidender Anlass für die Einreichung der Klage gewesen ist. Hingewiesen wird in der Praxis auch darauf, dass es wegen der fehlenden Möglichkeit zu einer Stellungnahme zur Bußgeldhöhe schwierig sein könne, sich gegenüber der Kommission darauf zu berufen, dass ein betroffenes Unternehmen zur Zahlung der Geldbuße nicht in der Lage sei.[921] Dies könne auch nicht nach Erlass der endgültigen Entscheidung nachgeholt

---

917 Vgl. *ECLF Working Group on Transparency and Process* (Fn. 7), S. 489.

918 Vgl. *J. P. Heidenreich* (Fn. 183), S. 90.

919 Vgl. *EuG*, Urteil vom 06.10.1994, Rs. T-83/91 – *Tetra* Pak, Rn. 235; *J. P. Heidenreich* (Fn. 183), S. 90.

920 Vgl. *EuG*, Urteil vom 06.10.1994, Rs. T-83/91 – *Tetra* Pak, Rn. 235.

921 Vgl. *ECLF Working Group on Transparency and Process* (Fn. 7), S. 489, allerdings auch mit dem Hinweis darauf, dass die Erhebung derartige Einwände gegenüber der Kommission ohnehin selten erfolgversprechend sei.

werden. Denn in diesem Fall sei das Unternehmen gezwungen, entweder kurzfristig einstweiligen Rechtsschutz zu suchen oder eine Bankbürgschaft zu beantragen, da die Entscheidung der Kommission sofort vollziehbar ist.[922] Vorgeschlagen wird deshalb, ein gesondertes Treffen zu ermöglichen, bei dem das im Raum stehende Bußgeld oder zumindest dessen Höchstbetrag thematisiert wird.[923]

Die Kommission ist sich des hier bestehenden Informationsdefizites bewusst, scheint aber einer Bekanntgabe der Berechnung und Höhe des beabsichtigten Bußgeldes vor Erlass der Entscheidung ablehnend gegenüberzustehen. Sie hebt in ihren *Best Practices* ausdrücklich hervor, dass sie, obwohl sie sich hierzu rechtlich nicht verpflichtet sehe, *„im Sinne einer verbesserten Transparenz bestrebt [ist], (unter Verwendung der verfügbaren Informationen) außerdem weitere Umstände, die anschließend in die Berechnung der Geldbuße einfließen können, in der Mitteilung der Beschwerdepunkte anzugeben, wie z.B. relevante Absatzzahlen oder das Jahr/ die Jahre, die für diese Zahlen herangezogen werden. Solche Informationen können den Parteien auch nach der Zustellung der Mitteilung der Beschwerdepunkte übermittelt werden. In beiden Fällen erhalten die Parteien Gelegenheit zur Stellungnahme.“*[924]

Hiermit verfolgt die Kommission einen Mittelweg, indem sie zwar nicht alle Informationen offenlegt, es den Unternehmen jedoch ermöglicht, das zu erwartende Bußgeld besser abzuschätzen. Dies erscheint sinnvoll, da ein zusätzliches Treffen das Kartellverfahren voraussichtlich nicht unerheblich verlängern würde. Es wäre zu erwarten, dass die betroffenen Unternehmen versuchen, die Bußgeldberechnung der Kommission mit eigenen, komplexen Berechnungen zur Höhe des Bußgelds zu erschüttern, mit denen sich die Kommission dann wiederum auseinandersetzen müsste. Der durch eine zusätzliche Anhörung zur Höhe des anvisierten Bußgelds erzielte Mehrwert erscheint daher zweifelhaft, zumal ein betroffenes Unternehmen, das dort mit seinen Einwänden gegen die von der Kommission befürwortete Berechnung der Geldbuße nicht durchdringt, von einer späteren gerichtlichen Anfechtung des Bußgeldbescheides voraussichtlich auch nicht aufgrund der ihm eingeräumten Anhörungsmöglichkeit absehen würde.

---

922 Vgl. *ECLF Working Group on Transparency and Process* (Fn. 7), S. 489.
923 Vgl. *ECLF Working Group on Transparency and Process* (Fn. 7), S. 489.
924 *Best Practices*, Rn. 85.

bb) Einsicht in die Verfahrensakte der Kommission

Unternehmen, die eine Mitteilung der Beschwerdepunkte erhalten haben, können zur Vorbereitung ihrer schriftlichen Stellungnahmen Einsicht in die Verfahrensakten der Kommission beantragen. Das Recht auf eine verfahrensakzessorische Akteneinsicht ist ein wesentliches Mittel zur Herstellung von Transparenz zugunsten der betroffenen Unternehmen, da sie auf diesem Weg Zugang zu den Dokumenten erlangen, die der Kommission zur Beurteilung ihres Falles zur Verfügung stehen. Die Akteneinsicht wird jedoch nicht grenzenlos gewährt, sondern unterliegt einigen grundlegenden Schranken. Bedeutung, Umfang und Grenzen der gewährten Akteneinsicht sollen nachfolgend erörtert werden.

i. Bedeutung der Akteneinsicht

Art. 27 Abs. 2 S. 2 VO 1/2003 gewährt den Adressaten einer Mitteilung der Beschwerdepunkte das Recht, Einsicht in die Verfahrensakten der Kommission zu nehmen. Das Recht auf Akteneinsicht wurde im Laufe der Zeit durch die Rechtsprechung entwickelt und insbesondere in den Urteilen *Hoffmann-LaRoche*[925], *Hercules*[926], *Solvay* und *ICI*[927] konkretisiert.[928] In der VO 1/2003 wurde das Akteneinsichtsrecht zum ersten Mal kodifiziert; die bis zum Jahr 2004 geltende VO 17/62 enthielt noch keine ausdrückliche Bestimmung hierzu.

Das Akteneinsichtsrecht vor Erlass einer nachteiligen Entscheidung ist eine essentielle Verfahrensgarantie im Kartellverfahren, die insbesondere eine effektive Ausübung des Anhörungsrechts gewährleisten soll.[929] Die Akteneinsicht dient der Wahrung der Verteidigungsrechte und soll die

---

925 *EuGH*, Urteil vom 13.02.1979, Rs. 85/76 – *Hoffmann-La Roche*, Rn. 11.

926 *EuG*, Urteil vom 17.12.1991, Rs. T-7/89 – *Hercules Chemicals*, Rn. 53 f.; das EuG begründet die Pflicht zur Gewährung von Akteneinsicht hier noch mit einer Selbstbindung der Kommission aufgrund einer in ihrem 12. Wettbewerbsbericht von 1982 enthaltenen entsprechenden Zusage.

927 Sog. *„Soda-Fälle"*: *EuG*, Urteil vom 29.06.1995, verb. Rs. T-30/91 u.a. – *Solvay*; *EuG*, Urteil vom 29.06.1995, verb. Rs. T-36/91 u.a. – *ICI*; siehe hierzu *H. P. Nehl* (Fn. 120), S. 233 ff.

928 Vgl. zur Entwicklung des Akteneinsichtsrechts im Kartellverfahren *H. P. Nehl* (Fn. 120), S. 228 ff.

929 Vgl. *M. Sura* (Fn. 899), Rn. 30 m.w.N.; *EuG*, Urteil vom 18.12.1992, verb. Rs. T-10/92 u.a. – *SA Cimenteries CBR u.a.*, Rn. 38.

Fairness des Kartellverfahrens stärken, indem sie Waffengleichheit zwischen der Kommission und den betroffenen Unternehmen herstellt.[930] Betroffene Unternehmen können sich im Wege der Akteneinsicht informieren, welche Dokumente und sonstigen Beweismittel im Einzelnen der Mitteilung der Beschwerdepunkte zugrunde liegen, und hierauf aufbauend eine wirksame Verteidigung gegen die Vorwürfe der Kommission entwerfen. Zudem erhalten sie die Möglichkeit, die Akte auf entlastende Beweise durchzusehen.[931] Da die Akteneinsicht die betroffenen Unternehmen in die Lage versetzen soll, die vorläufige Sachverhaltsdarstellung der Kommission nachzuvollziehen, besteht ein Recht auf Akteneinsicht erst nach der Zustellung der Mitteilung der Beschwerdepunkte.[932] Eine Verletzung des Akteneinsichtsrechts ist ein gravierender Verfahrensfehler, der zur Aufhebung der Kommissionentscheidung führen kann, wenn das betroffene Unternehmen darlegt, hierdurch in der Wahrnehmung seiner Verteidigungsrechte beeinträchtigt worden zu sein.[933]

Wesentliche Aspekte der Ausgestaltung des Rechts auf Akteneinsicht und zur Handhabung von Akteneinsichtsanträgen hat die Kommission in einer Mitteilung aus dem Jahr 2005 (im Folgenden: „Mitteilung zur Akteneinsicht") festgehalten.[934] Diese dient der Orientierung und Information der betroffenen Unternehmen und trägt zur besseren Einschätzbarkeit der Erfolgsaussichten eines Akteneinsichtsgesuchs bei. Die Mitteilung zur Akteneinsicht stützt sich auf die bereits in diesem Bereich ergangene Rechtsprechung und enthält im Übrigen Angaben zu Rechtsauffassungen und der Praxis der Kommission in Bezug auf das Akteneinsichtsrecht.

---

930 Vgl. *M. Sura* (Fn. 899), Rn. 31.
931 Vgl. *M. Sura* (Fn. 899), Rn. 31.
932 Vgl. *K. L. Ritter/ M.M. Wirtz* (Fn. 637), Rn. 20. Der Zeitpunkt der Akteneinsicht erst im förmlichen Verfahren wird durch Art. 15 Abs. 1. S. 2 VO 773/2004 ausdrücklich bestimmt.
933 Vgl. *K. L. Ritter/ M.M. Wirtz* (Fn. 637), Rn. 35.
934 Mitteilung der Kommission über die Regeln für die Akteneinsicht in Kommissionsakten in Fällen einer Anwendung der Artikel 81 und 82 EG-Vertrag, Artikel 53, 54, und 57 des EWR-Abkommens und der Verordnung (EG) Nr. 139/2004, ABl. (EU) Nr. C 325 vom 22.12.2005, S. 7 ff.

ii. Umfang der Akteneinsicht

Die Akten der Kommission enthalten alle Schriftstücke und Dokumente, die die Kommission während des Verfahrens erhalten oder erstellt hat.[935] Das Recht auf Akteneinsicht umfasst das Recht auf Zugang zur vollständigen Verfahrensakte unabhängig davon, ob die in ihr enthaltenen Beweismittel das betroffene Unternehmen be- oder entlasten.[936] Die Kommission trifft keine Vorauswahl der Dokumente, da sich die Betroffenen im Sinne der Waffengleichheit selbst ein Bild vom Inhalt der einzelnen Dokumente machen und entscheiden können sollen, ob ein Dokument für ihre Verteidigung erheblich ist. Bei der Prüfung des Beweiswertes eines Schriftstückes sollen sie sich somit nicht auf die Beurteilung der Kommission verlassen müssen.[937]

Das Recht auf Akteneinsicht findet seine Grenzen nach Art. 27 Abs. 2 S. 2 VO 1/2003 zunächst in den berechtigten Interessen anderer Unternehmen an der Geheimhaltung ihrer Geschäftsgeheimnisse. Unter den Begriff des Geschäftsgeheimnisses fallen alle Informationen über die Geschäftstätigkeit eines Unternehmens, die im Falle einer Preisgabe an die Öffentlichkeit oder auch nur an einen Dritten seine Wirtschaftstätigkeit schwer beeinträchtigen können.[938] Hierzu zählen unter anderem Informationen über Herstellungsverfahren, Know-How, Kundendaten, Bezugsquellen, Absatzstrategien und Kosten- und Preisstrukturen.[939] Geschützt wird somit das Interesse der betroffenen Unternehmen, interne Strategien oder Entwicklungsperspektiven nicht gegenüber Dritten offenzulegen.[940]

Auch zu anderen vertraulichen Informationen haben betroffene Unternehmen keinen Zugang.[941] Als vertraulich gelten dabei alle Informationen, die zwar keine Geschäftsgeheimnisse darstellen, deren Offenlegung einem Unternehmen oder einer Person jedoch erheblich schaden kann.[942]

---

935 Vgl. Mitteilung zur Akteneinsicht, Rn. 8 mit dem Hinweis, dass hiervon auch sämtliche elektronischen Dokumente erfasst sind.

936 Vgl. *EuGH*, Urteil vom 07.1.2004, verb. Rs. C-204/00 u.a. – *Aalborg Portland u.a.*, Rn. 68.

937 Vgl. *M. Sura* (Fn. 899), Rn. 33; *EuG*, Urteil vom 29.06.1995, Rs.T-30/91 – *Solvay*, Rn. 81.

938 Vgl. Mitteilung zur Akteneinsicht, Rn. 18; *EuG*, Urteil vom 18.09.1996, Rs. T-353/94 – *Postbank NV*, Rn. 87.

939 Vgl. Mitteilung zur Akteneinsicht, Rn. 18.

940 Vgl. *M. Sura* (Fn. 899), Rn. 35.

941 Vgl. Art. 27 Abs. 2 S. 3 VO 1/2003 sowie Art. 15 Abs. 2 VO 773/2004.

942 Vgl. Mitteilung zur Akteneinsicht, Rn. 19.

Hierzu zählen insbesondere Schreiben von Wettbewerbern oder Abnehmern der betroffenen Unternehmen an die Kommission, wenn diesen bei ihrem Bekanntwerden möglicherweise Repressalien drohen.[943] Zudem können hierunter auch sonstige Angaben fallen, die die Identität eines Beschwerdeführers erkennen lassen, obwohl dieser anonym bleiben möchte.[944] Von der Akteneinsicht ausgenommen sind nach Art. 27 Abs. 2 S. 3 VO 1/2003 zudem interne Schriftstücke der Kommission und der Wettbewerbsbehörden der Mitgliedstaaten. Zu den internen Schriftstücken zählen etwa Entwürfe, Berichte, Vorlagen, dienstliche Vermerke, Schriftverkehr zwischen der Kommission und nationalen Wettbewerbsbehörden sowie Korrespondenz zwischen der Generaldirektion Wettbewerb und anderen Dienststellen innerhalb der Kommission.[945]

Generell gilt jedoch, dass Informationen, auf die die Kommission sich stützt und die somit verfahrensrelevant sind, von den betroffenen Unternehmen eingesehen werden können.[946] In diesem Fall überwiegt das Interesse am Schutz der Verteidigungsrechte durch Gewährung umfassender Akteneinsicht das Interesse anderer Unternehmen an der Geheimhaltung ihrer Informationen. Vertrauliche Informationen sind jedoch auch in diesem Fall nicht von vornherein ungeschützt: Beabsichtigt die Kommission die Offenlegung von Dokumenten, die vertrauliche Informationen beinhalten, weil sie zum Nachweis eines Verstoßes oder zur Entlastung eines Betroffenen erforderlich sein können, gibt sie den Unternehmen Gelegenheit, eine nicht-vertrauliche Fassung des Dokuments vorzulegen, die den gleichen Beweiswert wie der Originalverweis aufweist.[947]

iii. Verfahren der Akteneinsicht

Die Kommission kann Akteneinsicht mittels Zusendung von Kopien, elektronischen Datenspeichern oder durch Einsichtnahme der Akten in ihren Räumlichkeiten ermöglichen.[948] Die Dokumente sind im Original einsehbar.[949] Unternehmen, die der Kommission im Verlauf des Verfahrens Dokumente vorlegen, müssen innerhalb einer von der Kommission gesetzten

---

943 Vgl. Mitteilung zur Akteneinsicht, Rn. 19.
944 Vgl. Mitteilung zur Akteneinsicht, Rn. 19.
945 Vgl. die Aufzählung bei *K. L. Ritter/ M.M. Wirtz* (Fn. 637), Rn. 26.
946 Vgl. *K. L. Ritter* (Fn. 637), Rn. 25 f.
947 Vgl. Mitteilung zur Akteneinsicht, Rn. 24 f.
948 Vgl. Mitteilung zur Akteneinsicht, Rn. 44.
949 Vgl. Mitteilung zur Akteneinsicht, Rn. 46.

Frist alle Angaben, die sie als vertraulich erachten, kennzeichnen und begründen, warum sie diese Angaben als vertraulich einstufen.[950]

Bei Streitigkeiten zwischen der Kommission und einem Unternehmen über die Offenlegung von Informationen, die das Unternehmen zuvor als vertraulich eingestuft hat, entscheidet der Anhörungsbeauftragte über die Einsichtsmöglichkeit nach Art. 8 Abs. 1 und 2 Mandat 2011. Danach unterrichtet die Kommission das jeweilige Unternehmen vor der Offenlegung der Informationen und gibt ihm Gelegenheit zur Stellungnahme. Sofern die Kommission hiernach an ihrer Absicht, Einsicht zu gewähren, festhält, kann das Unternehmen im Anschluss den Anhörungsbeauftragten anrufen. Der Anhörungsbeauftragte prüft, ob es sich bei den Informationen um vertrauliche Angaben handelt und ob in diesem Fall ein übergeordnetes Interesse an der Offenlegung der Informationen besteht, und entscheidet nach Art. 8 Abs. 2 S. 2 Mandat 2011 durch einen mit Gründen versehenen Beschluss.[951]

iv. Zur Möglichkeit der Einsichtnahme in die Stellungnahmen anderer Unternehmen

Ein Kartellverfahren vor der Kommission kann mehrere Unternehmen gleichzeitig betreffen, wenn diese an dem zugrunde liegenden wettbewerbsrechtlich relevanten Sachverhalt gemeinsam beteiligt waren.[952] Die schriftlichen Stellungnahmen, mit denen die jeweils anderen beteiligten Unternehmen auf die Mitteilung der Beschwerdepunkte reagieren, sind jedoch in der Regel nicht zugänglich. Die Kommission gewährt betroffenen Unternehmen im Verlaufe eines Verfahrens grundsätzlich nur einmal und unmittelbar nach Zugang der Mitteilung der Beschwerdepunkte Einsicht in ihre Verfahrensakte, so dass eine Einsicht in Erwiderungen anderer Verfahrensbeteiligter auf die Mitteilung der Beschwerdepunkte in der Regel nicht erfolgt.[953] Da die Parteien Akteneinsicht in die Unterlagen der Kommission zur Vorbereitung ihrer schriftlichen Stellungnahmen erhalten, nehmen sie Einsicht in die Akten der Kommission, während die anderen

---

950 Art. 16 Abs. 2 VO 773/2004.
951 Vgl. hierzu *M. Sura* (Fn. 899), Rn. 40.
952 Es steht in solchen Fällen im Ermessen der Kommission, ob sie die Verfahren trennt; bei einem einheitlichen Sachverhalt ist eine Trennung nur dann ermessensfehlerfrei, wenn es für die Trennung einen sachlichen Grund gibt, vgl. *M. Kellerbauer* (Fn. 757), Rn. 8.
953 Vgl. Mitteilung zur Akteneinsicht, Rn. 27.

Beteiligten ebenfalls ihre Stellungnahmen vorbereiten. Zum Zeitpunkt der Akteneinsicht befinden sich die Stellungnahmen der anderen Parteien damit noch nicht in den Ermittlungsakten der Kommission. Betroffene Unternehmen erhalten daher im Wege der üblichen Akteneinsicht vom Inhalt der schriftlichen Stellungnahmen anderer betroffener Unternehmen zunächst keine Kenntnis.

Anders ist dies nur in Fällen, in denen eine Stellungnahme neue Tatsachen enthält, die die Kommission als Beweismittel in das Verfahren einführen möchte.[954] Will sich die Kommission auf den Inhalt einer schriftlichen Erwiderung als belastendes Beweismaterial stützen und diesen Inhalt in das Verfahren mit einbeziehen, muss sie den hierdurch belasteten Unternehmen die Gelegenheit geben, zuvor davon Kenntnis zu nehmen und sich dazu zu äußern.[955] Die Kommission gewährt zudem auch dann Einsicht in die Stellungnahmen anderer betroffener Unternehmen, wenn diese neue, entlastende Umstände enthalten.[956] Sofern beides nicht der Fall ist, werden die Beteiligten im Rahmen der nachfolgenden mündlichen Anhörung zum ersten Mal mit den anderen Erwiderungen konfrontiert. Ein Anspruch auf Einsicht in schriftliche Stellungnahmen anderer betroffener Unternehmen bzw. in eine nicht-vertrauliche Kopie der Stellungnahmen besteht daher grundsätzlich nicht; Grund hierfür ist, dass ein zeitintensiver Austausch verschiedener Stellungnahmen vor Beginn der mündlichen Anhörung vermieden werden soll.[957]

Die Kommission hat auf Kritik an fehlender Transparenz in dieser Situation in ihren *Best Practices* reagiert. Danach kann sie in Fällen, in denen es zur Wahrung der Verteidigungsrechte erforderlich erscheint oder sie es zur Klärung sachlicher oder rechtlicher Fragen für nützlich erachtet, den betroffenen Unternehmen Kopien der vollständigen, nicht-vertraulichen Fassung der Erwiderungen anderer Unternehmen auf die Mitteilung der Beschwerdepunkte oder zumindest Auszüge hieraus übermitteln.[958] Einen Anspruch hierauf vermitteln die *Best Practices* jedoch nicht, und es erscheint für die betroffenen Unternehmen nur wenig vorhersehbar, unter welchen Umständen sie eine solche Kopie erhalten.

---

954 Vgl. *K. L. Ritter/ M.M. Wirtz* (Fn. 637), Rn. 26.
955 Vgl. *EuG*, Urteil vom 30.09.2009, Rs. T-151/06 – *Hoechst/Kommission*, Rn. 163 f.; *M. Kellerbauer* (Fn. 757), Rn. 20.
956 Vgl. Mitteilung zur Akteneinsicht, Rn. 27.
957 Vgl. *T. Klose/C. Horstkotte* (Fn. 171), Rn. 36.
958 Vgl. *Best Practices*, Rn. 103.

In diesem Zusammenhang wird auch vorgeschlagen, dass der Anhörungsbeauftragte den Adressaten einer Mitteilung der Beschwerdepunkte vor der mündlichen Anhörung zumindest nicht-vertrauliche Fassungen von Stellungnahmen und Materialien, die andere Unternehmen ihm vor der mündlichen Anhörung übermitteln, zukommen lassen sollte.[959] Hierbei könnte zwar die Gefahr bestehen, dass sich die Parteien dann vorrangig auf eine Entkräftung der in der Präsentation aufgeführten Kritikpunkte fokussieren würden, anstatt einen umfassenden Diskurs über die tatsächliche und rechtliche Bewertung des relevanten Sachverhalts mit den anwesenden Kommissionsbeamten zu führen. Jedoch würde die Kenntnis der anderen Präsentationen den betroffenen Unternehmen eine gezieltere Vorbereitung auf die Anhörung und damit eine wirksamere Ausübung ihres Rechts auf rechtliches Gehör ermöglichen.[960] Da Kopien der Präsentationen der anderen betroffenen Unternehmen nach Abschluss der mündlichen Anhörung ohnehin verschickt werden,[961] würde dies letztlich keinen wesentlichen zusätzlichen Aufwand bedeuten.

Die Übermittlung einer nicht-vertraulichen Fassung der Stellungnahmen oder zumindest der die Argumentation zusammenfassenden Präsentationen würde voraussichtlich zu einer umfassenderen Auseinandersetzung mit abweichenden Sachverhaltsdarstellungen und einer intensiveren Diskussion in der mündlichen Anhörung führen. Auf diese Weise könnte es zu einer verbesserten Aufarbeitung der Tatsachengrundlage für die spätere Entscheidung kommen. Eine Übermittlung solcher Dokumente durch den Anhörungsbeauftragten wäre daher im Sinne einer gesteigerten Transparenz zu begrüßen.

b) Fakultative mündliche Anhörung

Die mündliche Anhörung ist die einzige im Kartellverfahren offiziell vorgesehene Möglichkeit für die betroffenen Unternehmen, direkt in Kontakt mit den für die Bearbeitung des Falles zuständigen Beamten zu gelangen. Sie ist ein wesentliches Element der Transparenz des europäischen Kartellverfahrens. An der Ausgestaltung der mündlichen Anhörung wird jedoch

---

959 Vgl. *N. Zingales* (Fn. 266), S. 147 f., der auch dafür plädiert, dass die Kommission ihre eigene Präsentation den betroffenen Unternehmen vorab zur Verfügung stellt.
960 Vgl. *N. Zingales* (Fn. 266), S. 148.
961 Vgl. *T. Klose/C. Horstkotte* (Fn. 171), Rn. 44.

seit langem erhebliche Kritik geäußert.[962] Im Folgenden soll daher zunächst der Ablauf der mündlichen Anhörung in seinen Grundzügen dargestellt und im Anschluss auf verschiedene Kritikpunkte und Vorschläge zur Steigerung der Transparenz in der mündlichen Anhörung eingegangen werden.

aa) Funktion der mündlichen Anhörung

Die mündliche Anhörung ermöglicht es den betroffenen Unternehmen, denjenigen Beamten, die mit der Ausarbeitung der endgültigen Entscheidung betraut sind, ihren Standpunkt nach Abgabe der schriftlichen Stellungnahmen mündlich noch einmal näher zu erläutern.[963] Die mündliche Anhörung findet nur auf Antrag statt und soll den betroffenen Unternehmen Gelegenheit bieten, sich unmittelbar mit den Beamten der Kommission über den Fall auszutauschen und aus erster Hand ihre Einschätzung in Bezug auf die in den Stellungnahmen zu den Beschwerdepunkten dargelegten Argumente zu erfahren. Die betroffenen Unternehmen können dabei auf Behauptungen anderer Unternehmen unmittelbar reagieren, ihre Sichtweise einem breiteren Publikum vorstellen – einschließlich Vertretern der Mitgliedstaaten und Mitgliedern von Kommissionsdienststellen, die nicht direkt mit dem Fall befasst sind – und in Gegenwart von Personen, die vor der endgültigen Entscheidung konsultiert werden, verschiedene Themen ansprechen.[964] Die mündliche Anhörung dient damit der Überprüfung der Sachverhaltsfeststellungen der Kommission; sie erlaubt es den betroffenen Unternehmen, die Kommission auf Widersprüche oder sonstige Schwachstellen in ihrer Argumentation hinzuweisen und soll einer etwaigen Voreingenommenheit der mit dem Fall befassten Kommissionsbeamten entgegenwirken.[965]

---

962 Vgl. zur Kritik am Kartellverfahren sowie insbesondere auch an der mündlichen Anhörung *J. Schwarze/R. Bechtold/W. Bosch* (Fn. 7), S. 50 ff.; *S. Kinsella*, Is it a Hearing if Nobody is Listening?, The CPI Antitrust Journal March 2010, S. 1 ff.; *U. Soltész*, What (Not) to Expect From the Oral Hearing, The CPI Antitrust Journal 2010, S. 1 ff., S. 1 ff.; *J. P. Heidenreich* (Fn. 183), S. 226 f.

963 Vgl. Erwägungsgrund 19 des Mandates 2011.

964 Vgl. den Bericht des Anhörungsbeauftragten in der Sache COMP/37.766, ABl. (EU) Nr. L 162 vom 19.6.2001 - *Niederländischer Biermarkt*, S. 21, 22.

965 Vgl. *M. Albers/K. Williams*, Oral Hearings - Neither a Trial Nor a State of Play Meeting, The CPI Antitrust Journal 2010, S. 2 ff., S. 4; *B. Holles* (Fn. 825), S. 10.

bb) Vorbereitung und Ablauf der mündlichen Anhörung

Vorbereitung und Durchführung der mündlichen Anhörung obliegen dem Anhörungsbeauftragten.[966] Zur mündlichen Anhörung können neben den Adressaten der Mitteilung der Beschwerdepunkte eventuelle Beschwerdeführer sowie Repräsentanten nationaler Wettbewerbs- und Regulierungsbehörden oder Ministerien geladen werden.[967] Auf Seiten der Kommission sind grundsätzlich die für den jeweiligen Fall zuständigen Mitarbeiter der Generaldirektion Wettbewerb (sog. *„Case Team"*) sowie Mitglieder des juristischen Dienstes anwesend; daneben können – je nach Prägung des konkreten Falles – Mitarbeiter des Chefökonomen und Vertreter der für den betroffenen Industriezweig zuständigen Generaldirektion an der mündlichen Anhörung teilnehmen.[968] Die anzuhörenden Personen können nach Art. 14 Abs. 5 VO 773/2004 einen Rechtsanwalt zur mündlichen Anhörung hinzuziehen. Betroffene Unternehmen können sich jedoch nicht ausschließlich durch einen Rechtsanwalt vertreten lassen.[969] Darüber hinaus können die betroffenen Unternehmen auch die Zulassung von Gutachtern zur mündlichen Anhörung vorschlagen, deren Stellungnahmen oft ein wesentliches Element der Verteidigungsstrategie bilden.[970]

Zur Vorbereitung der mündlichen Anhörung kann der Anhörungsbeauftragte nach Rücksprache mit dem zuständigen Direktor der Generaldirektion Wettbewerb den zur Anhörung geladenen Personen vorab eine Liste mit Fragen übermitteln, zu denen eine umfangreichere Stellungnahme gewünscht wird.[971] Der Anhörungsbeauftragte kann auch eine vorbereitende Sitzung einberufen, an der die Geladenen sowie gegebenenfalls auch die Kommissionsbeamten teilnehmen.[972] Außerdem kann der Anhörungsbeauftragte die Geladenen auffordern, ihm zuvor den wesentlichen Inhalt der beabsichtigten Erklärungen derjenigen Personen, deren Anhörung vorgeschlagen wurde, schriftlich einzureichen.[973]

---

966 Siehe Art. 10 Abs. 1 und Art. 11 Abs. 1 des Mandates des Anhörungsbeauftragten.
967 Vgl. Art. 14 Abs. 3 VO 773/2004; *T. Klose/C. Horstkotte* (Fn. 171), Rn. 38.
968 Vgl. *T. Klose/C. Horstkotte* (Fn. 171), Rn. 39.
969 Vgl. Art. 14 Abs. 4 VO 773/2004; *T. Klose/C. Horstkotte* (Fn. 171), Rn. 39.
970 Vgl. *T. Klose/C. Horstkotte* (Fn. 171), Rn. 39.
971 Art. 11 Abs. 1 Mandat 2011.
972 Art. 11 Abs. 2 Mandat 2011.
973 Vgl. 11 Abs. 3 Mandat 2011; *W. Weiß* (Fn. 888), Rn. 14.

Der genaue Ablauf der mündlichen Anhörung ist rechtlich nicht geregelt. Zu Beginn der mündlichen Anhörung führt in der Regel ein Mitglied des *Case Teams* in den Fall ein.[974] Im Anschluss können die betroffenen Unternehmen – zumeist vertreten durch ihre Rechtsanwälte oder Gutachter – ihre Argumente vorbringen. Dies erfolgt in nacheinander gehaltenen Präsentationen und Vorträgen, wobei regelmäßig diejenigen Unternehmen beginnen, die einen Kronzeugenantrag gestellt haben.[975] Der Anhörungsbeauftragte kann die Anhörung nach seinem Ermessen strukturieren und beispielsweise die Parteien zu den einzelnen Beschwerdepunkten in der in der Mitteilung der Beschwerdepunkte behandelten Reihenfolge anhören.[976] Zwischen den einzelnen Präsentationen besteht in der Regel die Möglichkeit zur Diskussion.[977] Der Anhörungsbeauftragte führt durch die Anhörung und kann den betroffenen Unternehmen, den Mitgliedern des *Case Teams*, den Vertretern anderer Kommissionsdienststellen sowie auch Beschwerdeführern und geladenen Dritten gestatten, Fragen zu stellen.[978] Grundsätzlich sind somit alle Anwesenden berechtigt, während der mündlichen Anhörung Fragen an andere Teilnehmer zu richten.[979] Dagegen ist jedoch niemand verpflichtet, während der Anhörung eine Frage zu beantworten oder zu einer Äußerung Stellung zu beziehen.[980]

In der Regel erfolgt die mündliche Anhörung in Anwesenheit aller Beteiligten. Der Anhörungsbeauftrage kann jedoch zum Schutz von Geschäftsgeheimnissen oder sonstigen vertraulichen Informationen entscheiden, einzelne Beteiligte auch gesondert im Rahmen eines *in camera*-Verfah-

---

974 Vgl. zum üblichen Ablauf einer mündlichen Anhörung *T. Klose/C. Horstkotte* (Fn. 171), Rn. 42 f.

975 *T. Klose/C. Horstkotte* (Fn. 171), Rn. 42.

976 Vgl. *W. Weiß* (Fn. 888), Rn. 13. Demnach liegt in der Vorgabe einer konkreten Struktur in der Anhörung keine Einschränkung der Verteidigungsrechte, sofern die betroffenen Unternehmen durch die Organisation der Anhörung nicht daran gehindert werden, an ihr teilzunehmen oder sich zu den Beschwerdepunkten mündlich zu äußern, vgl. *EuG*, Urteil vom 15.03.2000, verb. Rs. T-25/95 u.a. – *Cimenteries CBR u.a.*, Rn. 63.

977 Vgl. *W. P. J. Wils*, The Oral Hearing in Competition Proceedings before the European Commission, World Competition Law and Economic Review 2012, S. 397 ff., S. 419.

978 Art. 14 Abs. 7 VO 773/2004.

979 *W. Weiß* (Fn. 888), Rn. 13.

980 Vgl. *J. P. Heidenreich* (Fn. 183), S. 223.

rens anzuhören.[981] Die mündliche Anhörung wird stets mit einem „letzten Wort" der Adressaten geschlossen.[982] Während der Anhörung werden alle Aussagen und Erläuterungen durch die Kommission aufgezeichnet und den Teilnehmern auf Antrag im Anschluss zur Verfügung gestellt, wobei die berechtigten Interessen der Beteiligten an der Wahrung ihrer Geschäftsgeheimnisse und anderer vertraulicher Informationen zu beachten sind.[983] Darüber hinaus werden Kopien aller in der Anhörung gehaltenen Präsentationen übersandt.[984]

cc) Möglichkeiten zur Steigerung der Transparenz der mündlichen Anhörung

Die gegenwärtige Ausgestaltung der mündlichen Anhörung ruft aufgrund ihrer oft nur als gering empfundene Bedeutung und den eingeschränkten Kompetenzen des Anhörungsbeauftragten bereits seit langem Kritik hervor. Dabei werden insbesondere zwei Punkte in der Diskussion herausgestellt, die auch die Transparenz dieses Abschnittes des Kartellverfahrens betreffen: zum einen die fehlende Möglichkeit, Zeugen in der Anhörung zu befragen, und zum anderen der Umstand, dass Mitglieder des Kommissionskollegiums und mithin die politisch verantwortlichen Entscheidungsträger an der mündlichen Anhörung grundsätzlich nicht teilnehmen. Beide Aspekte sollen im Folgenden näher untersucht werden.

i. Ladung und Befragung von Belastungszeugen

Da die Teilnahme an der mündlichen Anhörung bislang auf freiwilliger Basis erfolgt,[985] können betroffene Unternehmen frei darüber entscheiden,

---

981 Vgl. Art. 14 Abs. 6 S. 2 VO 773/2004 und Art. 13 Mandat 2011. Schwierigkeiten können sich in diesem Zusammenhang etwa dann ergeben, wenn ein Beschwerdeführer vorrangig deshalb an der mündlichen Anhörung teilnimmt, um die dort gewonnenen Informationen zur Vorbereitung eines privaten Schadensersatzprozesses zu nutzen, vgl. hierzu *T. Klose/C. Horstkotte* (Fn. 171), Rn. 43, oder im Fall der gleichzeitigen Anhörung mehrerer Beschuldigter, vgl. *J. P. Heidenreich* (Fn. 183), S. 222, Fn. 1191.

982 Vgl. *T. Klose/C. Horstkotte* (Fn. 171), Rn. 42.

983 Vgl. Art. 14 Abs. 8 VO 773/2004.

984 Vgl. *T. Klose/C. Horstkotte* (Fn. 171), Rn. 44.

985 Vgl. *N. Zingales* (Fn. 266), S. 148.

ob sie einen Vertreter zur mündlichen Anhörung schicken. Ist ein Unternehmensvertreter anwesend, steht es diesem offen, ob er sich aktiv an der mündlichen Anhörung beteiligt und an ihn gerichtete Fragen beantwortet.[986] In der Regel lassen die betroffenen Unternehmen jedoch allein ihre Anwälte oder Gutachter Stellung zu den Vorwürfen der Kommission nehmen. Nur in seltenen Ausnahmefällen erfolgt eine eigene Einlassung eines Mitarbeiters eines betroffenen Unternehmens, der selbst an dem verfahrensgegenständlichen Verhalten beteiligt war.[987]

Dies bedeutet, dass selbst Schlüsselzeugen, auf deren Aussagen die Kommission ihre Vorwürfe stützt, nicht an der mündlichen Anhörung teilnehmen müssen. Der Anhörungsbeauftragte kann Zeugen weder zwingend vorladen noch Sanktionen bei deren Nichterscheinen verhängen. Zeugen, die dennoch freiwillig an der mündlichen Anhörung teilnehmen, sind nicht verpflichtet, sich auf Fragen einzulassen oder sich zu den Angaben zu äußern, die sie gegenüber der Kommission während der Ermittlungen gemacht haben. Der Anhörungsbeauftragte kann sie weder zu einer verbindlichen Aussage ihm gegenüber veranlassen, noch kann er ein Kreuzverhör seitens anderer in der mündlichen Anhörung Anwesender anordnen.[988] Betroffene Parteien verfügen in der mündlichen Anhörung daher über keine Möglichkeit, Belastungszeugen der Kommission selbst zu befragen und den Gehalt ihrer Aussagen in einer konfrontativen Befragung zu testen, sondern bleiben auf schriftliche Protokolle und Niederschriften der Aussagen verwiesen.

Eine Änderung dieser Verfahrensgestaltung lehnt die Kommission bislang ab.[989] Die Eröffnung eines Diskurses, der die in der Mitteilung der Beschwerdepunkte festgehaltene Sachverhaltsschilderung und die dort getroffenen rechtlichen Wertungen noch einmal grundlegend in Frage stellen könnte, ist in der mündlichen Anhörung somit auch weiterhin nicht beabsichtigt. Der von der Kommission in den *Best Practices* geäußerten Auffassung zufolge soll die mündliche Anhörung den betroffenen Unter-

---

986 Vgl. *N. Zingales* (Fn. 266), S. 148.

987 Vgl. *T. Klose/C. Horstkotte* (Fn. 171), Rn. 42.

988 Vgl. hierzu *S. Wernicke*, "In Defence of the Rights of Defence": Competition law procedure and the changing role of the Hearing officer, Concurrences - Revue des droits de la concurrence 2009, Rn. 36.

989 Vgl. in diese Richtung *J. Almunia*, Due Process and competition enforcement, Rede gehalten am 17.09.2010 auf der IBA - 14th Annual Competition Conference in Florenz, der eine Forderung nach einer effektiveren mündlicheren Anhörung und einer wichtigeren Rolle der Anhörungsbeauftragten ablehnt: „*I do not believe that we need to embark in major reforms of our institutional set-up*".

nehmen vielmehr lediglich ermöglichen, *„die von ihnen schriftlich dargelegten Argumente mündlich zu erläutern und gegebenenfalls die schriftlichen Beweise zu ergänzen oder der Kommission andere möglicherweise wichtige Aspekte mitzuteilen.“*[990] Auch der EuGH vertritt bislang unter Berufung auf den rein verwaltungsrechtlichen Charakter des europäischen Kartellverfahrens die Auffassung, dass die Kommission den betroffenen Unternehmen nicht die Möglichkeit zu geben braucht, einen bestimmten Zeugen zu befragen und dessen Aussagen zu analysieren.[991]

(1) Wachsende Bedeutung von Kronzeugenerklärungen

Die durch die fehlende Möglichkeit zur Zeugenbefragung bewirkte Intransparenz erscheint insbesondere deshalb kritisch, weil sich die Beweisaufnahme im Kartellverfahren seit Einführung der ersten Kronzeugenregelung[992] auf europäischer Ebene im Jahr 1996[993] stark verändert hat.[994] Ursprünglich wurden von der Kommission vor allem Schriftstücke wie Gesprächsprotokolle, Reisekostenabrechnungen oder Kalendereinträge als Beweismittel in das Verfahren einbezogen, so dass für den Nachweis von Verstößen gegen das europäische Kartellrecht die Auswertung schriftlicher Dokumente von ausschlaggebender Bedeutung war.[995] Inzwischen wird jedoch die weit überwiegende Zahl der Kartellverfahren durch Kronzeugenanträge eingeleitet oder es kommt zumindest nach Einleitung eines Ver-

---

990 *Best Practices*, Rn. 107.

991 Vgl. *EuGH*, Urteil vom 07.01.2004, verb. Rs. C-204/00 u.a. – *Aalborg Portland A/S*, Rn. 200. Umgekehrt ist die Kommission auch nicht verpflichtet, von den betroffenen Unternehmen angebotene Zeugen anzuhören, wenn sie der Auffassung ist, hinreichend ermittelt zu haben, vgl. *H. H. Lidgard*, Due Process in European Competition Procedure: A Fundamental Concept or a Mere Formality?, in: Cardonnel/Rosas/Wahl (Hrsg.), Constitutionalising the EU judicial System: Essays in Honour of Pernilla Lindh (2012), 403, S. 417 mit Verweis auf *EuG*, Urteil vom 16.06.2011, Rs. T-191/06 *FMC Foret*, Rn. 137.

992 Mitteilung der Kommission über die Nichtfestsetzung oder die niedrigere Festsetzung von Geldbußen in Kartellsachen, ABl. (EG) Nr. C 207 vom 18.07.1996, S. 4 ff.

993 Vgl. zu Entwicklung und Inhalt der Kronzeugenregelungen im europäischen Kartellrecht S. *Albrecht*, Die neue Kronzeugenmitteilung der Europäischen Kommission in Kartellsachen, WRP 2007, S. 417 ff.

994 Vgl. hierzu *U. Soltész*, Richterliche Kontrolle im Europäischen Kartellbußgeldverfahren - Die Vernehmung von (Kron-)Zeugen nach *Lissabon*, NZKart 2013, S. 53 ff., S. 54.

995 Vgl. *U. Soltész* (Fn. 994), S. 54.

fahrens zu Kronzeugenanträgen.[996] In vielen Kartellverfahren kooperiert die überwiegende Anzahl der beteiligten Unternehmen mit der Kommission.[997]

Mit der zunehmenden Bedeutung von Kronzeugen ist auch die Relevanz sog. Unternehmenserklärungen (*corporate statements*) gewachsen, die die auf Basis der aktuellen Kronzeugenregelung[998] kooperierenden Unternehmen gegenüber der Kommission abgeben. In der Praxis werden Unternehmenserklärungen von den Unternehmen intern erarbeitet und anschließend in der Regel von Anwälten der jeweiligen Unternehmen verlesen; die Kommission zeichnet die Erklärungen auf und fertigt eine Niederschrift an.[999] Dementsprechend sind die Aussagen der an den Kartellverstößen beteiligten Mitarbeiter in den Fokus der Ermittlungen gerückt, da die Kommission sich weitgehend auf ihre schriftlichen Aussagen verlässt[1000] und sie zum Teil als Hauptbeweismittel verwendet.[1001]

Unternehmen, die einen Kronzeugenantrag gestellt haben, ist grundsätzlich daran gelegen, der Kommission möglichst umfangreiche Informationen über das kartellrechtswidrige Verhalten zur Verfügung zu stellen, um einen Erlass oder eine möglichst weitgehende Reduzierung ihrer Bußgelder sicherzustellen. Nach der Kronzeugenmitteilung erlässt die Kommission dem Unternehmen, das als erstes seine Beteiligung an einem Kartell ihr gegenüber offenlegt, eine anderenfalls zu verhängende Geldbuße nur dann, wenn das Unternehmen Beweise und Informationen vorlegt, die der Kommission eine gezielte Nachprüfung erlauben. Hierzu muss das Unternehmen im Rahmen einer Unternehmenserklärung unter anderem Informationen über Funktionsweise und Reichweite des Kartells, betroffene Märkte, Mitkartellanten und, soweit bekannt, auch deren jeweils betei-

---

996 Vgl. etwa *M. Sura* (Fn. 535), Rn. 54. Danach konnten in den 34 Fällen zwischen 2006 und 2013, auf welche die Kronzeugenregelung 2006 Anwendung fand, 32 Unternehmen einen vollständigen Erlass und 80 Unternehmen zumindest eine Reduktion ihrer Geldbuße erzielen. Im Schnitt erhält die Kommission zwei Anträge auf vollständigen Bußgelderlass pro Monat.

997 Vgl. *U. Soltész* (Fn. 994), S. 54.

998 Vgl. Mitteilung der Kommission über den Erlass und die Ermäßigung in Kartellsachen, ABl. (EU) Nr. C 298 vom 08.12.2006, S. 17 ff. (im Folgenden: „Kronzeugenmitteilung“).

999 Vgl. *U. Soltész* (Fn. 994), S. 55; vgl. auch die Regelungen zu Unternehmenserklärungen in der Kronzeugenmitteilung, Rn. 31 ff.

1000 Vgl. hierzu auch *E. Braun/R. Galle* (Fn. 268), S. 112, die diese Praxis als rechtsstaatlich bedenklich sehen.

1001 Vgl. *U. Soltész* (Fn. 994), S. 54, 56.

ligte Angestellte zur Verfügung stellen.[1002] Ein Erlass der Geldbuße kommt dabei nur dann in Betracht, wenn die Kommission im Zeitpunkt der Vorlage der Informationen nicht bereits über ausreichende Beweismittel verfügt, um eine Nachprüfung in Zusammenhang mit dem gemeldeten Kartell durchzuführen.[1003] Auch im weiteren Verfahrensverlauf muss ein Kronzeuge *„ernsthaft, in vollem Umfang, kontinuierlich und zügig"* mit der Kommission zusammenarbeiten und ihr möglichst vollständig alle relevanten Beweismittel übergeben, um den Erlass der Geldbuße zu sichern.[1004]

Gleichzeitig können Kronzeugen ein Interesse daran besitzen, ihren Beitrag zu den kartellrechtlichen Verstößen als möglichst gering darzustellen. Dies kann beispielsweise der Fall sein, wenn sich ein an den Verstößen beteiligter Mitarbeiter vor arbeits-, straf- oder schadensersatzrechtlichen Konsequenzen zu schützen versucht oder das Unternehmen die Feststellung erschwerender Umstände bei der Bußgeldbemessung vermeiden und daher nicht als Anführer oder Anstifter der Kartellabsprachen angesehen werden möchte.[1005] Die Interessen der als Kronzeugen an einem Kartellverfahren teilnehmenden Unternehmen laufen daher diametral entgegengesetzt zu den Interessen derjenigen Unternehmen, denen im Kronzeugenantrag wettbewerbsschädliches Verhalten zur Last gelegt wird.

(2) Zum berechtigten Interesse an der Befragung

Unternehmen, die in den Unternehmenserklärungen der Kronzeugen belastet werden, haben ein großes Interesse daran, die Aussagen der Kronzeugen überprüfen und auf die Probe stellen zu können.[1006] Hierfür genügt es jedoch nicht, wenn den betroffenen Unternehmen schriftliche Fassungen der Aussagen zur Verfügung gestellt werden. Der Beweiswert einer Zeugenaussage hängt stark von der Art und den Umständen der Befragung ab und lässt sich nur schwer aus einem schriftlichen Protokoll ableiten. Die Möglichkeit zu einer eigenen Befragung eines Zeugen ist daher besonders

---

1002 Vgl. Kronzeugenmitteilung, Rn. 9 a).
1003 Vgl. Kronzeugenmitteilung, Rn. 8 und 11.
1004 Vgl. Kronzeugenmitteilung, Rn. 12.
1005 Vgl. *U. Soltész* (Fn. 994), S. 55, der hierzu auf die Rn. 28 der Bußgeldleitlinien verweist, wonach eine *„Rolle als Anführer oder Anstifter des Verstoßes"* eine Erhöhung der Geldbuße rechtfertigt.
1006 Vgl. ausführlich hierzu *U. Soltész* (Fn. 994), S. 53 ff.; *J. Schwarze/R. Bechtold/W. Bosch* (Fn. 7), S. 52.

wichtig, um Verfahrensgerechtigkeit herzustellen. Zudem erfolgt eine Befragung von Zeugen auch in einem späteren Gerichtsverfahren vor den Gemeinschaftsgerichten nur in Ausnahmefällen.[1007] Die mangelnde Gelegenheit zur Befragung der Kronzeugen im Rahmen des Kartellverfahrens vor der Kommission wird somit auch im späteren gerichtlichen Verfahren in aller Regel nicht kompensiert. Die europäischen Gerichte sind zwar befugt, die Kommissionentscheidung vollumfänglich nachzuprüfen, und es steht ihnen zu diesem Zweck auch offen, Zeugen zu laden.[1008] Diese Möglichkeit nutzen sie in der Praxis jedoch nur äußerst selten.[1009] Es erscheint deshalb im Sinne eines fairen und transparenten Verfahrens umso wesentlicher, dass die Möglichkeit zur Befragung von Zeugen bereits im Rahmen der mündlichen Anhörung während des Kartellverfahrens besteht.

Ohne eine solche Befragungsmöglichkeit fehlt es an einem prozessualen Gegengewicht zu dem erheblichen Belastungspotential, das in den Aussagen eines Kronzeugen liegen kann. Dies wird besonders durch einen Blick auf das US-amerikanische Verfahrensrecht deutlich. Das erfolgreiche *Leniency Program* der US-amerikanischen *Antitrust Division* des *Department of Justice*[1010] diente bei der Einführung der europäischen Kronzeugenregelung als Vorbild.[1011] Die *Antitrust Division* muss zur Ahndung von Kartellverstößen Anklage vor Gericht erheben[1012] und kann über das Vorliegen eines Kartellverstoßes nicht selbst entscheiden.[1013] Die vom *Leniency Pro-*

1007 Vgl. *M. Schütte/S. Thomas*, § 49 Rechtsmittel im EU-Kartellrecht, in: Wiedemann (Hrsg.), Handbuch des Kartellrechts (2020), Rn. 64.

1008 Vgl. etwa Art. 20 Abs. 4 und Art. 26 der Satzung des EuGH, ABl. (EU) Nr. C 83 vom 30.03.2010, S. 210 ff.

1009 Vgl. *U. Soltész* (Fn. 994), S. 56, der zudem darauf hinweist, dass die europäischen Gerichte bislang in keinem Fall einen Belastungszeugen befragt, sondern lediglich in wenigen Fällen Entlastungszeugen der klagenden Unternehmen geladen haben.

1010 Nähere Informationen hierzu sind auf der Website der *Antitrust Division* abrufbar unter: https://www.justice.gov/atr/leniency-program (zuletzt besucht am 05.08.2020).

1011 Vgl. *D. Schroeder*, Art. 101 AEUV, in: Grabitz/Hilf/Nettesheim (Hrsg.), Das Recht der Europäischen Union (Mai 2018), Rn. 821; *P. Hetzel*, Kronzeugenregelungen im Kartellrecht: Anwendung und Auslegung von Vorschriften über den Erlass oder die Ermäßigung von Geldbußen im Lichte elementarer Rechtsgrundsätze (2004), S. 59; *M. Lutz*, Amnestie für aufklärungsbereite Kartellanten?, BB 2000, S. 677 ff., S. 678.

1012 Vgl. *H. First/E. M. Fox/D. E. Hemli* (Fn. 311), S. 347.

1013 Vgl. dazu auch oben Teil 1/ D.I.3., insbesondere Fn. 357.

gram erfassten Kartellverstöße sind zudem strafrechtlich bewehrt.[1014] Den durch eine Kronzeugenaussage belasteten Unternehmen stehen zu ihrem Schutz die gerichtlichen Verfahrensrechte des US-amerikanischen Prozessrechts zur Verfügung, wozu insbesondere auch die Möglichkeit zur Befragung von Belastungszeugen im Rahmen eines Kreuzverhörs zählt.[1015] Dies ist im europäischen Kartellverfahrensrecht, in dem die Kommission gleichzeitig als Ankläger und Richter auftritt und in dem die verhängten Geldbußen als Verwaltungssanktionen qualifiziert werden, nicht der Fall. Das europäische Recht hat damit zwar ein wirksames Mittel zur Kartellverfolgung aus dem amerikanischen Recht übernommen, nicht jedoch die verfahrensrechtlichen Sicherungen zur Gewährleistung eines fairen und transparenten Verfahrens. Dies ist inkonsequent und beeinträchtigt die Verfahrensgerechtigkeit im europäischen Kartellverfahren erheblich.

Die Einführung einer Möglichkeit zur Zeugenbefragung in der mündlichen Anhörung könnte zudem zu einer höheren Effektivität der Kartellverfolgung führen. Nicht nur die durch die Aussage belasteten Unternehmen, sondern auch die Kommission könnte die Aussagen von Zeugen bereits im Verlauf des Kartellverfahrens auf ihre Stichhaltigkeit hin überprüfen. Dies hätte den Vorteil, dass die Kommission auf etwaige Schwächen in der Beweisführung bereits vor Erlass der Entscheidung reagieren und ihre Entscheidung gegebenenfalls abändern oder anpassen könnte. Dies würde das Vertrauen in die von der Kommission zugrunde gelegte Tatsachenschilderung erheblich stärken, so dass betroffene Unternehmen möglicherweise auf einen Angriff der Kommissionsentscheidung vor Gericht verzichten würden. Zudem würde auf diese Weise die Gefahr verringert, dass eine vor Gericht angegriffene Entscheidung aus Mängeln in der Tatsachenfeststellung im Gerichtsverfahren aufgehoben wird, sollte ein Zeuge erst im Gerichtsverfahren vernommen werden und sich seine Aussage als nicht hinreichend tragfähig erweisen.[1016]

Unternehmen, die durch die Aussage eines Kronzeugen belastet werden, sollten somit die Chance erhalten, die Tragfähigkeit der Vorwürfe und die

---

1014 Hierzu sowie zu einem Überblick zum US-amerikanischen *Leniency Programm* vgl *M. Lutz* (Fn. 1011), S. 678, sowie *P. Hetzel* (Fn. 1011), S. 37 ff.

1015 Vgl. zu den Verfahrensrechten *H. First/E. M. Fox/D. E. Hemli* (Fn. 311), S. 347 f. sowie *R. Zagrosek*, Kronzeugenregelungen im U.S.-amerikanischen, europäischen und deutschen Recht der Wettbewerbsbeschränkungen (2006), S. 210, der darauf hinweist, dass selbst die Möglichkeit eines Kreuzverhörs in der US-amerikanischen Literatur teilweise als nicht ausreichender Schutz vor belastenden Kronzeugenaussagen kritisiert wird.

1016 Vgl. hierzu *ECLF Working Group on Transparency and Process* (Fn. 7), S. 488.

Glaubwürdigkeit der Belastungszeugen, auf die sich die Kommission zum Nachweis eines kartellrechtlichen Verstoßes stützt, im Rahmen der mündlichen Anhörung unter Leitung des Anhörungsbeauftragten zu überprüfen.[1017] Insgesamt würde die Möglichkeit, Zeugenaussagen bereits in der mündlichen Anhörung auf ihren Wahrheitsgehalt überprüfen zu können, erheblich zur Transparenz, Fairness und Effektivität des Verfahrens beitragen und die Akzeptanz der Entscheidung fördern.

Die Einführung von Zeugenbefragungen erfordert dabei voraussichtlich grundlegende Änderungen bei der Durchführung der mündlichen Anhörung. Voraussetzung wäre zunächst, dass dem Anhörungsbeauftragten die Kompetenz eingeräumt wird, Zeugen verbindlich zur mündlichen Anhörung zu laden.[1018] Hierzu ist der Anhörungsbeauftragte derzeit nicht befugt.[1019] Deshalb ist es zurzeit auch praktisch kaum vorstellbar, dass ein Unternehmen, das einen Kronzeugenantrag gestellt hat, von sich aus einen sachkundigen und an dem Kartellverstoß beteiligten Mitarbeiter zur mündlichen Anhörung schickt.[1020] Dies würde dem Interesse des betroffenen Unternehmens, vertrauliche Informationen zu schützen und gegebenenfalls Sanktionen anderer Kartellbeteiligter zu vermeiden, entgegenlaufen.[1021] Darüber hinaus müsste das Kartellverfahrensrecht Sanktionen für den Fall einer etwaigen Falschaussage vorsehen. Bislang zieht eine unrichtige oder unvollständige Aussage keine unmittelbaren Folgen nach sich. Die Kommission kann eine Falschaussage zwar bei der Bewertung des Verhaltens des betreffenden Unternehmens und damit auch bei der Bußgeldberechnung einbeziehen; dies stellt aber nur eine sehr mittelbare Sanktion dar. Schließlich müssten auch Regelungen zu Ablauf und Inhalt der Befra-

---

1017 Vgl. *J. Schwarze/R. Bechtold/W. Bosch* (Fn. 7), S. 52; eine Möglichkeit zur Zeugenbefragung befürworten auch *J. Modrall/R. Patel*, Oral Hearings and the Best Practices Guidelines, The CPI Antitrust Journal 2010, S. 5 f.; *N. Zingales* (Fn. 266), S. 148; *ECLF Working Group on Transparency and Process* (Fn. 7), S. 488.

1018 Vgl. *N. Zingales* (Fn. 266), S. 148.

1019 Vgl. *J. Modrall/R. Patel* (Fn. 1017), S. 5 f., die insofern anregen, die Anwesenheit von Zeugen, die in der mündlichen Anhörung befragt werden können, gegebenenfalls dadurch sicherzustellen, dass dies zur Bedingung für den Erlass einer Geldbuße nach der Kronzeugenregelung gemacht wird.

1020 Vgl. *T. Klose/C. Horstkotte* (Fn. 171), Rn. 42, die dies als „*absoluten Ausnahmefall*" bezeichnen.

1021 Vgl. *N. Zingales* (Fn. 266), S. 148.

gungen sowie zu möglichen Zeugnisverweigerungsrechten getroffen werden.[1022]

ii. Anhörung unter Anwesenheit der Entscheidungsträger

Eine mündliche Anhörung der betroffenen Unternehmen findet ausschließlich im Rahmen des Verfahrens vor dem Anhörungsbeauftragten statt. Die endgültige Entscheidung über das Vorliegen eines Wettbewerbsverstoßes und etwaige Sanktionen obliegt jedoch der Kommission als Kollegialorgan, d.h. der Gesamtheit aller 27 Kommissare. Sie entscheiden gemeinsam als Kollegium auf Basis des Entscheidungsentwurfs der Generaldirektion Wettbewerb. Eine Anhörung vor dem Kommissionskollegium ist im Kartellverfahrensrecht bislang jedoch nicht vorgesehen.[1023] Die mündliche Anhörung findet daher nicht vor denjenigen Personen statt, die letztlich für die Entscheidung verantwortlich sind,[1024] sondern vor den Beamten der Dienststellen, die die Entscheidung vorbereiten.[1025] Der EuGH hat dies bereits früh mit der verwaltungsrechtlichen Natur des europäischen Kartellverfahrens gerechtfertigt; danach ist es in einem Verwaltungsverfahren nicht zu beanstanden, dass sich die Entscheidungsträger von den ihnen untergeordneten Beamten vertreten lassen.[1026]

Auch wenn der vor Gericht geltende Unmittelbarkeitsgrundsatz im europäischen Kartellverfahren nicht eingreift, erscheint diese Situation aus rechtspolitischer Sicht intransparent und nicht zufriedenstellend, da die betroffenen Unternehmen in der mündlichen Anhörung nicht über die Möglichkeit verfügen, ihre Argumente in Bezug auf die gegen sie erhobenen Vorwürfe den tatsächlichen Entscheidungsträgern unmittelbar vorzutragen.[1027] Auch ihren Standpunkt zu möglicherweise indirekt in die Entscheidungsfindung einfließenden politischen oder wirtschaftlichen Aspekten können sie damit nicht in einem offiziellen Rahmen vor den Entschei-

---

1022 Noch weitergehend wird in der Literatur teilweise eine Trennung zwischen der Abteilung, die ermittelt und die Mitteilung der Beschwerdepunkte formuliert, und der Abteilung, die die abschließende Entscheidung vorbereitet, angeregt; vgl. zu diesem Vorschlag *R. Wesseling/M. v. d. Woude* (Fn. 356), S. 595.
1023 *G.-K. d. Bronett* (Fn. 99), S. 176.
1024 Vgl. *J. Flattery* (Fn. 1), S. 71 m.w.N.
1025 Vgl. *G.-K. d. Bronett* (Fn. 144), Art. 27, Rn. 39.
1026 Vgl. *EuGH*, Urteil vom 15.07.1970, Rs. 44/69 – *Buchler/ Kommission*, Rn. 20.
1027 Vgl. *U. Soltész* (Fn. 962), S. 4.

dungsträgern vortragen.[1028] Umgekehrt bietet sich den betroffenen Unternehmen auch nicht die Möglichkeit, die Sichtweise der zuständigen Entscheidungsträger aus erster Hand zu erfahren und hierauf in der Folge gegebenenfalls noch reagieren zu können.

Ob eine Anhörung vor allen 27 Kommissaren in praktischer Hinsicht sinnvoll durchgeführt werden kann, erscheint jedoch zweifelhaft. In der Regel dürften sich die Kommissare, die politisch für sehr unterschiedliche Bereiche zuständig sind, weder im Detail mit dem konkret behandelten Fall noch generell mit den Besonderheiten des Wettbewerbsrechts auskennen. Ein Gremium von dieser Größe und politischen Bedeutung, welches sich mit einer Vielzahl von Themen beschäftigen muss, ist für die Vorbereitung und Durchführung von Anhörungen zu kartellrechtlichen Detailfragen im Einzelfall nicht geeignet. Die Anwesenheit des jeweils amtierenden Wettbewerbskommissars oder zumindest eines Mitglieds seines Kabinetts könnte jedoch die mündliche Anhörung erheblich aufwerten und den betroffenen Unternehmen die Chance bieten, aus erster Hand eine Einschätzung zu ihrem Fall zu erhalten. Die Anwesenheit eines solchen hochrangigen Entscheidungsträgers bei der mündlichen Anhörung würde das Recht auf Anhörung und die Transparenz im Kartellverfahren daher wesentlich stärken.[1029]

Die Kommission erkennt den Sinn der Anwesenheit hochrangiger Beamter in der mündlichen Anhörung grundsätzlich an und hält in ihren *Best Practices* hierzu fest, dass sie angesichts der Bedeutung der mündlichen Anhörung üblicherweise dafür Sorge trage, dass neben dem für die Untersuchung zuständigen *Case Team* durchgehend Mitglieder des Führungspersonals der Generaldirektion Wettbewerb, ein Direktor oder ein stellvertretender Direktor, anwesend seien.[1030] Da Führungspersonal früher gar nicht oder jedenfalls nicht während der gesamten Anhörung anwesend war, sondern nur das zuständige *Case Team* selbst durchgehend an der mündlichen Anhörung teilnahm,[1031] liegt hierin eine positive Entwicklung.

Ein direkter Kontakt mit dem für Wettbewerb zuständigen Kommissar ist bislang jedoch weder im Rahmen noch außerhalb der mündlichen Anhörung ausdrücklich vorgesehen. Die *Best Practices* weisen diesbezüglich zwar darauf hin, dass auf Wunsch eines betroffenen Unternehmens ausgewählten Mitarbeitern seiner Führungsebene die Gelegenheit gegeben wer-

---

1028 Vgl. *T. Körber* (Fn. 349), S. 24.
1029 Vgl. auch *B. Holles* (Fn. 825), S. 26.
1030 Vgl. *Best Practices*, Rn. 108.
1031 Vgl. *J. P. Heidenreich* (Fn. 183), S. 226.

den kann, den Fall in Anwesenheit ihrer Rechtsbeistände mit dem Generaldirektor der Generaldirektion Wettbewerb oder gegebenenfalls auch mit dem Wettbewerbskommissar selbst zu besprechen;[1032] ein Anspruch auf ein solches Treffen besteht jedoch nicht. Sofern überhaupt ein solches Treffen stattfindet, erfolgt dieses somit jedenfalls außerhalb des offiziellen Rahmens der mündlichen Anhörung. Dies genügt nicht den Anforderungen eines fairen und transparenten Verfahrens. Ein direkter Kontakt zwischen den verfahrensbeteiligten Unternehmen und dem für Wettbewerb zuständigen Kommissionsmitglied sollte in die mündliche Anhörung integriert werden, um entsprechende Kontakte zu formalisieren und hierdurch die Transparenz für alle an der mündlichen Anhörung Beteiligten zu gewährleisten.

III. Transparenz aus Sicht der Beschwerdeführer, Dritter und der Öffentlichkeit

Der Anspruch auf rechtliches Gehör im Kartellverfahren dient ebenso wie andere Verteidigungsrechte vorrangig dem Schutz der potentiellen Adressaten einer abschließenden negativen Entscheidung.[1033] Ein Interesse an Informationen oder Teilnahmemöglichkeiten können jedoch auch Beschwerdeführer oder sonstige verfahrensnahe Dritte besitzen, insbesondere wenn sie sich durch das verfahrensgegenständliche Verhalten der betroffenen Unternehmen selbst beeinträchtigt fühlen. Beschwerdeführer und Dritte können sich zwar nicht auf das Anhörungsrecht im Sinne eines Verteidigungsrechts berufen, ihnen stehen aber zumindest Verfahrensrechte in dem Umfang zu, wie dies zum Schutz ihrer berechtigten Interessen im Rahmen des Kartellverfahrens erforderlich ist.[1034] Ihre Grenze finden diese Rechte unter anderem dort, wo sie mit dem Anspruch der betroffenen Unternehmen auf rechtliches Gehör kollidieren.[1035]

Im folgenden Abschnitt soll die Transparenz des Verfahrens vor dem Anhörungsbeauftragten jeweils aus der Perspektive der verschiedenen Akteure, insbesondere der Beschwerdeführer, interessierter Dritter, sowie der (Fach-)Öffentlichkeit untersucht werden.

1032 Vgl. *Best Practices*, Rn. 70.
1033 Vgl. *J. P. Heidenreich* (Fn. 183), S. 54.
1034 Vgl. *J. P. Heidenreich* (Fn. 183), S. 99.
1035 Vgl. *EuGH*, Urteil vom 17.11.1987, verb. Rs. 142 und 156/82 – *BAT und Reynolds*, Rn. 20.

1. Transparenz aus Sicht der Beschwerdeführer

In der Regel sind Beschwerdeführer Unternehmen, die von dem verfahrensgegenständlichen Wettbewerbsverhalten der betroffenen Unternehmen in ihren wirtschaftlichen oder rechtlichen Interessen unmittelbar berührt werden. Unabhängig von der Teilnahme eines Beschwerdeführers ist das Kartellverfahren immer als investigatives, von der Kommission geführtes Verfahren ausgestaltet.[1036] Ein Beschwerdeführer verfügt daher über weniger weitgehende Verfahrensrechte als die Unternehmen, deren Verhalten Gegenstand der Mitteilung der Beschwerdepunkte ist,[1037] da die ihm zustehenden Rechte nicht seiner Verteidigung im Kartellverfahren dienen und somit nicht den Verteidigungsrechten zuzuordnen sind.[1038]

Beschwerdeführer sollen jedoch *„eng in das Verfahren einbezogen"* werden[1039] und können daher zumindest in gewissem Umfang an dem Verfahren partizipieren, das die Kommission auf ihre Beschwerde hin eingeleitet hat.[1040] Der Grundsatz der Einbeziehung des Beschwerdeführers in das Verfahren wird insbesondere durch Art. 6 VO 773/2004 konkretisiert, nach dem der Beschwerdeführer eine Kopie der Mitteilung der Beschwerdepunkte erhält und gegebenenfalls auch an der Anhörung der betroffenen Unternehmen teilhaben kann.[1041] Umfang und Ausgestaltung der Möglichkeiten des Beschwerdeführers, Informationen über Inhalt und Fortgang des Verfahrens zu erhalten und an diesem in begrenztem Rahmen selbst mitzuwirken, werden im Folgenden untersucht.

a) Informationen anlässlich der Mitteilung der Beschwerdepunkte

Der Beschwerdeführer hat nach Art. 6 Abs. 1 VO 773/2004 Anspruch auf eine Kopie der nicht-vertraulichen Fassung der Mitteilung der Beschwerdepunkte, in der Geschäftsgeheimnisse und andere vertrauliche Angaben der betroffenen Unternehmen unkenntlich gemacht wurden. Dies erfolgt zeitlich etwas versetzt, da diese Kopie erst erstellt werden kann, nachdem die betroffenen Unternehmen die vollständige Fassung der Beschwerdepunkte

---

1036 Vgl. zur Einbindung von Beschwerdeführern bereits oben Teil 1/ B.III.3.
1037 Vgl. Beschwerdebekanntmachung, Rn. 59.
1038 Vgl. generell in Bezug auf die Rechte von Dritten im Kartellverfahren S. *Lechler* (Fn. 317), S. 126.
1039 Art. 27 Abs. 1 S. 3 VO 1/2003.
1040 Vgl. *W. Weiß* (Fn. 888), Rn. 16.
1041 Vgl. *A. Klees* (Fn. 147), § 6, Rn. 69.

erhalten und der Kommission mitgeteilt haben, welche Angaben sie darin als vertraulich einstufen, oder nachdem die ihnen von der Kommission hierzu gesetzte Frist abgelaufen ist.[1042] Mit Übersendung der nicht-vertraulichen Fassung setzt die Kommission dem Beschwerdeführer eine Frist, innerhalb derer er hierzu schriftlich Stellung nehmen kann.[1043]

Im Gegensatz zu den betroffenen Unternehmen erhält der Beschwerdeführer zur Vorbereitung seiner schriftlichen Stellungnahme kein Recht auf Einsicht in die Ermittlungsakten der Kommission. Er hat auch keine Möglichkeit, Einsicht in die schriftlichen Stellungnahmen der betroffenen Unternehmen zu beantragen. Die Übermittlung einer nicht-vertraulichen Version der Mitteilung der Beschwerdepunkte ist somit die einzige Information über den Verfahrensstand, auf die der Beschwerdeführer einen Anspruch hat.[1044] Diese Einschränkung seiner Informationsmöglichkeiten ist dadurch gerechtfertigt, dass die Einreichung einer Beschwerde von potentiellen Beschwerdeführen anderenfalls dazu missbraucht werden könnte, um auf einfachem Weg an im Übrigen unzugängliche Unterlagen von Wettbewerbern oder Unternehmern auf der Marktgegenseite zu gelangen, sobald gegen diese ein Kartellverfahren eingeleitet wurde.[1045] Es liegt jedoch im Ermessen der Kommission, dem Beschwerdeführer zusätzlich etwa auch eine nicht-vertrauliche Fassung anderer Stellungnahmen zu übersenden.[1046]

b) Möglichkeit zur Teilnahme an der mündlichen Anhörung

Nach Art. 6 Abs. 2 VO 773/2004 kann die Kommission dem Beschwerdeführer auf dessen Antrag hin Gelegenheit geben, seine Argumente anlässlich der mündlichen Anhörung vorzutragen.[1047] Hierzu kann der Beschwerdeführer in seiner schriftlichen Stellungnahme beantragen, zur mündlichen Anhörung zugelassen zu werden. Zuständig für die Zulassung des Beschwerdeführers ist der Anhörungsbeauftragte, der nach Art. 6 Abs. 2 Mandat 2011 nach Rücksprache mit dem für das Kartellverfahren zuständigen Direktor der Generaldirektion Wettbewerb beschließen kann,

---

1042 Vgl. *G. Miersch* (Fn. 901), Rn. 40.
1043 Vgl. Art. 6 Abs. 1 VO 773/2004; Beschwerdebekanntmachung, Rn. 64.
1044 Vgl. hierzu *G. Miersch* (Fn. 901), Rn. 40.
1045 Vgl. *K. L. Ritter/ M.M. Wirtz* (Fn. 637), Rn. 29.
1046 Vgl. hierzu *G. Miersch* (Fn. 901), Rn. 40.
1047 Vgl. Art. 6 Abs. 2 VO 773/2004 sowie Beschwerdebekanntmachung, Rn. 65.

den Beschwerdeführer an der mündlichen Anhörung teilnehmen zu lassen. Die Zulassung des Beschwerdeführers zur mündlichen Anhörung liegt somit im Ermessen des Anhörungsbeauftragten. Ist der Beschwerdeführer bei der mündlichen Anhörung anwesend, kann der Anhörungsbeauftragte ihm in diesem Rahmen auch gestatten, selbst Fragen zu stellen.[1048]

Der Beschwerdeführer hat keine Möglichkeit, auf eigene Initiative die Durchführung einer mündlichen Anhörung zu veranlassen. Er kann daher nur dann in der mündlichen Anhörung seinen Standpunkt darlegen und auf diesem Weg Informationen zu den vertretenen Auffassungen sowie dem zugrunde liegenden Sachverhalt erhalten, wenn zuvor die Adressaten der Mitteilung der Beschwerdepunkte einen entsprechenden Antrag auf Durchführung einer mündlichen Anhörung nach Art. 12 VO 773/2004 gestellt haben.[1049]

2. Transparenz aus Sicht interessierter Dritter

Auch Unternehmen oder sonstige Personen, die ein besonderes Interesse an dem der Kommission vorliegenden Fall besitzen, jedoch nicht als Beschwerdeführer auftreten, können in engen Grenzen Einblick in das Kartellverfahren vor der Kommission erhalten. Insbesondere können interessierte Dritte, die nicht als Beschwerdeführer am Verfahren teilnehmen, einen Antrag auf Anhörung vor der Kommission stellen.

a) Zulassung Dritter zum Kartellverfahren

Die Kommission gibt einem Antrag anderer, nicht als Beschwerdeführer in das Verfahren einbezogener Personen auf Anhörung statt, wenn diese ein *„ausreichendes Interesse"* nachweisen können.[1050] Der Antrag muss schriftlich eingereicht werden und erläutern, aus welchen Gründen ein besonderes Interesse am Verfahrensausgang besteht.[1051] Die Entscheidung

---

1048 Vgl. Art. 14 Abs. 7 VO 773/2004.

1049 Vgl. *A. Klees* (Fn. 147), § 6, Rn. 70; *G. Miersch* (Fn. 901), Rn. 42.

1050 Vgl. Art. 27 Abs. 3 S. 1 und 2 VO 1/2003.

1051 Vgl. Art. 5 Abs. 1 S. 2 Mandat 2011. Sofern der Anhörungsbeauftragte das Vorliegen eines ausreichenden Interesses ablehnt, teilt er dies dem Dritten unter Angabe der Gründe schriftlich mit und setzt ihm eine Frist zur schriftlichen Stellungnahme. Bleibt es dennoch bei der Ablehnung, wird dies dem Dritten

über den Antrag obliegt dem Anhörungsbeauftragten. Dieser entscheidet nach Art. 5 Abs. 2 Mandat 2011 nach Rücksprache mit dem zuständigen Direktor der Generaldirektion Wettbewerb darüber, wer den Status als zugelassener Dritter im Sinne des Art. 5 Abs. 1 Mandat 2011 erhält und damit ein Recht auf Anhörung besitzt. Hierbei verfügt der Anhörungsbeauftragte über einen weiten Ermessensspielraum.[1052]

Eine konkrete Definition für das Vorliegen eines ausreichenden Interesses existiert bislang nicht. Soweit ersichtlich, enthalten auch die Berichte des Anhörungsbeauftragten keine näheren Angaben dazu, welche konkreten Erwägungen er bei der Prüfung des ausreichenden Interesses seiner Entscheidung im Einzelnen zugrunde legt.[1053] Art. 5 Abs. 2 S. 2 des Mandats 2011 bestimmt lediglich, dass der Anhörungsbeauftragte bei der Prüfung berücksichtigt, inwiefern antragstellende Dritte von dem Verhalten, das Gegenstand des Wettbewerbsverfahrens ist, betroffen sind. Ein ausreichendes Interesse dürfte daher letztlich nur dann abzulehnen sein, wenn sie von dem mutmaßlichen Wettbewerbsverstoß überhaupt nicht oder nur ganz geringfügig tangiert sind. Unmaßgeblich ist, ob Dritte das Eingreifen der Kommission befürworten oder ihm ablehnend gegenüberstehen; ebenso wenig kommt es darauf an, ob sie sich durch ihre Zulassung Informationen zur Vorbereitung einer Schadensersatzklage erhoffen oder einen anderweitigen Zweck verfolgen.[1054] Allerdings stellt das bloße Interesse an der Klärung einer abstrakten Rechtsfrage mangels eigener Betroffenheit kein ausreichendes Interesse dar.[1055]

Dritte können etwa in ihrer Funktion als Wettbewerber, Abnehmer oder Lieferanten der mutmaßlich am Kartellverstoß beteiligten Unternehmen angehört werden.[1056] Zudem unterstellt die Kommission bei Verbraucherverbänden, die einen Antrag auf Anhörung stellen, ein ausreichendes Interesse in allen Fällen, in denen das Verfahren Produkte oder Dienstleistungen für Endverbraucher oder Produkte oder Dienstleistungen betrifft, die direkt in diese Produkte oder Dienstleistungen einfließen.[1057] Damit scheint grundsätzlich dann, wenn der Dritte eine hinreichende Nähe zu dem jeweils zugrunde liegenden Verfahrenssachverhalt besitzt und seine

---

ebenfalls schriftlich und mit Gründen mitgeteilt, vgl. Art. 5 Abs. 3 Mandat 2011.

1052 Vgl. *G.-K. d. Bronett* (Fn. 144), Art. 27, Rn. 42.
1053 Vgl. *K. Cseres/J. Mendes* (Fn. 191), S. 503.
1054 Vgl. *M. Albers* (Fn. 653), S. 51.
1055 Vgl. *J. P. Heidenreich* (Fn. 183), S. 105 f. m.w.N.
1056 Vgl. *J. P. Heidenreich* (Fn. 183), S. 107.
1057 Vgl. Erwägungsgrund 11 der VO 773/2004.

Informationen im weiteren Fortgang des Verfahrens wertvoll sein könnten, ein ausreichendes Interesse zu bestehen. Die diesbezügliche Zulassungspraxis gilt bislang als großzügig.[1058]

Das Recht auf Zulassung zum Verfahren wird somit vor dem Hintergrund gewährt, dass die Einbindung Dritter dem Verfahren zugute kommen kann, und basiert nicht auf dem Anspruch auf rechtliches Gehör als Verteidigungsrecht.[1059] Die Anhörung Dritter dient vorrangig der Verfahrensförderung und erst in einem zweiten Schritt dem Schutz ihrer Interessen.[1060] Im Vordergrund steht weniger die Wahrung ihrer Rechte und die Schaffung von Transparenz zu ihren Gunsten, sondern der Beitrag, den sie zur Klärung des Sachverhaltes[1061] und damit zu einer richtigen Entscheidungsfindung leisten können.

b) Information über den Verfahrensgegenstand

Liegt ein ausreichendes Interesse vor, unterrichtet die Kommission den Dritten schriftlich über Art und Gegenstand des eingeleiteten Verfahrens.[1062] Gleichzeitig setzt sie eine Frist zur Abgabe einer schriftlichen Stellungnahme. Ist ein Dritter der Auffassung, dass er nicht im gebotenen Umfang über das Verfahren unterrichtet wurde, kann er sich an den Anhörungsbeauftragten wenden, sofern die Generaldirektion Wettbewerb auch auf Nachfrage nicht bereit ist, die gewünschten Informationen zur Verfügung zu stellen.[1063]

Eine Kopie der nicht-vertraulichen Version der Mitteilung der Beschwerdepunkte erhalten Dritte im Unterschied zu den Beschwerdeführern nicht. Nach Ansicht der Rechtsprechung steht es jedoch im Ermessen

---

1058 Vgl. *A. Klees*, Die Beteiligung Dritter in europäischen Kartellverfahren - das EuG-Urteil Österreichische Postsparkasse und Bank für Arbeit und Wirtschaft (BAWAG), EWS 2006, S. 395 ff., S. 397.

1059 Vgl. *S. Durande/K. Williams*, The practical impact of the exercise of the right to be heard: A special focus on the effect of Oral Hearings and the role of the Hearing Officers, Competition Policy Newsletter Summer 2005, S. 22 ff., S. 23, die in diesem Zusammenhang u.a. auf Erwägungsgrund Nr. 11 der VO 773/2004 hinweisen, wonach es im Ermessen der Kommission steht, Dritte zur schriftlichen Äußerung und zur Teilnahme an der mündlichen Anhörung aufzufordern, wenn sie dies als dem Verfahren förderlich erachtet.

1060 Vgl. *S. Durande/K. Williams* (Fn. 1059), S. 23.

1061 Vgl. in diesem Sinn den 13. Erwägungsgrund zum Mandat 2011.

1062 Vgl. Art. 13 Abs. 1 VO 773/2004.

1063 Vgl. Art. 7 Abs. 2 d), Art. 3 Abs. 7 Mandat 2011.

der Kommission, Dritten von sich aus eine nicht-vertrauliche Fassung der Mitteilung der Beschwerdepunkte zuzusenden, damit sie zu den Beschwerdepunkten umfassend und sachgerecht Stellung nehmen können.[1064] Eine Übermittlung einer nicht-vertraulichen Fassung der Beschwerdepunkte würde aufgrund der dort enthaltenen Informationen über die konkreten, von der Kommission erhobenen Vorwürfe Dritten die schriftliche Stellungnahme sowie die Vorbereitung auf eine eventuelle mündliche Anhörung erleichtern. Da hierdurch auch die Qualität der der Kommission zur Verfügung gestellten Informationen erhöht würde, erscheint eine regelmäßige Übermittlung einer nicht-vertraulichen Mitteilung der Beschwerdepunkte durch die Kommission grundsätzlich sinnvoll.

Sofern es sich bei den interessierten Dritten um Konkurrenten der betroffenen Unternehmen oder Teilnehmer der Marktgegenseite handelt, ist es jedoch erforderlich, einer missbräuchlichen Verwendung der dort enthaltenen Informationen zum Schutz der betroffenen Unternehmen von vornherein entgegenzuwirken. Denkbar wäre insofern die Aufnahme einer ausdrücklichen Verwendungsbeschränkung, die die Verwendung der Informationen zu verfahrensfremden Zwecken und insbesondere die Verbreitung von Textpassagen zu Marketingzwecken in Pressemitteilungen oder anderen veröffentlichten Darstellungen untersagt.[1065]

c) Möglichkeit zur Teilnahme an der mündlichen Anhörung

Die Kommission kann Dritte auf entsprechenden Antrag hin auffordern, ihre Argumente in der mündlichen Anhörung darzulegen.[1066] Nach Art. 6 Abs. 2 Mandat 2011 ist der Anhörungsbeauftragte in Rücksprache mit dem jeweiligen Direktor der Generaldirektion Wettbewerb dafür zuständig, Dritten ebenso wie Beschwerdeführern Gelegenheit zur Stellungnahme in der mündlichen Anhörung zu geben.[1067] Der Anhörungsbeauftragte kann

---

1064 Vgl. *EuG*, Urteil vom 07.06.2006, verb. Rs. T-213/01 und T-214/01 – *Österreichische Postsparkasse und BAWAG*, Rn. 107; *A. Klees* (Fn. 1058), S. 397.

1065 So der Vorschlag von *G. Miersch* (Fn. 901), Rn. 41 bereits in Bezug auf die Übersendung einer nicht-vertraulichen Fassung der Mitteilung der Beschwerdepunkte an den Beschwerdeführer, entsprechend der in Art. 8 Abs. 2 VO 773/2004 enthaltenen Verwendungsbeschränkung für die Informationen, die der Beschwerdeführer im Wege der Akteneinsicht in die Unterlagen der Kommission gewonnen hat.

1066 Vgl. Art. 13 Abs. 2 VO 773/2004.

1067 Vgl. Art. 6 Abs. 1 Mandat 2011.

Dritten auch gestatten, in der mündlichen Anhörung Fragen zu stellen.[1068] Ein Recht, von sich aus die Durchführung einer mündlichen Anhörung zu verlangen, steht ihnen dagegen nicht zu.

3. Transparenz aus Sicht der Öffentlichkeit

Grundsätzlich gelangen im Zusammenhang mit der Anhörung vor dem Anhörungsbeauftragten nur wenige Informationen an die Öffentlichkeit. Intensiv diskutiert wird deshalb, ob dies geändert und die Öffentlichkeit zur mündlichen Anhörung zugelassen werden sollte. Bislang finden mündliche Anhörungen nach Art. 14 Abs. 6 VO 773/2004 unter Ausschluss der Öffentlichkeit statt. An der mündlichen Anhörung können neben den Unternehmen, gegen die sich das Verfahren richtet, und den Beschwerdeführern zwar auch Dritte teilnehmen, die ein ausreichendes Interesse im Sinne des Art. 27 Abs. 3 S. 2 VO 1/2003 vorweisen können. Damit besitzen viele derjenigen, die bereits an einem bestimmten Kartellverfahren konkret interessiert sind, die Möglichkeit, bei der mündlichen Anhörung anwesend zu sein. Dennoch handelt es sich um einen beschränkten Kreis von Personen, die über einen gewissen wirtschaftlichen oder ideellen Bezug zu der mutmaßlichen Zuwiderhandlung verfügen. Sonstige interessierte Außenstehende haben hingegen keine Möglichkeit, die mündliche Anhörung zu verfolgen. Vor diesem Hintergrund wird gefordert, die Transparenz des europäischen Kartellverfahrens dadurch zu erhöhen, dass mündliche Anhörungen für die Öffentlichkeit zugänglich gemacht werden.[1069]

Die Kommission steht einer Öffnung der mündlichen Anhörung bislang ablehnend gegenüber und begründet dies insbesondere mit dem erforderlichen Schutz von Geschäftsgeheimnissen. Die Nichtöffentlichkeit

---

1068 Vgl. Art. 14 Abs. 7 VO 773/2004. Zum Schutz der Interessen der betroffenen Unternehmen bestimmt Art. 5 Abs. 4 Mandat 2011 jedoch, dass der Anhörungsbeauftragte diese von der Identität der anzuhörenden Dritten in Kenntnis setzt, sofern diese durch die Offenlegung nicht erheblich geschädigt würden. Die betroffenen Unternehmen erfahren somit in der Regel vor Beginn der mündlichen Anhörung, welche Dritten dort teilnehmen werden.

1069 Vgl. *R. McLeod*, Strengthening Due Process and Public Advocacy: Why the EC Should Open its Oral Hearings to the Press, The CPI Antitrust Journal March 2010, S. 1 ff.; *S. Kinsella* (Fn. 962); vgl. auch *D. Lawsky*, Information please: opening antitrust to the public: why more European Union Court and Commission documents and hearings should no longer be secret, in: Marsden (Hrsg.), Handbook of research in trans-Atlantic antitrust (2006), S. 552, 556 f., 559.

der mündlichen Anhörung soll danach insbesondere gewährleisten, dass sich alle Anwesenden frei äußern können.[1070] Darüber hinaus befürchtet die Kommission, dass die Zulassung der Öffentlichkeit die Effektivität des Kartellverfahrens und den Zweck der mündlichen Anhörung beeinträchtigten könnte. Sie sieht die Gefahr, dass bei einer Öffentlichkeit der Anhörung keine Diskussionen zu den eigentlichen Vorwürfe mehr stattfindet, sondern die Parteien und ihre Vertreter dazu verleitet werden, allein auf die Presse bzw. sonstige Beobachter zugeschnittene Präsentationen zu halten.[1071]

Insbesondere der Einwand, dass es zu einer nicht unerheblichen Behinderung der Diskussion in der mündlichen Anhörung kommen könnte, wenn die Teilnehmer damit rechnen müssen, dass jede ihrer Äußerungen in die Medien gelangen kann, ist nicht unberechtigt. Auf der anderen Seite lässt sich gegen die Befürchtung, dass die Öffentlichkeit der mündlichen Anhörung den Schutz vertraulicher Informationen der betroffenen Unternehmen erheblich gefährden würde, etwa einwenden, dass der Anhörungsbeauftragte bereits jetzt angesichts der Teilnahme von Konkurrenten oder Vertretern der Marktgegenseite an der mündlichen Anhörung eine *in camera*-Vernehmung zulassen kann, wenn anderenfalls die Preisgabe vertraulicher Informationen oder Geschäftsgeheimnisse droht. Die Möglichkeit, einen solchen Antrag zu stellen, könnte grundsätzlich auch den Schutz von Geschäftsgeheimnissen im Fall einer Öffentlichkeit der mündlichen Anhörung gewährleisten, so dass keine darüber hinausgehenden Maßnahmen erforderlich werden.[1072] Denkbar ist allerdings, dass insbesondere im Fall der Anwesenheit von Vertretern der Fachpresse Anträge auf *in camera*-Sitzungen voraussichtlich öfter gestellt würden,[1073] so dass dies das Verfahren insgesamt in die Länge ziehen könnte. Es wäre daher

---

1070 Vgl. *Best Practices*, Rn. 107.
1071 Vgl. *D. Slater/S. Thomas/D. Waelbroeck* (Fn. 345), S. 36; *Financial Times*, Microsoft urges EU to hold public hearing, Artikel vom 14.03.2006 zum Antrag von Microsoft auf eine Öffnung der mündlichen Anhörung für die Öffentlichkeit. Darin äußert die Kommission folgende Bedenken: „*presentations from the various parties would play to the gallery rather than throw light on the issues at stake in the case*".
1072 Vgl. *R. McLeod* (Fn. 1069), S. 4.
1073 Dies ist bislang eher selten der Fall, da die betroffenen Unternehmen in der mündlichen Anhörung in der Regel nicht auf Geschäftsgeheimnisse Bezug nehmen, sondern diese dazu nutzen, um die Argumentation der Kommission und die Glaubwürdigkeit von Belastungszeugen anzugreifen, vgl. *S. Kinsella* (Fn. 962), S. 3.

Aufgabe des Anhörungsbeauftragten, missbräuchlichen Anträgen entgegenzuwirken.

Zudem wird berechtigterweise darauf hingewiesen, dass die Öffnung der mündlichen Anhörung für die allgemeine Öffentlichkeit in der Praxis letztlich keinen großen Schritt mehr bedeuten würde. Die meisten an dem konkreten Verfahren interessierten Unternehmen oder Verbände stellen als Dritte, die sich auf ein ausreichendes Interesse berufen können, einen Antrag auf Zulassung zur mündlichen Anhörung und können damit ohnehin an ihr teilnehmen.[1074] Diejenigen, die den größten Nutzen aus dem Bekanntwerden von Geschäftsgeheimnissen und sonstigen internen Unternehmensdaten ziehen könnten, sind daher häufig ohnehin bei der mündlichen Anhörung anwesend.[1075]

Für eine Öffnung der mündlichen Anhörung für die Öffentlichkeit spricht auch, dass die betroffenen Unternehmen sowie andere, bei der mündlichen Anhörung anwesende Dritte die Fachpresse oftmals selbst über Ihre Einschätzung der Geschehnisse in der mündlichen Anhörung informieren. Eine völlige Geheimhaltung dessen, was Gegenstand der mündlichen Anhörung war, existiert in der Praxis damit ohnehin nicht und kann im Ergebnis auch nicht das Ziel des Kartellverfahrensrechts sein, da das Kartellverfahren unter anderem generalpräventiven Zwecken dient. Zudem kann auch der Anhörungsbeauftragte aufgrund mangelnder Sanktionsmöglichkeiten etwaige Versuche, durch Information der Presse den weiteren Verlauf des Kartellverfahrens in einem bestimmten Sinne zu beeinflussen und auf diese Weise zumindest mittelbar Druck auf die die Entscheidung vorbereitenden Kommissionsbeamten oder andere mit der Sache befasste Entscheidungsträger auszuüben, nicht verhindern.[1076]

Könnten Vertreter der Fachpresse selbst an der mündlichen Anhörung teilnehmen, wären sie künftig nicht mehr auf Informationen aus zweiter Hand angewiesen. Die Öffentlichkeit der mündlichen Anhörung könnte daher dazu beitragen, dass sich Journalisten und andere Interessierte einen eigenen Eindruck von dem Verfahrensgang machen und selbst beurteilen könnten, für wie stichhaltig und überzeugend sie die von der Kommission erhobenen Vorwürfe und die Verteidigung der betroffenen Unternehmen jeweils halten.[1077] Zwar werden die am Verfahren beteiligten Unternehmen voraussichtlich auch weiterhin versuchen, ihre eigene Einschätzung

---

1074 Vgl. *R. McLeod* (Fn. 1069), S. 4.
1075 Vgl. *S. Kinsella* (Fn. 962), S. 3.
1076 Vgl. *S. Kinsella* (Fn. 962), S. 3; *R. McLeod* (Fn. 1069), S. 4.
1077 Vgl. *R. McLeod* (Fn. 1069), S. 3; *S. Kinsella* (Fn. 962), S. 3.

hinsichtlich ihres Erfolgs oder Misserfolgs in der mündlichen Anhörung über die Presse in der Öffentlichkeit zu verbreiten. Allerdings dürften allzu subjektive Schilderungen, wenn Pressevertreter selbst Zugang zu der entsprechenden Anhörung hätten und sich ein eigenes Bild der Sachlage machen könnten, zumindest schwerer zu vermitteln sein. Darüber hinaus gelangen viele Details, die für ein an einem Wettbewerbsverstoß beteiligtes Unternehmen besonders kritisch oder reputationsschädigend sein können, in vielen Fällen später ohnehin an die Öffentlichkeit, da sie zum Teil im Rahmen der Veröffentlichung der abschließenden Entscheidung der Öffentlichkeit bekannt werden.[1078] Im Falle einer anschließenden Klageerhebung gegen diese Entscheidung werden die Verstöße außerdem ohnehin Gegenstand einer öffentlichen Verhandlung vor den Gemeinschaftsgerichten.[1079]

Vorgeschlagen wird auch ein Kompromiss dahingehend, mündliche Anhörungen zumindest dann öffentlich stattfinden zu lassen, wenn dies von den betroffenen Unternehmen selbst beantragt wird.[1080] Zur Begründung lässt sich anführen, dass der Ausschluss der Öffentlichkeit von der mündlichen Anhörung im Wesentlichen dem Schutz der Interessen der von dem Kartellverfahren betroffenen Unternehmen dient und diese daher selbst entscheiden können sollten, ob sie diesen Schutz in Anspruch nehmen oder auf ihn verzichten wollen.[1081] Insbesondere in Verfahren, in denen die mündliche Anhörung auf Antrag eines einzelnen Unternehmens wegen mutmaßlicher missbräuchlicher Ausnutzung seiner marktbeherr-

---

1078 Vgl. *S. Kinsella* (Fn. 962), S. 3.

1079 Vgl. *S. Kinsella* (Fn. 962), S. 3. Verhandlungen vor dem EuGH finden grundsätzlich öffentlich statt, es sei denn, es liegen wichtige Gründe vor, die einen Ausschluss der Öffentlichkeit rechtfertigen, vgl. Art. 31 der EuGH-Satzung (Protokoll (Nr. 3) über die Satzung des Gerichtshofs der Europäischen Union vom 26.02.2001, konsolidierte Fassung, ABl. (EU) Nr. C 326 vom 26.10.2012, S. 210 ff.). Art. 79 Abs. 1 der Verfahrensordnung des EuGH nennt ausdrücklich die Sicherheit der Mitgliedstaaten und den Schutz Minderjähriger. Ein Ausschluss der Öffentlichkeit ist auch zum Schutz von Geschäftsgeheimnissen möglich. Da die Öffentlichkeit nur in Ausnahmefällen ausgeschlossen wird, sind jedoch grundsätzlich nur die sensiblen Abschnitte der Verhandlung unter Ausschluss der Öffentlichkeit durchzuführen, vgl. *D. Dittert*, Art. 31 EuGH-Satzung, in: von der Groeben/Schwarze/Hatje (Hrsg.), Europäisches Unionsrecht: Vertrag über die Europäische Union, Vertrag über die Arbeitsweise der Europäischen Union, Charta der Grundrechte der Europäischen Union (2015), Rn. 7.

1080 Vgl. *R. McLeod* (Fn. 1069), S. 4; *S. Kinsella* (Fn. 962), S. 2.

1081 Dies fordern z.B. *S. Kinsella* (Fn. 962), S. 2 sowie *ECLF Working Group on Transparency and Process* (Fn. 7), S. 487.

schenden Position nach Art. 102 AEUV stattfindet, erscheint ein solcher Antrag auf Öffentlichkeit der Anhörung grundsätzlich realistisch.[1082] *Microsoft* hat im Jahr 2006 bereits einen solchen Antrag gestellt.[1083] Bislang wird eine öffentliche mündliche Anhörung jedoch auch dann, wenn das betroffene Unternehmen diese selbst wünscht, abgelehnt. Im Fall *Microsoft* berief sich der Anhörungsbeauftragte hierzu unter anderem auf den Schutz der Interessen anderer Teilnehmer sowie darauf, dass die Öffentlichkeit der Anhörung eine produktive Atmosphäre verhindere.[1084]

Sofern den berechtigten Interessen der betroffenen Unternehmen am Schutz ihrer vertraulichen Informationen und dem Interesse an einer möglichst freien Aussage von Zeugen und anderen Personen in der mündlichen Anhörung hinreichend Rechnung getragen wird, spricht im Sinne einer Steigerung der Transparenz des Kartellverfahrens viel dafür, der Öffentlichkeit grundsätzlich den Zugang zur mündlichen Anhörung zu ermöglichen. In Anbetracht des bestehenden öffentlichen Interesses können reine Praktikabilitätsgründe einen Ausschluss der Öffentlichkeit für sich genommen jedenfalls nicht rechtfertigen. Die Zulassung der Öffentlichkeit würde die mündliche Anhörung in ihrer Bedeutung wesentlich aufwerten, da etwa in diesem Fall die regelmäßige Anwesenheit höherrangiger Kommissionsbeamter zu erwarten wäre und mündliche Anhörungen von allen Seiten gründlicher vorbereitet werden müssten.[1085] Eine Öffnung der mündlichen Anhörung für die Öffentlichkeit wäre zudem als ein besonderer Ausdruck der Verantwortlichkeit der Kommission gegenüber

---

1082 Vgl. *ECLF Working Group on Transparency and Process* (Fn. 7), S. 487 sowie dort Fn. 37.

1083 *Microsoft* hatte in dem Verfahren COMP/C-3/37.792 einen Antrag auf eine öffentliche mündliche Anhörung gestellt. Dieser wurde von der Kommission abgelehnt. Der Anhörungsbeauftragte begründete die Ablehnung in seinem Bericht zum einen mit der ausdrücklichen Regelung in Art. 14 Abs. 6 VO 773/2004, nach der mündliche Anhörung nicht öffentlich sind, und führte weiter aus: *„Da diese Bestimmung nicht nur im Interesse von Microsoft, sondern auch in dem der anderen Teilnehmer an der Anhörung sowie im Interesse des Verfahrens ist (um unter anderem Unruhe in der Debatte zu vermeiden), vertrat ich die Auffassung, dass ich nicht wegen Microsofts Antrag von einer langjährigen Regel abweichen konnte, die in den letzten vierzig Jahren garantiert hat, dass mündliche Anhörungen in einer konstruktiven und produktiven Atmosphäre stattfinden.“* (vgl. Abschlussbericht des Anhörungsbeauftragten in der COMP/C-3/37.792, ABl. (EU) Nr. C 138 vom 05.06.2008 - *Microsoft*, S. 4, 8.)

1084 Vgl. *S. Kinsella* (Fn. 962), S. 2 f.; *D. Slater/S. Thomas/D. Waelbroeck* (Fn. 345), S. 36 mit Verweis auf den Antrag von *Microsoft*.

1085 Vgl. *S. Kinsella* (Fn. 962), S. 3.

der Allgemeinheit zu werten:[1086] Eine Berichterstattung durch unmittelbar bei der Anhörung anwesende Pressemitarbeiter und andere Vertreter der interessierten Öffentlichkeit würde zu einer größeren öffentlichen Kontrolle des Vorgehens der Kommission durch die interessierten Fachkreise führen. Die Durchführung einer öffentlichen mündlichen Anhörung ist daher zur Gewährleistung einer möglichst offenen und bürgernahen Entscheidungsfindung zu befürworten.

IV. Berichte des Anhörungsbeauftragten

Der Anhörungsbeauftragte erstellt im Laufe eines Kartellverfahrens in der Regel zwei Berichte, einen Zwischenbericht und einen Abschlussbericht. Die Berichte enthalten insbesondere Ausführungen dazu, ob aus Sicht des Anhörungsbeauftragten die Anhörung ordnungsgemäß durchgeführt und die Verteidigungsrechte gewahrt wurden.

1. Zwischenbericht

Nach Abschluss der Anhörung erstellt der Anhörungsbeauftragte einen Zwischenbericht (*„interim report"*). Zwischenberichte bestehen üblicherweise aus zwei Teilen. Im ersten Teil befasst sich der Anhörungsbeauftragte mit prozessualen Fragen; im zweiten Teil stellt er die wesentlichen Argumente zusammen, die in der mündlichen Anhörung vorgetragen wurden, und setzt sich mit diesen auseinander.[1087]

a) Funktion und Inhalt

Im Zwischenbericht unterrichtet der Anhörungsbeauftragte den Wettbewerbskommissar über die Anhörung und über seine Schlussfolgerungen, ob die Verfahrensrechte der beteiligten Unternehmen effektiv gewahrt wurden.[1088] Gegenstand des Zwischenberichts können damit alle im Kartellverfahren aufgetretenen prozeduralen Fragen sein. Art. 14 Abs. 1 S. 2 Mandat 2011 zählt hierzu ausdrücklich Fragen nach der Offenlegung von

---

1086 Vgl. *R. McLeod* (Fn. 1069), S. 3.
1087 Vgl. *S. Durande/K. Williams* (Fn. 1059), S. 27.
1088 Vgl. Art. 14 Abs. 1 S. 1 Mandat 2011.

Unterlagen und der Gewährung von Akteneinsicht, der Einhaltung von Fristen für die Erwiderung auf die Mitteilung der Beschwerdepunkte, der Wahrung des Rechts auf Anhörung und der ordnungsgemäßen Durchführung der Anhörung. Hierbei handelt es sich jedoch nicht um eine abschließende Aufzählung. Der Anhörungsbeauftragte kann daher auch auf alle sonstigen, in dem konkreten Verfahren in Anspruch genommenen Verfahrensrechte sowie etwaige hiermit verbundene Fragestellungen eingehen.[1089]

Neben seinem Zwischenbericht kann der Anhörungsbeauftragte im Rahmen einer zusätzlichen Stellungnahme auf weitere, aus seiner Sicht relevante Aspekte eines Falles eingehen.[1090] Nach Art. 14 Abs. 2 Mandat 2011 soll er hierbei insbesondere seine Erwägungen zum weiteren Verlauf und zur Unparteilichkeit des Verfahrens darlegen. Diese Stellungnahmen sollen danach insbesondere sicherstellen, dass alle relevanten Sachverhaltsinformationen einschließlich solcher zu Schwere und Dauer einer Zuwiderhandlung bei der Ausarbeitung der späteren Entwürfe für die Beschlüsse der Kommission angemessen und unabhängig davon berücksichtigt werden, ob sie für die betroffenen Unternehmen einen Vorteil oder Nachteil darstellen.

In diesem Zusammenhang kann der Anhörungsbeauftragte auch auf materiell-rechtliche Problemstellungen hinweisen und etwa die Einholung zusätzlicher Informationen, den Verzicht auf bestimmte Beschwerdepunkte, die Mitteilung neuer Beschwerdepunkte oder auch die Durchführung weiterer Ermittlungshandlungen anregen.[1091] Dies geschieht insbesondere in Fällen, in denen die Anhörung wesentliche neue Erkenntnisse hinsichtlich der Beschwerdepunkte der Kommission gebracht hat. Der Anhörungsbeauftragte kann sich etwa dazu äußern, ob er die von den betroffenen Unternehmen angegriffenen Beschwerdepunkte als stichhaltig einschätzt, ob sie vor dem Hintergrund der neuen Entwicklungen gänzlich fallen gelassen werden sollten oder ob er vor einer abschließenden Entscheidung zunächst weitere Informationen für erforderlich hält.[1092] Zudem steht es dem Anhörungsbeauftragten frei, auch seine eigenen Schlüsse zur rechtlichen Beurteilung mit in die Stellungnahme einfließen zu lassen.[1093]

1089 Vgl. *M. Albers* (Fn. 653), S. 58.
1090 Vgl. *Europäische Kommission*, Guidance on procedures of the Hearing Officers in proceedings relating to Articles 101 and 102 TFEU, Rn. 62, wonach die Anhörungsbeauftragten üblicherweise derartige Beobachtungen übermitteln.
1091 Siehe Art. 14 Abs. 2 Mandat 2011.
1092 Vgl. *M. Albers* (Fn. 653), S. 24.
1093 Vgl. *S. Durande/K. Williams* (Fn. 1059), S. 27.

Zusammen mit dem Bericht, den die Mitglieder des *Case Teams* über die Anhörung verfassen, dient der Zwischenbericht des Anhörungsbeauftragten als Arbeitsgrundlage für die nach der Anhörung folgende Besprechung innerhalb der Generaldirektion Wettbewerb, bei der über den weiteren Fortgang des Verfahrens beraten wird.[1094] Der Zwischenbericht bietet den Kommissionsbeamten somit eine Orientierung für die weitere Entwicklung des Verfahrens. Darüber hinaus dient er dazu, die zuständigen Kommissionsstellen auf eventuell erhobene Verfahrensrügen aufmerksam zu machen und es ihnen so zu ermöglichen, etwaige Verfahrensmängel, die für den Bestand der abschließenden Entscheidung von Belang sein können, vor Abschluss des Verfahrens soweit wie möglich zu beheben.[1095]

b) Adressatenkreis

Die Zwischenberichte des Anhörungsbeauftragten zählen ebenso wie seine zusätzlichen Stellungnahmen zu den rein internen Dokumenten der Kommission.[1096] Kopien des Zwischenberichts erhalten ausschließlich der Generaldirektor für Wettbewerb, der für das jeweilige Verfahren zuständige Direktor sowie andere beteiligte Kommissionsdienststellen.[1097] Sofern der Anhörungsbeauftragte seinem Zwischenbericht eine gesonderte Stellungnahme zu inhaltlichen Fragen beifügt, wird dieser neben dem Generaldirektor und dem zuständigen Direktor der Generaldirektion Wettbewerb noch dem Juristischen Dienst übermittelt.[1098] Die am Verfahren beteiligten Unternehmen erhalten dagegen keinen Einblick in den Zwischenbericht des Anhörungsbeauftragten[1099] oder seine Stellungnahmen und damit auch keine Möglichkeit, hierzu Stellung zu nehmen. Dies ist zur Wahrung der Verteidigungsrechte nach der Rechtsprechung auch nicht erfor-

---

1094 Vgl. *S. Durande/K. Williams* (Fn. 1059), S. 27.

1095 Vgl. *M. Albers* (Fn. 653), S. 58.

1096 Vgl. *Europäische Kommission*, Guidance on procedures of the Hearing Officers in proceedings relating to Articles 101 and 102 TFEU, Rn. 64; *M. Sura* (Fn. 899), Rn. 17. Dass der Zwischenbericht nicht veröffentlicht wird, ergibt sich aus einem Umkehrschluss zu Art. 17 Abs. 3 Mandat 2011. Dieser sieht - im Gegensatz zu Art. 14 Abs. 1 und 2 Mandat2011 – hinsichtlich des Abschlussberichts sowohl eine Übermittlung an die Adressaten der abschließenden Kommissionsentscheidung als auch eine Veröffentlichung im Amtsblatt vor.

1097 Vgl. Art. 14 Abs. 1 Mandat 2011.

1098 Vgl. Art. 14 Abs. 2 a.E. Mandat 2011.

1099 Vgl. *T. Klose/C. Horstkotte* (Fn. 171), Rn. 45.

derlich, da der Zwischenbericht nicht als Beweismittel herangezogen werden kann.[1100]

Im Sinne einer größeren Transparenz könnte der Zwischenbericht veröffentlicht oder zumindest den betroffenen Unternehmen zugesendet werden.[1101] Ob dies die verfahrensrechtliche Stellung der betroffenen Unternehmen im Ergebnis stärken würde, ist jedoch umstritten.[1102] Gegen eine Übersendung des Zwischenberichts an die betroffenen Unternehmen lässt sich etwa einwenden, dass dies dem Zwischenberichts einen Teil seiner Wirkung nehmen könnte, da sich der Anhörungsbeauftragte in Kenntnis dessen mit kritischen Äußerungen zum Kommissionsverfahren möglicherweise zurückhalten würde.[1103] Die rein interne Natur des Zwischenberichts erlaubt es dem Anhörungsbeauftragten hingegen, die Kommission ohne Einschränkungen über seine Einschätzung des Falles zu unterrichten und auf diese Weise Einfluss auf den Verfahrensfortgang auszuüben.[1104]

Dem lässt sich jedoch entgegengehalten, dass von einem rein internen Dokument in der Praxis zumeist ein eher geringer Einfluss auf die mit dem Fall betrauten Kommissionsbeamten ausgehen dürfte und der Zwischenbericht daher, solange er nicht den betroffenen Unternehmen zur Verfügung gestellt wird, auch nur eingeschränkt zum Schutz ihrer Verfahrensrechte beitragen kann.[1105] Demgegenüber könnte eine Übermittlung des Zwischenberichts dessen Bedeutung stärken, da die Kommission in diesem Fall voraussichtlich besonderen Wert darauf legen würde, dem Anhörungsbeauftragten keinen Anlass zu bieten, in seinem Zwischenbericht Kritik an dem Verfahrensverlauf, der Beweisführung oder ihrer rechtlichen Argumentationen zu äußern.[1106] Im Fall einer Bekanntgabe des Zwischenberichts gegenüber den betroffenen Unternehmen steigt zudem das Risiko, dass eine Partei später auf Grundlage einer entsprechenden Einschätzung des Anhörungsbeauftragten im Zwischenbericht eine Verfah-

---

1100 Vgl. *M. Sura* (Fn. 899), Rn. 17; *EuG*, Urteil vom 17.12.1991, Rs T-4/89 – *BASF*, Rn. 51.

1101 Vgl. *N. Zingales* (Fn. 266), S. 156; *House of Lords, Select Committee on the European Union* (Fn. 807), Rn. 59; *J. Modrall/R. Patel* (Fn. 1017), S. 6; *M. Merola/D. Waelbroeck* (Fn. 289), S. 262, Rn. 179.

1102 Vgl. zu dieser Diskussion ausführlich *B. Holles* (Fn. 825), S. 22 f.

1103 Zu diesem Argument vgl. *ECLF Working Group on Transparency and Process* (Fn. 7), S. 479.

1104 Vgl. *B. Holles* (Fn. 825), S. 23.

1105 Vgl. *House of Lords, Select Committee on the European Union* (Fn. 807), Rn. 60.

1106 Vgl. *House of Lords, Select Committee on the European Union* (Fn. 807), Rn. 60.

rensrüge vor den Unionsgerichten erhebt.[1107] Vor diesem Hintergrund wäre die Kommission in besonderem Maße gehalten, auf die Wahrung der Verfahrensrechte zu achten bzw. etwaige Mängel noch bis zum Erlass ihrer Entscheidung zu beheben.

Darüber hinaus würden die betroffenen Unternehmen Einblick in mögliche Einschätzungen des Anhörungsbeauftragten zur Rechtslage und zur Stichhaltigkeit der vorliegenden Beweise gewinnen, so dass die Kommission auch in dieser Hinsicht einer zusätzlichen Kontrolle unterläge. Voraussetzung hierfür ist allerdings, dass die Aufnahme von materiell-rechtlichen Erörterungen in den Zwischenbericht zukünftig nicht mehr fakultativ, sondern obligatorisch erfolgt.[1108] Denkbar ist zudem, dass dies auch zu einer tiefer gehenden Diskussion über strittige Rechtsfragen oder Sachverhaltsaspekte bereits in der mündlichen Anhörung führen würde.

Insgesamt überwiegen damit die Vorteile, die eine Übersendung des Zwischenberichts an die betroffenen Unternehmen hätte, die hiermit verbundenen Nachteile.[1109] Die Übermittlung des Zwischenberichts würde diesen aufwerten und die Stellung des Anhörungsbeauftragten an eine unabhängige, materiell- und verfahrensrechtliche Kontrollinstanz annähern. Dies würde den Einfluss des Anhörungsbeauftragten auf den gesamten Verfahrensablauf erheblich stärken, einen Beitrag zur Fairness und Transparenz des Verfahrens leisten und damit zu einer Verbesserung des Entscheidungsprozesses sowie auch der Entscheidungsqualität selbst führen.[1110]

2. Abschlussbericht

Vor Ende des Kartellverfahrens verfasst der Anhörungsbeauftragte nach Art. 16 Abs. 1 Mandat 2011 anhand des dem Beratenden Ausschuss vorzu-

---

1107 Vgl. *ECLF Working Group on Transparency and Process* (Fn. 7), S. 478 und 484, die vor diesem Hintergrund vorschlägt, den Parteien eine kurze Frist nach Erhalt des Zwischenberichts einzuräumen, in der sie vor Erlass der Kommissionsentscheidung zu dem Bericht Stellung nehmen oder auch ggf. in Bezug auf einzelne Punkte im Zwischenbericht relevante Dokumente einreichen können (S. 479).

1108 Vgl. hierzu *B. Holles* (Fn. 825), S. 23, der befürchtet, dass die Anhörungsbeauftragten anderenfalls von Anmerkungen zu materiell-rechtlichen Fragen aufgrund des zusätzlichen Aufwandes gänzlich absehen würden.

1109 Vgl. hierzu *B. Holles* (Fn. 825), Rn. 24.

1110 Vgl. *House of Lords, Select Committee on the European Union* (Fn. 807), Rn. 61.

legenden Entscheidungsentwurfs der Kommission zusätzlich einen Abschlussbericht.

a) Funktion und Inhalt

In seinem Abschlussbericht nimmt der Anhörungsbeauftragte Stellung zu der Frage, ob die Verfahrensrechte während des gesamten Verfahrens effektiv gewahrt wurden.[1111] Zudem berücksichtigt er, ob die betroffenen Unternehmen die Gelegenheit hatten, sich zu allen in dem Entscheidungsentwurf enthaltenen Beschwerdepunkten zu äußern.[1112] Der Anhörungsbeauftragte kann den Abschlussbericht bis zum Erlass der endgültigen Entscheidung durch die Kommission jederzeit ändern[1113] und ihn so an mögliche Änderungen des Entscheidungsentwurfs anpassen.

Im Gegensatz zum Zwischenbericht enthält der Abschlussbericht keine Anmerkungen des Anhörungsbeauftragten zu materiell-rechtlichen Fragen, sondern bleibt allein auf verfahrensrechtliche Fragen beschränkt.[1114] Abschlussberichte sind zumeist recht knapp gefasst und umfassen in der Regel ca. zwei bis vier Seiten.[1115] Oft beschränkt sich der Anhörungsbeauftrage im Wesentlichen auf die Feststellung, dass die Verteidigungsrechte gewahrt und in die Entscheidung der Kommission nur solche Beschwerdepunkte aufgenommen wurden, zu denen sich die betroffenen Unternehmen äußern konnten.[1116]

1111 Vgl. Art. 16 Abs. 1 S. 1 Mandat 2011.

1112 Vgl. Art. 16 Abs. 1 S. 2 Mandat 2011.

1113 Vgl. Art. 17 Abs. 2 Mandat 2011.

1114 Art. 16 Abs. 1 S. 1 Mandat 2011 verweist zum Inhalt des Abschlussberichts ausschließlich auf Art. 14 Abs. 1 Mandat 2011, nicht aber auf Art. 14 Abs. 2 Mandat 2011, der den zulässigen Inhalt gesonderten Stellungnahmen des Anhörungsbeauftragten regelt und in diesem Rahmen auch materiell-rechtliche Erwägungen zulässt, vgl. auch *J. P. Heidenreich* (Fn. 183), S. 229 (zu den vergleichbaren Regelungen des Mandat 2001).

1115 Siehe z.B. die Abschlussberichte des Anhörungsbeauftragten in der Sache COMP/37.766, ABl. (EU) Nr. C 133 vom 12.06.2009, S. 6f. — *Niederländischer Biermarkt*, in den Sachen COMP/34.579 MasterCard, COMP/36.518 EuroCommerce, COMP/38.580 Commercial Cards, ABl. (EU) Nr. C 264 vom 06.11.2009, S. 12 ff.

1116 Vgl. zu Inhalt und Ausgestaltung von Abschlussberichten des Anhörungsbeauftragten *J. P. Heidenreich* (Fn. 183), S. 232 ff. In seinem Abschlussbericht zum Briefumschläge- Kartell (Case Comp. AT.39780, ABl. (EU) Nr. C 74 vom 03.03.2015, S. 4 stellt der Anhörungsbeauftragte zwischen der Kommission und den Hauptbeteiligten beispielsweise fest: *„Nach Artikel 16 des Beschlusses*

b) Adressatenkreis und Zeitpunkt der Übermittlung

Wie der Zwischenbericht ist auch der Abschlussbericht zunächst ein internes Dokument, das dem Wettbewerbskommissar, dem Generaldirektor, dem für das jeweilige Kartellverfahren zuständigen Direktor der Generaldirektion Wettbewerb und anderen zuständigen Kommissionsdienststellen vorgelegt wird. Eine Kopie des Berichts wird auch an die Wettbewerbsbehörden der Mitgliedstaaten übersandt.[1117] Die Kommissionsmitglieder erhalten den Abschlussbericht gemeinsam mit dem Entscheidungsentwurf der Generaldirektion Wettbewerb, so dass sie ihn bei ihrer Beschlussfassung berücksichtigen können.[1118]

Zudem wird jedoch auch den betroffenen Unternehmen zusammen mit der abschließenden Kommissionsentscheidung eine Kopie des Abschlussberichts übersandt.[1119] Zu überlegen wäre hier zwar, den Abschlussbericht den betroffenen Unternehmen bereits früher zu übersenden und ihnen hierdurch die Möglichkeit zu geben, zu seinem Inhalt vor Erlass der endgültigen Entscheidung der Kommission Stellung zu nehmen.[1120] In diesem Fall könnte die Kommission auf mögliche Einwände der betroffenen Unternehmen noch einmal reagieren. Es ist jedoch mehr als fraglich, ob dem hiermit verbundenen zusätzlichen Verwaltungsaufwand ein entsprechender Nutzen gegenüberstünde, denn die Kommission dürfte kurz vor Abschluss des Kartellverfahrens nur in sehr seltenen Fällen noch von einer bereits gefestigten Position abrücken. Eine frühere Übersendung besitzt daher aus Transparenzgesichtspunkten keinen Mehrwert.

2011/695/EU habe ich geprüft, ob sich der an die Parteien gerichtete Beschlussentwurf ausschließlich auf Beschwerdepunkte bezieht, zu denen den Parteien Gelegenheit zur Stellungnahme gegeben wurde; ich bin zu dem Ergebnis gekommen, dass dies der Fall ist. In Anbetracht der vorstehenden Ausführungen sowie des Umstands, dass sich die Parteien weder mit Anträgen noch mit Beschwerden an mich gewandt haben, stelle ich fest, dass in diesem Verfahren die Verfahrensrechte wirksam ausgeübt werden konnten."

1117 Vgl. Art. 16 Abs. 2 Mandat 2011.
1118 Vgl. Art. 17 Abs. 1 Mandat 2011.
1119 Vgl. Art. 17 Abs. 3 S. 1 Mandat 2011.
1120 Vgl. *J. P. Heidenreich* (Fn. 183), S. 319 f.

c) Veröffentlichung

Nach Art. 17 Abs. 3 S. 2 Mandat 2011 wird eine nicht-vertrauliche Fassung des Abschlussberichts im Amtsblatt der Europäischen Union zusammen mit der endgültigen Entscheidung der Kommission veröffentlicht. Die Veröffentlichung des Abschlussberichts informiert die interessierte Öffentlichkeit darüber, dass die Verteidigungsrechte gewahrt wurden und die Anhörung nach Auffassung des Anhörungsbeauftragten ordnungsgemäß durchgeführt wurde. Die Veröffentlichung des Abschlussberichtes fördert damit die Kontrolle des Kommissionshandelns und die *ex post*-Transparenz des Kartellverfahrens.

Die Veröffentlichung eines Abschlussberichtes des Anhörungsbeauftragten und seine Übermittlung an die betroffenen Unternehmen ist das Ergebnis einer längeren Entwicklung. Ursprünglich war ein solcher Bericht nicht vorgesehen. Zwar bestimmte schon Art. 5 des Mandats 1982, dass der Anhörungsbeauftragte einen Bericht über den Ablauf der mündlichen Anhörung und über die Schlussfolgerungen, die er daraus gezogen hatte, verfassen sollte. Dieser Bericht ist jedoch eher mit dem heutigen Zwischenbericht vergleichbar.[1121] Einen zusätzlichen Abschlussbericht sah das Mandat 1982 nicht vor.[1122] Zum ersten Mal wird eine abschließende Stellungnahme im Mandat 1994 erwähnt.[1123] Diese Stellungnahme des Anhörungsbeauftragten konnte zwar mit Zustimmung des Wettbewerbskommissars der

---

1121 Vgl. *N. Zingales* (Fn. 266), S. 139.

1122 Der Anhörungsbeauftragte verfügte nach der damaligen Konzeption ausschließlich über Zuständigkeiten in Bezug auf die mündliche Anhörung und die ihr unmittelbar nachfolgenden Entscheidungen; vgl. hierzu sowie zur Entwicklung der Berichtspflicht seit dem Mandat 1982 *N. Zingales* (Fn. 266), S. 139 f.

1123 Art. 10 Mandat 1994 enthielt einen kurzen Hinweis auf eine interne, abschließende Stellungnahme des Anhörungsbeauftragten: *„Um zu gewährleisten, dass die Kommission über alle Umstände des jeweiligen Einzelfalles unterrichtet ist, bevor sie ihre Entscheidung trifft, kann das für Wettbewerbsfragen zuständige Mitglied der Kommission auf Antrag des Anhörungsbeauftragten anordnen, dass dessen abschließende Stellungnahme dem Entscheidungsentwurf beigefügt wird.“* Ein Abschlussbericht war unter dem Mandat 1994 nicht obligatorisch, und in der Praxis verfasste der Anhörungsbeauftragte nicht in jedem Verfahren einen Abschlussbericht. Sofern der Anhörungsbeauftragte keine Einwände gegen den Entscheidungsentwurf der Generaldirektion Wettbewerb hatte, genügte vielmehr eine entsprechende mündliche Bestätigung. Unterblieb eine Äußerung des Anhörungsbeauftragten vollständig, wurde davon ausgegangen, dass er mit dem Entscheidungsentwurf der Kommission einverstanden war. Vgl. hierzu *House of Lords, Select Committee on the European Union* (Fn. 807), Rn. 21.

Kommission zusammen mit dem Entscheidungsentwurf vorgelegt werden, blieb im Übrigen aber ein internes Dokument der Generaldirektion Wettbewerb.[1124] Eine Übermittlung des Abschlussberichts an die Adressaten der Kommissionentscheidung oder seine Veröffentlichung im Amtsblatt war daher nicht vorgesehen. Dies wurde u.a. vom *House of Lords* kritisiert, das eine Veröffentlichung sowohl des Zwischenberichts als auch des Abschlussberichts des Anhörungsbeauftragten forderte.[1125] Schließlich nahm die Kommission im Mandat 2001 erstmalig eine entsprechende Bestimmung zur Übermittlung und Veröffentlichung des Abschlussberichts auf.[1126]

Um einen substantiellen Beitrag zur Transparenz zu leisten, sollte der in der Praxis oft sehr kurz gefasste Abschlussbericht zumindest aus sich heraus verständliche und inhaltlich nachvollziehbare Informationen enthalten, anhand derer der Verlauf des Verfahrens und die Einhaltung der Verfahrensgrundsätze auch von Außenstehenden in den wesentlichen Grundzügen nachvollzogen werden können. Zwar können insbesondere in rechtlich und tatsächlich einfach gelagerten Fällen knappe Ausführungen ausreichend sein; zur Herstellung von *ex post*-Verfahrenstransparenz ist es jedoch sinnvoll, wenn zur Information der Öffentlichkeit ausführlichere Angaben zum Kartellverfahren und den wesentlichen Verfahrensschritte im Abschlussbericht enthalten sind. Zusätzlich ist es überlegenswert, in den Abschlussbericht eine Einschätzung des Anhörungsbeauftragten zu kritischen materiellen Rechtsfragen aufzunehmen, in deren Rahmen er gegebenenfalls auch von der Rechtsauffassung der Kommission abweichen könnte. Die Einräumung einer solchen Möglichkeit würde auch die Position des Anhörungsbeauftragten insgesamt stärken.[1127] In Anbetracht der Tatsache, dass der wesentlich umfassendere Zwischenbericht bisher nicht an die betroffenen Unternehmen übermittelt und erst recht nicht veröffentlicht wird, wäre eine Aufwertung des Abschlussberichts durch Aufnahme einer Einschätzung zur materiellen Rechtslage und einer ausführliche-

---

1124 Die Möglichkeit, den Bericht an die Kommission zu übersenden, sollte voraussichtlich weniger der Transparenz des Verfahrens als vielmehr dazu dienen, gegebenenfalls Position und Argumentation der Kommission stützen, vgl. *N. Zingales* (Fn. 266), S. 139.

1125 Vgl. *House of Lords, Select Committee on the European Union* (Fn. 807), Rn. 59 ff. Gegen eine Übermittlung des Berichts an die Parteien *C.-D. Ehlermann* (Fn. 789), S. 456.

1126 Vgl. Art. 16 Abs. 1 und 3 Mandat 2001.

1127 Vgl. *J. P. Heidenreich* (Fn. 183), S. 319 f.

ren Darstellung des Verfahrensverlaufes im Sinne einer größeren Transparenz zu begrüßen.

V. Zwischenergebnis

Die Phase zwischen dem Erhalt der Mitteilung der Beschwerdepunkte und dem Abschluss der mündlichen Anhörung ist ein zentraler Abschnitt des europäischen Kartellverfahrens. In seinem Rahmen wird der in der Mitteilung der Beschwerdepunkte ermittelte Sachverhalt kritisch hinterfragt und die betroffenen Unternehmen erhalten die Möglichkeit, ihre Verteidigungsrechte gegen die von der Kommission vorgebrachten Beschwerdepunkte wirksam wahrzunehmen. An der derzeitigen Ausgestaltung dieses Verfahrensabschnitts besteht jedoch in vieler Hinsicht berechtigte Kritik.

Wesentliche Mittel zur Schaffung von Transparenz in dieser Phase des Kartellverfahrens sind zunächst die Mitteilung der Beschwerdepunkte und die sich hieran anschließende schriftliche Anhörung der betroffenen Unternehmen, zu deren Vorbereitung ihnen ein Recht auf umfassende Einsicht in die Verfahrensakten der Kommission zusteht. Die betroffenen Unternehmen erhalten hierbei zum ersten Mal die Möglichkeit, sich über die kartellrechtlichen Vorwürfe, die tatsächlichen und rechtlichen Einschätzungen der Kommission und die ihr zur Verfügung stehenden Beweismittel ausführlich zu informieren. Durch das Recht, auf Grundlage einer fundierten Aktenkenntnis auf die Mitteilung der Beschwerdepunkte zu erwidern und Gegenargumente zum Vorbringen des *Case Teams* zu entwickeln, können die betroffenen Unternehmen auch neue Informationen in das Verfahren einbringen und so eventuell Einfluss auf die spätere Entscheidung der Kommission nehmen. Dies dient der Richtigstellung und Ergänzung der rechtlichen und tatsächlichen Feststellungen und damit unmittelbar der Qualität der materiellen Entscheidung der Kommission, die durch die schriftlichen Stellungnahmen mit neuen Tatsachen oder rechtlichen Argumenten konfrontiert wird, mit denen sie sich im Rahmen ihrer Entscheidungsfindung auseinandersetzen muss.

Auf Antrag erhalten die betroffenen Unternehmen zudem die Gelegenheit, im Rahmen einer mündlichen Anhörung zu dem von der Kommission ermittelten Sachverhalt Stellung zu nehmen und sich gegen die erhobenen Vorwürfe zu verteidigen. Die mündliche Anhörung, die eine zentrale Komponente für die Transparenz des Kartellverfahrens bilden könnte, ist in der Praxis bislang von eher untergeordneter Bedeutung. Sie dient in der Regel vorrangig der Ergänzung oder Vertiefung der in den schriftlichen

Stellungnahmen bereits aufgeführten Argumente und der Klärung etwaiger Unsicherheiten oder Missverständnisse. Die Ansichten darüber, inwiefern die mündliche Anhörung überhaupt Auswirkungen auf den weiteren Verfahrensverlauf und die abschließende Entscheidung hat, gehen weit auseinander: Während Vertreter der Kommission der mündlichen Anhörung eine hohe praktische Bedeutung zumessen,[1128] wird dies von Seiten der betroffenen Unternehmen und ihrer Vertreter häufig bezweifelt[1129] und die mündliche Anhörung mitunter als *„dialogue of the deaf"* bezeichnet.[1130]

Ein wesentlicher Diskussionspunkt hinsichtlich einer effektiveren und transparenteren mündlichen Anhörung betrifft die Frage, ob dem Anhörungsbeauftragen die Kompetenz eingeräumt werden sollte, Zeugen zu laden, diese zu vernehmen und es den betroffenen Unternehmen und ihren Anwälten zu ermöglichen, selbst Fragen an die Belastungszeugen zu richten. Da die Bedeutung von Zeugenaussagen und *corporate statements* mit der Einführung einer Kronzeugenregelung nach US-amerikanischem Vorbild stark zugenommen hat und auch vor den europäischen Gerichten Zeugen nur äußerst selten vernommen werden, erscheint dies im Sinne einer offenen Entscheidungsfindung geboten. Der von der Kommission noch immer priorisierte schriftliche Verfahrensablauf kann die oftmals ausschließlich durch mündliche Abreden geprägten kartellrechtlich relevanten Vorgehensweisen nicht mehr in vollem Umfang erfassen, so dass zur Wahrung der Fairness des Kartellverfahrens gerade vor dem Hintergrund der inzwischen verhängten hohen Geldbußen eine Änderung der bisherigen Praxis unumgänglich erscheint.

Hinsichtlich der Transparenz gegenüber Beschwerdeführern und in ihren Interessen besonders berührten Dritten ist festzuhalten, dass der europäische Gesetzgeber eine Abstufung ihrer Rechte und Informationsmög-

---

1128 Vgl. *S. Durande/K. Williams* (Fn. 1059), S. 26, die die Bedeutung der mündlichen Anhörung wie folgt hervorheben: *„However, experience shows that, in a number of instances, the orientations of cases have been altered quite dramatically subsequent to the explanations given in oral hearings, even leading the Commission to drop entirely its objections, i.e. to abandon the case"*.

1129 Vgl. etwa *U. Soltész* (Fn. 962), S. 3, der schreibt: *„Under the current practice, oral hearings seem to be viewed by the Commission more as a mere formality (and possibly also as a burden) rather than an opportunity to elucidate the legal and factual background of a case"*.

1130 Vgl. *S. Kinsella* (Fn. 962), S. 3. *Kinsella* merkt hierzu auf S. 5 an: *„The entire oral hearing (and indeed the full administrative process) would benefit from a serious dose of transparency"*.

lichkeiten nach der Intensität der Beeinträchtigung ihrer Interessen vorgenommen hat.[1131] Die Beteiligung von Beschwerdeführern und anderen Teilnehmern kann die Transparenz des Kartellverfahrens erhöhen und der Kommission wertvolle Informationen zu den Marktstrukturen und anderweitigen Hintergründen des verfahrensgegenständlichen Verhaltens liefern. Ihre Einbeziehung dient damit vorrangig der Informationsgewinnung der Kommission, während dem Aspekt einer Kontrolle des Kommissionshandelns durch die Konsultation und Einbindung von Marktteilnehmern, Verbänden und anderen Vertretern der Zivilgesellschaft im Rahmen der Anhörung eine eher untergeordnete Bedeutung zukommt. Gleichzeitig steht die Einbeziehung Außenstehender im Spannungsverhältnis zu einem wirksamen Schutz vertraulicher Informationen und Geschäftsgeheimnisse. Sinnvolle Möglichkeiten zur Erhöhung der Transparenz des Verfahrens in diesem Zusammenhang könnten aber die Zurverfügungstellung weiterer Informationen sowie die gesetzliche Verankerung ihrer Rechte sein, beispielsweise eine verbindliche Regelung zu den Voraussetzungen für eine Zulassung zur mündlichen Anhörung. Insbesondere eine Zulassung der Öffentlichkeit zur mündlichen Anhörung würde zudem eine Kontrolle des Kommissionshandelns durch die Öffentlichkeit ermöglichen.

Bislang ist die mündliche Anhörung unter Leitung des Anhörungsbeauftragten nicht als mündliche Verhandlung in der Sache,[1132] sondern als einer von vielen Abschnitten des europäischen Kartellverwaltungsverfahrens konzipiert, dessen Durchführung fakultativ ist. Die mündliche Anhörung besitzt keinen investigativen Charakter, sondern soll den betroffenen Unternehmen vornehmlich dazu dienen, ihre in den schriftlichen Stellungnahmen dargelegten Argumente mündlich zu erläutern, weiterzuentwickeln oder zu ergänzen.[1133] In dieser verwaltungsverfahrensrechtlichen Funktion der mündlichen Anhörung liegt das Fehlen richterähnlicher Kompetenzen des Anhörungsbeauftragten begründet.[1134] Insbesondere die Verleihung der Kompetenz, Zeugen verbindlich zu laden und zu befragen, würde eine erhebliche Weiterentwicklung der Befugnisse des Anhörungsbeauftragten bedeuten und seinen Status einer unabhängigen Schiedsperson annähern. Dies würde den Charakter der mündlichen Anhörung und

---

1131 Vgl. *EuG*, Urteil vom 07.06.2006, verb. Rs. T-213/01 und T-214/01 – *Österreichische Postsparkasse und BAWAG*, Rn. 106.

1132 *T. Klose/C. Horstkotte* (Fn. 171), Rn. 37; *W. Weiß* (Fn. 888), Rn. 8.

1133 *W. P. J. Wils* (Fn. 977), S. 401.

1134 Vgl. *N. Zingales* (Fn. 266), S. 148.

damit die Struktur des europäischen Kartellverfahrens in einem wesentlichen Verfahrensabschnitt grundlegend ändern und der mündlichen Anhörung gerichtsähnlichere Züge verleihen. Anregungen hierzu könnten etwa aus dem US-amerikanischen Verfahren vor dem Verwaltungsrichter der FTC gewonnen werden.[1135] Da die Ermittlungsergebnisse der Kommission in einer mündlichen Anhörung, deren Strukturen enger an einer mündlichen Gerichtsverhandlung orientiert sind und in denen die Parteien über entsprechende Verteidigungsrechte verfügen, auf eine wirkliche Probe gestellt werden könnten, würde dieser Verfahrensabschnitt erheblich aufgewertet. Hiermit wäre zwar voraussichtlich eine deutlich zeitintensivere Vorbereitung und Durchführung der mündlichen Anhörung verbunden. Der Nachteil einer längeren Verfahrensdauer ist jedoch gerade vor dem Hintergrund des zumindest strafrechtsähnlichen Charakters des europäischen Kartellverfahrensrechts im Interesse einer größeren Verfahrenstransparenz hinzunehmen, damit die mündliche Anhörung tatsächlich einen substantiellen Beitrag zur Stärkung der Fairness, Objektivität und Transparenz des Kartellverfahrens leisten kann. Dies würde auch dem Anschein, dass das Verfahren aufgrund der Kumulierung der Rolle von Ankläger, Richter und Entscheidungsträger bei der Kommission nicht unparteiisch verläuft,[1136] durch die Schaffung größerer Transparenz entgegenwirken. Eine Entwicklung des Anhörungsbeauftragten zu einer unparteiischen Kontrollinstanz mit umfassenden Befugnissen wäre somit ein entscheidender Beitrag zu einem größeren Vertrauen in die endgültige Entscheidung der Kommission und zur Erhöhung der Legitimation des Kartellverfahrens und seiner Ergebnisse.

E. Das Verfahren vor dem Beratenden Ausschuss für Kartell- und Monopolfragen

Der Beratende Ausschuss für Kartell- und Monopolfragen[1137] (im Folgenden: „Beratender Ausschuss") ist ein Diskussionsforum im Rahmen des

---

1135 Vgl. zu einer möglichen Annäherung der Stellung des Anhörungsbeauftragen an die eines *Administrative Law Judge* der FTC *J. P. Heidenreich* (Fn. 183), S. 305 ff.

1136 Vgl. hierzu *G.-K. d. Bronett* (Fn. 99), S. 182 m.w.N.

1137 Die Einrichtung des Beratenden Ausschusses stellt eine Besonderheit des europäischen Wettbewerbsrechts dar, vgl. *H.-H. Schneider*, Art. 14 VO 1/2003, in: *Säcker/Bien/Meier-Beck/Montag* (Hrsg.), Münchener Kommentar zum Wettbewerbsrecht (2020), Band 1, Rn. 2. Der Beratende Ausschuss besitzt im Ver-

Netzwerks der Wettbewerbsbehörden, in dem Mitarbeiter der nationalen Wettbewerbsbehörden, der europäischen Kommission und Experten aus verschiedenen Mitgliedstaaten neben Einzelfallentscheidungen auch generelle Fragen des europäischen Wettbewerbsrechts erörtern.[1138] Der Beratende Ausschuss selbst setzt sich nach Art. 14 Abs. 2 S. 1 VO 1/2003 aus Vertretern der Wettbewerbsbehörden der Mitgliedstaaten zusammen.[1139] Zentrale Aufgabe des Beratenden Ausschusses ist die Beratung der Kommission vor dem Abschluss des Kartellverfahrens. Die Anhörung des Beratenden Ausschusses vor dem endgültigen Erlass der Entscheidung durch das Kollegium der Kommissare stellt im europäischen Kartellverfahren ein eigenständiges Verfahrensstadium dar,[1140] das es den nationalen Wettbewerbsbehörden ermöglicht, Einfluss auf die wettbewerbsrechtlichen Entscheidungen der Kommission zu nehmen.

---

gleich zu den üblicherweise auf europäischer Ebene eingesetzten Ausschüssen weiterreichende Kompetenzen, da er nicht auf die fachspezifische Beratung vor dem Erlass von Durchführungsvorschriften beschränkt ist, sondern zur Erörterung von Einzelfallentscheidungen der Kommission herangezogen wird. Er ist damit nicht Teil der Komitologie auf Unionsebene und wird häufig als Ausschuss *sui generis* bezeichnet, vgl. *H.-H. Schneider* (Fn. 1137), Rn. 2; *D. Dalheimer*, Art. 14 VO 1/2003, in: Grabitz/Hilf/Nettesheim (Hrsg.), Das Recht der Europäischen Union (Stand: März 2005), Rn. 1. Dies hat insbesondere zur Folge, dass sich die anwendbaren Verfahrensregeln allein aus Art. 14 VO 1/2003 ergeben. Zu Begriff und Eigenheiten der sog. Komitologie (von frz. *comité* = Ausschuss) vgl. *J. Bergmann*, Handlexikon der Europäischen Union5 (2015), sowie *D. Scharf*, Das Komitologieverfahren nach dem Vertrag von Lissabon - Neuerungen und Auswirkungen auf die Gemeinsame Handelspolitik, Beiträge zum Transnationalen Wirtschaftsrecht 2010.

1138 Vgl. *M. Sura*, Art. 14 VO 1/2003, in: Langen/Bunte (Hrsg.), Kartellrecht, Band 2, Europäisches Kartellrecht (2018), Rn. 2.

1139 Die konkrete Zusammensetzung des Beratenden Ausschusses variiert je nachdem, ob Einzelfälle oder allgemeine wettbewerbsrechtliche Fragen zur Beratung anstehen. Sofern sich der Beratende Ausschuss mit Einzelfallentscheidungen befasst, hat jeder Mitgliedstaat das Recht, einen Vertreter zu entsenden. Für Deutschland nimmt ein Vertreter des Bundeskartellamtes an der Sitzung des Beratenden Ausschusses teil, vgl. § 50 Abs. 2 und 3 GWB. Jeder Vertreter kann sich von Experten aus dem jeweiligen Mitgliedstaat unterstützen lassen. Berät der Beratende Ausschuss hingegen zu allgemeinen wettbewerbsrechtlichen Fragen, kann zusätzlich ein zweiter Vertreter benannt werden, vgl. Art. 14 Abs. 2 S. 2 VO 1/2003 sowie Erwägungsgrund 20 der VO 1/2003. In Deutschland handelt es sich hierbei in der Regel um einen zuständigen Mitarbeiter des Kartellreferats des Bundeswirtschaftsministeriums, vgl. *K. L. Ritter/ M.M. Wirtz*, Art. 14 VO 1/2003, in: Immenga/Mestmäcker u.a. (Hrsg.), Wettbewerbsrecht, Band 1 (2019), Rn. 4.

1140 Vgl. *H.-H. Schneider* (Fn. 1137), Rn. 22.

I. Funktion und Aufgaben des Beratenden Ausschusses

Die Konsultation des Beratenden Ausschusses dient der Qualität der Entscheidungsfindung der Kommission bei der Durchsetzung des europäischen Wettbewerbsrechts.[1141] Durch den Beratenden Ausschuss werden die Mitgliedstaaten in die Entscheidungsfindung der Kommission eingebunden, so dass der Sachverstand der nationalen Wettbewerbsbehörden in den Entscheidungsfindungsprozess der Kommission einfließen kann.[1142] Mit der Einrichtung des Beratenden Ausschusses als Institution soll die Zusammenarbeit zwischen der Kommission und den nationalen Wettbewerbsbehörden auf eine gemeinsame Basis gestellt und langfristig auf eine Harmonisierung der Rechtsanwendung durch die Kommission und die nationalen Wettbewerbsbehörden sowie eine Angleichung ihrer wettbewerbspolitischen Ansätze hingewirkt werden.[1143]

Der Beratende Ausschuss bestand bereits unter der Vorgängerregelung der VO 1/2003, der VO 17/62.[1144] Da sich seine Arbeit in der Praxis bewährt hatte, wurde er auch nach der Reform des Kartellverfahrensrechts im Jahr 2003 als Teil des Netzwerks der europäischen Wettbewerbsbehörden beibehalten und sein Aufgabenkreis erweitert.[1145] Wichtigste Aufgabe des Beratenden Ausschusses im Kartellverfahren ist jedoch die Beratung der Kommission vor dem Erlass abschließender Entscheidungen geblieben.[1146]

1141 Vgl. *R. Sauer*, Art. 14 VO (EG) 1/2003, in: von der Groeben/Schwarze/Hatje (Hrsg.), Europäisches Unionsrecht: Vertrag über die Europäische Union, Vertrag über die Arbeitsweise der Europäischen Union, Charta der Grundrechte der Europäischen Union (2015), Rn. 1.

1142 Vgl. *R. Bechtold/W. Bosch/I. Brinker* (Fn. 115), Art. 14 VO 1/2003, Rn. 1.

1143 *K. L. Ritter/ M.M. Wirtz* (Fn. 1139), Rn. 2.

1144 Vgl. Art. 10 Abs. 3 bis 6 VO 17/62.

1145 Vgl. Erwägungsgrund 19 zur VO 1/2003.

1146 Neben dieser zentralen Aufgabe ist der Beratende Ausschuss auch mit weiteren Aufgaben bei der Beratung der Kommission betraut. Hierzu zählt etwa seine Anhörung vor Erlass einstweiliger Maßnahmen nach Art. 8 VO 1/2003. Fakultativ kann der Beratende Ausschuss zudem nach Art. 14 Abs. 7 VO 1/2003 auf Antrag eines Mitgliedstaates oder auf eigene Initiative der Kommission in Fällen, in denen eine nationale Wettbewerbsbehörde europäisches Wettbewerbsrecht anwendet, angehört werden. Der Beratende Ausschuss fungiert insofern als Diskussionsforum für wettbewerbspolitische Fragen und dient der Sicherung einer einheitlichen Auslegung des europäischen Kartellrechts, vgl. Erwägungsgrund 19 zur VO 1/2003. Im Beratenden Ausschuss können auch Fragen im Zusammenhang mit der Fallverteilung im Netzwerk der Wettbewerbsbehörden diskutiert werden; beispielsweise kann eine Einberufung beantragt

Die Kommission ist verpflichtet, den Beratenden Ausschuss anzuhören, bevor sie eine der in Art. 14 Abs. 1 VO 1/2003 genannten Entscheidungen trifft. Hierzu zählen insbesondere Entscheidungen, die eine Zuwiderhandlung feststellen und ihre Abstellung anordnen (Art. 7 VO 1/2003) sowie Entscheidungen, mit denen eine Geldbuße verhängt (Art. 23 VO 1/2003) oder eine Verpflichtungszusage für verbindlich erklärt wird (Art. 9 VO 1/2003). Die obligatorische Anhörung des Beratenden Ausschusses erfolgt nach den in Art. 14 Abs. 3 VO 1/2003 festgelegten Verfahrensmodalitäten in der Regel[1147] im Rahmen einer von der Kommission förmlich einberufenen Sitzung, bei der die Kommission den Vorsitz innehat, ohne jedoch selbst über ein Stimmrecht zu verfügen.[1148] Die Kommission übersendet den nationalen Wettbewerbsbehörden zusammen mit der Einberufungsmitteilung eine Darstellung des Sachverhaltes unter Angabe der wichtigsten Schriftstücke und einen vorläufigen Entscheidungsvorschlag, damit deren Vertreter sich auf die Sitzung entsprechend vorbereiten können.[1149] Im Einvernehmen mit der Kommission ernennt der Beratende Ausschuss einen Vertreter einer nationalen Wettbewerbsbehörde zum Berichterstatter, dessen Aufgabe es ist, die Sitzung vorzubereiten und die wichtigsten Gesichtspunkte des Falles objektiv zu erläutern.[1150]

---

werden, bevor die Kommission ein Verfahren nach Art. 11 Abs. 6 VO 1/2003 einleitet. Darüber hinaus kann der Beratende Ausschuss nach Art. 14 Abs. 7 S. 6 VO als Gesprächsplattform für die Erörterung allgemeiner wettbewerbsrechtlicher Fragestellungen, beispielsweise zur Beratung von Entwürfen neuer Leitlinien oder Bekanntmachungen der Kommission, herangezogen werden. Eine zwingende Beteiligung des Beratenden Ausschusses ist in diesem Zusammenhang hingegen vor dem Erlass von Durchführungsvorschriften vorgesehen (Art. 33 Abs. 2 S. 2 VO 1/2003).

1147 Alternativ kann die Anhörung des Beratenden Ausschusses nach Art. 14 Abs. 4 S. 1 VO 1/2003 auch in einem schriftlichen Verfahren stattfinden, in dessen Rahmen die nationalen Behörden getrennte Stellungnahmen abgeben. Das schriftliche Verfahren wurde durch die VO 1/2003 eingeführt und ist insbesondere für dogmatisch einfach gelagerte Fälle geeignet, die keine grundlegende Diskussion erfordern und in denen keine sensiblen Dokumente zirkuliert werden müssen, vgl. *R. Sauer* (Fn. 1141), Rn. 27 sowie *E. Gippini-Fournier* (Fn. 518), S. 95. Sofern ein Mitgliedstaat dies beantragt, ist die Kommission zudem nach Art. 14 Abs. 4 S. 2 VO 1/2003 verpflichtet, eine Sitzung einzuberufen und in das mündliche Verfahren überzugehen.

1148 Die Kommission ist selbst nicht Mitglied des Beratenden Ausschusses, vgl. *R. Sauer* (Fn. 1141), Rn. 24.

1149 Vgl. Art. 14 Abs. 3 S. 1 VO 1/2003; *R. Sauer* (Fn. 1141), Rn. 21.

1150 Vgl. *G.-K. d. Bronett* (Fn. 144), Art. 14 VO 1/2003, Rn. 8.

Der Beratende Ausschuss nimmt zu dem Entscheidungsvorschlag der Kommission schriftlich Stellung.[1151] Die Stellungnahme muss dabei weder einheitlich erfolgen,[1152] noch ist hierfür ein bestimmtes Quorum erforderlich. Die Abgabe einer Stellungnahme ist auch dann möglich, wenn nicht alle Mitglieder in der Sitzung vertreten sind.[1153] Die schriftliche Stellungnahme des Beratenden Ausschusses wird dem Entscheidungsentwurf nach Art. 14 Abs. 6 S. 1 VO 1/2003 beigefügt. Auf diesem Weg erhält das Kollegium der Kommissionsmitglieder von ihrem Inhalt Kenntnis, so dass die Entscheidungsträger die Stellungnahme bei ihrer Entscheidungsfindung einbeziehen können.

Die schriftlichen Stellungnahmen des Beratenden Ausschusses sind für die Kommission nicht bindend. Nach Art. 14 Abs. 5 S. 1 VO 1/2003 berücksichtigt sie diese jedoch so weit wie möglich. Es liegt damit letztlich in ihrem pflichtgemäßen Ermessen, inwieweit sie die in der Stellungnahme enthaltenen Anregungen und Argumente in ihre Entscheidung übernimmt. Die Kommission ist somit nicht verpflichtet, die Stellungnahme tatsächlich umzusetzen.[1154] Dies gilt selbst dann, wenn der Beratende Ausschuss einstimmig entschieden hat.[1155] Die Kommission unterrichtet den Beratenden Ausschuss darüber, inwiefern sie seine Stellungnahme berücksichtigt hat. Soweit sie von der Stellungnahme abweicht, unterrichtet sie den Beratenden Ausschuss zudem über die Gründe.[1156]

Die verpflichtende Einbeziehung des Beratenden Ausschusses dient unmittelbar dem Interesse der Mitgliedstaaten, die auf diese Weise an der Entscheidung der Kommission mitwirken können, mittelbar aber auch dem Schutz der betroffenen Unternehmen, da die Kommission ihre Entscheidung gegenüber den Vertretern der nationalen Wettbewerbsbehörden erläutern und verteidigen muss.[1157] Die Anhörung des Beratenden Ausschusses im Kartellverfahren stellt eine wesentliche Formvorschrift im Sinne des Art. 263 AEUV dar. Ist eine Anhörung unterblieben oder wurde sie fehlerhaft durchgeführt, etwa weil dem Beratenden Ausschuss nicht al-

---

1151 Art. 14 Abs. 3 S. 4 VO 1/2003.

1152 Vgl. *H.-H. Schneider* (Fn. 1137), Rn. 43.

1153 Vgl. Art. 14 Abs. 3 S. 5 VO 1/2003. In der Praxis kommt es auch vor, dass weniger als die Hälfte der Mitglieder anwesend sind. Auch in Fällen nur sehr geringer Präsenz der Mitgliedstaaten wird die Stellungnahme jedoch als wirksam angesehen, vgl. *H.-H. Schneider* (Fn. 1137), Rn. 38.

1154 Vgl. *R. Bechtold/W. Bosch/I. Brinker* (Fn. 115), Art. 14 VO 1/2003, Rn. 4.

1155 Vgl. *M. Sura* (Fn. 1138), Rn. 15.

1156 Vgl. *M. Sura* (Fn. 1138), Rn. 15.

1157 Vgl. *R. Bechtold/W. Bosch/I. Brinker* (Fn. 115), Art. 14 VO 1/2003, Rn. 5.

le relevanten Unterlagen vorlagen, kann dies zur Rechtswidrigkeit der von der Kommission getroffenen Entscheidung führen.[1158] Voraussetzung ist jedoch, dass sich der Verfahrensfehler auf die Entscheidung der Kommission ausgewirkt hat.[1159]

II. Transparenz der Arbeit des Beratenden Ausschusses

Der Beratende Ausschusses ist Teil der zwischenbehördlichen Zusammenarbeit auf europäischer Ebene. Seine Arbeit unterliegt hinsichtlich ihrer Transparenz daher ähnlichen Einschränkungen wie auch die sonstige Zusammenarbeit im ECN. Die nachfolgende Untersuchung konzentriert sich daher insbesondere auf zwei Aspekte, die die Transparenz der Arbeit des Beratenden Ausschusses betreffen. Dabei geht es zum einen um die Frage nach der Einräumung einer Anhörungsmöglichkeit für die betroffenen Unternehmen und zum anderen um die Veröffentlichung der schriftlichen Stellungnahme des Beratenden Ausschusses.

1. Keine Anhörung der betroffenen Unternehmen

Der Beratende Ausschuss ist ein internes Beratungsgremium, zu dessen Sitzungen weder Verfahrensbeteiligte noch die Öffentlichkeit Zugang erhalten. Ein Recht der betroffenen Unternehmen, an der Sitzung des Beratenden Ausschusses teilzunehmen und dort angehört zu werden, ist daher nicht vorgesehen.[1160] Der Ausschluss der Teilnahme betroffener Unternehmen an den Sitzungen des Beratenden Ausschusses erscheint auch nachvollziehbar, da hierdurch eine offene Diskussion unter den von der Kommission und den nationalen Wettbewerbsbehörden entsandten Vertretern voraussichtlich verhindert und die Qualität der Beratung beeinträchtigt würde.

Die betroffenen Unternehmen erhalten jedoch auch sonst keine Möglichkeit, dem Beratenden Ausschuss ihre Sichtweise zu schildern oder sich zu der Stellungnahme des Beratenden Ausschusses zu äußern, bevor diese dem Kommissionskollegium zusammen mit dem Entscheidungsentwurf

---

1158 Vgl. *R. Sauer* (Fn. 1141), Rn. 35; *EuG*, Urteil vom 15.03.2000, verb. Rs. T-25/95 u.a. - *Cimenteries CBR SA u.a.*, Rn. 742.

1159 Vgl. *M. Sura* (Fn. 1138), Rn. 20.

1160 Vgl. hierzu *M. Sura* (Fn. 1138), Rn. 16.

der Generaldirektion Wettbewerb weitergeleitet wird. Die Stellungnahme des Beratenden Ausschusses wird den betroffenen Unternehmen nicht zugesandt, und Art. 27 Abs. 2 S. 4 VO 1/2003 schließt die Akteneinsicht in die Stellungnahme des Beratenden Ausschusses ausdrücklich aus. Die betroffenen Unternehmen erhalten daher vor Abschluss des Kartellverfahrens keine Kenntnis von deren Inhalt.

Die Arbeit des Beratenden Ausschusses gestaltet sich somit für die betroffenen Unternehmen völlig intransparent, obwohl der Beratende Ausschuss die abschließende Entscheidung der Kommission beeinflussen kann. Grundsätzlich ist daher zu überlegen, ob die Transparenz dieses Verfahrensabschnittes durch die Einräumung einer Anhörungsmöglichkeit vor dem Beratenden Ausschuss gesteigert werden sollte, oder ob die betroffenen Unternehmen zumindest Gelegenheit erhalten sollten, sich zu seiner Stellungnahme vor der Übersendung an die Kommissionsmitglieder zu äußern.

Hierzu ist zunächst festzuhalten, dass eine Anhörung bzw. eine Möglichkeit zur Stellungnahme zur Wahrung des Anspruches auf rechtliches Gehör aus verfahrensrechtlicher Sicht nicht geboten ist. Die Kommission ist zwar rechtlich verpflichtet, den betroffenen Unternehmen Gelegenheit zur Stellungnahme zu allen Tatsachen zu geben, die sie ihrer Entscheidung zugrunde legen will.[1161] Diese Gelegenheit steht den betroffenen Unternehmen im Rahmen der Anhörung zur Mitteilung der Beschwerdepunkte vor dem Anhörungsbeauftragten zur Verfügung. Die Stellungnahme des Beratenden Ausschusses enthält keine weiteren, neu ermittelten Tatsachen, sondern vermittelt lediglich seine wettbewerbsrechtlichen und -politischen Ansichten; ein Recht auf Einsicht in die Stellungnahme des Beratenden Ausschusses sowie ein Recht der betroffenen Unternehmen zu einer eigenen Stellungnahme hierzu kann daher nicht aus dem Gebot der Wahrung des rechtlichen Gehörs abgeleitet werden,[1162] so dass eine Anhörung zum Schutz der Verteidigungsrechte nicht erforderlich ist. Der Rechtsprechung des EuGH, derzufolge bisher ein Anspruch der betroffenen Unternehmen auf Anhörung aus diesen Gründen abgelehnt wird, ist deshalb zu folgen.[1163]

Darüber hinaus erscheint die Einführung einer Möglichkeit zur Anhörung und Stellungnahme auch aus rechtspolitischer Sicht nicht erforder-

---

1161 Vgl. *EuGH*, Urteil vom 07.06.1983, verb. Rs. 100 bis 103/80 - *Musique Diffusion Française/ Kommission*, Rn. 36. Zum Recht auf Anhörung vgl. oben Teil 2/ D.II.
1162 Vgl. *M. Sura* (Fn. 1138), Rn. 16.
1163 Vgl. hierzu auch *A. Klees* (Fn. 147), § 7, Rn. 239.

lich. Hierfür spricht in systematischer Hinsicht zunächst die Struktur des europäischen Kartellverfahrens.[1164] Die Beratung der Kommission durch den Beratenden Ausschuss ist als das letzte Stadium des Kartellverfahrens vor der abschließenden Entscheidung durch das Kommissionkollegium konzipiert. Eine Anhörung der betroffenen Unternehmen ist dagegen bereits während des zuvor stattfindenden Abschnitts des Kartellverfahrens vor dem Anhörungsbeauftragten vorgesehen. Die Stellungnahmen, die von den betroffenen Unternehmen anlässlich der Anhörung während dieses Verfahrensabschnitts eingereicht wurden, werden dem Beratenden Ausschuss übermittelt, so dass er sie bei der Beratung einbeziehen kann.[1165] Eine erneute Anhörung vor dem Beratenden Ausschuss würde praktisch einen Wiedereintritt in das vorherige Verfahrensstadium bedeuten und damit im Widerspruch zu dem von der Verordnung eingerichteten System stehen.[1166] Dies wird letzlich auch durch Art. 11 Abs. 1 VO 773/2004 bestätigt, demzufolge eine Anhörung der betroffenen Unternehmen vor der Anhörung des Beratenden Ausschusses stattfinden soll.[1167]

Zudem würde die Möglichkeit, sich zur Stellungnahme des Beratenden Ausschusses vor Erlass der Kommissionsentscheidung zu äußern, zwar die Transparenz dieses Verfahrensabschnittes für die betroffenen Unternehmen erhöhen. Gleichzeitig würde dies den Entscheidungsprozess der Kommission jedoch voraussichtlich wesentlich verlängern, ohne dass dem letztlich ein maßgeblicher Gewinn an Verfahrensqualität gegenüberstünde. Die betroffenen Unternehmen konnten zuvor im Verlauf des Verfahrens zu allen Tatsachen, auf die sich der Entscheidungsentwurf stützt, Stellung nehmen. Ihre diesbezüglichen Stellungnahmen liegen dem Beratenden Ausschuss bei seiner Beratung auch vor. Die betroffenen Unternehmen könnten sich somit nur mit den Rechtsauffassungen des Beratenden Ausschusses auseinandersetzen, die jedoch ihrerseits für die Kommission unverbindlich sind. Da der Stellungnahme des Beratenden Ausschusses auf-

---

1164 Vgl. *EuGH*, Urteil vom 07.06.1983, verb. Rs 100 bis 103/80 - *Musique Diffusion Française/ Kommission*, Rn. 34 ff. Die Entscheidung des EuGH, nach der eine Anhörung der betroffenen Unternehmen zu der Stellungnahme des Beratenden Ausschusses nicht stattfindet, erging zwar noch zur früheren Rechtlage unter der VO 17/62; sie ist jedoch auf die heutige Rechtlage übertragbar, da durch die Reform im Jahr 2003 diesbezüglich keine wesentlichen Änderungen vorgenommen wurden.

1165 Vgl. *M. Sura* (Fn. 1138), Rn. 16.

1166 Vgl. *EuGH*, Urteil vom 07.06.1983, verb. Rs 100 bis 103/80 - *Musique Diffusion Française/ Kommission*, Rn. 35.

1167 Vgl. *R. Sauer* (Fn. 1141), Rn. 32 sowie dort Fn. 73.

grund ihrer Unverbindlichkeit in der Praxis nur eine eingeschränkte Wirkung zukommt, ist es nachvollziehbar, dass die VO 1/2003 an dieser Stelle der zügigen Verfahrensführung den Vorrang vor einer zusätzlichen Anhörung der betroffenen Unternehmen einräumt.

Eine sinnvolle Steigerung der Transparenz könnte jedoch dadurch erzielt werden, dass den betroffenen Unternehmend die Stellungnahme des Beratenden Ausschusses zusammen mit der abschließenden Entscheidung der Kommission übermittelt würde. Dies würde den betroffenen Unternehmen einen Einblick in die Rechtsauffassungen der Mitglieder des Beratenden Ausschusses erlauben, ohne gleichzeitig eine Verfahrensverzögerung zu begründen.[1168] Die Mitteilung der Stellungnahme an die betroffenen Unternehmen erscheint dabei insbesondere in den Fällen sinnvoll, in denen keine spätere Veröffentlichung der Stellungnahme erfolgt.[1169]

2. Veröffentlichung der Stellungnahme des Beratenden Ausschusses

Über Inhalt und Verlauf der Beratungen des Beratenden Ausschusses gibt es keine öffentlich zugänglichen Informationen. Die Anhörung des Beratenden Ausschusses findet im Rahmen einer nicht-öffentlichen Sitzung statt,[1170] und die Mitglieder des Beratenden Ausschusses und die an den Sitzungen teilnehmenden Experten der Mitgliedstaaten sind zum Schutz von Geschäftsgeheimnissen der betroffenen Unternehmen nach Art. 28 Abs. 2 S. 2 VO 1/2003 zur Verschwiegenheit verpflichtet.[1171] Sie dürfen darüber hinaus weder den Inhalt der Stellungnahme des Beratenden Ausschusses vor ihrer Veröffentlichung bekanntmachen noch Informationen über die Gespräche preisgeben, die der Stellungnahme zugrunde liegen.[1172]

Auch eine Veröffentlichung der Stellungnahme des Beratenden Ausschusses ist nicht zwingend vorgesehen. Nach Art. 14 Abs. 6 S. 2 VO 1/2003 findet eine Veröffentlichung der Stellungnahme vielmehr nur dann

---

1168 Vgl. etwa Art. 19 Abs. 7 VO (EG) 139/2004 über die Kontrolle von Unternehmenszusammenschlüssen, ABl. (EU) Nr. L 24 vom 29.01.2004, S. 1 ff. (im Folgenden: "VO 139/2004").

1169 Die Kommission übersendet den betroffenen Unternehmen derzeit nur dann eine Kopie der Stellungnahme, wenn der Beratende Ausschuss ihre Veröffentlichung empfohlen hat, vgl. *ManProc*, Kapitel 15, Rn. 28.

1170 Vgl. *R. Sauer* (Fn. 1141), Rn. 17.

1171 Vgl. *H.-H. Schneider* (Fn. 1137), Rn. 2.

1172 Vgl. *Best Practices*, Rn. 144.

statt, wenn der Beratende Ausschuss dies empfiehlt, was in der Praxis regelmäßig der Fall ist.[1173] Die Kommission hat eine solche Empfehlung grundsätzlich zu befolgen.[1174] Sie veröffentlicht die Stellungnahme zusammen mit der abschließenden Entscheidung, wobei sie verpflichtet ist, den berechtigten Interessen der betroffenen Unternehmen an der Wahrung ihrer Geschäftsgeheimnisse Rechnung zu tragen.[1175] Aus der veröffentlichten Stellungnahme ist dabei nur die Auffassung des Beratenden Ausschusses als Kollegium erkennbar, nicht jedoch das Stimmverhalten der einzelnen Mitglieder.[1176]

Im Vergleich zur früheren Rechtslage verbessert die von der VO 1/2003 vorgesehene Möglichkeit einer Veröffentlichungsempfehlung die Transparenz dieses Verfahrensabschnitts. Vor der Reform im Jahr 2003 legte Art. 10 Abs. 6 VO 17/62 noch ausdrücklich fest, dass Stellungnahmen des Beratenden Ausschusses nicht veröffentlicht werden.[1177] Für die betroffenen Unternehmen war die Stellungnahme des Beratenden Ausschusses unter der VO 17/62 weder im Kommissionverfahren noch in einem Prozess vor dem EuGH zugänglich.[1178] Art. 14 Abs. 6 VO 1/2003 schafft nun insoweit Transparenz, als die betroffenen Unternehmen von der Stellungnahme des Beratenden Ausschusses Kenntnis erhalten, sofern dieser eine Veröffentlichung empfiehlt.[1179] Erfolgt dagegen mangels einer entsprechenden Empfehlung des Beratenden Ausschuss keine Veröffentlichung der Stellungnahme, erhalten weder die Öffentlichkeit noch die betroffenen Unternehmen Kenntnis von ihrem Inhalt.[1180] Aufgrund der in der VO 1/2003 geschaffenen Rechtslage und der Praxis des Beratenden Ausschusses, die Veröffentlichung im Regelfall zu empfehlen, besteht für betroffene Unternehmen und die Öffentlichkeit somit zumindest in vielen Verfahren *ex post*-Transparenz.

Diese Transparenz ließe sich durch Einführung einer Pflicht zur Veröffentlichung der Stellungnahmen steigern. Im Fusionskontrollverfahren, in dem es ebenfalls einer Anhörung des Beratenden Ausschusses bedarf, exis-

---

1173 Vgl. *R. Sauer* (Fn. 1141), Rn. 33.

1174 Vgl. *M. Sura* (Fn. 1138), Rn. 15.

1175 Vgl. Netzbekanntmachung, Rn. 68.

1176 Vgl. *A. Leopold* (Fn. 489), S. 32 m.w.N.

1177 Art. 10 Abs. 6 VO 17/62 bestimmt: *„Das Ergebnis des Anhörungsverfahrens ist schriftlich niederzulegen und wird dem Entscheidungsvorschlag beigefügt. Es wird nicht veröffentlicht"*.

1178 Vgl. *K. L. Ritter/M.M. Wirtz* (Fn. 1139), Rn. 11.

1179 Vgl. *R. Bechtold/W. Bosch/I. Brinker* (Fn. 115), Art. 14 VO 1/2003, Rn. 3.

1180 Vgl. *M. Sura* (Fn. 1138), Rn. 16.

tiert eine solche Veröffentlichungspflicht bereits.[1181] Diese Regelung könnte auch auf das Kartellverfahren übertragen werden. Darüber hinaus würde es zur Transparenz beitragen, wenn die zu veröffentlichenden Stellungnahmen des Beratenden Ausschusses zwingend mit einer Begründung versehen sein müssten. Derzeit ist dies nach Art. 14 Abs. 3 S. 6 VO 1/2003 nur dann der Fall, wenn ein Mitglied dies ausdrücklich beantragt. In der Regel beinhalten die Stellungnahmen des Beratenden Ausschusses lediglich knappe Aussagen zu den relevanten Aspekten eines Falles, ohne diese näher zu erläutern.[1182] Die Stellungnahmen des Beratenden Ausschusses geben daher oft nur wenig Aufschluss über die ihnen zugrunde liegenden Erwägungen.[1183] Insbesondere in Fällen, in denen die Mitglieder des Beratenden Ausschusses von dem Entscheidungsentwurf der Kommission abweichen wollen oder einige Mitglieder sich nicht der von der Mehrheit befürworteten Meinung anschließen, wäre es daher der Transparenz förderlich, die Aufnahme zusätzlicher Erörterungen in Betracht zu ziehen oder Mitglieder mit abweichender Auffassung zur Abgabe einer eigenen Stellungnahme aufzufordern.[1184] Durch eine weitergehende Begründungspflicht würden die wettbewerbsrechtlichen Ansichten der nationalen Wettbewerbsbehörden der interessierten Öffentlichkeit bekanntgemacht, was zu einem besseren Verständnis der von ihnen vertretenen wettbewerbsrechtlichen Standpunkte beitragen würde.[1185] Darüber hinaus würde auf diese Weise auch deutlicher kommuniziert, in welchen Punkten eine Kommissionsentscheidung von der Stellungnahme des Beratenden Ausschusses abweicht.

1181 Vgl. Art. 19 Abs. 7 S. 2 VO 139/2004; *R. Sauer* (Fn. 1141), Rn. 33, Fn. 75.

1182 Vgl. *R. Sauer* (Fn. 1141), Rn. 25.

1183 Vgl. *J. Temple Lang*, Three Possibilites for Reform of the Procedure of the European Commission in Competition Cases under Regulation 1/2003, CEPS Special Report (2011), S. 199.

1184 In der Praxis kommen Begründungen insbesondere dann in Betracht, wenn der Beratende Ausschuss oder einzelne Mitglieder von dem Entscheidungsentwurf der Kommission abweichen wollen, vgl. *H.-H. Schneider* (Fn. 1137), Rn. 44.

1185 Nationale Wettbewerbsbehörden, die nicht mit der Mehrheit übereinstimmen, könnten ihre Position etwa in einem ebenfalls veröffentlichten Minderheitsvotum darlegen.

III. Zwischenergebnis

Das Verfahren vor dem Beratenden Ausschuss verläuft insgesamt nur wenig transparent. Die Anhörung des Beratenden Ausschusses durch die Kommission findet unter Ausschluss der Öffentlichkeit statt. Auch eine Anhörung der betroffenen Unternehmen vor dem Beratenden Ausschuss oder eine Einsicht in dessen Stellungnahme vor der gemeinsamen Veröffentlichung mit der abschließenden Entscheidung durch die Kommission ist in der VO 1/2003 nicht vorgesehen. Aufgrund der bereits zuvor erfolgten Anhörung der betroffenen Unternehmen zu allen in ihrem Verfahren relevanten Tatsachen vor dem Anhörungsbeauftragten und der beschränkten Bedeutung des Beratenden Ausschusses erscheint eine weitere Anhörung jedoch aus Transparenzgründen nicht erforderlich.

Sowohl die betroffenen Unternehmen als auch die Öffentlichkeit erhalten aber auch im Nachhinein nur dann von der Stellungnahme des Beratenden Ausschusses Kenntnis, wenn dieser ihre Veröffentlichung selbst empfiehlt. Dies mag in der Praxis zwar der Regelfall sein, in besonders strittigen Fällen könnte jedoch eine solche Empfehlung auch ausbleiben. Die zwingende Veröffentlichung einer mit Gründen versehenen Stellungnahme des Beratenden Ausschusses oder zumindest die Übersendung der Stellungnahme an die betroffenen Unternehmen wäre daher zur Steigerung der Transparenz angemessen und förderlich. Zur Information der Öffentlichkeit über die Arbeit des Beratenden Ausschusses ist dabei grundsätzlich eine Pflicht zu Veröffentlichung der Stellungnahme zu befürworten.

Die festgestellten Transparenzdefizite in diesem Verfahrensabschnitt sind letztlich aufgrund der eher untergeordneten Rolle des Beratenden Ausschuss im Kartellverfahren insgesamt nicht als gravierend anzusehen. Der Beratende Ausschuss ist als Bindeglied zwischen der Kommission und den mitgliedstaatlichen Wettbewerbsbehörden zwar ein wichtiges Beratungsgremium im europäischen Kartellverfahren. Seine Bedeutung wird jedoch erheblich dadurch eingeschränkt, dass in ihm zwar die wettbewerbspolitischen Positionen der nationalen Wettbewerbsbehörden vorgebracht, jedoch aufgrund der Unverbindlichkeit der Stellungnahmen und des fehlenden Vetorechts gegenüber der Entscheidung der Kommission letztendlich nicht umfänglich zur Geltung gebracht werden können.[1186]

1186 Vgl. *J. Gröning*, Die dezentrale Anwendung des EG-Kartellrechts gemäß dem Vorschlag der Kommission zur Ersetzung der VO 17/62, WRP 2001, S. 83 ff., S. 86.

F. Die abschließende Entscheidung der Kommission

Am Ende eines Kartellverfahrens steht ein adressatenbezogener, verbindlicher Beschluss der Kommission nach Art. 288 Abs. 4 AEUV, der an die Adressaten übersandt und im Anschluss veröffentlicht wird. Die Entscheidungsfindung der Kommission in Bezug auf diesen verfahrensabschließenden Beschluss sowie die Umstände, die zur Transparenz dieser Entscheidung beitragen, werden in diesem Abschnitt untersucht.

I. Beschlussfassung durch die Kommission als Kollegialorgan

Mit der verfahrensabschließenden Einzelfallentscheidung ist die Kommission selbst als Kollegialorgan, d.h. die Gesamtheit aller amtierenden Kommissare,[1187] betraut. Dies ergibt sich aus Art. 17 Abs. 1 S. 2 und 5 EUV, nach dem die Kommission als „Hüterin des Unionsrechts" für die Anwendung der Verträge sorgt und das zuständige Organ für die Ausübung von Exekutiv- und Verwaltungsfunktionen auf europäischer Ebene ist.[1188]

1. Verfahren der Beschlussfassung

Verfahrensabschließende Beschlüsse trifft die Kommission im europäischen Wettbewerbsrecht wie auch in anderen Bereichen nach Art. 250 S. 1 AEUV mit der Mehrheit der Stimmen ihrer Mitglieder als Kollegialorgan (sog. Kollegialitätsprinzip[1189]). Alle Mitglieder der Kommission wirken

---

[1187] Eine Liste der amtierenden Kommissionsmitglieder findet sich auf der Website der Kommission unter: https://ec.europa.eu/commission/commissioners/2019-2024_en (zuletzt besucht am 05.08.2020).

[1188] Vgl. *B. Martenczuk*, Art. 17 EUV, in: Grabitz/Hilf/Nettesheim (Hrsg.), Das Recht der Europäischen Union (Juli 2016), Rn. 15 und 38. Der Kommission kommt insofern eine Doppelrolle zu, als sie neben ihrer exekutiven Tätigkeit auch ein Initiativmonopol im Gesetzgebungsverfahren nach Art. 17 Abs. 2 EUV inne hat und dadurch gleichzeitig an der Rechtsetzung auf europäischer Ebene beteiligt ist. Die Kommission gestaltet somit die Regulierungs- und Wettbewerbspolitik aktiv mit und setzt das europäische Wettbewerbsrecht gleichzeitig auch selbst durch.

[1189] Dieser Begriff findet sich in Art. 17 Abs. 6 lit. a) EUV.

gleichberechtigt an der Entscheidung mit und sind gemeinsam für die Entscheidung politisch verantwortlich.[1190]

Die Einzelheiten des Ablaufs der Beschlussfassung sind in der Geschäftsordnung der Kommission geregelt,[1191] die verschiedene Varianten der Beschlussfassung vorsieht.[1192] Entscheidungen der Kommission können danach im mündlichen Verfahren im Rahmen einer gemeinsamen Sitzung aller Kommissionsmitglieder,[1193] im schriftlichen Verfahren (sog. Umlaufverfahren)[1194] oder – im Fall von Maßnahmen der Geschäftsführung und laufenden Verwaltung – im Ermächtigungs-[1195] oder Delegationsverfahren[1196] getroffen werden. Während im mündlichen und schriftlichen Verfahren stets sämtliche Kommissare in die Entscheidung involviert sind, werden im Ermächtigungsverfahren das zuständige Mitglied der Kommission bzw. im Delegationsverfahren die Generaldirektoren oder Dienststellenleiter mit einer Entscheidung betraut.[1197] Als gesetzlicher Regelfall für die Beschlussfassung der Kommission ist das mündliche Verfahren vorgesehen. In der Praxis werden allerdings angesichts der Arbeitsbelastung der Kommission nur wenige Entscheidungen tatsächlich in gemeinsamer Sitzung diskutiert und entschieden. Das mündliche Verfahren bleibt damit insbesondere Entscheidungen von besonderer rechtlicher oder wirtschaftlicher Tragweite vorbehalten.[1198]

Im Bereich des europäischen Kartellrechts trifft die Kommission ihre verfahrensabschließenden Beschlüsse auf Basis des von der Generaldirektion Wettbewerb vorbereiteten Entscheidungsentwurfs, den das für Wettbewerbsrecht zuständige Kommissionsmitglied dem Kommissionskollegium

---

1190 Vgl. *H. Dieckmann*, § 41 Grundsätze des Verwaltungsverfahrens in Wettbewerbssachen, in: Wiedemann (Hrsg.), Handbuch des Kartellrechts (2020), Rn. 14; *EuGH*, Urteil vom 23.9.1986, Rs. 5/85 – *Akzo Chemie*, Rdnr. 30.

1191 Geschäftsordnung der Kommission vom 29.11.2000, ABl. EU Nr. L 308 vom 08.12.2000, S. 26 ff., zuletzt geändert durch Beschluss vom 13.03.2015, ABl. (EU) Nr. L 72 vom 17.03.2015, S. 53 ff.

1192 Vgl. Art. 4 der Geschäftsordnung der Kommission.

1193 Vgl. Art. 8 Geschäftsordnung der Kommission.

1194 Vgl. Art. 12 Geschäftsordnung der Kommission.

1195 Vgl. Art. 13 Geschäftsordnung der Kommission.

1196 Vgl. Art. 14 Geschäftsordnung der Kommission.

1197 Im Kartellverfahren ist das für Wettbewerb zuständige Kommissionsmitglied u.a. zur Entscheidung über Verfahrenseinleitungen, die Mitteilung der Beschwerdepunkte, Auskunftsersuchen und Nachprüfungen ermächtigt, vgl. *H. Dieckmann* (Fn. 1190), Rn. 15.

1198 Vgl. *B. Martenczuk* (Fn. 135), Rn. 4.

zur Entscheidung vorschlägt.[1199] Die Generaldirektion Wettbewerb schickt diesen Entwurf in der Praxis vorab an die Kabinettsmitarbeiter aller Kommissionsmitglieder. Diese können den Entwurf durchsehen, den jeweiligen Kommissar hierzu beraten und gegebenenfalls Änderungsvorschläge bei der Generaldirektion Wettbewerb einbringen oder Bedenken äußern. Zu den wesentlichen Aufgaben der Kabinettsmitarbeiter in diesem Zusammenhang gehört es, potentielle Meinungsverschiedenheiten zwischen den Kommissaren auszuloten, diesen soweit wie möglich vorzubeugen und sie in Gesprächen auszuräumen.[1200]

Beschlüsse, in denen die Kommission über das Vorliegen und die Abstellung eines Verstoßes gegen Art. 101 oder 102 AEUV entscheidet, sowie solche, mit denen ein Bußgeld verhängt wird, werden stets vom Kollegium der Kommissare getroffen.[1201] Sie fallen als Beschlüsse, die erheblich in die Rechte von Unternehmen eingreifen können, nicht in den Bereich der laufenden Verwaltung, so dass eine Beschlussfassung im Delegations- oder Ermächtigungsverfahren ausscheidet. Die Sitzungen des Kommissionskollegiums sind nicht-öffentlich und vertraulich.[1202]

2. Transparenzdefizite bei der Beschlussfassung

An der Ausgestaltung der Entscheidungsfindung und dem Verfahren der Beschlussfassung gibt es immer wieder Kritik. Diese Kritik betrifft neben der Intransparenz des Entscheidungsprozesses insbesondere auch die mangelnde Einbindung der Entscheidungsträger in den vorherigen Verlauf des Kartellverfahrens.

a) Einfallstor für Versuche politischer Einflussnahme

Im kartellrechtlichen Schrifttum wird zum Teil kritisch gesehen, dass die Entscheidungskompetenz im europäischen Kartellverfahren der Kommission als einem politischen Gremium übertragen ist.[1203] Hingewiesen wird

---

1199 *J. Temple Lang* (Fn. 1183), S. 196.
1200 Vgl. *G.-K. d. Bronett* (Fn. 99), S. 170.
1201 Vgl. *H. Dieckmann* (Fn. 1190), Rn. 15 m.w.N.
1202 Vgl. *M. Ruffert* (Fn. 138), Rn. 2.
1203 Vgl. *I. S. Forrester*, Due process in EC competition cases: a distinguished institution with flawed procedures, European Law Review 2009, S. 817 ff., S. 831.

insbesondere darauf, dass es sich bei den Kommissaren um politische Beamte handelt, die nicht notwendigerweise über eine juristische Ausbildung oder entsprechende Fachkenntnisse verfügen und deshalb nicht in der objektiven Entscheidungsfindung in Rechtsfällen geschult sind; auch das jeweils für Wettbewerb zuständige Mitglied der Kommission muss keine wettbewerbsrechtlichen oder -ökonomischen Vorerfahrungen aufweisen können.[1204]

Zudem wird die Gefahr gesehen, dass es insbesondere in besonders öffentlichkeitswirksamen und politisch brisanten Verfahren zumindest zu Versuchen einer politischen Einflussnahme auf die Kommissionsmitglieder kommen könne.[1205] Die Kommission könne im Bereich des Wettbewerbsrechts insbesondere deshalb anfällig für Einflüsse von außen sein, weil nicht allein das für Wettbewerb zuständige Kommissionsmitglied, sondern alle Kommissare dazu berufen sind, über verfahrensabschließende Beschlüsse mitzuentscheiden.[1206] Insofern erscheine es nicht fernliegend, dass nicht nur der Wettbewerbskommissar, sondern auch andere Kommissare mit entsprechenden Einflussversuchen konfrontiert würden.[1207] Dies könnte insbesondere diejenigen Kommissare betreffen, die ein mit dem jeweiligen Verfahrensgegenstand zusammenhängendes Ressort leiten oder deren nationale Interessen für die Entscheidung von Belang sein können. Vor diesem Hintergrund könne nicht ausgeschlossen werden, dass neben wettbewerbsrechtlichen Erwägungen auch Überlegungen aus anderen Politikbereichen, insbesondere der Industriepolitik, oder gegebenenfalls nationale Interessen in die Entscheidungsfindung einfließen.[1208] Diese Kritik knüpft dabei nicht an die persönliche Amtsführung der jeweiligen Kommissare an, sondern beschreibt ein durch die institutionellen Strukturen bedingtes Problem.

Diese Kritik und der Verdacht der Anfälligkeit für politischen Lobbyismus werden dadurch genährt, dass es wenige Möglichkeiten gibt, Informationen über die Entscheidungsfindung im Kommissionskollegium zu er-

---

1204 Vgl. *T. Körber* (Fn. 349), S. 10.
1205 Vgl. *T. Körber* (Fn. 349), S. 11. Zum Lobbyismus im Bereich der Wettbewerbspolitik und auch des Wettbewerbsrechts in Brüssel vgl. *G. Orton*, When Lobbying DG COMP Makes Sense: European Competition Officials are Policy-Makers as well as Regulators, Competition Law International 2011, S. 50 ff. sowie *C. Mariani/S. Pieri*, Lobbying activities and EU competition law: What can be done and how, Journal of European Competition Law & Practice 2014, S. 1 ff.
1206 Vgl. *G.-K. d. Bronett* (Fn. 99), S. 172.
1207 Vgl. *T. Körber* (Fn. 349), S. 11.
1208 Vgl. *T. Körber* (Fn. 349), S. 11.

halten. So besteht keine Möglichkeit, an der Sitzung des Kommissionskollegiums teilzunehmen, da diese unter Ausschluss der Öffentlichkeit stattfindet. Betroffene Unternehmen oder Dritte erhalten zudem keine Kenntnis von etwaigen Schreiben oder sonstigen Darstellungen, die bei den verschiedenen Kommissaren möglicherweise vor der relevanten Kommissionssitzung eingehen. Informationen über etwaige abweichende Standpunkte oder Diskussionen unter den Kommissaren werden nicht veröffentlicht. Die politischen Prozesse, die zur Entscheidung des Kommissionskollegiums führen, finden damit zum großen Teil hinter verschlossenen Türen statt. Sie werden auch nicht im Nachhinein in der abschließenden Entscheidung offen gelegt, so dass sie nicht von den betroffenen Unternehmen kommentiert oder gerichtlich überprüft werden können.[1209] Die abschließende Entscheidungsfindung durch die Kommissionsmitglieder erfolgt daher bislang nur wenig transparent.

Diese Intransparenz ist vor dem Hintergrund der vielfältigen Lobbytätigkeiten auf europäischer Ebene grundsätzlich bedenklich. Dies gilt insbesondere in Bezug auf die verfahrensabschließenden Beschlüsse der Kommission, da diese erheblich in die Rechte der jeweils betroffenen Unternehmen eingreifen können. Einzelfallentscheidungen, mit denen ein bestimmtes Verhalten untersagt oder mit einem Bußgeld sanktioniert wird, können für die betroffenen Unternehmen weitreichende wirtschaftliche und finanzielle Auswirkungen haben, so dass hierin ausschließlich nachvollziehbare rechtliche Erwägungen einfließen sollten. Zwar dürften Versuche einer externen Einflussnahme in besonderem Maße in Fusionskontrollverfahren relevant sein, da durch Genehmigung oder Untersagung eines Zusammenschlusses wettbewerbs- und wirtschaftspolitische Belange der von dem Vorhaben betroffenen Mitgliedstaaten besonders tangiert werden. Die Gefahr einer Einflussnahme besteht aber bei Kartellverfahren zumindest in abgeschwächter Form. Insofern wird insbesondere im Hinblick auf den enormen Anstieg der Bußgelder auf einen zunehmenden Druck auf die Kommission von Seiten verschiedener Interessenvertreter hingewiesen, dem ein auf Ebene der Kommissare intransparentes Verfahren entgegenstünde, das die Verteidigungsmöglichkeiten gegen solche Einflussversuche einschränke.[1210]

Die Kommission hat vor dem Hintergrund eines grundsätzlichen Transparenzdefizites in ihrer Arbeit im Jahr 2014 festgelegt, dass einige grundle-

---

1209 *T. Körber* (Fn. 349), S. 11 f.

1210 Vgl. *T. Körber* (Fn. 349), S. 7; zur Tätigkeit von Interessenvertretern vgl. auch *J. Temple Lang* (Fn. 1183), S. 204 f.

gende Informationen zu Treffen, bei denen Kommissionsmitglieder mit Interessenvertretern zusammenkommen, veröffentlicht werden müssen.[1211] Diese Regelungen tragen zur Steigerung der Transparenz der Kommissionsarbeit bei, indem sie mögliche Einflüsse sichtbar machen. Sie enthalten jedoch auch Ausnahmeregelungen, die insbesondere im Fall einer zu befürchtenden Beeinträchtigung der ordnungsgemäßen Durchführung von Verwaltungsverfahren oder zum Schutz sensibler Geschäftsinformationen eingreifen.[1212] Hiervon erfasst werden beispielsweise auch Treffen des für Wettbewerb zuständigen Kommissionsmitglieds am Rande eines Kartellverfahrens, so dass hierzu keine Informationen veröffentlicht werden.[1213] Die Veröffentlichung eines Hinweises auf derartige Treffen würde jedoch dazu beitragen, bereits den Anschein politisch motivierter Einflüsse zu vermeiden, und somit die Legitimität der Entscheidung fördern.

Die Mitglieder der Kommission üben ihre Tätigkeit nach Art. 17 Abs. 3 EUV in voller Unabhängigkeit aus und werden aufgrund ihrer allgemeinen Befähigung und ihres Einsatzes für Europa unter Persönlichkeiten ausgewählt, die volle Gewähr für ihre Unabhängigkeit bieten. Es erscheint daher in besonderem Maße wichtig, diese Unabhängigkeit durch eine Offenlegung sämtlicher Kontakte zwischen Kommissionsmitgliedern und verschiedenen Interessenvertretern gegenüber allen am Kartellverfahren Beteiligten sowie der interessierten Öffentlichkeit abzusichern und zu dokumentieren.

Eine denkbare Möglichkeit zur Steigerung der Transparenz der Entscheidungsfindung wäre zudem die Einführung von öffentlichen Sitzungen und einer öffentlichen Entscheidung durch das Kollegium der Kommissare. Ob hierdurch ein Transparenzgewinn zu erzielen wäre, ist jedoch zweifelhaft, da sich im Rahmen einer öffentlichen Sitzung wohl keine tiefgreifende Diskussion über den durch das für Wettbewerb zuständige Kom-

---

1211 Vgl. Beschluss der Kommission vom 25.11.2014 über die Veröffentlichung von Informationen über Treffen zwischen Generaldirektoren der Kommission und Organisationen oder selbstständigen Einzelpersonen, C(2014) 9048 final, sowie Beschluss der Kommission vom 25.11.2014 über die Veröffentlichung von Informationen über Treffen zwischen Kommissionsmitgliedern und Organisationen oder selbstständigen Einzelpersonen C(2014) 9051 final.

1212 Vgl. jeweils Art. 4 Abs. 2 der Beschlüsse vom 25.11.2014 (Fn. 1211).

1213 Vgl. einen entsprechenden Hinweis auf der Website der Wettbewerbskommissarin Vestager: *„No information is published on meetings taking place in the context of antitrust (including cartels), merger control or state aid procedures. This is in accordance with the relevant Commission decision"*, abrufbar in englischer Sprache unter: https://ec.europa.eu/commission/commissioners/2019-2024/vestager _en (zuletzt besucht am 05.08.2020).

missionsmitglied vorgelegten Entscheidungsentwurf entfalten würde. Zudem tritt das Kollegium der Kommissare in der Regel lediglich einmal wöchentlich für einen halben Tag zusammen, so dass anlässlich der Kürze der Sitzungsdauer und der Vielzahl der dort zu treffenden Beschlüsse ohnehin keine Zeit für eine intensive Debatte besteht.[1214] Auch dürften etwaige, zwischen verschiedenen Kommissaren bestehende Streitpunkte zumeist bereits vor der Sitzung durch eine entsprechende Verständigung geklärt worden sein. Die Einführung einer öffentlichen Beschlussfassung wäre daher kaum mehr als eine Formalität, die im Ergebnis nur wenig zur Transparenz der eigentlichen Entscheidungsfindung beitragen würde.

b) Keine Einbindung der Entscheidungsträger in das vorherige Verfahren

Kritisiert wird darüber hinaus, dass die Kommissionsmitglieder als Entscheidungsträger fungieren, obwohl sie in das vorherige Kartellverfahren nicht eingebunden waren. Üblicherweise nimmt kein Kommissionsmitglied, auch nicht der Wettbewerbskommissar, an der mündlichen Anhörung der betroffenen Unternehmen teil.[1215] Auch im Übrigen haben die Kommissionmitglieder keine Funktion in einem laufenden Kartellverfahren. Der Wettbewerbskommissar selbst wird über die Einzelheiten eines konkreten Kartellverfahrens in der Regel durch Besprechungen mit den zuständigen Mitarbeitern der Generaldirektion Wettbewerb sowie entsprechende Berichte informiert. Er erhält somit die meisten Informationen aus zweiter Hand und muss sich zum großen Teil auf die Eindrücke und Einschätzungen anderer verlassen. Dies gilt umso mehr für die übrigen Kommissare, die sich vor ihrer Entscheidung von ihren Mitarbeitern über Hintergründe und Fakten eines Falles unterrichten lassen und daher in der Regel keine eigenständige Bewertung eines Falles vornehmens.[1216] Eine spätere Anhörung der betroffenen Unternehmen durch das Kommissionskollegium vor dessen abschließender Entscheidungsfindung ist in der VO 1/2003 nicht vorgesehen. Weder die betroffenen Unternehmen noch die Beschwerdeführer oder sonstige Dritte verfügen deshalb über die Möglichkeit, den Kommissaren selbst in einem offiziellen Rahmen ihren Stand-

---

1214 Vgl. *T. Körber* (Fn. 349), S. 11.

1215 Siehe hierzu bereits oben Teil 2/ D.II.2.b)cc)ii.

1216 Vgl. hierzu *T. Körber* (Fn. 349), S. 11; *J. Schwarze/R. Bechtold/W. Bosch* (Fn. 7), S. 51; *J. Temple Lang* (Fn. 1183), S. 198; *G.-K. d. Bronett* (Fn. 99), S. 167 und 179.

punkt zu erläutern.[1217] Die Entscheidung des Kommissionskollegiums basiert damit zu großen Teilen nicht auf den rechtlichen und tatsächlichen Einschätzungen der einzelnen Kommissare selbst.[1218]

Denkbar wäre insofern, den betroffenen Unternehmen eine gesonderte Anhörung vor dem Kollegium der Kommissare und damit vor den politisch verantwortlichen Entscheidungsträgern zu ermöglichen. Die *Best Practices* sehen zwar die Möglichkeit von Treffen mit hohen Vertretern der Generaldirektion Wettbewerb während des Kartellverfahrens vor, allerdings besteht hierauf kein Anspruch.[1219] Ob eine zwingende, gesonderte Anhörung tatsächlich unter Transparenzgesichtspunkten sinnvoll ist, erscheint jedoch zweifelhaft, da zu diesem Zeitpunkt die grundlegenden Weichenstellungen des jeweiligen Kartellverfahrens bereits gestellt wurden und die Unternehmen bereits zuvor Gelegenheit zur Abgabe von Stellungnahmen hatten, die in den dem Kommissionskollegium vorgelegten Entscheidungsentwurf der Generaldirektion Wettbewerb eingeflossen sind.

Letztlich ist es eine dem Verfahren inhärente Schwachstelle, dass die formale, gesetzesausführende Entscheidung am Ende durch ein politisches Gremium getroffen wird, das weder über entsprechende Fachkenntnisse noch über eine genauere Kenntnis des konkreten Verfahrens verfügt und das erst unmittelbar vor der abschließenden Entscheidung mit dem Verfahren befasst wird. Die Unwägbarkeiten, die hierdurch entstehen, lassen sich durch einen Gewinn an Transparenz durch Einführung einer zusätzlichen Anhörung kurz vor Abschluss des Verfahrens nicht beheben.[1220] Von größerer Bedeutung erscheint es daher, das Verfahren von Beginn an und hinsichtlich aller während des Verfahrens zu durchlaufenden Verfahrensschritte transparent auszugestalten und auf diese Weise eine tragfähige Grundlage für die abschließende Entscheidung vorzubereiten.

1217 Vgl. kritisch hierzu *I. v. Bael* (Fn. 875), S. 201 sowie dort Fn. 433, der u.a. auch bezweifelt, dass ein System, in dem 27 politische Persönlichkeiten über „quasi-strafrechtliche" Entscheidungen bestimmen, von denen zumindest 26 die relevanten Beweise gesehen oder die rechtlichen Argumente gehört haben, noch angemessen ist.

1218 Vgl. *J. Schwarze/R. Bechtold/W. Bosch* (Fn. 7), S. 51.

1219 Vgl. dazu oben Teil 2/ D.II.2.b)cc)ii.

1220 Vorgeschlagen werden daher auch grundlegende Reformen der Strukturen des europäischen Kartellverfahrens durch Gründung einer eigenständigen europäischen Kartellbehörde, so dass die Kommission als Kollegialorgan nach dem Vorbild der Ministererlaubnis des deutschen Rechts in geeigneten Fällen offen als politisches Gremium entscheiden könnte, vgl. *T. Körber* (Fn. 349), S. 30.

II. Begründung und Veröffentlichung der abschließenden Entscheidung

Die verfahrensabschließende Entscheidung der Kommission wird den betroffenen Unternehmen zusammen mit dem Abschlussbericht des Anhörungsbeauftragten zugestellt.[1221] Im Hinblick auf die Transparenz der abschließenden Kommissionsentscheidung sind vor allem zwei Aspekte wesentlich, die im Folgenden untersucht werden sollen: die Begründung der Entscheidung, die den betroffenen Unternehmen die Beweggründe und Argumente der Kommission verdeutlicht, sowie die anschließende Veröffentlichung der Entscheidung zur Information der Öffentlichkeit.

1. Begründung

Die Kommission ist nach Art. 296 Abs. 2 AEUV primärrechtlich verpflichtet, ihre Beschlüsse zu begründen. Die Begründung muss nach ständiger Rechtsprechung der Gemeinschaftsgerichte die zugrunde liegenden Überlegungen so klar und eindeutig zum Ausdruck bringen, dass die Betroffenen die Gründe für die erlassene Entscheidung nachvollziehen und das zuständige Gericht seine Kontrollfunktion auf dieser Basis wahrnehmen kann.[1222] Die Begründungspflicht besitzt damit neben der Ermöglichung einer gerichtlichen Überprüfung des jeweiligen Beschlusses insbesondere auch eine auf Transparenz gerichtete, informierende Zielsetzung.[1223]

Die Begründungspflicht zählt zu den wesentlichen Formerfordernissen des Gemeinschaftsrechts,[1224] deren Verletzung im Rahmen der Nichtigkeitsklage nach Art. 263 Abs. 4 AEUV geltend gemacht werden kann.[1225] Eine unzureichende Begründung kann daher zur Nichtigkeit der Entscheidung führen, wenn die der Entscheidung zugrunde liegenden wesentli-

---

1221 Vgl. *Best Practices*, Rn. 146.

1222 Vgl. *M. Krajewski/U. Rösslein*, Art. 296 AEUV, in: Grabitz/Hilf/Nettesheim (Hrsg.), Das Recht der Europäischen Union (Juli 2017), Rn. 19 m.w.N.; *EuG*, Urteil vom 05.04.2006, Rs. T-279/02 – *Degussa*, Rn. 192.

1223 *C. Calliess* (Fn. 428), Rn. 11. Darüber hinaus dient die Begründungspflicht auch der internen Selbstkontrolle der Gemeinschaftsorgane, vgl. *C. Calliess* (Fn. 428), Rn. 14.

1224 Vgl. *EuGH*, Urteil vom 29.09.2011, Rs. C-521/09 – *Elf Aquitaine*, Rn. 146.

1225 Vgl. hierzu *C. Gaitanides*, Art. 263 AEUV, in: von der Groeben/Schwarze/Hatje (Hrsg.), Europäisches Unionsrecht: Vertrag über die Europäische Union, Vertrag über die Arbeitsweise der Europäischen Union, Charta der Grundrechte der Europäischen Union (2015), Rn. 122 sowie Rn. 130 ff.

chen rechtlichen und tatsächlichen Gründe nicht mehr erkennbar sind und die Entscheidung auf diese Weise einer kritischen Nachprüfung entzogen wird.[1226] Der Umfang der Begründungspflicht bestimmt sich grundsätzlich nach Art und Rechtsnatur des jeweiligen Rechtsaktes.[1227] Erforderlich ist eine dem Einzelfall angemessene Begründung, deren Anforderungen sich insbesondere nach dem Inhalt, der Art der angeführten Gründe und dem Interesse richten, das die Adressaten oder andere durch den Rechtsakt unmittelbar und individuell betroffene Personen an Erläuterungen haben können.[1228] Insbesondere bei einzelfallbezogenen Entscheidungen, die intensiv in die Rechte der Betroffenen eingreifen, besteht daher eine Pflicht zur umfassenden Begründung.[1229] Zwar ist auch in diesen Fällen kein Eingehen auf sämtliche Einwände des Adressaten der Entscheidung erforderlich, um den Anforderungen des Art. 296 AEUV zu genügen;[1230] bei belastenden Einzelakten gilt aber grundsätzlich eine besonders weitgehende Begründungspflicht.[1231] Dies trifft somit auch auf kartellrechtliche Untersagungs- oder Bußgeldentscheidungen zu.[1232]

In der Praxis enthält die Begründung der kartellrechtlichen Kommissionentscheidungen regelmäßig Angaben zum relevanten Sachverhalt, den festgestellten Verstößen, zur rechtlichen Bewertung sowie gegebenenfalls zur Berechnung des Bußgeldes.[1233] Aufgrund der Korrelation zur Eingriffsintensität wird eine angemessene Transparenz durch die Begründung der Entscheidungen somit gewährleistet.

1226 Vgl. *EuGH*, Urteil vom 16.11.2000, Rs. C-291/98 – *Sarrió/Kommission*, Rn. 73. Vgl. zur Begründungspflicht in kartellrechtlichen Verfahren auch *C. Baudenbacher/M. Am Ende/ T. Haas* (Fn. 738), Rn. 71 ff.

1227 Vgl. *M. Krajewski/U. Rösslein* (Fn. 1222), Rn. 22.

1228 Vgl. *EuGH*, Urteil vom 29.09.2011, Rs. C-521/09 – *Elf Aquitaine*, Rn. 150.

1229 Vgl. *M. Krajewski/U. Rösslein* (Fn. 1222), Rn. 28.

1230 Vgl. *EuGH*, Urteil vom 10.12.1985, verb. Rs. 240 u.a. - *Stichting Sigarettenindustrie u. a./Kommission*, Rdnr. 88.

1231 Vgl. *C. Calliess* (Fn. 428), Rn. 23.

1232 Nach der Rechtsprechung des EuG gilt die Begründungspflicht auch für Entscheidungen, die im Rahmen eines Settlement-Verfahrens ergehen, vgl. *EuG*, Urteil vom 13.12.2016, Rs. T-95/15 – *Printeos*, Rn. 43 ff.; vgl. hierzu *M. Masling*, Begründungspflicht bei Bußgeldern: Geltung bei Settlements, WuW 2017, S. 84–85 f.

1233 Siehe z.B. Entscheidung der Kommission vom 17.06.2015, Case AT.40055 – *Parking Heaters*, sowie die Entscheidung der Kommission vom 15.07.2015, Case AT.40098 – *Blocktrains*.

2. Veröffentlichung

Ein maßgebliches Element der Transparenz des Kartellverfahrens für die interessierte Öffentlichkeit ist die Veröffentlichung der abschließenden Kommissionsentscheidung als Verfahrensergebnis. In welchem Umfang hierdurch Ergebnistransparenz erzielt wird und welche Grenzen ihr gesetzt sind, wird im Folgenden untersucht.

a) Funktion der Veröffentlichung

Zweck der Veröffentlichung von Entscheidungen ist zunächst die Information der Öffentlichkeit. Durch sie wird die Entscheidungspraxis der Kommission für alle nicht am Kartellverfahren Beteiligten transparent.[1234] Die Veröffentlichung dient zum einen der Unterrichtung der Öffentlichkeit über die Arbeitsergebnisse der Kommission, zum anderen soll sie andere Wirtschaftsteilnehmer über das Vorliegen eines Wettbewerbsverstoßes informieren und diese hierdurch in die Lage versetzen, als Kunden, Lieferanten, Wettbewerber oder auf sonstige Weise potentiell Geschädigte gegebenenfalls zivilrechtliche Schritte gegen die betroffenen Unternehmen einzuleiten.[1235] Die Veröffentlichung des Beschlusses ist daher insbesondere auch für Unternehmen, die die Geltendmachung von Schadensersatzansprüchen gegenüber den Entscheidungsadressaten erwägen, von großer Bedeutung, da sie auf diesem Weg Zugang zu Informationen über die von der Kommission geahndeten Verhaltensweisen erhalten.[1236]

Darüber hinaus trägt die Veröffentlichung von Entscheidungen zur Erfüllung des Auftrags der Kommission bei, die Einhaltung des europäischen Wettbewerbsrechts zu überwachen.[1237] Diese Aufgabe erschöpft sich nicht in der Verfolgung einzelner Kartellrechtsverstöße, sondern beinhaltet auch

---

1234 Vgl. *M. Sura*, Art. 30 VO 1/2003, in: Langen/Bunte (Hrsg.), Kartellrecht, Band 2, Europäisches Kartellrecht (2018), Rn. 2.

1235 Vgl. *K. L. Ritter*, Art. 30 VO 1/2003, in: Immenga/Mestmäcker u.a. (Hrsg.), Wettbewerbsrecht, Band 1 (2019), Rn. 1 ff.; *M. Sura* (Fn. 1234), Rn. 2; *A. Klees* (Fn. 147), § 5, Rn. 34.

1236 Vgl. zum Informationsbedürfnis zur Vorbereitung von Schadensersatzklagen Teil 2/ H.II.1.

1237 *M. Kellerbauer*, Art. 30 VO 1/2003, in: von der Groeben/Schwarze/Hatje (Hrsg.), Europäisches Unionsrecht: Vertrag über die Europäische Union, Vertrag über die Arbeitsweise der Europäischen Union, Charta der Grundrechte der Europäischen Union (2015), Rn. 1.

den Auftrag, das Verhalten der Unternehmen am Markt im Sinne der europäischen Wettbewerbspolitik präventiv zu lenken.[1238] Die Information anderer Wirtschaftsteilnehmer über die von der Kommission getroffenen Entscheidungen ermöglicht ihnen, ihr Verhalten im Markt selbst zu beurteilen und es an die in der Entscheidung dargelegten Rechtsauffassungen der Kommission anzupassen. Der Veröffentlichung wird daher neben der Informationsfunktion auch eine generalpräventive Zielsetzung beigemessen.[1239] Insbesondere die Veröffentlichung von Bußgeldentscheidungen soll dabei auch eine potentiell abschreckende Wirkung erzielen, um andere Wirtschaftsteilnehmer von der Begehung ähnlicher Verstöße abzuhalten, und leistet insofern einen Beitrag zur Generalprävention.[1240] Zudem kommt der Veröffentlichung in Bezug auf die in der Entscheidung namentlich genannten Unternehmen eine Sanktionsfunktion zu.[1241]

b) Umfang der Veröffentlichung

Die Kommission veröffentlicht nach Art. 30 Abs. 1 VO 1/2003 alle Entscheidungen, die sie nach Art. 7 bis 10, Art. 23 und Art. 24 VO 1/2003 trifft. Hierzu zählen alle wesentlichen Entscheidungen der Kommission wie z.B. Abstellungsverfügungen, Entscheidungen, mit denen Verpflichtungszusagen für verbindlich erklärt werden, einstweilige Maßnahmen sowie Bußgeldentscheidungen.[1242] Die Pflicht zur Veröffentlichung von Entscheidungen der beiden letztgenannten Kategorien ist durch die VO

1238 Vgl. *EuG*, Urteil vom 30.05.2006, Rs. T-198/03 – *Bank Austria Creditanstalt/ Kommission*, Rn. 57; *EuGH*, Urteil vom 28.06.2005, verb. Rs. C-189/02 P, C-202/02 P, C-205/02 P BIS C-208/02 P und C-213/02 P - *Dansk Rørindustri u.a./ Kommission*, Rn. 170.

1239 Vgl. *M. Kellerbauer* (Fn. 1237), Rn. 1.

1240 Vgl. *K. L. Ritter* (Fn. 1235), Rn. 2; *M. Sura* (Fn. 1234), Rn. 2; *W. Weiß*, Art. 30 VO 1/2003, in: Loewenheim/Meessen/Riesenkampff/Kersting/Meyer-Lindemann (Hrsg.), Kartellrecht: Kommentar zum Deutschen und Europäischen Recht (2020), Rn. 2.

1241 Vgl. *A. Klees* (Fn. 147), § 5, Rn. 33.

1242 Neben den zwingend zu veröffentlichenden Entscheidungen kann die Kommission fakultativ auch weitere Entscheidungen veröffentlichen, vgl. *K. L. Ritter* (Fn. 1235), Rn. 7. Dies hat der EuGH bereits im Jahr 1970 mit Blick auf die Veröffentlichung einer – damals nicht zu den zu veröffentlichenden Entscheidungen zählenden – Bußgeldentscheidung entschieden und damit begründet, dass die Publizität dazu beitragen könne, die Einhaltung der europäischen Wettbewerbsregeln zu gewährleisten. Das Argument der betroffenen Unter-

1/2003 neu eingeführt worden. Unter der VO 17/62 bestand lediglich eine Berechtigung der Kommission, solche Entscheidungen zu veröffentlichen, von der sie insbesondere in Bezug auf ihre Bußgeldentscheidungen auch regelmäßig Gebrauch machte.[1243] Die VO 1/2003 hat nun eine ausdrückliche Rechtsgrundlage für die bisherige Veröffentlichungspraxis der Kommission geschaffen und die hierdurch erzielte Transparenz gefestigt.

Nach Art. 30 Abs. 2 S. 1 VO 1/2003 müssen die von der Kommission zwingend zu veröffentlichenden Entscheidungen Angaben zu den Beteiligten enthalten sowie den wesentlichen Inhalt der Entscheidung einschließlich der verhängten Sanktionen wiedergeben. Die Kommission ist bei der Veröffentlichung grundsätzlich nicht daran gehindert, zur Information der Öffentlichkeit den vollständigen Wortlaut der Entscheidung und somit weitere als die in Art. 30 Abs. 2 S. 1 VO 1/2003 vorgesehenen Informationen zu veröffentlichen, sofern diese nicht unter das Berufsgeheimnis fallen.[1244] Nach Auffassung des EuG lässt sich auch unter Berücksichtigung des Schutzes des Berufsgeheimnisses in Art. 28 Abs. 2 VO 1/2003 nicht ableiten, dass sämtliche nicht in Art. 30 Abs. 2 VO 1/2003 genannten Informationen im Umkehrschluss unter das Berufsgeheimnis fallen; ausgeschlossen ist danach vielmehr nur die Veröffentlichung solcher Informationen, die ihrem Wesen nach unter das Berufsgeheimnis fallen.[1245] Bei anderen Informationen überwiegt dagegen das Interesse der Öffentlichkeit und der Marktteilnehmer an einer möglichst umfassenden Kenntnis der Entscheidungsbegründung und der verhängten Sanktionen sowie das Interesse der durch die Zuwiderhandlung potentiell Geschädigten an Infor-

---

nehmen, die Mitteilung der Entscheidung gegenüber der Presse gefährde ihren Ruf und ihren Börsenwert, ließ der EuGH nicht gelten, vgl. *EuGH*, Urteil vom 15.07.1070, Rs. 41/69 – *ACF Chemiefarma/Kommission*, Rn. 101/104. Vgl. zur Rechtslage nach der VO 17/62 auch *EuG*, Urteil vom 30.05.2006, Rs. T-198/03 – *Bank Austria Creditanstalt/ Kommission*, Rn. 69, das unter Berufung auf den Transparenzgrundsatz ausdrücklich festhält: *„Aus dem Grundsatz der Gesetzmäßigkeit lässt sich jedoch nicht ableiten, dass die Veröffentlichung der von den Organen erlassenen Rechtsakte verboten wäre, wenn sie nicht ausdrücklich in den Verträgen oder einem anderen Rechtsakt mit allgemeiner Geltung vorgesehen ist. Beim gegenwärtigen Stand des Gemeinschaftsrechts wäre ein solches Verbot mit Artikel 1 EU nicht zu vereinbaren, wonach in der Europäischen Union „die Entscheidungen möglichst offen und möglichst bürgernah getroffen werden".*

1243 Vgl. *M. Sura* (Fn. 1234), Rn. 3; *A. Klees* (Fn. 147), § 5, Fn. 102.

1244 Vgl. *M. Kellerbauer* (Fn. 1237), Rn. 4; *EuG*, Urteil vom 30.05.2006, Rs. T-198/03 – *Bank Austria Creditanstalt/ Kommission*, Rn. 77.

1245 Vgl. *EuG*, Urteil vom 30.05.2006, Rs. T-198/03 – *Bank Austria Creditanstalt/ Kommission*, Rn. 70; *EuG*, Urteil vom 28.01.2015, Rs. T-341/12 – *Evonik Degussa*, Rn. 90.

mationen, mit deren Hilfe sie Ansprüche gegen die Entscheidungsadressaten geltend machen können, das Geheimhaltungsinteresse der betroffenen Unternehmen. Dies begründet das *EuG* insbesondere auch damit, dass den kartellbeteiligten Unternehmen die Möglichkeit offen steht, die Bußgeldentscheidung der Kommission gerichtlich überprüfen zu lassen.[1246]

Die Kommission kann sich daher im Sinne einer größeren Transparenz dafür entscheiden, auch solche Informationen in den veröffentlichten Entscheidungstext miteinzubeziehen, die über die in Art. 30 Abs. 2 S. 1 VO 1/2003 genannten Informationen hinausgehen, auch wenn sie an sich nicht für das Verständnis des verfügenden Teils der Entscheidung wesentlich sind und der Umfang der veröffentlichten Informationen über das erforderliche Maß hinausgeht.[1247] Von ihrem Recht zur umfänglichen Veröffentlichung von Entscheidungen macht die Kommission regelmäßig Gebrauch und veröffentlicht in ständiger Verwaltungspraxis auf ihrer Website eine auf nicht-vertrauliche Tatsachen beschränkte, jedoch im Übrigen vollständige Fassung ihrer Entscheidung in den für das Verfahren verbindlichen Sprachen sowie gegebenenfalls in deutscher, englischer und französischer Übersetzung.[1248] Darüber hinaus veröffentlicht die Kommission eine kurze Zusammenfassung des wesentlichen Inhalts der Entscheidung in allen Amtssprachen[1249] im Amtsblatt der Europäischen Union.[1250]

1246 Vgl. *EuG*, Urteil vom 30.05.2006, Rs. T-198/03 – *Bank Austria Creditanstalt/ Kommission*, Rn. 78.

1247 Vgl. *EuG*, Urteil vom 30.05.2006, Rs. T-198/03 – *Bank Austria Creditanstalt/ Kommission*, Rn. 77, 79.

1248 Vgl. *M. Sura* (Fn. 1234), Rn. 8; *M. Kellerbauer* (Fn. 1237), Rn. 4.

1249 Derzeit gibt es in der Europäischen Union 24 Amtssprachen, vgl. die Angaben auf der Website der GD Übersetzung unter: http://ec.europa.eu/dgs/translation /translating/officiallanguages/index_de.htm (zuletzt besucht am 05.08.2020).

1250 Die Pflicht zur Veröffentlichung im Amtsblatt ergibt sich nicht unmittelbar aus Art. 30 VO 1/2003, wohl aber aus Art. 297 Abs. 1 und 2 AEUV, der nur die Veröffentlichung im Amtsblatt als geeignetes Medium für obligatorische Veröffentlichungen der Organe der Europäischen Union ansieht, vgl. *M. Sura* (Fn. 1234), Rn. 6. Grund für diese zweifache Veröffentlichung ist eine Verringerung des Verwaltungsaufwandes, der durch eine Übersetzung der vollständigen Entscheidung der Kommission, die in rechtlich und ökonomisch komplexen Fällen sehr umfangreich sein kann, in alle Amtssprachen entstehen würde, vgl. *K. L. Ritter* (Fn. 1235), Rn. 3. Diese Praxis hat die Kommission insbesondere seit dem Beitritt zehn neuer Mitgliedstaaten im Jahr 2004 eingeführt, vgl. *M. Sura* (Fn. 1234), Rn. 8.

c) Grenzen der Veröffentlichung

Art. 30 Abs. 1 VO 1/2003 statuiert einerseits eine Pflicht, andererseits aber auch ein Recht der Kommission, die dort genannten Entscheidungen zu veröffentlichen.[1251] Diesem Veröffentlichungsrecht der Kommission sind dort Grenzen gesetzt, wo das Geheimhaltungsinteresse der in der Entscheidung genannten Unternehmen das öffentliche Informationsinteresse überwiegt.

aa) Schutz vertraulicher Informationen

Nach Art. 30 Abs. 2 S. 2 VO 1/2003 muss die Kommission bei der Veröffentlichung ihrer Entscheidungen dem berechtigten Interesse der betroffenen Unternehmen an der Wahrung ihrer Geschäftsgeheimnisse Rechnung tragen. Als Geschäftsgeheimnisse werden besonders vertrauliche Informationen über die Geschäftstätigkeit eines Unternehmens qualifiziert, die nur einem beschränkten Personenkreis bekannt sind und deren Offenlegung die Interessen des Betroffenen nicht nur dann, wenn sie an die Öffentlichkeit gelangen, sondern bereits bei jeder Weitergabe an Dritte schwer beeinträchtigen kann.[1252] Geschäftsgeheimnisse unterfallen einem besonders weitgehenden Schutz und sind daher von der Veröffentlichung ausgenommen.[1253] Das Geheimhaltungsinteresse nimmt jedoch grundsätzlich mit der Zeit ab, so dass Informationen, die älter als fünf Jahre sind, nach ständiger Rechtsprechung nicht mehr als geheim gelten, sofern nicht ausnahmsweise nachgewiesen wird, dass sie noch immer wesentlicher Bestandteil der wirtschaftlichen Stellung eines Unternehmen sind.[1254]

Der Schutzbereich des Art. 30 Abs. 2 S. 2 VO 1/2003 wird darüber hinaus weit ausgelegt und erfasst nicht nur Geschäftsgeheimnisse, sondern

---

1251 Vgl. *R. Bechtold/W. Bosch/I. Brinker* (Fn. 115), Art. 30 VO 1/2003, Rn. 1.

1252 Vgl. *EuG*, Urteil vom 18.09.1996, Rs. T-353/94 – *Postbank*, Rn. 87. Zu den Geschäftsgeheimnissen zählt die Kommission z.B. technische oder finanzielle Angaben zu Know-How, Bezugsquellen, Marktanteilen, Kunden, Kosten- und Preisstruktur und Absatzstrategien, vgl. Mitteilung zur Akteneinsicht, Rn. 18.

1253 Vgl. *M. Kellerbauer* (Fn. 1237), Rn. 5 m.w.N.

1254 Vgl. *C. Schirra*, Art. 30 VO 1/2003, in: *Säcker/Bien/Meier-Beck/Montag* (Hrsg.), Münchener Kommentar zum Wettbewerbsrecht (2020), Band 1, Rn. 3; *EuG*, Urteil vom 28.01.2015, Rs. T-341/12 – *Evonik Degussa*, Rn. 84; *EuGH*, Urteil vom 14.03.2017, Rs. C-162/15 P – *Evonik Degussa*, Rn. 64, der insofern von einer „widerleglichen Vermutung" ausgeht.

auch alle weiteren, unter das Berufsgeheimnis in Art. 28 Abs. 2 VO 1/2003 fallenden vertraulichen Informationen.[1255] Dieses Verständnis wird auch durch Art. 16 Abs. 1 VO 773/2004 gestützt, nach dem die Kommission Informationen, die Geschäftsgeheimnisse oder sonstige vertrauliche Informationen von Personen enthalten, weder mitteilt noch sonst zugänglich macht. Unter das Berufsgeheimnis fallen dabei grundsätzlich alle Informationen, die ein Unternehmen üblicherweise nicht Dritten zugänglich macht, deren Veröffentlichung ihm erheblich schaden kann und die auch objektiv schützenswert sind.[1256]

Die Prüfung des Kriteriums der objektiven Schutzwürdigkeit erfordert eine umfassende Abwägung zwischen dem Geheimhaltungsinteresse der betroffenen Unternehmen auf der einen Seite und dem Interesse der Öffentlichkeit an einer möglichst umfassenden Information über die Tätigkeit der Kommission sowie dem Interesse anderer Wirtschaftsteilnehmer an einer Kenntnis bußgeldbewehrter Verhaltensweisen auf der anderen Seite.[1257] Das Informationsinteresse der Öffentlichkeit kann beispielsweise hinsichtlich solcher Informationen überwiegen, die zwar vertraulich sind, jedoch gerade den Kern eines Wettbewerbsverstoßes ausmachen,[1258] so dass ihre Aufnahme in den veröffentlichten Entscheidungstext zum Verständnis der Entscheidung notwendig ist.[1259]

Zudem dürfen in der veröffentlichten Entscheidung Unternehmen, deren Namen nicht im verfügenden Teil der Entscheidung, sondern lediglich in deren Begründung genannt wird – etwa weil das Verfahren gegen sie vor Erlass der Entscheidung von der Kommission eingestellt wurde – nicht im Zusammenhang mit dem in der Entscheidung festgestellten wettbewerbswidrigen Verhalten erwähnt werden.[1260] Dies gilt insbesondere deshalb, weil ihnen mangels isolierter Anfechtbarkeit der Entscheidungsbegründung keine Rechtsschutzmöglichkeit gegen diese Erwähnung offen-

---

1255 Vgl. *M. Kellerbauer* (Fn. 1237), Rn. 5.

1256 Vgl. *EuG*, Urteil vom 30.05.2006, Rs. T-198/03 – *Bank Austria Creditanstalt/ Kommission*, Rn. 71.

1257 Vgl. *M. Sura* (Fn. 1234), Rn. 10.

1258 Vgl. *M. Sura* (Fn. 1234), Rn. 10; *A. Klees* (Fn. 147), § 5, Rn. 34.

1259 Vgl. *M. Kellerbauer*, Art. 30 VO 1/2003, in: von der Groeben/Schwarze/Hatje (Hrsg.), Europäisches Unionsrecht: Vertrag über die Europäische Union, Vertrag über die Arbeitsweise der Europäischen Union, Charta der Grundrechte der Europäischen Union (2015), Rn. 5.

1260 Vgl. *M. Sura* (Fn. 1234), Rn. 10.

steht.[1261] Die Veröffentlichung würde daher der Unschuldsvermutung zuwiderlaufen und eine nicht gerechtfertigte Beeinträchtigung des Berufsgeheimnisses darstellen.[1262]

bb) Insbesondere: Schutz von Kronzeugeninformationen

Eine besondere Brisanz kommt der Frage nach der Veröffentlichung von Informationen zu, die die Kommission im Rahmen ihres Kronzeugenprogramms als vertrauliche Informationen erhalten hat. Hierbei kann es sich beispielsweise um Einzelheiten zur Funktionsweise eines Kartells, zu Geschäftsbeziehungen, kartellierten Produkten oder über die durch das Kartell verfolgte Preispolitik handeln.[1263] Möglichst detaillierte Informationen über ein Kartell sind für Unternehmen, die Schadensersatzansprüche gegen die Kartellteilnehmer prüfen, von großem Interesse. Die Kommission ist vor dem Hintergrund einer steigenden Anzahl von Akteneinsichtsanträgen potenzieller Schadensersatzkläger in die Verfahrensakte und insbesondere in die darin enthaltenen Kronzeugendokumente nach der VO 1049/2001 in den letzten Jahren verstärkt dazu übergegangen, auch Informationen, die sie im Rahmen ihres Kronzeugenprogramms erhalten hat, in die Veröffentlichung aufzunehmen und diese gegebenenfalls auszugsweise wörtlich zu zitieren.[1264] Da der Zugang zur Verfahrensakte für potentielle Schadensersatzkläger durch die Rechtsprechung des EuGH zumindest bis zum Eintritt der Rechtskraft der Entscheidung erheblich erschwert ist, kommt Inhalt und Umfang der Veröffentlichung in der Praxis ein besonderer Wert zu.[1265]

1261 Vgl. *EuG*, Urteil vom 12.10.2007, Rs. T-474/04 – *Pergan*, Rn. 77 ff.; vgl. hierzu *C. Musiol*, EuG: Von einer Entscheidung der EU-Kommission über Kartellrechtsverstöße nicht betroffene Unternehmen dürfen in der Entscheidungsveröffentlichung nicht erwähnt werden (Urteilsanmerkung), FD-GewRS 2007; kritisch zur dogmatischen Begründung dagegen *B. W. Wegener*, Von hinten durch die Brust ins Auge: Das EuG stärkt den Ehrschutz und die Unschuldsvermutung in der EU-Kartellaufsicht - in dogmatisch abenteuerlicher Art und Weise, EuR 2008, S. 716 ff.

1262 Vgl. *M. Sura* (Fn. 1234), Rn. 10; *EuG*, Urteil vom 12.10.2007, Rs. T-474/04 – *Pergan*, Rn. 75, 78.

1263 Vgl. beispielsweise *EuG*, Urteil vom 28.01.2015, Rs. T-341/12 – *Evonik Degussa*, Rn. 85, sowie *EuG*, Urteil vom 28.01.2015, Rs. T-345/12 – *Akzo Nobel*, Rn. 75.

1264 Vgl. *A. Weitbrecht*, Kommissionsentscheidungen gegen Hardcore-Kartelle: Wieviel darf veröffentlicht werden?, EuZW 2016, S. 281–282 f., S. 282.

1265 Vgl. *A. Weitbrecht* (Fn. 1264), S. 281 f.

Die umfassende Veröffentlichungspraxis der Kommission wurde von einigen Kartellteilnehmern bereits vor den europäischen Gerichten angegriffen.[1266] In zwei parallelen Entscheidungen vom Januar 2015 hat das EuG es jedoch abgelehnt, Informationen bereits deswegen als geheimhaltungsbedürftig einzustufen, weil sie der Kommission im Rahmen eines Kronzeugenantrages freiwillig übermittelt wurden.[1267] Das EuG hat sich in diesem Zusammenhang insbesondere mit der Frage auseinandergesetzt, ob solche Informationen unter das Berufsgeheimnis fallen.[1268] Nach Auffassung des EuG ist das Interesse betroffener Unternehmen an der Geheimhaltung von Einzelheiten der ihnen zur Last gelegten Zuwiderhandlung nicht schutzwürdig, da das Informationsinteresse der geschädigter Marktteilnehmer und der Öffentlichkeit überwiegt.[1269] Ein berechtigtes Interesse an der Geheimhaltung von Informationen allein aus dem Grund, dass diese Informationen von potentiell geschädigten Wirtschaftsteilnehmern in Schadensersatzprozessen verwendet werden könnten und die Veröffentlichung somit der Erleichterung von Schadensersatzklagen diene, besteht danach nicht.[1270] Betroffene Unternehmen können der Veröffentlichung somit nicht unter Hinweis darauf widersprechen, dass hierdurch das Risiko einer zivilrechtlichen Inanspruchnahme erheblich steigt.[1271] Auch eine Beeinträchtigung ihres Ansehens und damit ihrer wirtschaftlichen Stellung tritt nach Auffassung des EuG hinter dem Informationsinteresse zurück.[1272] Das EuG vertritt zudem die Ansicht, dass sich betroffene Unternehmen nicht darauf berufen können, dass eine Veröffentlichung von Kronzeugeninformationen die Wirksamkeit des Kronzeugenprogramms

---

1266 Vgl. hierzu *A. Weitbrecht/J. Mühle*, Die Entwicklung des europäischen Kartellrechts 2015, EuZW 2016, S. 172 ff., S. 178 f.

1267 *EuG*, Urteil vom 28.01.2015, Rs. T-341/12 – *Evonik Degussa*; *EuG*, Urteil vom 28.01.2015, Rs. T-345/12 – *Akzo Nobel*. In dem vorhergehenden Eilverfahren hatte das *EuG* mit Beschluss vom 16.11.2012 dem Antrag von Evonik Degussa auf Aussetzung der sofortigen Vollziehung der Entscheidung, die Informationen zu veröffentlichen, noch stattgegeben, und dies damit begründet, dass der Schaden anderenfalls irreparabel sei, da die Veröffentlichung nicht mehr rückgängig gemacht werden könnte; vgl. hierzu *G. M. Berrisch*, Anmerkung zu EuG, Beschluss vom 16.11.2012 - T-341 R (Evonik Degussa), EuZW 2013, S. 39 f.

1268 Vgl. *EuG*, Urteil vom 28.01.2015, Rs. T-341/12 – *Evonik Degussa*, Rn. 94.

1269 Vgl. *EuG*, Urteil vom 28.01.2015, Rs. T-345/12 – *Akzo Nobel*, Rn. 80.

1270 Vgl. *K. L. Ritter* (Fn. 1235), Rn. 9; *EuG*, Urteil vom 28.01.2015, Rs. T-341/12 – *Evonik Degussa*, Rn. 110.

1271 Vgl. *EuG*, Urteil vom 28.01.2015, Rs. T-345/12 – *Akzo Nobel*, Rn. 81.

1272 Vgl. *EuG*, Urteil vom 28.01.2015, Rs. T-341/12 – *Evonik Degussa*, Rn. 108.

der Kommission beeinträchtigen könnte, weil Kartellteilnehmer von der Stellung eines Kronzeugenantrages abgeschreckt würden, wenn sämtliche der Kommission zugetragenen Informationen über Umfang und Funktionsweise eines Kartells an die Öffentlichkeit gelangen könnten. Vielmehr obliegt es nach Auffassung des EuG allein der Kommission, zwischen der Wirksamkeit ihres Kronzeugenprogrammes auf der einen und dem Informationsinteresse Dritter und der Förderung privater Schadensersatzklagen auf der anderen Seite abzuwägen.[1273]

Der EuGH hat die hiergegen gerichteten Rechtsmittelgründe in einem Grundsatzurteil vom 14.03.2017[1274] zurückgewiesen, gleichzeitig jedoch den absoluten Schutz der Kronzeugenerklärung bestätigt und der Veröffentlichungsbefugnis der Kommission ein klare Grenze gesetzt.[1275] In seiner Entscheidung differenziert der EuGH zwischen der Veröffentlichung wörtlicher Zitate aus Dokumenten, die ein Unternehmen zur Stützung seines Kronzeugenantrags bei der Kommission eingereicht hat, und der Veröffentlichung wörtlicher Zitate aus den Kronzeugenerklärungen selbst. Nach Auffassung des EuGH ist die Kommission dazu berechtigt, Zitate aus den ihr vorgelegten Dokumenten zu veröffentlichen, sofern hierbei der Schutz von Geschäfts- und Berufsgeheimnissen oder sonstiger vertraulicher Informationen gewahrt bleibt; dagegen ist die Veröffentlichung von wörtlichen Zitaten und Auszügen aus den Kronzeugenerklärungen selbst als unzulässig anzusehen.[1276] Der EuGH stellt zudem ausdrücklich klar, dass sich Unternehmen zur Vermeidung einer Veröffentlichung insbesondere nicht darauf berufen können, dass eine Veröffentlichung von im Zusammenhang mit einem Kronzeugenantrag erlangten Informationen im Widerspruch zu den in den Kronzeugenmitteilungen enthaltenen Regelungen zum Schutz von Kronzeugenerklärungen stehe und die Effektivität des Kronzeugenprogramms gefährde. Die betreffenden Regelungen hätten nicht den Zweck, der Kommission zu verbieten, Informationen über die den Kartellverstoß begründenden Umstände zu veröffentlichen, die die Kommission im Rahmen des Kronzeugenprogramms erhalten habe und die nicht aus anderen Gründen schutzwürdig seien.[1277] Der durch das Kronzeugenprogramm gewährleistete Schutz der Unternehmen erschöpfe

---

1273 Vgl. *EuG*, Urteil vom 28.01.2015, Rs. T-341/12 – *Evonik Degussa*, Rn. 119.

1274 *EuGH*, Urteil vom 14.03.2017, Rs. C-162-/15 P – *Evonik Degussa*.

1275 Vgl. *A.-L. C. Caravaco/J. Suderow*, WPP-Entscheidung: Zur Zuständigkeit des Anhörungsbeauftragten und der Reichweite der Veröffentlichung von Kronzeugenerklärungen, WuW 2017, S. 270 ff., S. 274.

1276 Vgl. *EuGH*, Urteil vom 14.03.2017, Rs. C-162-/15 P – *Evonik Degussa*, Rn. 87.

1277 Vgl. *EuGH*, Urteil vom 14.03.2017, Rs. C-162-/15 P – *Evonik Degussa*, Rn. 96.

sich in dem Erlass oder der Ermäßigung einer Geldbuße sowie darin, dass die Kommission Dokumente oder Erklärungen, die sie im Rahmen des Kronzeugenprogramms erhalte, nicht offenlege.[1278] Da diese Schutzwirkungen lediglich die Bemessung der Geldbuße sowie die Behandlung von Dokumenten und Erklärungen erfassten, würden diese nicht durch eine Veröffentlichung von Informationen beeinträchtigt, die unter Wahrung des Berufsgeheimnisses erfolge.[1279]

Die Kommission ist somit grundsätzlich berechtigt, Informationen aus Kronzeugenanträgen ebenso wie andere Informationen zu veröffentlichen,[1280] sofern diese nicht aus anderen Gründen unter das Berufsgeheimnis fallen[1281] und es sich nicht um wörtliche Zitate aus Kronzeugenerklärungen handelt. Einem generellen Ausschluss der Veröffentlichung von Kronzeugeninformationen wurde damit zu Recht eine Absage erteilt und der Kommission ein weites Ermessen bei der Überlegung zugestanden, welche Informationen sie in den veröffentlichten Entscheidungstext auf-

---

1278 Vgl. *EuGH*, Urteil vom 14.03.2017, Rs. C-162-/15 P – *Evonik Degussa*, Rn. 97.

1279 Vgl. *EuGH*, Urteil vom 14.03.2017, Rs. C-162-/15 P – *Evonik Degussa*, Rn. 98.

1280 Vgl. hierzu auch *A. Birk*, Informationen von Kronzeugen grundsätzlich publizierbar, GruR-Prax 2015, S. 118.

1281 Zum Schutz vertraulicher Informationen streicht die Kommission nach Art. 16 Abs. 3 S. 2 und 3 VO 773/2004 in der Praxis sämtliche Passagen, die nach ihrer Auffassung vertrauliche Informationen der beteiligten Unternehmen beinhalten, bevor sie ihre Entscheidungen in einer nicht-vertraulichen Version auf ihrer Website veröffentlicht. Um den in der Entscheidung erwähnten Unternehmen die Möglichkeit zu geben, die von ihnen als vertraulich eingestuften Informationen zuvor selbst zu kennzeichnen, setzt die Kommission ihnen vor der Veröffentlichung der Entscheidung eine Frist, innerhalb derer sie angeben und begründen können, welche Teile der Entscheidung nach ihrer Auffassung Geschäftsgeheimnisse enthalten. Kommen die Unternehmen dieser Aufforderung innerhalb der ihnen gesetzten Frist nicht nach, geht die Kommission davon aus, dass in den jeweiligen Dokumenten keine vertraulichen Informationen enthalten sind. Sofern zwischen der Kommission und den betroffenen Unternehmen streitig ist, welche Informationen als vertrauliche Informationen schutzwürdig sind, können die betroffenen Unternehmen nach Art. 8 Mandat 2011 den Anhörungsbeauftragten anrufen. Dieser entscheidet daraufhin in einer gerichtlich anfechtbaren, begründeten Entscheidung über die Einstufung der Information. Dies kann in der Praxis zu erheblichen zeitlichen Verzögerungen bei der Veröffentlichung der nicht-vertraulichen Fassungen auf der Website der Kommission führen, vgl. kritisch hierzu *G.-K. d. Bronett*, Kommunikationsdefizite der Kommission bezüglich ihrer verfahrensabschließenden Kartellbeschlüsse, in: Studienvereinigung Kartellrecht e.V. (Hrsg.), Kartellrecht in Theorie und Praxis: Festschrift für Cornelis Canenbley zum 70. Geburtstag (2012), 89, S. 91 ff.

nimmt.[1282] Es obliegt daher im Ergebnis der Kommission, zu entscheiden, wie transparent sie ihre Entscheidungen für die Öffentlichkeit und damit auch für potentielle Schadensersatzkläger gestalten will.[1283]

III. Zwischenergebnis

Die letzte Phase des Kartellverfahrens, die Beschlussfassung durch das Kommissionskollegium, bietet ein gemischtes Bild in Bezug auf seine Transparenz gegenüber betroffenen Unternehmen und Außenstehenden. Insbesondere das Verfahren der Beschlussfassung selbst ist als relativ intransparent anzusehen. Dies beruht insbesondere darauf, dass die Sitzung, in welcher der verfahrensabschließende Beschluss gefasst wird, hinter verschlossenen Türen erfolgt. Auch Informationen zur Entscheidungsfindung der Kommissionsmitglieder werden gegenüber der Öffentlichkeit oder den beteiligten Unternehmen nicht offengelegt. Dieses Transparenzdefizit wiegt jedoch im Ergebnis nicht allzu schwer, da der Entscheidungsprozess in der Praxis mit Vorlage des Entscheidungsentwurfes an das für Wettbewerbsrecht zuständige Kommissionsmitglied in aller Regel bereits abgeschlossen ist.

Demgegenüber herrscht hinsichtlich des Verfahrensergebnisses weitgehende Transparenz sowohl für die Entscheidungsadressaten als auch für die Öffentlichkeit. Die verfahrensabschließenden Beschlüsse der Kommission müssen mit einer ihrer Bedeutung angemessenen Begründung versehen werden, so dass die Adressaten aus ihnen die Gründe für die Entscheidung nachvollziehen und die Erfolgsaussichten für etwaige Nichtigkeitsklagen prüfen können. Die Kommission veröffentlicht ihre Entscheidungen zudem stets in einer nicht-vertraulichen, jedoch im Übrigen vollständigen Fassung. Hinsichtlich des Umfangs der dort enthaltenen Informationen steht ihr ein weites Ermessen zu, so dass sie – mit Ausnahme schutzwürdiger Berufs- und Geschäftsgeheimnisse – umfänglich Informationen zu den festgestellten kartellrechtswidrigen Verhaltensweisen in den veröffentlichten Entscheidungstext aufnehmen kann. Bei der Beurteilung der

---

1282 Vgl. *EuG*, Urteil vom 28.01.2015, Rs. T-345/12 – *Akzo Nobel*, Rn. 122.
1283 Vgl. hierzu im Rahmen des vorläufigen Rechtsschutzes bereits *Vizepräsident des EuGH*, Beschluss vom 02.03.2016, Rs. C-162/15 P-R-*Evonik Degussa*, Rn. 56 mit Verweis darauf, dass nach der Richtline 2014/104/EU *„zum Schutz des Kronzeugenprogramms ‚wörtliche Zitate aus Kronzeugenerklärungen‘ ausdrücklich von der Offenlegung ausgenommen sind, ebenso wie Kronzeugenerklärungen selbst"*.

Grenzen ihrer Veröffentlichungsbefugnis stellt dabei die Veröffentlichung von Informationen die Regel, die Geheimhaltung von Informationen zugunsten des Schutzes von Geschäfts- und Berufsgeheimnissen die Ausnahme dar.[1284] Dies entspricht insofern den Anforderungen des Transparenzgebotes in Art. 1 Abs. 2 EUV, nach dem alle Entscheidungen möglichst offen getroffen werden sollen.[1285]

G. Besonderheiten des Settlement-Verfahrens

Das sog. Vergleichsverfahren, im Folgenden „Settlement-Verfahren", wurde zum 01.07.2008 durch die VO (EG) Nr. 622/2008[1286] eingeführt und hat sich seitdem in der Praxis zu einem wichtigen Instrument der Kartellverfolgung entwickelt.[1287] Mit der mit dem Settlement-Verfahren bezweckten Verfahrensvereinfachung sind jedoch auch Einschränkungen der Transparenz verbunden, auf die im Folgenden eingegangen werden soll.

I. Das Settlement-Verfahren der Europäischen Kommission

Grundgedanke der Settlement-Regelungen ist es, Kartellteilnehmer für ihr Eingeständnis, an einem Kartellrechtsverstoß beteiligt gewesen zu sein, sowie für eine entsprechende Erklärung zu ihrer Haftbarkeit insbesondere durch eine Reduktion des Bußgeldes in Höhe von 10% zu belohnen.[1288]

1284 Vgl. *EuG*, Urteil vom 30.05.2006, Rs. T-198/03 – *Bank Austria Creditanstalt/ Kommission*, Rn. 69.

1285 Das *EuG* hat sich in diesem Zusammenhang ausdrücklich auf Art. 1 Abs. 2 EUV berufen, vgl. *EuG*, Urteil vom 28.01.2015, Rs. T-341/12 – *Evonik Degussa*, Rn. 89.

1286 Verordnung (EG) Nr. 622/2008 der Kommission vom 30.06.2008 zur Änderung der Verordnung (EG) Nr. 773/2004 hinsichtlich der Durchführung von Vergleichsverfahren in Kartellfällen, ABl. (EU) Nr. L 171 vom 01.07.2008, S. 3 ff. Vgl. zur Entstehungsgeschichte des Settlement-Verfahrens der Kommission *E. Bueren* (Fn. 283), S. 560 ff.

1287 Vgl. *T. Köster*, Das Kartellvergleichsverfahren der Europäischen Kommission, EuZW 2015, S. 575 ff., S. 575.

1288 Vgl. hierzu sowie zur Einführung der Settlement-Verfahrens *H.-J. Hellmann*, § 46 Geldbußen und Zwangsgelder, in: Wiedemann (Hrsg.), Handbuch des Kartellrechts (2020), Rn. 98 ff., 111 ; Mitteilung der Kommission über die Durchführung von Vergleichsverfahren bei dem Erlass von Entscheidungen nach Artikel 7 und Artikel 23 der Verordnung (EG) Nr. 1/2003 des Rates in

Verhandlungen über das Vorliegen eines Kartellverstoßes und die Höhe des Bußgeldes schließt die Kommission dagegen ausdrücklich aus.[1289] Das Settlement-Verfahren stellt somit kein Verfahren zum Abschluss eines durch gegenseitiges Nachgeben geprägten Vergleichs dar, sondern dient vor allem der Effizienzsteigerung bei der Ermittlung und Feststellung eines Kartellverstoßes.[1290]

1. Gründe für die Einführung des Settlement-Verfahrens

Mit der Einführung des Settlement-Verfahrens verband die Kommission insbesondere das Ziel, *„mit unveränderten Ressourcen mehr Fälle bearbeiten zu können, um dadurch dem Allgemeininteresse an einer wirksamen und rechtzeitigen Ahndung von Zuwiderhandlungen zu entsprechen und die Abschreckungswirkung insgesamt zu verbessern.“*[1291] Die Möglichkeit der Durchführung von Settlement-Verfahren sollte damit vor allem eine vereinfachte und schnellere Verfahrensführung ermöglichen.[1292] Anlass für die Einführung des Settlement-Verfahrens war unter anderem die durch eine hohe Anzahl von Kronzeugenanträgen erheblich gestiegene Arbeitsbelastung der Kommission.[1293] Darüber hinaus erwartete die Kommission, dass sich die Zahl der Fälle, in denen von ihr erlassene Entscheidungen anschließend vor den europäischen Gerichten angegriffen würden, nach Durch-

---

Kartellfällen, ABl. (EU) Nr. C 167 vom 02.07.2008, S. 1, zuletzt geändert durch Änderungsmitteilung 2015/C 256/02, ABl. (EU) Nr. C 256 vom 05.08.2015, S. 2, im Folgenden: „Settlement-Mitteilung", Rn. 2, 32.

1289 Vgl. Settlement-Mitteilung, Rn. 2; hierzu *S. Hirsbrunner*, Settlements in EU-Kartellverfahren – Kritische Anmerkungen nach den ersten Anwendungsfällen –, EuZW 2011, S. 12 ff., S. 12, 14.

1290 Vgl. *U. Soltész*, Belohnung für geständige Kartellsünder - Erste Settlements im Europäischen Kartellrecht, BB 2010, S. 2123 ff., S. 2126.

1291 Vgl. Settlement-Mitteilung, Rn. 1.

1292 Vgl. etwa VO (EG) 622/2008, Erwägungsgrund 4; zu den mit der Einführung des Settlement-Verfahrens verbundenen Erwartungen siehe auch die Pressemitteilung der Kommission IP/08/1056 vom 30.06.2008, abrufbar unter: http://europa.eu/rapid/press-release_IP-08-1056_de.htm (zuletzt besucht am 05.08.2020).

1293 Vgl. *H.-J. Hellmann* (Fn. 1288), Rn. 98.

führung eines Settlement-Verfahrens verringern werde und somit Kapazitäten der Kommission geschont würden.[1294]

Seitdem hat sich das Settlement-Verfahren in der Praxis etabliert.[1295] Die mit seiner Einführung verbundenen Erwartungen haben sich, soweit ersichtlich, in der Zwischenzeit bestätigt. Settlement-Verfahren erlauben einen Verfahrensabschluss in deutlich kürzerer Zeit, als er in regulären Kartellverfahren möglich ist. Sie werden oftmals innerhalb eines Jahres abgeschlossen, während sich ein reguläres Kartellverfahren deutlich länger hinziehen kann.[1296] Zudem hat sich gezeigt, dass beteiligte Unternehmen in der Regel nicht vor den europäischen Gerichten gegen Settlement-Entscheidungen vorgehen.[1297]

2. Ablauf eines Settlement-Verfahrens

Die Rechtsgrundlagen des Settlement-Verfahrens finden sich insbesondere in Art. 10a VO 773/2004 sowie der Settlement-Mitteilung der Kommission. Der sachliche Anwendungsbereich der Settlement-Verfahren ist auf Kartellfälle begrenzt; vertikale Wettbewerbsbeschränken sowie Fälle des Missbrauchs marktbeherrschender Stellung werden nicht erfasst.[1298]

Das Settlement-Verfahren verläuft in mehreren Stufen. Zunächst prüft die Kommission, ob sie die Einleitung eines Settlement-Verfahrens im konkreten Fall für geeignet erachtet. Hierbei berücksichtigt die Kommission etwa die Anzahl der Parteien, vorhersehbare Konflikte bei der Haftungszurechnung und den Umfang der Anfechtung des Sachverhaltes.[1299] Ausschlaggebendes Kriterium für die Entscheidung zur Einleitung eines

---

1294 Vgl. *H.-J. Hellmann* (Fn. 1288), Rn. 98; *U. Soltész* (Fn. 1290), S. 2123; vgl. ausführlich hierzu *A. Karst*, Das Direct Settlement-Verfahren im europäischen Kartellverfahrensrecht (2014), S. 81 ff.

1295 Vgl. *T. Köster* (Fn. 1287), S. 575. Im März 2017 hatte die Kommission 23 Settlements abgeschlossen, vgl. Pressemitteilung der Kommission vom 08.03.2017, IP/17/501*"Kartellrecht: Kommission verhängt in Kartellvergleichsverfahren Geldbußen von 155 Mio. EUR gegen sechs Anbieter von Fahrzeugklimatisierungs- und Motorkühlsystemen"*, abrufbar unter: https://ec.europa.eu/commission/presscorner/detail/de/IP_17_501 (zuletzt besucht am 05.08.2020).

1296 Vgl. *H.-J. Hellmann* (Fn. 1288), Rn. 99 m.w.N.; *T. Köster* (Fn. 1287), S. 578, der von einer durchschnittlichen Verkürzung der Kartellverfahren um zwei Jahre ausgeht.

1297 Vgl. *T. Köster* (Fn. 1287), S. 575.

1298 Vgl. Settlement-Mitteilung, Rn. 1; *H.-J. Hellmann* (Fn. 1288), Rn. 98.

1299 Vgl. Settlement-Mitteilung, Rn. 5.

Settlement-Verfahrens ist letztlich, ob die Kommission in diesem frühen Stadium einen erfolgreichen Abschluss des Settlement-Verfahrens für wahrscheinlich erachtet.[1300] Der Kommission steht bei der Frage, ob sie in ein Settlement-Verfahren eintritt, ein weites Ermessen zu. Ein Rechtsanspruch der betroffenen Unternehmen auf Einleitung eines Settlement-Verfahrens besteht nicht.[1301]

Entscheidet sich die Kommission, die Möglichkeiten für die Einleitung eines Settlement-Verfahrens auszuloten, unterrichtet sie die Unternehmen nach Einleitung des Kartellverfahrens gem. Art. 11 Abs. 6 VO 1/2003 hiervon und setzt ihnen eine Frist von zwei Wochen, innerhalb derer sie ihre Bereitschaft zur Durchführung von Vergleichsgesprächen signalisieren können.[1302] Ist dies der Fall, tritt die Kommission mit den kooperationsbereiten Unternehmen in bilaterale Vergleichsgespräche ein, in deren Rahmen die Unternehmen u.a. über die gegen sie erwogenen Beschwerdepunkte, vorliegende Beweise und die Höhe einer etwaigen Geldbuße unterrichtet werden.[1303] In der Regel führt die Kommission drei Gesprächsrunden durch.[1304] In einem ersten förmlichen Gespräch trägt die Kommission auf Grundlage ihrer bisherigen Ermittlungsergebnisse zunächst eine ausführliche Fallanalyse vor, so dass insbesondere Fragen der konkreten Reichweite des Verstoßes im Mittelpunkt des Gesprächs stehen. Ein zweites förmliches Gespräch dient sodann dazu, ein gemeinsames Verständnis über die Beschwerdepunkte herzustellen, Verteidigungsargumente der beteiligten Unternehmen zu diskutieren und die für die Bußgeldbemessung relevanten Daten zu erarbeiten. In einem dritten förmlichen Gespräch unterbreitet die Kommission den beteiligten Unternehmen ihre Einschätzung zu Berechnung, Bandbreite und maximaler Höhe der anvisierten Geldbuße.[1305]

Werden in den Gesprächen Fortschritte erzielt, kann die Kommission den beteiligten Unternehmen eine Frist zur Vorlage von Vergleichsausführungen setzen, in denen die Unternehmen ihre Beteiligung an einer Zuwiderhandlung gegen Art. 101 AEUV einschließlich ihrer Haftung verbind-

---

1300 Vgl. *H.-J. Hellmann* (Fn. 1288), Rn. 103.
1301 Vgl. Settlement-Mitteilung, Rn. 5.
1302 Vgl. Art. 10a Abs. 1 VO 773/2004; Settlement-Mitteilung, Rn. 11.
1303 Vgl. Art. 10a Abs. 2 VO 773/2004. Vgl. im Einzelnen zu den verschiedenen Phasen der Vergleichsgespräche *H.-J. Hellmann* (Fn. 1288), Rn. 105 ff. und *T. Köster* (Fn. 1287), S. 576 f.
1304 Vgl. etwa *U. Soltész* (Fn. 1290), S. 2124.
1305 Vgl. ausführlich zu den verschiedenen Gesprächsrunden *H.-J. Hellmann* (Fn. 1288), Rn. 105 ff. sowie *U. Soltész* (Fn. 1290), S. 2124.

lich anerkennen.[1306] Nach deren Erhalt übersendet die Kommission den beteiligten Unternehmen eine auf Basis des Ergebnisses der Settlement-Gespräche erstellte Mitteilung der Beschwerdepunkte.[1307] Bestätigen die Unternehmen daraufhin in einer schriftlichen Erwiderung, dass die ihnen zugestellte Mitteilung der Beschwerdepunkte den Inhalt ihrer Vergleichsausführungen wiedergibt, kann die Kommission nach Konsultation des Beratenden Ausschusses eine Entscheidung nach Art. 7 und Art. 23 der VO 1/2003 erlassen.[1308]

Der Abbruch der Settlement-Gespräche ist bis zur Abgabe der Vergleichsausführungen jederzeit möglich, etwa wenn sich keine übereinstimmenden Positionen erarbeiten lassen; in diesem Fall kann die Kommission in das reguläre Kartellverfahren übergehen.[1309] Bereits abgegebene Anerkenntnisse sind in diesem Fall für die Unternehmen nicht mehr bindend und dürfen nicht als Beweismittel verwendet werden.[1310] Bei Übernahme der Vergleichsausführungen in die Mitteilung der Beschwerdepunkte ist dagegen eine einseitige Rücknahme nicht mehr möglich.[1311] Entscheidet sich lediglich eines von mehreren kartellbeteiligten Unternehmen für den Abbruch des Settlement-Verfahrens, kommt es gegebenenfalls zu einem sog. hybriden Verfahren, sofern zumindest ein Teil der betroffenen Unternehmen im Settlement-Verfahren verbleibt.[1312]

Gegen die abschließende Entscheidung der Kommission steht den betroffenen Unternehmen auch nach Durchführung eines Settlement-Verfahrens der Rechtsweg zu den europäischen Gerichten offen.[1313]

1306 Vgl. Art. 10a Abs. 2 VO 773/2004.
1307 Vgl. Settlement-Mitteilung, Rn. 23; *T. Köster* (Fn. 1287), S. 577.
1308 Vgl. Art. 10a Abs. 3 VO 773/2004.
1309 *U. Soltész* (Fn. 1290), S. 2125; zum Übergang in das reguläre Verfahren bei Nichtvorlage von Vergleichsausführungen vgl. Settlement-Mitteilung, Rn. 19.
1310 Vgl. Settlement-Mitteiung, Rn. 27.
1311 Vgl. Settlement-Mitteilung, Rn. 22.
1312 Vgl. etwa *U. Soltész* (Fn. 1290), S. 2124; ausführlich zu Hybridverfahren etwa *A. Karst* (Fn. 1294), S. 192 ff.
1313 Vgl. *T. Köster* (Fn. 1287), S. 578 mit dem Hinweis, dass die Vergleichsbeschlüsse der Kommission bislang nur in wenigen Fällen gerichtlich angefochten wurden.

II. Einschränkungen der Transparenz im Settlement-Verfahren

Die Durchführung eines Settlement-Verfahrens durch die Kommission ist mit einigen Besonderheiten und Einschränkungen der Transparenz verbunden. Die wesentlichen transparenzrelevanten Merkmale eines Settlement-Verfahrens sollen nachfolgend zusammengefasst und untersucht werden.

1. Vertraulichkeit der Settlement-Gespräche

Settlement-Gespräche verlaufen jeweils bilateral zwischen der Kommission und den an einem Settlement interessierten Unternehmen.[1314] Der Inhalt der Settlement-Gespräche ist vertraulich. Die beteiligten Unternehmen dürfen nach der Settlement-Mitteilung Inhalte von Gesprächen oder Dokumenten, zu denen sie im Rahmen des Settlement-Verfahrens Zugang erlangt haben, Dritten nur mit Zustimmung der Kommission offenlegen.[1315] Verstößt ein Unternehmen gegen diesen Vertraulichkeitsgrundsatz, kann die Kommission dies zum Anlass nehmen, die Settlement-Gespräche zu beenden. Darüber hinaus erachtet die Kommission einen Verstoß als erschwerenden Umstand bei der Bußgeldbemessung, der auch zum Widerruf des Kronzeugenbonus führen kann.[1316]

Indem die Kommission den Informationsfluss während des Verlaufs des Settlement-Verfahrens gegenüber Dritten und der interessierten Öffentlichkeit unterbindet, schränkt sie die Transparenz in diesem Verfahrensstadium bewusst ein. Unter den Begriff der „Dritten" fallen zunächst nicht verfahrensbeteiligte Unternehmen sowie auch Pressevertreter.[1317] Diese Einschränkung erscheint etwa im Hinblick darauf, dass zu diesem Zeitpunkt ein Übergang in ein reguläres Kartellverfahren und somit die Einleitung weiterer Ermittlungsmaßnahmen nicht ausgeschlossen ist, nachvollziehbar.

Ein Offenlegungsverbot gegenüber anderen, im Rahmen des gleichen Settlement-Verfahrens an bilateralen Gesprächen mit der Kommission be-

---

1314 Vgl. Settlement-Mitteilung, Rn. 15.
1315 Vgl. Settlement-Mitteilung, Rn. 7; zur Vertraulichkeit der Gespräche *C. Appl/M. Winner*, Das kartellrechtliche Settlement zwischen Transparenz und Verfahrensökonomie, wbl 2014, S. 421 ff., S. 427.
1316 Vgl. Settlement-Mitteilung, Rn. 7; *U. Soltész* (Fn. 1290), S. 2125.
1317 Vgl. *C. Appl/M. Winner* (Fn. 1315), S. 427.

teiligten Unternehmen besteht dagegen grundsätzlich nicht.[1318] Dennoch dürfte es Zweck der Vertraulichkeit und insbesondere der bilateralen Durchführung der Settlement-Gespräche unter anderem sein, die einzelnen Unternehmen über das Verhalten anderer beteiligter Unternehmen in Unkenntnis zu lassen und auf diese Weise gegebenenfalls die Bereitschaft zu einem Eingeständnis des Kartellverstoßes zu erhöhen.[1319] Durch die letztlich verbleibende Unsicherheit wirkt die Kommission einer möglicherweise eingeschränkten Offenlegung des kartellrelevanten Sachverhalts durch die beteiligten Unternehmen entgegen, da diese keine sichere Kenntnis darüber erhalten, welche Informationen andere am Settlement-Verfahren beteiligte Unternehmen gegebenenfalls bereits offengelegt haben. Diese Einschränkung der Transparenz dient somit der Ermittlung einer möglichst richtigen und vollständigen Entscheidungsgrundlage im Rahmen der Settlement-Gespräche.[1320]

2. Offenlegung von Beweismitteln im Verlauf der Settlement-Gespräche

Die Offenlegung von Informationen und Beweismitteln während des Verlaufs der Settlement-Gespräche steht gem. Art. 10a Abs. 2 VO 773/2004, demzufolge die Kommission bestimmte Dokumente und Informationen offenlegen „kann", im Ermessen der Kommission.[1321] Nach der Settlement-Mitteilung behält sich die Kommission ein weites Ermessen hinsichtlich der Frage vor, wann sie den an einem Settlement interessierten Unternehmen Informationen, insbesondere relevante Beweismittel aus der Kommissionsakte, offenlegt.[1322] Sie ist jedoch ausdrücklich bestrebt, die betei-

---

1318 Vgl. *C. Appl/M. Winner* (Fn. 1315), S. 427 mit Verweis auf die Entstehungsgeschichte der Settlement-Mitteilung und Verweis auf nähere Erläuterungen hierzu bei *T. Brenner*, Das Vergleichsverfahren der Europäischen Kommission in Kartellfällen (2012), S. 82 ff. Dieser weist darauf hin, dass im ursprünglichen Entwurf der Settlement-Mitteilung ein Offenlegungsverbot gegenüber anderen Unternehmen und Dritten vorgesehen war, in der endgültigen Fassung jedoch nur noch Dritte ausdrücklich genannt sind.

1319 Vgl. *C. Appl/M. Winner* (Fn. 1315), S. 427 mit Verweis auf *U. Soltész* (Fn. 1290), S. 2125; siehe ausführlich hierzu auch *A. Karst* (Fn. 1294), S. 185 ff.

1320 Vgl. *A. Karst* (Fn. 1294), S. 191.

1321 Ein Rechtsanspruch der beteiligten Unternehmen auf Zugang zu den genannten Informationen zu Beginn oder während des Verlaufs der Settlement-Gespräche besteht damit nicht, vgl. *T. T. Hennig*, Settlements im europäischen Kartellverfahren (2010), S. 315.

1322 Vgl. Settlement-Mitteilung, Rn. 14.

ligten Unternehmen durch eine frühzeitige Offenlegung von Informationen im Rahmen der Gespräche nach Art. 10a Abs. 2 und Art. 15 Abs. 1a VO 773/2004 über die in Betracht gezogenen wesentlichen Elemente wie die behaupteten Tatsachen und deren Einstufung, die Schwere und Dauer des behaupteten Kartells, die Zurechnung der Haftbarkeit, die ungefähre Höhe der in Betracht kommenden Geldbußen sowie die für die Erstellung der Beschwerdepunkte herangezogenen Beweise in Kenntnis zu setzen, damit diese hierzu Stelung nehmen und ihre Entscheidung über die Teilnahme an einem Settlement in Kenntnis des Sachverhalts treffen können.[1323] Als maßgeblichen Anhaltspunkt für die aus Sicht der Kommission rechtzeitige Offenlegung der Informationen wird in der Settlement-Mitteilung lediglich der Fortschritt der Vergleichsgespräche genannt.[1324] Hierbei handelt es sich somit um ein sehr weit gefasstes Kriterium, welches der Kommission einen großen Spielraum bei der Beurteilung der Frage zubilligt, welche Informationen sie zu welchem Zeitpunkt freigibt.

Ein Anspruch auf Einsicht in die vollständige Kommissionakte besteht während des Verlaufs der Settlement-Gespräche nur eingeschränkt. Die beteiligten Unternehmen erhalten nur auf Antrag Einsicht in die nicht vertraulichen Fassungen in der Kommissionsakte enthaltener Unterlagen, sofern dies erforderlich ist, um ihre Position hinsichtlich eines Zeitraums oder anderer Gesichtspunkte des Kartells zu ermitteln.[1325]

Diese Einschränkungen erscheinen zunächst im Hinblick auf die Transparenz der Gesprächsführung und die Vorhersehbarkeit des Gesprächsverlaufs für die betroffenen Unternehmen bedenklich. Die Einräumung eines Anspruchs etwa auf Zugang zur vollständigen Verfahrensakte oder allen relevanten Informationen und Beweismitteln bereits zu Beginn der Gespräche ist im Hinblick auf die Transparenz dieses Verfahrensabschnitts jedoch mit dem Zweck des Settlement-Verfahrens, d.h. einer Vereinfachung und Verkürzung des Kartellverfahrens, abzuwägen. Zu berücksichtigen ist in diesem Zusammenhang zunächst, dass die Durchführung von Settlement-Gesprächen nur dann erfolgversprechend erscheint, wenn die beteiligten Unternehmen über die gegen sie erhobenen Beschwerdepunkte ausreichend unterrichtet und hierdurch in die Lage versetzt worden sind, auf dieser Basis ihr Interesse an der weiteren Durchführung eines Settlement-Verfahrens zuverlässig einschätzen können. Insofern dürfte im Hinblick auf das Interesse der Kommission an einer effektiven Verfahrensführung

---

1323 Vgl. Settlement-Mitteilung, Rn. 16.
1324 Vgl. Settlement-Mitteilung, Rn. 15, 16.
1325 Vgl. Settlement-Mitteilung, Rn. 16; Art. 10a Abs. 2 lit. c) VO 773/2004.

in der Regel eine frühzeitige Offenlegung zumindest der wesentlichen Eckpunkte des behaupteten Kartellverstoßes erfolgen.[1326] Zu bedenken ist auch, dass die Gewährung vollständiger Akteneinsicht zwischen den Gesprächsrunden voraussichtlich zu nicht unerheblichen Verfahrensverzögerungen führen würde.[1327]

In der Praxis erhalten beteiligten Unternehmen dementsprechend grundsätzlich nach der ersten Gesprächsrunde Einsicht in die zentralen Beweisdokumente, so dass sie ihre Position einschätzen und zu potenziellen Beschwerdepunkten Stellung nehmen können.[1328] Auf diese Weise können sie sich auch auf die zweite Runde der Settlement-Gespräche, in welcher sie insbesondere auch Argumente zu ihrer Verteidigung vorbringen können, entsprechend vorbereiten.[1329] Darüber hnaus besitzen die beteiligten Unternehmen gemäß Art. 10a Abs. 2 S. 3 VO 773/2004 einen Anspruch darauf, dass ihnen die in Art. 10a Abs. 2 aufgeführten Informationen rechtzeitig vorgelegt werden, bevor die Kommission sie auffordert, binnen einer bestimmten Frist Vergleichsausführungen vorzulegen.[1330]

Der Zugang zu Informationen aus den Verfahrensakten der Kommission ist damit im Rahmen des Settlement-Verfahrens zwar im Ergebnis zumeist auf die wesentlichen Beweismittel beschränkt,[1331] die beteiligten Unternehmen erhalten jedoch jedenfalls vor dem entscheidenden Zeitpunkt des Vergleichsverfahrens, der Abgabe verbindlicher Vergleichsausführungen,[1332] Zugang zu allen wesentlichen Informationen.[1333] Darüber hinaus steht es den beteiligten Unternehmen bis zur Abgabe ihrer Vergleichsausführungen jederzeit frei, von der weiteren Teilnahme an Settlement-Gesprächen Abstand zu nehmen. Entscheiden sich die beteiligten Unternehmen etwa dafür, keine Vergleichsausführungen vorzulegen, erfolgt ein Übergang in ein reguläres Kartellverfahren mit der Folge, dass die beteiligten Unternehmen ihr Recht auf Akteneinsicht gemäß den kartellverfah-

---

1326 Vgl. *T. T. Hennig* (Fn. 1321), S. 316; Settlement-Mitteilung, Rn. 16.

1327 In der Praxis beschränken sich die beteiligten Unternehmen in der Regel auf die von der Kommission zur Verfügung gestellten Informationen; nur in wenigen Fällen wurden Anträge auf Einsicht in weitere Dokumente gestellt, vgl. *T. Köster* (Fn. 1287), S. 578.

1328 Vgl. *U. Soltész* (Fn. 1290), S. 2124; *T. Köster* (Fn. 1287), S. 576.

1329 Vgl. *A. Karst* (Fn. 1294), S. 234.

1330 Vgl. auch Settlement-Mitteilung, Rn. 17.

1331 Vgl. *T. Köster* (Fn. 1287), S. 578.

1332 Vgl. Settlement-Mitteilung, Rn. 27, wonach Vergleichsausführungen von den Parteien, die sie vorgelegt haben, nicht einseitig zurückgenommen werden können.

1333 Vgl. *A. Karst* (Fn. 1294), S. 231.

rensrechtlichen Regelungen vollumfänglich wahrnehmen können.[1334] Vor diesem Hintergrund erscheinen die oben beschriebenen Einschränkungen zum Zweck einer Vereinfachung und Beschleunigung des Verfahrens hinnehmbar.

3. Recht auf Anhörung und Akteneinsicht nach Zugang der Mitteilung der Beschwerdepunkte

Die Kommission versendet auch im Rahmen eines Settlement-Verfahrens zur Wahrung des Rechts auf rechtliches Gehör eine Mitteilung der Beschwerdepunkte,[1335] zu welcher die betroffenen Unternehmen Stellung nehmen können. Die Settlement-Mitteilung bestimmt hierzu ausdrücklich, dass die Kommission die beteiligten Unternehmen vor Erlass einer endgültigen Entscheidung zu den erhobenen Beschwerdepunkten und den herangezogenen Beweismitteln anhören und ihre Auffassungen berücksichtigen sollte, um eine wirksame Ausübung der Verteidigungsrechte zu gewährleisten.[1336] Zu berücksichtigen ist in diesem Zusammenhang jedoch, dass die von der Kommission versandte Mitteilung der Beschwerdepunkte in der Regel auf den Ergebnissen der Settlement-Gespräche und den schriftlichen Vergleichsausführungen der beteiligten Unternehmen beruht, welche im Rahmen der Gespräche mit der Kommission weitgehend abgestimmt werden.[1337] Die Beschwerdepunkte sind zudem gegenüber dem regulären Kartellverfahren deutlich kürzer gefasst.[1338]

Im Hinblick auf die Möglichkeit der Wahrnehmung der Ansprüche auf rechtliches Gehör und Akteneinsicht im Nachgang zur Mitteilung der Beschwerdepunkte ist im Rahmen des Settlement-Verfahrens danach zu differenzieren, ob die von der Kommission versandte Mitteilung der Beschwerdepunkte von den Vergleichsausführungen der beteiligten Unternehmen abweicht oder diese wiedergibt. Stimmen Mitteilung der Beschwerdepunkte und Vergleichsausführungen überein, erfolgt keine aus-

---

1334 Vgl. Settlement-Mitteilung, Rn. 19; *T. T. Hennig* (Fn. 1321), S. 317. Wurden die Vergleichsgespräche mit einer Partei oder mehreren Parteien eingestellt, so erhalten die betreffenden Parteien nach Art. 15 Abs. 1a S. 3 VO 773/2004 Akteneinsicht, wenn eine Mitteilung der Beschwerdepunkte an sie gerichtet worden ist.

1335 Vgl. Settlement-Mitteilung, Rn. 23.

1336 Vgl. Settlement-Mitteilung, Rn. 24.

1337 Vgl. *U. Soltész* (Fn. 1290), S. 2125.

1338 Vgl. *U. Soltész* (Fn. 1290), S. 2126.

führliche Stellungnahme der beteiligten Unternehmen hierauf. Die Unternehmen bestätigen diese Übereinstimmung lediglich im Rahmens eines kurzen Schreibens,[1339] in welchem sie sich auch verpflichten, das Settlement-Verfahren weiter zu befolgen.[1340]

Im Falle einer Übereinstimmung können die beteiligten Unternehmen keinen Antrag auf Anhörung oder Akteneinsicht mehr stellen.[1341] Hierauf haben sie zuvor bei Vorlage ihrer Vergleichsausführungen verzichtet[1342] und erklärt, dass sie bei Wiedergabe der Vergleichsausführungen in der Mitteilung der Beschwerdepunkte nicht beabsichtigen, ihre Argumente in einer erneuten mündlichen Anhörung vorzutragen[1343] und einen Antrag auf Akteneinsicht nach Art. 15 Abs. 1 VO 773/2004 zu stellen.[1344] Weicht die Kommission in der Mitteilung der Beschwerdepunkte dagegen von den vorgelegten Vergleichsausführungen ab, erfolgt ein Übergang in das reguläre Kartellverfahren, so dass den beteiligten Unternehmen ihre Rechte auf Anhörung und Akteneinsicht wieder in vollem Umfang zustehen.[1345]

Festzuhalten ist insofern, dass den betroffenen Unternehmen im Falle einer Übereinstimmung der Mitteilung der Beschwerdepunkte mit den Vergleichsausführungen kein Recht auf Akteneinsicht oder eine mündliche Anhörung vor dem Anhörungsbeauftragten zusteht. Diese Einschränkungen, die Rahmen des Settlement-Verfahrens im Hinblick auf die Transparenz gelten, sollen aus Sicht der Kommission der Beschleunigung und Verkürzung des Verfahrens dienen.[1346] Der Verzicht auf diese Rechte ist

---

1339 Vgl. Art. 10a Abs. 3 S. 1 VO 773/2004.

1340 Vgl. *U. Soltész* (Fn. 1290), S. 2126.

1341 Vgl. Settlement-Mitteilung, Rn. 28.

1342 Vgl. ausführlich hierzu *E. Bueren* (Fn. 283), S. 744 ff.

1343 Auch wenn in diesem Fall keine mündliche Anhörung vor dem Anhörungsbeauftragten erfolgt, können sich die betroffenen Unternehmen jederzeit zur Klärung von Fragen zur ordnungsgemäßen Verfahrensführung und zur Wahrung ihrer Verteidigungsrechte an den Anhörungsbeauftragten wenden, vgl. Settlement-Mitteilung, Rn. 18. Nach *U. Soltész* (Fn. 1290), S. 2124, ist ein Mitarbeiter des Anhörungsbeauftragen in der Praxis bei den Settlement-Gesprächen anwesend. Vgl. hierzu auch *T. Köster* (Fn. 1287), S. 578, der darauf hinweist, dass die beteiligten Unternehmen von ihrem Recht, den Anhörungsbeauftragten anzurufen, in der Praxis bislang keinen Gebrauch gemacht haben.

1344 Vgl. Art. 12 Abs. 2 und Art. 15 Abs. 1a S. 2 VO 773/2004; Settlement-Mitteilung, Rn. 20.

1345 Vgl. *T. T. Hennig* (Fn. 1321), S. 324 f.

1346 Vgl. *B. J. Georgii*, Formen der Kooperation in der öffentlichen Kartellrechtsdurchsetzung im europäischen, deutschen und englischen Recht (2013), S. 158.

vor diesem Hintergrund auch nicht mit einem wesentlichen Einschnitt für die beteiligten Unternehmen verbunden. Sie sind nur dann an ihre Vergleichsausführungen und den Verzicht auf ihre Verfahrensrechte gebunden, wenn die Kommission nicht von den von ihnen vorgelegten Vergleichsausführungen abweicht.[1347] Entsprechen die Beschwerdepunkte den hiermit verbindlich gewordenen Vergleichsausführungen, ist letztlich nicht ersichtlich, welchen Mehrwert eine nachfolgende Anhörung oder Akteneinsicht mit sich brächte. Beim Übergang in ein reguläres Kartellverfahren stehen ihnen dagegen die gleichen Rechte zu, über die sie ohne die zwischenzweitliche Einleitung des Settlement-Verfahrens verfügt hätten.

4. Informationszugang aus Sicht der Beschwerdeführer

Beschwerdeführer werden im Rahmen eines Settlement-Verfahrens von der Kommission lediglich über die Art und den Gegenstand des Verfahrens unterrichtet.[1348] Hierzu können Beschwerdeführer zwar Stellung nehmen, anders als im regulären Kartellverfahren übersendet die ihnen jedoch nach Art. 6 Abs. 1 S. 1 VO 773/2004 keine nicht-vertrauliche Fassung der Mitteilung der Beschwerdepunkte. Insofern ist die Transparenz aus der Perspektive der Beschwerdeführer im Rahmen des Settlement-Verfahrens eingeschränkt.[1349]

Die Kommission betont zwar, dass Beschwerdeführer auch bei der Durchführung eines Settlement-Verfahrens eng einbezogen werden sollen. Allerdings ist die Übermittlung einer nicht vertraulichen Fassung der Mitteilung der Beschwerdepunkte nach Auffassung der Kommission in einem Settlement-Verfahren nicht zweckdienlich, da sie es den Beschwerdeführern nicht ermögliche, mit der Kommission zusammenzuarbeiten, und zudem die beteiligten Unternehmen von einer Zusammenarbeit mit der Kommission abhalten könne.[1350]

Da die Mitteilung der Beschwerdepunkte aufgrund der Besonderheiten des Settlement-Verfahrens in der Regel die Vergleichsausführungen der be-

---

1347 Vgl. *T. T. Hennig* (Fn. 1321), S. 324 f.

1348 Vgl. Art. 6 Abs. 1 S. 1 VO 773/2004.

1349 Darüber hinaus erhalten eschwerdeführer auch kein Recht auf Einsicht in die Vergleichsausführungen der beteiligten Unternehmen, vgl. Settlement-Mitteilung, Rn. 35.

1350 Vgl. VO (EG) Nr. 622/2008, Erwägungsgrund 5. Vgl. umfassend zur Rechtsstellung von Beschwerdeführern im Settlement-Verfahren *A. Karst* (Fn. 1294), S. 298 ff.

teiligten Unternehmen wiedergibt, steht die Position der Kommission zu diesem Zeitpunkt zumeist bereits fest. Eine Änderung dieser Position aufgrund der Stellungnahme eines Beschwerdeführers erscheint insofern unwahrscheinlich.[1351] Darüber hinaus würden Beschwerdeführer durch Erhalt einer Mitteilung der Beschwerdepunkte frühzeitig und bereits vor Erlass der abschließenden Entscheidung Kenntnis davon erhalten, welche Kartellverstöße ein Unternehmen vor der Kommission eingeräumt hat. Die Befürchtung der Kommission, dass eine Bekanntgabe der Mitteilung der Beschwerdepunkte an die Beschwerdeführer gerade vor dem Hintergrund, dass diese auf dem Eingeständnis einer Kartellbeteiligung beruht, Unternehmen von der Teilnahme an einem Kartellverfahren abhalten könnte, ist daher nicht von der Hand zu weisen.

Insofern erscheint es zur Wahrung der Attraktivität des Settlement-Verfahrens erforderlich, die Rechte von Beschwerdeführern insoweit zu beschränken, als es ihnen durch eine hinreichende Unterrichtung zwar ermöglicht wird, zu dem Verfahren Stellung zu nehmen, nicht jedoch, bereits umfassend durch Erhalt einer Mitteilung der Beschwerdepunkte über den konkreten Umfang des Kartellverstoßes informiert zu werden.[1352]

III. Zwischenergebnis

Die Ausgestaltung des Settlement-Verfahrens ist geprägt von der Zielsetzung der Vekürzung und Vereinfachung des Verfahrens für in der Praxis hierfür geeignete Fälle. Das Settlement-Verfahren dient vor allem dem Zweck der Entlastung der Kommission und wird durch eine pragmatische Vorgehensweise und damit verbundenen Einschränkungen der Transparenz charakterisiert.

Die Vertraulichkeit der Settlement-Gespräche bewirkt neben einem Schutz gegen das frühzeitige Bekanntwerden verfahrensbezogener Informationen in der Öffentlichkeit auch eine Stärkung der Verfahrensposition der Kommission. Sie lässt sich unter dem Blickwinkel eines Schutzes potentieller weiterer Ermittlungen, einer möglichst umfassenden Aufklärung des kartellrelevanten Sachverhalts und somit einer umfänglichen Abstellung des verfahrensgegenständlichen Kartellverstoßes rechtfertigen.

Im Rahmen eines Settlement-Verfahrens gelten darüber hinaus einige Besonderheiten, die vorrangig der Verfahrensbeschleunigung dienen. Dies

---

1351 Vgl. *A. Karst* (Fn. 1294), S. 301 f.
1352 Vgl. hierzu *A. Karst* (Fn. 1294), S. 302 ff.

trifft insbesondere auf den eingeschränkten Zugang zu den der Kommission vorliegenden Informationen in der Verfahrensakte sowie auf das Entfallen einer mündlichen Anhörung vor dem Anhörungsbeauftragten zu. Zusammenfassend lässt sich hierzu festhalten, dass die Rechte der beteiligten Unternehmen im Settlement-Verfahren im Verhältnis zu den in einem regulären Kartellverfahren gewährleisteten Verfahrensrechten nicht unwesentlich eingeschränkt sind. Dieser Befund wird jedoch dadurch zumindest abgemildert, dass die beteiligten Unternehmen neben der Aussicht auf eine Reduzierung der zu erwartenden Geldbuße einen Anspruch auf rechtzeitigen Zugang zu allen relevanten Beweismitteln besitzen und das Settlement-Verfahren ihnen auch die Möglichkeit einer ausführlichen Kommunikation mit den zuständigen Kommissionsbeamten im Rahmen der Vergleichsgespräche bietet. Darüber hinaus besitzen die beteiligten Unternehmen zur Absicherung ihrer Verfahrensposition das Recht, sich vor Abgabe ihrer Vergleichsausführungen jederzeit für die Rückkehr in ein reguläres Kartellverfahren zu entscheiden, zumal bereits die Teilnahme an einem Settlement-Verfahren freiwillig erfolgt.

Im Ergebnis sind diese Einschränkungen daher im Hinblick darauf, dass eine zügige Aufklärung des Kartellverstoßes sowie ein beschleunigter Verfahrensabschluss die Durchsetzung des europäischen Kartellrechts fördert, hinzunehmen.

H. Transparenz durch Dokumentenzugang nach der VO 1049/2001

Ein wesentlicher Aspekt der Transparenz der Europäischen Union ist das Recht der Öffentlichkeit auf Zugang zu Dokumenten der Gemeinschaftsorgane. Die sekundärrechtliche Grundlage hierzu bildet die Verordnung (EG) Nr. 1049/2001 über den Zugang der Öffentlichkeit zu Dokumenten des Europäischen Parlamentes, des Rates und der Kommission (im Folgenden: „VO 1049/2001" oder „Transparenzverordnung").[1353] Diese gewährt – vorbehaltlich bestimmter Ausnahmen – allen Unionsbürgern ein allgemeines Recht auf Dokumentenzugang.

In kartellverfahrensrechtlicher Hinsicht stellte sich dabei insbesondere die Frage, ob außenstehende Dritte sich auf das allgemeine Dokumenten-

---

[1353] Verordnung (EG) Nr. 1049/2001 des Europäischen Parlamentes und des Rates vom 30.05.2001 über den Zugang der Öffentlichkeit zu Dokumenten des Europäischen Parlamentes, des Rates und der Kommission, ABl. (EG) Nr. L 145 vom 31.05.2013, S. 43 ff.

zugangsrecht der VO 1049/2001 berufen können, um Einblick in die im Laufe eines Kartellverfahrens angelegten Verfahrensakten der Kommission zu erhalten. Parallel hierzu entwickelte sich eine ähnliche Diskussion in Bezug auf die Möglichkeit eines Zugangs zu Verfahrensakten nationaler Kartellbehörden. Im nationalen Kontext wurde dabei die Frage aufgeworfen, ob die Wertungen des europäischen Kartellrechts die nationalen Wettbewerbsbehörden – wenn auch unter Rückgriff auf nationales Verfahrensrecht und nicht auf die VO 1049/2001 – dazu verpflichten, zuvor nicht am Verfahren beteiligten Dritten einen Anspruch auf Zugang zu ihren Verfahrensakten zuzuerkennen.

Fragen rund um die Zugangsmöglichkeiten zu den Verfahrensakten der Kommission und derjenigen nationaler Kartellbehörden wurden in den vergangenen Jahren, oft ausdrücklich unter dem Stichwort „Transparenz", kontrovers diskutiert.[1354] Im Folgenden soll die Entwicklung dieser Diskussion sowie die aktuelle Rechtslage nachgezeichnet und in einem Überblick über hierzu ergangene Urteile untersucht werden, inwiefern die Eröffnung von Zugangsmöglichkeiten zu den Verfahrensakten der Kommission zur Transparenz des europäischen Kartellverfahrens beizutragen vermag.

I. Recht auf Dokumentenzugang

Grundsätzlich besitzen alle Unionsbürger sowie alle natürlichen und juristischen Personen mit Wohnsitz bzw. satzungsgemäßem Sitz in einem Mitgliedstaat ein Recht auf Zugang zu den Dokumenten der Organe, Einrichtungen und sonstigen Stellen der Europäischen Union. Dieses Recht ist in Art. 15 Abs. 3 AEUV primärrechtlich verankert und als Bürgerrecht in

---

1354 Siehe etwa *O. Brouwer/D. Mes*, The tide of transparency has reached antitrust shores: the use of regulation 1049/2001 in EU antitrust (related) proceedings, in: Baudenbacher/Coulon/Gulmann/Lenaerts/Barbier de la Serre, Eric (Hrsg.), Liber Amicorum en l'honneur de/ in honour of Bo Vesterdorf (2007), 451; *G. Goddin*, The Pfleiderer Judgment on Transparency: The National Sequel of the Access to Documents Saga, Journal of European Competition Law & Practice 2012, S. 40 ff.; *O. Speltdoorn*, *The* Technische Glaswerke Ilmenau *Ruling: A Step Backwards for Transparency in EU Competition Cases?*, in: Cardonnel/Rosas/ Wahl (Hrsg.), Constitutionalising the EU judicial System: Essays in Honour of Pernilla Lindh (2012), 439; *E. Wagner/M. Le Bell*, Transparency rules: primacy of effective leniency and settlement programmes over private antitrust enforcement in the European Union?, G.C.L.R. 2010, S. 124 ff.

Art. 42 Grundrechte-Charta grundrechtlich verbürgt. Beide Bestimmungen konkretisieren das Transparenzpostulat des Art. 1 Abs. 2 EUV, nach dem alle Entscheidungen in der EU *„möglichst offen und möglichst bürgernah getroffen werden."*[1355] Durch die Einführung eines Rechts auf Dokumentenzugang soll der demokratische Charakter der Organe der Europäischen Union betont, die Legitimität der Europäischen Union durch eine größere Partizipation der Bürger erhöht und das Vertrauen der Öffentlichkeit in ihre administrative Tätigkeit gestärkt werden.[1356]

Das Recht auf Dokumentenzugang wird durch die auf Grundlage des Art. 15 Abs. 3 AEUV erlassene VO 1049/2001 sekundärrechtlich konkretisiert.[1357] Die VO 1049/2001 soll dem Recht auf Zugang der Öffentlichkeit zu Dokumenten größtmögliche Wirksamkeit verschaffen.[1358] Zweck der VO 1049/2001 ist daher, die Grundsätze und Bedingungen sowie die aufgrund öffentlicher oder privater Interessen geltenden Einschränkungen für die Ausübung des Rechts auf Dokumentenzugang so festzulegen, dass ein möglichst umfassender Dokumentenzugang gewährleistet ist. Darüber hinaus soll die VO 1049/2001 Regeln zur Sicherstellung einer einfachen Ausübung dieses Rechts aufstellen und eine gute Verwaltungspraxis im Hinblick auf den Zugang zu Dokumenten fördern.[1359]

Art. 2 Abs. 1 VO 1049/2001 gewährleistet in Umsetzung des Art. 15 Abs. 3 AEUV einen voraussetzungslosen, nicht an das Bestehen von rechtlichen oder sonstigen Interessen geknüpften, subjektiv-rechtlichen Anspruch auf Dokumentenzugang.[1360] Der Antragsteller ist daher nach Art. 6

1355 Vgl. *B. Wägenbaur*, Der Zugang zu EU-Dokumenten - Transparenz zum Anfassen, EuZW 2001, S. 680 ff., S. 680.

1356 Vgl. *C. J. Partsch*, Die neue Transparenzverordnung (EG) Nr. 1049/2001, NJW 2001, S. 3154 ff., 3155.

1357 Die Bestimmungen des Primärrechts sind nicht unmittelbar anwendbar, so dass sich EU-Bürger nicht auf diese allein zur Begründung ihres Anspruchs auf Dokumentenzugang berufen können. Dies hatte das EuG bereits zur Vorgängerregelung in Art. 255 EG entschieden und darauf hingewiesen, dass die Durchführung des Dokumentenzugangs nach Art. 155 EG vom Erlass weiterer Maßnahmen abhänge, vgl. *EuG*, Urteil vom 11.12.2001, Rs. T- 191/99 – *Petrie*, Rn. 34 f. Zur Entstehungsgeschichte der VO 1049/2001 vgl. *B. Hofstötter*, Art. 15 AEUV, in: von der Groeben/Schwarze/Hatje (Hrsg.), Europäisches Unionsrecht: Vertrag über die Europäische Union, Vertrag über die Arbeitsweise der Europäischen Union, Charta der Grundrechte der Europäischen Union (2015), Rn. 18 ff.

1358 Vgl. Erwägungsgrund 4 der VO 1049/2001.

1359 Vgl. Art. 1 lit. a), b) und c) VO 1049/2001.

1360 Vgl. *C. Nowak* (Fn. 85), S. 278; zu Art. 15 Abs. 3 AEUV vgl. *B. Hofstötter* (Fn. 1357), Rn. 23.

Abs. 1 S. 2 VO 1049/2001 nicht dazu verpflichtet, Gründe für seinen Antrag oder ein berechtigtes Interesse für den Zugang zu den konkreten Dokumenten anzugeben.

Zum Schutz legitimer privater und öffentlicher Geheimhaltungsinteressen wird der Anspruch auf Dokumentenzugang durch die in Art. 4 Abs. 1 bis 3 VO 1049/2001 normierten Ablehnungsgründe eingeschränkt. Art. 4 Abs. 1 lit. a) und b) VO 1049/2001 enthält sogenannte absolute Zugangsverweigerungsgründe, bei deren Vorliegen die Gemeinschaftsorgane zwingend den Zugang zu den jeweiligen Dokumenten zu versagen haben. Verweigert wird danach der Zugang zu allen Dokumenten, durch deren Verbreitung der Schutz der öffentlichen Sicherheit, der Verteidigung, militärischer Belange, der internationaler Beziehungen, der Finanz-, Währungs- oder Wirtschaftspolitik oder der Schutz der Privatsphäre und Integrität des Einzelnen beeinträchtigt würde.

In Bezug auf die Verweigerung des Zugangs zu den Akten eines Kartellverfahrens sind insbesondere die relativen Verweigerungsgründe des Art. 4 Abs. 2 und 3 VO 1049/2001 von Bedeutung.[1361] Zu Dokumenten, die in den Anwendungsbereich eines relativen Verweigerungsgrundes fallen, müssen die Gemeinschaftsorgane trotz Vorliegens eines Ablehnungsgrundes dann Zugang gewähren, wenn ein überwiegendes öffentliches Interesse an ihrer Verbreitung besteht. Erfasst sind hiervon insbesondere Dokumente, deren Verbreitung den Schutz geschäftlicher Interessen natürlicher oder juristischer Personen, den Schutz von Gerichtsverfahren, den Schutz von Inspektions- und Untersuchungstätigkeiten oder den Schutz von Dokumenten, die die Gemeinschaftsorgane zum internen Gebrauch erstellt haben, beeinträchtigen würde.

Nach der Systematik der VO 1049/2001 ist der Dokumentenzugang dem Antragsteller gemäß Art. 2 Abs. 1 VO 1049/2001 somit grundsätzlich zu gewähren. Bei den in Art. 4 VO 1049/2001 festgelegten Zugangsverweigerungsgründen handelt es sich lediglich um Ausnahmeregelungen,[1362] die nach ständiger Rechtsprechung der Gemeinschaftsgerichte eng auszulegen sind.[1363]

1361 Vgl. hierzu M. *Kellerbauer*, Zugang zur Ermittlungsakte in Verfahren nach den Artt. 101, 102 AEUV und der EU-Fusionskontrollverordnung: Wettbewerbsrecht vs. Transparenzverordnung, WuW 2011, S. 688 ff., S. 692.

1362 Vgl. C. *Nowak* (Fn. 85), S. 278.

1363 Vgl. u.a. EuGH, Urteil vom 18.12.2007, Rs. C-64/05 P – *Schweden/Kommission*, Rn. 66; *EuGH*, Urteil vom 01.07.2008, verb. Rs. C-39/05 P und C-52/05 P – *Turco*, Rn. 36; *EuG*, Urteil vom 06.07.2006, verb. Rs. T-391/03 und T-70/04 - *Franchet und Byk*, Rn. 84.

II. Möglichkeit und Grenzen des Zugangs zur Verfahrensakte

In der Praxis wurde die Frage, inwiefern unter Berufung auf die VO 1049/2001 ein Zugang zu den in den Verfahrensakten der Kommission enthaltenen Dokumenten möglich ist, vielfach diskutiert. Im Folgenden wird die Entwicklung dieser Diskussion dargestellt und untersucht, welche Implikationen sich hieraus auf die Transparenz des Kartellverfahrens ergeben. Anschließend soll in einem kurzen Überblick der parallelen Fragestellung nach einer Einsicht in die Akten nationaler Kartellbehörden nachgegangen und ein Überblick über die aktuelle Rechtslage gegeben werden.

1. Problemaufriss: Dokumentenzugang zur Vorbereitung von Schadensersatzklagen

Die Frage nach der Transparenz des Kartellverfahrens durch Zugang zu den Akten der Kommission oder den Akten einer nationalen Wettbewerbsbehörde, insbesondere nach Erlass eines Bußgeldbescheides, hängt eng mit der wachsenden Bedeutung privater Schadensersatzklagen zusammen. Nach den Leitentscheidungen des EuGH in Sachen *Courage/Crehan*[1364] und *Manfredi*[1365] kann jedermann – im Rahmen der hierzu im nationalen Recht vorgesehenen Verfahrensregelungen[1366] – die Nichtigkeit eines nach Art. 101 AEUV verbotenen Verhaltens geltend machen und Ersatz des ihm entstandenen Schadens verlangen. Voraussetzung ist jedoch, dass es dem Kläger gelingt nachzuweisen, dass zwischen dem ihm entstandenen Schaden und der Kartellbildung ein ursächlicher Zusammenhang besteht.[1367]

Private Klagen geschädigter Unternehmen auf Ersatz der durch das kartellrechtswidrige Verhalten verursachten Schäden gewinnen in der kartellrechtlichen Diskussion und Praxis bereits seit einiger Zeit immer stärker an Gewicht.[1368] Zumeist handelt es sich dabei um sog. *follow on* -Kla-

---

1364 *EuGH*, Urteil vom 20.09.2001, Rs. C-453/99 – *Courage/Crehan*.

1365 *EuGH*, Urteil vom 13.07.2006, verb. Rs. C-295/04 bis 298/04 – *Manfredi*.

1366 In Deutschland steht hierfür der Zivilrechtsweg vor den ordentlichen Gerichten offen.

1367 Vgl. *EuGH*, Urteil vom 13.07.2006, verb. Rs. C-295/04 bis 298/04 – *Manfredi*, Rn. 63 f.

1368 Vgl. *C. Seitz*, Public over Private Enforcement of Competition Law? Zugleich Besprechung von AG Bonn, Beschluss vom 18.01.2012 - 51 Gs 53/09 - Pfleide-

gen,[1369] in deren Rahmen Unternehmen, die von wettbewerbswidrigen Verhaltensweisen etwa als Wettbewerber, Kunden oder Lieferanten betroffen sind, im Anschluss an ein von der Kommission oder einer nationalen Wettbewerbsbehörde abgeschlossenes Kartellverfahren und unter Berufung auf die in der Entscheidung festgestellten wettbewerbswidrigen Verhaltensweisen ihre Schadensersatzansprüche gegenüber den Entscheidungsadressaten gerichtlich geltend machen.[1370]

In der Praxis stehen Unternehmen oder Verbände, die die Erfolgsaussichten einer Klage gegen einen oder mehrere Kartellteilnehmer prüfen, hierbei jedoch häufig vor erheblichen Schwierigkeiten. Da sie die Beweislast für das Vorliegen der anspruchsbegründenden Tatsachen tragen,[1371] sind sie auf hinreichend konkrete und belastbare Informationen zu den

---

rer: Ist die Frage der Akteneinsicht in Kronzeugenunterlagen zur Vorbereitung von Kartellschadensersatzklagen nun gelöst?, GruR-RR 2012, S. 137 ff., S. 139; *T. Makatsch/A. S. Mir*, Die neue EU-Richtlinie zu Kartellschadensersatzklagen – Angst vor der eigenen „Courage"?, EuZW 2015, S. 7 ff., S. 7.

1369 Sog. *stand alone*-Klagen, mit denen Kläger Schadensersatz ohne Rückgriff auf die Feststellungen eines zuvor durchgeführten behördlichen Kartellverfahrens Schadensersatz begehren, sind in der Praxis aufgrund der hiermit verbundenen Beweisschwierigkeiten derzeit praktisch nicht denkbar, vgl. *T. Kapp*, Abschaffung des Private Enforcement bei Hardcore-Kartellen, in: Bechtold/Jickeli/Rohe (Hrsg.), Recht, Ordnung und Wettbewerb: Festschrift zum 70. Geburtstag von Wernhard Möschel (2011), S. 325; *C. Palzer/D. Preisendanz*, Drum prüfe, wer sich offenbare... - EuGH "Pfleiderer": Akteneinsicht im Kartellrecht - Anmerkung zu EuGH, 14.6.2011 - Rs. C-360/09, EWS 2011, 389, EWS 2011, S. 365 ff., S. 366.

1370 Die Geltendmachung von Schadensersatzansprüchen im Rahmen von *follow-on* Klagen wird beispielsweise im deutschen GWB durch den Gesetzgeber erleichtert. Schadensersatzkläger können sich vor Gericht auf die Bindungswirkung des § 33 Abs. 4 S. 1 GWB berufen, nach der das Gericht an die Feststellung des Kartellrechtsverstoßes gebunden ist, wie sie in einer bestandskräftigen Entscheidung der Europäischen Kommission, des Bundeskartellamtes oder einer anderen europäischen Wettbewerbsbehörde getroffen wurde.

1371 Nach Art. 2 S. 1 VO 1/2003 obliegt die Beweislast für eine Zuwiderhandlung gegen die Regeln des europäischen Kartellrechts in allen einzelstaatlichen und gemeinschaftlichen Verfahren zur Anwendung des europäischen Kartellrechts der Partei oder Behörde, die diesen Vorwurf erhebt. Art. 2 S. 1 VO 1/2003, der somit auch in nationalen Zivilprozessen Anwendung findet, bestätigt damit die in allen Mitgliedstaaten geltende Regel, nach der jede Partei die Beweislast für die ihr günstigen Tatsachen trägt, vgl. *M. Sura*, Art. 2 VO 1/2003, in: Langen/Bunte (Hrsg.), Kartellrecht, Band 2, Europäisches Kartellrecht (2018), Rn. 1 und 9; *S. Milde*, Schutz des Kronzeugen im Spannungsfeld von behördlicher Kartellrechtsdurchsetzung und privaten Schadensersatzklagen: Untersuchung unter besonderer Berücksichtigung vorprozessualer Dokumentenzu-

Einzelheiten der kartellrechtswidrigen Absprachen angewiesen, um ihre Ansprüche vor Gericht substantiiert belegen zu können.[1372] Besondere Schwierigkeiten sind zumeist mit dem Nachweis des durch die Kartellabsprachen verursachten Schadens verbunden.[1373] Der Großteil der für die Substantiierung einer Klage notwendigen Informationen befindet sich in der Sphäre des Kartellteilnehmers oder der ermittelnden Wettbewerbsbehörde.[1374] Insbesondere bei der Geltendmachung von Schadensersatzansprüchen im Nachgang zu sog. *„hard core"*-Kartellverstößen erweist sich der Zugang zu den erforderlichen Informationen als schwierig, da die kartellrechtswidrigen Absprachen im Geheimen getroffen werden und somit eine *„strukturelle Informationsasymmetrie"*[1375] zwischen den Kartellteilnehmern und geschädigten Außenstehenden besteht.[1376] Potentielle Schadensersatzkläger sind deshalb häufig darauf angewiesen, durch Einblick in die Verfahrensakten an zusätzliche Informationen zu gelangen.[1377]

Die spezifischen Regelungen des europäischen Kartellverfahrensrechts sehen für eine solche Einsichtnahme jedoch nur sehr eingeschränkte Möglichkeiten vor. Nach Art. 27 Abs. 2 S. 2 VO 1/2003 und Art. 15 Abs. 1 VO 773/2004 steht lediglich den Adressaten einer Mitteilung der Beschwerdepunkte ein Recht auf Einsicht in die Akten der Kommission zu. Selbst Beschwerdeführer können nach Art. 8 S. 1 VO 773/2004 Akteneinsicht nur in

---

gangs- und Akteneinsichtsrechte Dritter auf europäischer und deutscher Ebene (2013), S. 61.

1372 Dies gilt unabhängig vom Eingreifen der Bindungswirkung des § 33 Abs. 4 S. 1 GWB, denn von dieser wird nur der Tatbestand des Kartellverstoßes erfasst, nicht jedoch die Höhe des erlittenen Schadens oder die Schadenskausalität, vgl. *R. Bechtold/W. Bosch*, GWB9 (2018), § 33 GWB, Rn. 46. Diese unterliegen damit weiterhin der freien Würdigung durch die Gerichte, vgl. *J. Bornkamm/J. Tolkmitt*, § 33b GWB, in: Langen/Bunte (Hrsg.), Kartellrecht, Band 1, Deutsches Kartellrecht (2018), Rn. 13.

1373 Vgl. *C. Seitz* (Fn. 1368), S. 149; *T. Kapp* (Fn. 1369), S. 322; *J. Busch/K. Sellin*, Vertrauen in die Vertraulichkeit - Kronzeugenverfahren in Europa auf der Probe, BB 2012, S. 1167 ff., S. 1170, die dies jedoch unter Hinweis auf die Möglichkeit einer Schadensschätzung nach § 287 ZPO zumindest in Bezug auf das deutsche Prozessrecht einschränken.

1374 Vgl. *S. Milde* (Fn. 1371), S. 67.

1375 Vgl. *Europäische Kommission*, Weißbuch „Schadensersatzklagen wegen Verletzung EG-Wettbewerbsrechts" vom 02.04.2008, S. 5, Ziffer 2.2., KOM(2008) 165 endgültig, abrufbar unter: http://ec.europa.eu/competition/antitrust/action sdamages/files_white_paper/whitepaper_de.pdf (zuletzt besucht am 05.08.2020); vgl. auch *S. Milde* (Fn. 1371), S. 23.

1376 Vgl. *S. Milde* (Fn. 1371), S. 23.

1377 Vgl. *T. Kapp* (Fn. 1369), S. 322.

Fällen beantragen, in denen die Kommission eine Abweisung ihrer Beschwerde beabsichtigt. Darüber hinaus sind von ihrem Akteneinsichtsrecht ausschließlich die Unterlagen erfasst, auf die sich die Kommission zur Begründung der Abweisung stützt.

Zur Vorbereitung ihrer Schadensersatzklagen haben potentiell kartellgeschädigte Unternehmen daher in der Vergangenheit mehrfach versucht, mit Hilfe der VO 1049/2001 Zugang zu den Kartellverfahrensakten der Kommission zu erlangen. Die Verfahrensakten enthalten sämtliche Schriftstücke und Dokumente, die die Generaldirektion Wettbewerb während des Kartellverfahrens erhalten hat oder die von ihr erstellt oder zusammengestellt wurden.[1378] Besondere Bedeutung kommt dabei den in den Verfahrensakten befindlichen Anträgen zu, die die Kommission im Rahmen ihrer Kronzeugenregelung von Kartellteilnehmern erhält. Die Kronzeugenregelung ermöglicht es der Kommission, Unternehmen, die ihr als Kronzeugen Informationen über ein Kartell liefern, ein Bußgeld vollständig zu erlassen oder gegen sie ein reduziertes Bußgeld zu verhängen.[1379] Da Kronzeugenanträge umfassende Informationen zu Ablauf, Umfang, Dauer und Reichweite des wettbewerbswidrigen Verhaltens beinhalten können und zudem von Unternehmen stammen, die unmittelbar an den jeweiligen Verhaltensweisen beteiligt waren, sind sie für Schadensersatzkläger von besonderem Beweiswert.[1380]

Die Kronzeugenregelung hat sich in der Praxis als äußerst wirksames Instrument zur Aufdeckung von Kartellen erwiesen.[1381] Die Gewährung von Einsicht in Kronzeugenanträge läuft daher nicht nur den Interessen der als Kronzeugen auftretenden Kartellteilnehmer entgegen, von denen

---

1378 Vgl. Mitteilung zur Akteneinsicht, Rn. 8.

1379 Vgl. Kronzeugenregelung, Rn. 4 f.

1380 Vgl. *D. A. Jüntgen*, Zur Verwertung von Kronzeugenerklärungen in Zivilprozessen, WuW 2007, S. 128 ff., S. 129. Zu den im Rahmen des Kronzeugenprogramms der Kommission notwendigen Angaben vgl. insbesondere auch Rn. 9 a) der Kronzeugenmitteilung. Teilweise wird auch darauf hingewiesen, dass Kronzeugendokumente in erster Linie die Funktionsweise des Kartells beschreiben und somit in der Regel keine Informationen zur Berechnung der konkreten Schadenshöhe enthalten, vgl. hierzu *L. Fiedler*, Der aktuelle Richtlinienvorschlag der Kommission - der große Wurf für den kartellrechtlichen Schadensersatz?, BB 2013, S. 2179 ff., S. 2184.

1381 Vgl. *C. Palzer* (Fn. 320), S. 584; vgl. auch Erwägungsgrund 3 der Verordnung (EU) 2015/1348 vom 03.08.2015 zur Änderung der Verordnung (EG) Nr. 773/2004 über die Durchführung von Verfahren auf der Grundlage der Artikel 81 und 82 EG-Vertrag durch die Kommission, ABl. (EU) Nr. L 208 vom 05.08.2015, S. 3 ff.

die Kläger Schadensersatz begehren, sondern auch denjenigen der Europäischen Kommission, die um die Wirksamkeit ihres Kronzeugenprogramms fürchtet. So besteht die Gefahr, dass Kartellteilnehmer von der Inanspruchnahme der Kronzeugenregelung zukünftig Abstand nehmen werden, wenn private Kläger die im Rahmen der Kronzeugenanträge zur Verfügung gestellten Informationen unmittelbar zur Geltendmachung von Schadensersatzansprüchen nutzen könnten.[1382] Kronzeugen wären in diesem Fall stärker als andere Kartellteilnehmer dem Risiko ausgesetzt, auf Schadensersatz in Anspruch genommen zu werden, da sie in ihren Anträge umfassend Auskunft über ihre eigene Kartellbeteiligung geben. Darüber hinaus würden sie in Rechtsordnungen, in denen Kartellteilnehmer – wie beispielsweise im deutschen Recht – gesamtschuldnerisch haften, im Falle einer erfolgreichen Klage zusätzlich das Insolvenzrisiko der anderen Kartellteilnehmer tragen.[1383]

Zu bedenken ist auch, dass eine Zurückhaltung bei der Einreichung von Kronzeugenanträgen gleichzeitig auch Nachteile für Kartellgeschädigte und potentielle Schadensersatzkläger mit sich bringen würde. Da Kartellabsprachen angesichts des Interesses aller Beteiligten an strikter Geheimhaltung nur selten durch eigenständige behördliche Ermittlungen bekannt werden,[1384] würde ein Rückgang von Kronzeugenanträgen voraussichtlich auch zu einer erheblich niedrigeren behördlichen Aufdeckungsquote führen. Dies hätte wiederum mittelbar zur Folge, dass geschädigte Unternehmen erst gar nicht von der Kartellbeteiligung ihrer Geschäftspartner erfahren und auch keine *follow on* -Klagen erheben könnten. Auch sie sind deshalb auf eine wirksame Durchsetzung des Kartellrechts durch die Wettbewerbsbehörden angewiesen.[1385] Vor diesem Hintergrund hält die Kommission in ihrer Kronzeugenmitteilung ausdrücklich an ihrer Auffassung fest, dass *„die öffentliche Bekanntmachung von Unterlagen sowie schriftlichen und aufgezeichneten Erklärungen, die die Kommission auf der Grundlage dieser Mitteilung erhalten hat, im Allgemeinen gewissen öffentlichen und privaten Interessen (z.B. dem Schutz des Zwecks von Inspektions- und Untersuchungstätigkeiten)*

1382 *T. Mäger/D. J. Zimmer/S. Milde*, Konflikt zwischen öffentlicher und privater Kartellrechtsdurchsetzung: Zum Schutz der Vertraulichkeit von Kronzeugenanträgen an das Bundeskartellamt, WuW 2009, S. 885 ff., S. 886.

1383 Vgl. *C. Palzer/D. Preisendanz* (Fn. 1369), S. 366.

1384 Vgl. *C. Palzer* (Fn. 320), S. 583 unter Hinweis auf die Überlegenheit kartellbehördlicher Kronzeugenprogramme bei der Durchsetzung des Kartellrechts.

1385 Vgl. *S. Milde* (Fn. 1371), S. 54; *C. Palzer/D. Preisendanz* (Fn. 1369), S. 366, die private Schadensersatzklagen als *„Fahrt auf dem Trittbrett behördlicher Kartellrechtsdurchsetzung"* sehen.

im Sinne von Artikel 4 der Verordnung (EG) Nr. 1049/2001" entgegen-
läuft.[1386]

2. Zugang zu Beweismitteln auf Grundlage der VO 1049/2001

Die Frage nach der Möglichkeit, zur Vorbereitung von Schadensersatzklagen mit Hilfe der VO 1049/2001 Einsicht in die Verfahrensakten der Kommission zu nehmen, hat in der kartellrechtlichen Literatur eine lebhafte
Diskussion entfacht und die Gemeinschaftsgerichte über mehrere Jahre
mehrfach beschäftigt. In der Rechtsprechung hat sich im Laufe dieser Zeit
ein restriktiver Ansatz herauskristallisiert. Die Entwicklung der Rechtsprechung soll nachfolgend kurz dargestellt und unter Berücksichtigung des
Transparenzgrundsatzes und der Wahrung der Effektivität des Kartellverfahrens bewertet werden.

a) Anwendung der VO 1049/2001 auf Kartellverfahrensakten

Im Mittelpunkt der Diskussion stand zunächst die Frage nach dem richtigen Verhältnis zwischen den spezifisch kartellverfahrensrechtlichen Regelungen der VO 1/2003 bzw. der VO 773/2004 und dem allgemeinen Dokumentenzugangsrecht der VO 1049/2001, zumal sich eine ausdrückliche Regelung hierzu in keiner der Verordnungen fand. Insbesondere wurde die
Frage aufgeworfen, ob einer Anwendung der allgemein den Zugang zu
Dokumenten aller Gemeinschaftsorgane regelnden VO 1049/2001 von
vornherein die engeren, spezifisch kartellverfahrensrechtlichen Regelungen zur Akteneinsicht in Art. 27 Abs. 2 VO 1/2003 und Art. 15 VO
773/2004 als *leges speciales* entgegenstehen können.

aa) Das VKI-Urteil des EuG

Der erste Fall, in dem ein Kläger Einsicht in die Verfahrensakte der Kommission auf Grundlage der VO 1049/2001 begehrte, um Informationen zur
Prüfung von kartellrechtlichen Schadensersatzansprüchen zu sammeln, erreichte die europäischen Gerichte im Jahr 2005. Der Kläger, der österrei-

---

1386 Vgl. Kronzeugenmitteilung, Rn. 40.

chische Verbraucherschutzverein „Verein für Konsumenteninformation"
(„VKI"), begehrte Zugang zu den Akten der Kommission aus dem Kartellverfahren gegen ein aus mehreren österreichischen Banken bestehendes
Bankenkartell, den sog. „Lombard-Club". Gegen dieses Kartell war die
Kommission u.a. wegen der Absprache von Kredit- und Einlagenzinssätzen
vorgegangen. Nachdem die Kommission den Zugang zu ihrer Verfahrensakte abgelehnt hatte, erhob der VKI gegen diese Entscheidung Nichtigkeitsklage vor dem EuG.[1387] Auch wenn sich das EuG in diesem Verfahren
aus prozessualen Gründen nicht ausdrücklich mit der Anwendbarkeit der
VO 1049/2001 auseinandersetzte,[1388] so ließ sich aus dem Urteil, mit dem
das EuG die ablehnende Entscheidung der Kommission für nichtig erklärte, schließen, dass das EuG die Anwendbarkeit der VO 1049/2001 still-
schweigend als selbstverständlich vorausgesetzt hatte.[1389]

bb) Kein abschließender Charakter der VO 1/2003

Der Ansatz des EuG stieß zu Beginn auf ein geteiltes Echo. Kritische Stimmen beriefen sich auf eine systematische Auslegung und wiesen insbesondere auf die Gefahr hin, dass die kartellrechtlichen Regelungen durch eine
umfassende Berufungsmöglichkeit auf die VO 1049/2001 umgangen werden könnten.[1390] Aus diesem Grund seien die spezifisch kartellverfahrens-

---

1387 *EuG*, Urteil vom 13.04.2005, Rs. T-2/03 – *Verein für Konsumenteninformation/
Kommission*.

1388 Da das *EuG* die Entscheidung der Kommission bereits wegen ihrer Begrün-
dungsmängel für nichtig erklärte, nahm es zu der Frage, ob auf Basis der VO
1049/2001 überhaupt Einblick in Dokumente aus dem Kartellverfahren verlangt werden kann, in seinem Urteil nicht ausdrücklich Stellung. Mit den Argumenten der Streithelfer der Kommission, die sich gegen eine Anwendbarkeit der VO 1049/2001 aussprachen, setzte sich das *EuG* nicht auseinander, da
es ihr Vorbringen aus prozessrechtlichen Gründen für unzulässig hielt, vgl.
EuG, Urteil vom 13.04.2005, Rs. T-2/03 – *Verein für Konsumenteninformation/
Kommission*, Rn. 55; vgl. hierzu die Urteilsanmerkung von *M. J. Nordmann*, Anmerkung zu EuG, Urteil vom 13. 4. 2005 - T-2/03 Verein für Konsumentenin-
formation/Kommission u.a., EuZW 2005, S. 574.

1389 Vgl. *C. Palzer* (Fn. 320), S. 589. *A. Dittrich*, Kronzeugenanträge und Rechtsschutz, WuW 2012, S. 133 ff., S. 139, sieht die Anwendbarkeit der VO
1049/2001 im Kartellverfahren bereits nach dem Urteil des EuG in Sachen VKI
als unstreitig an.

1390 Vgl. *U. Soltész/J. Marquier/F. Wendenburg*, Zugang zu Kartellrechtsakten für jedermann? - das EuG-Urteil Österreichische Banken, EWS 2006, S. 102 ff.,
S. 104 f.

rechtlichen Vorschriften als abschließende Sonderregelung gegenüber dem allgemeinen Recht auf Dokumentenzugang nach der VO 1049/2001 zu verstehen.[1391] Zudem wurde darauf hingewiesen, dass die in der VO 773/2004 enthaltenen Regelungen zur Akteneinsicht jüngeren Datums als die VO 1049/2001 seien, so dass es ihrer nicht mehr bedurft hätte, wenn der Verordnungsgeber die Möglichkeit einer umfassenden Akteneinsicht durch die VO 1049/2001 hätte einräumen wollen.[1392] Im Rahmen eines vermittelnden Ansatzes wurde vorgeschlagen, während der Dauer eines Kartellverfahrens ausschließlich die Regelungen der VO 1/2003 bzw. der VO 773/2004 anzuwenden, nach Abschluss des Verfahrens jedoch einen Rückgriff auf die VO 1049/2001 zuzulassen.[1393]

Diese Argumentation weist zutreffend darauf hin, dass ein Spannungsverhältnis zwischen der VO 1049/2001 und den kartellverfahrensrechtlichen Regelungen besteht. Die Regelungen der VO 1/2003 gewähren lediglich den Adressaten einer Mitteilung der Beschwerdepunkte ein Recht auf Akteneinsicht, und dies auch nur während des Kartellverfahrens unmittelbar nach Erhalt der Mitteilung der Beschwerdepunkte.[1394] Darüber hinaus sind nach Art. 27 Abs. 3 und 4 VO 1/2003 interne Dokumente der Kommission von der Akteneinsicht ausgeschlossen. Es stellt daher einen Wertungswiderspruch dar, wenn die Kommission auf Basis der VO 1049/2001 Zugang zur gesamten Verfahrensakte gewähren müsste und dies zur Folge hätte, dass Außenstehende einen breiteren Zugang erhalten könnten, als es für die Beteiligten während des Verfahrens möglich ist. Darüber hinaus wäre umgekehrt auch nicht auszuschließen, dass die Beteiligten versuchen könnten, ihr Zugangsrecht auf dem Umweg über die VO 1049/2001 auf interne Dokumente zu erweitern, zu denen ihnen das Kartellverfahrensrecht keinen Zugang bietet.[1395]

Demgegenüber spricht jedoch eine Zusammenschau verschiedener Vorschriften der VO 1049/2001 grundsätzlich für einen weiten Anwendungsbereich des allgemeinen Rechts auf Dokumentenzugang. So deutet insbesondere der 12. Erwägungsgrund der VO 1049/2001, nach dem *„alle Bestimmungen über den Zugang zu Dokumenten der Organe (…) mit dieser Verordnung in Einklang stehen"* sollen, darauf hin, dass alle speziellen Doku-

---

1391 *U. Soltész/J. Marquier/F. Wendenburg* (Fn. 1390), S. 104 ff.

1392 Vgl. *U. Soltész/J. Marquier/F. Wendenburg* (Fn. 1390), S. 105.

1393 Vgl. *M. Kleine,* Grenzenloser Zugang zu Dokumenten der Kartellbehörden?, ZWeR 2007, S. 303 ff., S. 307 f.

1394 Vgl. zur Akteneinsicht insbesondere Teil 2/ C.II..3.a) sowie Teil 2/ D.II.2.a)bb).

1395 Vgl. *O. Speltdoorn* (Fn. 1354), S. 454; *S. Milde* (Fn. 1371), S. 92.

mentenzugangsbeschränkungen an der VO 1049/2001 zu messen sind, und gerade nicht umgekehrt die Anwendbarkeit der VO 1049/2001 überall dort ausgeschlossen sein soll, wo Sonderbestimmungen bestehen.[1396] Zusätzlich bestimmt der 8. Erwägungsgrund der VO 1049/2001, dass eine *„vollständige Anwendung dieser Verordnung auf alle Tätigkeiten der Union"* gewährleistet werden soll.[1397] Schließlich weist auch Art. 2 Abs. 3 VO 1049/2001 darauf hin, dass die VO 1049/2001 in Bezug auf ihren sachlichen Anwendungsbereich nicht eingeschränkt ist und sie daher für Dokumente aus allen Tätigkeitsbereichen der EU gilt.[1398] Dies legt den Schluss nahe, die kartellverfahrensrechtlichen Bestimmungen nicht als abschließende Sonderregelung zur Akteneinsicht zu verstehen.[1399] Diese Auffassung wird auch durch einen Blick in die Entstehungsgeschichte der VO 1049/2001 gestützt. Anders als im ursprünglichen Entwurf der Kommission vorgesehen, wurde insbesondere aufgrund des Widerstandes des Europäischen Parlamentes in den endgültigen Verordnungstext gerade keine Regelung aufgenommen, die den Zugang zu Dokumenten aus speziellen Verfahrensregimen ausschließen würde.[1400]

Die besseren Argumente sprechen somit dafür, die VO 1/2003 nicht als abschließende Sonderregelung zu verstehen, die ein Dokumentenzugangsrecht nach der VO 1049/2001 von vornherein ausschließt. Versuchen, die kartellverfahrensrechtlichen Regelungen z.B. im Hinblick auf die im Kartellverfahrensrecht ausgeschlossene Einsicht in interne Dokumente zu umgehen, lässt sich durch eine interessengerechte Anwendung der VO 1049/2001 im Einzelfall, insbesondere durch eine entsprechende Auslegung der Ausnahmebestimmungen, entgegenwirken. Die Annahme eines generellen Vorrangs der kartellverfahrensrechtlichen Vorschriften ist hierzu nicht erforderlich.[1401]

1396 Vgl. *S. Milde* (Fn. 1371), S. 91.
1397 Vgl. *C. Tietje/K. Nowrot*, Zugang zu Kartellrechtsakten nach der Transparenzverordnung als öffentliches Interesse: Erwiderung auf Soltész/Marquier/Wendenburg, Zugang zu Kartellrechtsakten für jedermann?, EWS 2006, 102, EWS 2006, S. 486 ff., S. 487.
1398 Vgl. *C. Tietje/K. Nowrot* (Fn. 1397), S. 487; *M. Kellerbauer* (Fn. 1361), S. 693.
1399 Vgl. *C. Tietje/K. Nowrot*, Der Anwendungsbereich der EG-Transparenz-Verordnung mit Blick auf zivilrechtliche Schadensersatzansprüche in Wettbewerbssachen, Zeitschrift für Europarecht, Internationales Privatrecht und Rechtsvergleichung 2004, S. 56 ff., S. 60 f.
1400 Vgl. ausführlich hierzu *C. Tietje/K. Nowrot* (Fn. 1399), S. 61 f.
1401 Vgl. *C. Tietje/K. Nowrot* (Fn. 1399), S. 61.

cc) Keine Differenzierung anhand des Schutzzwecks

Unter Berücksichtigung teleologischer Argumente wurde darüber hinaus vorgebracht, dass ein Dokumentenzugangsrecht nach der VO 1049/2001 im Kartellverfahren aufgrund des Schutzzweckes der VO 1049/2001 ausscheide. Ziel der VO 1049/2001 sei es, die demokratische Legitimation der europäischen Union zu stärken, indem sie dazu beitrage, Entscheidungsprozesse der europäischen Organe nachvollziehbar und transparent zu gestalten und damit Bürgernähe zu schaffen. Antragsteller, die Einblick in die Akten eines Kartellverfahrens begehrten, würden ihr Akteneinsichtsgesuch jedoch nicht aus Gründen einer öffentlichen Kontrolle des Kommissionshandelns, sondern zur Vorbereitung privater Schadensersatzprozesse einreichen. Dies führe zu einer Zweckentfremdung der VO 1049/2001 und käme einer *„Pervertierung eines öffentlichen Verfahrens zu privaten Zwecken"*[1402] gleich.[1403]

Zutreffend ist, dass die kartellverfahrensrechtlichen Regelungen zur Akteneinsicht einen anderen Zweck als die VO 1049/2001 verfolgen: Während die VO 1/2003 ein verfahrensakzessorisches Akteneinsichtsrecht gewährt, das der Wahrung der Verteidigungsrechte und der Gewährleistung eines fairen Verfahrens zwischen der Kommission und den beteiligten Unternehmen dient, liegt das Dokumentenzugangsrecht der VO 1049/2001 im übergeordneten, allgemeinen öffentlichen Interesse an einer demokratischen Kontrolle der EU-Organe.[1404] Es erscheint jedoch nicht zwingend, hieraus einen Ausschluss der VO 1049/2001 abzuleiten. Vielmehr kann in gleicher Weise gefolgert werden, dass beide Verordnungen sich gerade wegen ihrer unterschiedlichen Zielsetzungen ergänzen und daher nebeneinander anzuwenden sind.[1405]

Gegen den Vorwurf einer missbräuchlichen Inanspruchnahme der VO 1049/2001 lässt sich zudem einwenden, dass auch die Geltendmachung von privaten Schadensersatzansprüchen zumindest mittelbar im öffentlichen Interesse liegen kann. Privatklagen können, neben der behördlichen Kartellverfolgung, einen Beitrag zur Durchsetzung der kartellrechtlichen Regelungen leisten.[1406] Der EuGH hat anerkannt, dass die Geltendmachung privater Schadensersatzansprüche die Durchsetzungskraft der ge-

---

1402 *U. Soltész/J. Marquier/F. Wendenburg* (Fn. 1390), S. 103.
1403 Vgl. *U. Soltész/J. Marquier/F. Wendenburg* (Fn. 1390), S. 105.
1404 Vgl. *C. Tietje/K. Nowrot* (Fn. 1397), S. 487.
1405 Vgl. *C. Tietje/K. Nowrot* (Fn. 1397), S. 487; *M. Kellerbauer* (Fn. 1361), S. 693.
1406 Vgl. *C. Tietje/K. Nowrot* (Fn. 1397), S. 487.

meinschaftlichen Wettbewerbsregeln erhöhen und dazu geeignet sein könnte, Unternehmen von Verhaltensweisen abzuhalten, die den Wettbewerb beschränken oder verfälschen. Auf diese Weise könnten Schadensersatzklagen wesentlich zur Aufrechterhaltung eines wirksamen Wettbewerbs beitragen.[1407]

dd) Fazit

Insgesamt sprechen die überzeugenderen Argumente für eine grundsätzliche Anwendbarkeit der VO 1049/2001 auch in Bezug auf eine Einsichtnahme in die kartellrechtlichen Verfahrensakten. Dieser Ansatz wurde schließlich auch von den europäischen Gerichten gewählt, indem sie in ihren Urteilen die Anwendbarkeit der VO 1049/2001 zugrunde legten.[1408] Auch in der kartellrechtlichen Literatur wurden hiergegen keine Einwände mehr erhoben.[1409]

Diese Entwicklung ist zu begrüßen. Anders als im Fall eines pauschalen Ausschlusses des Dokumentenzugangs nach der VO 1049/2001 wird auf diese Weise ermöglicht, eine Abwägung der gegenläufigen Interessen an einem möglichst umfassenden Dokumentenzugang auf der einen Seite sowie an der Geheimhaltung schutzwürdiger Informationen auf der anderen Seite vorzunehmen. Die in Art. 4 VO 1049/2001 vorgesehenen Gründe für die Verweigerung des Dokumentenzugangs zum Schutz legitimer Interessen von Behörden und Privatpersonen bieten hierfür hinreichenden Raum. Auch bei grundsätzlicher Anwendung der VO 1049/2001 droht der Kartellteilnehmer daher nicht zwingend zum „*gläsernen Kartelltäter*"[1410] zu werden.

1407 Vgl. *EuGH*, Urteil vom 20.09.2001, Rs. C-453/99 – *Courage/Crehan*, Rn. 27; *EuGH*, Urteil vom 27.02.2014, Rs. C-365 P – *EnBW*, Rn. 104 m.w.N.

1408 Vgl. nur u.a. *EuG*, Urteil vom 15.12.2011, Rs. T-437/08 – *CDC Hydrogene Peroxide; EuG*, Urteil vom 22.05.2012, Rs. T-344/08 – *EnBW; EuG*, Urteil vom 07.07.2015, Rs. T-677/13 – *AXA; EuGH*, Urteil vom 27.02.2014, Rs. C-365 P – *EnBW*.

1409 Vgl. *W. Frenz*, Dokumentenzugang vs. Kronzeugenregelung, EuZW 2013, S. 778 ff., S. 779.

1410 *U. Soltész/J. Marquier/F. Wendenburg* (Fn. 1390), S. 102.

b) Entwicklung der Rechtsprechung zum Prüfungsmaßstab

Die parallele Anwendbarkeit der VO 1/2003 und der VO 1049/2001 führte zu der Frage, wie eine kohärente Anwendung der beiden Regelungsregime gestaltet werden sollte.[1411] Maßgeblicher Ansatzpunkt dabei war die Auslegung der Ausnahmetatbestände der VO 1049/2001,[1412] auf welche sich die Kommission zur Ablehnung eines Akteneinsichtsantrags stützen kann. Die Rechtsprechung von EuG und EuGH entwickelte sich zunächst insbesondere hinsichtlich des von der Kommission hierbei anzulegenden Prüfungsmaßstabes unterschiedlich. Die abweichenden Auffassungen zur Anforderung an die Prüfung und Ablehnung eines Antrags auf Einsicht in die Verfahrensakte hatten zur Folge, dass auch der vom Gemeinschaftsrecht gewährleistete Grad an Transparenz von beiden Gerichten unterschiedlich eingeschätzt wurde.

aa) EuG: Pflicht zur konkreten und individuellen Prüfung

Nach Auffassung des EuG konnte die Kommission den Zugang zur Verfahrensakte nicht pauschal ablehnen, sondern war im Grundsatz verpflichtet, bei der Ablehnung eines Antrags auf Dokumentenzugang den Inhalt jedes Dokumentes, zu welchem der Antragsteller Zugang begehrt, konkret und individuell zu prüfen.[1413] Das EuG stützte sich bei seiner Argumentation darauf, dass die in Art. 4 der VO 1049/2001 geregelten Ausnahmen vom Zugangsrecht nach ständiger Rechtsprechung eng auszulegen und anzuwenden sind, da sie vom Grundsatz des größtmöglichen Zugangs der Öffentlichkeit zu Dokumenten der Gemeinschaftsorgane abweichen.[1414] Die Pflicht zur konkreten und individuellen Prüfung eines Dokuments konnte nach Ansicht des EuG daher nur in bestimmten Ausnahmenfällen

---

1411 Vgl. *C. Nowak* (Fn. 85), S. 281; *C. Tietje/K. Nowrot* (Fn. 1397), S. 488.

1412 Vgl. *C. Nowak* (Fn. 85), S. 281.

1413 Vgl. *EuG*, Urteil vom 13.04.2005, Rs. T-2/03 – *Verein für Konsumenteninformation/Kommission*, Rn. 72, 74.

1414 Vgl. *EuG*, Urteil vom 22.05.2012, Rs. T-344/08 – *EnBW*, Rn. 41 mit Verweis auf *EuGH*, Urteil vom 01.02.2007, Rs. C-266/05 P – *Sison/Rat*, Rn. 63, *EuGH*, Urteil vom 18.12.2007, Rs. C-64/05 P – *Schweden/Kommission*, Rn. 66, und *EuGH*, Urteile vom 01.07.2008, verb. Rs. C-39/05 P und C-52/05 P - *Schweden und Turco/Rat*, Rn. 36.

entfallen. Diesen zunächst in seinem Urteil *VKI*[1415] entwickelten Ansatz konkretisierte das EuG insbesondere in seinem späteren Urteil in Sachen *EnBW*.[1416]

Das EuG wies darauf hin, dass eine Ablehnung des Dokumentenzugangs insbesondere dann in Betracht komme, wenn die Verwaltung durch den entstehenden Arbeitsaufwand in besonderem Maße belastet und damit die Grenze dessen überschritten werde, was vernünftigerweise verlangt werden könne.[1417] Das EuG stellte hieran jedoch hohe Anforderungen.[1418] Danach soll die Möglichkeit, einen Zugang wegen der hiermit verbundenen Arbeitsbelastung abzulehnen, aufgrund des Verhältnismäßigkeitsgrundsatzes nur in Ausnahmefällen bestehen.[1419] Zuvor müsse sich die Kommission um eine das Zugangsrecht des Antragstellers weniger einschränkende Vorgehensweise bemühen[1420] und alternative Möglichkeiten zur Beschränkung der Arbeitsbelastung prüfen. Sei dies geschehen, dürfe die Kommission zwischen der Bedeutung des Dokumentenzugangs und der sich aus der Prüfungspflicht ergebenden Arbeitsbelastung abwägen, um eine ordnungsgemäße Verwaltung sicherzustellen.[1421] Im Falle einer beabsichtigten Ablehnung des Zugangsantrags müsse sich die Kommission zudem mit dem Antragsteller beraten und konkret erläutern, warum eine unverhältnismäßige Arbeitsbelastung auch bei Gewährung eines nur teilweisen Dokumentenzugangs nicht zu vermeiden sei.[1422]

Darüber hinaus konnte die Pflicht zur individuellen und konkreten Prüfung der Dokumente nach Ansicht des EuG auch dann entfallen, wenn

---

1415 *EuG*, Urteil vom 13.04.2005, Rs. T-2/03 – *Verein für Konsumenteninformation/ Kommission.*

1416 *EuG*, Urteil vom 22.05.2012, Rs. T-344/08 – *EnBW*; vgl. hierzu *A.* Yomere, Die Entscheidung im Verfahren EnBW zum Recht von Schadensersatzklägern auf Akteneinsicht in Verfahrensakten der Kommission, WuW 2013, S. 34 ff., S. 34, 36.

1417 Vgl. *EuG*, Urteil vom 13.04.2005, Rs. T-2/03 – *Verein für Konsumenteninformation/Kommission*, Rn. 112.

1418 Vgl. *M.* Lorenz, Weitere Stärkung des Rechts auf Dokumentenzugang: Das Urteil des Europäischen Gerichts erster Instanz in der Sache "Verein für Konsumenteninformation", NVwZ 2005, S. 1274 ff., S. 1274.

1419 Vgl. *EuG*, Urteil vom 13.04.2005, Rs. T-2/03 – *Verein für Konsumenteninformation/Kommission*, Rn. 103.

1420 Vgl. *EuG*, Urteil vom 13.04.2005, Rs. T-2/03 – *Verein für Konsumenteninformation/Kommission*, Rn. 114.

1421 Vgl. *EuG*, Urteil vom 13.04.2005, Rs. T-2/03 – *Verein für Konsumenteninformation/Kommission*, Rn. 114 f.; *M.* Lorenz (Fn. 1418), S. 1275.

1422 Vgl. *EuG*, Urteil vom 13.04.2005, Rs. T-2/03 – *Verein für Konsumenteninformation/Kommission*, Rn. 114 ff., 122 ff., 126.

sich die begehrten Dokumente in bestimmte Kategorien einteilen lassen und die Ablehnung des Zugangs zu den jeweils erfassten Dokumenten einheitlich gerechtfertigt werden kann.[1423] Für Anträge auf Verbreitung von Dokumenten gleicher Art könnten eben auch vergleichbare allgemeine Erwägungen gelten.[1424] Die Bildung von Dokumentenkategorien sah das EuG jedoch nur unter bestimmten Voraussetzungen als zulässig an. Insbesondere verlangte es, dass nur solche Dokumente, die die gleiche Art von Informationen enthielten, in einer Kategorie zusammengefasst werden dürften, und dass sämtliche Dokumente einer Kategorie offenkundig und in vollem Umfang unter den jeweils angeführten Ablehnungsgrund fallen müssten.[1425]

Die von der Kommission im Fall *EnBW* vorgenommene Einteilung u.a. in die Kategorien Kronzeugendokumente, Auskunftsersuchen und deren Beantwortung, Ermittlungsunterlagen, Mitteilungen der Beschwerdepunkte, Stellungnahmen und interne Dokumente[1426] hielt dieser Prüfung nur in geringem Umfang stand, da die Kategorisierung nach Dokumenttypen und nicht entsprechend den in den Dokumenten enthaltenen Informationen erfolgt war.[1427] Das EuG bewertete die gebildeten Kategorien daher weitgehend als unzweckmäßig und künstlich.[1428]

Zudem setzte sich das EuG mit der Reichweite verschiedener Zugangsverweigerungsgründe auseinander. Nach seiner Auffassung war die Kommission nicht berechtigt, die Verweigerung der Akteneinsicht nach Abschluss des Verfahrens und dem Erlass der Entscheidung mit dem Schutz ihrer Untersuchungstätigkeit[1429] zu rechtfertigen, da diese zu diesem Zeitpunkt bereits abgeschlossen sei.[1430] Eine pauschale Bezugnahme auf die Ausnahmeregelung zugunsten des Schutzes geschäftlicher Interessen[1431]

1423 Vgl. *EuG*, Urteil vom 22.05.2012, Rs. T-344/08 – *EnBW*, Rn. 47.

1424 Vgl. *EuG*, Urteil vom 22.05.2012, Rs. T-344/08 – *EnBW*, Rn. 55.

1425 Vgl. *EuG*, Urteil vom 22.05.2012, Rs. T-344/08 – *EnBW*, Rn. 64 f.

1426 Vgl. *EuG*, Urteil vom 22.05.2012, Rs. T-344/08 – *EnBW*, Rn. 8.

1427 Vgl. *EuG*, Urteil vom 22.05.2012, Rs. T-344/08 – *EnBW*, Rn. 68.

1428 Vgl. *EuG*, Urteil vom 22.05.2012, Rs. T-344/08 – *EnBW*, Rn. 74 und 76; vgl. auch *C. Palzer* (Fn. 320), S. 596. Als zweckdienlich erachtete das EuG lediglich die Bildung einer Kategorie für Unterlagen, in deren Besitz die Kommission im Rahmen ihrer Ermittlungen bei Nachprüfungen in den Geschäftsräumen der beteiligten Unternehmen gelangt war, vgl. *EuG*, Urteil vom 22.05.2012, Rs. T-344/08 – *EnBW*, Rn. 77 f.

1429 Art. 4 Abs. 2, 3. Spiegelstrich VO 1049/2001.

1430 Vgl. *EuG*, Urteil vom 15.12.2011, Rs. T-437/08 – *CDC Hydrogene Peroxide*, Rn. 56 ff.; *EuG*, Urteil vom 22.05.2012, Rs. T-344/08 – *EnBW*, Rn. 119 ff.

1431 Art. 4 Abs. 2, 1. Spiegelstrich VO 1049/2001.

sah das EuG ebenfalls als nicht ausreichend an. Da die Dokumente auch ältere Informationen enthalten könnten, die gegebenenfalls nicht mehr schutzwürdig seien, sei eine Prüfung im Einzelfall grundsätzlich weiterhin erforderlich.[1432]

Angesichts der Tatsache, dass Verfahrensakten der Kommission sehr umfangreich sein können – die Akten im Fall *VKI* umfassten 47.000 Seiten[1433] – stellte das EuG somit sehr hohe Anforderungen an das von der Kommission einzuhaltende Prüfungsprogramm und an die Rechtmäßigkeit einer Ablehnung des Zugangsantrags durch die Kommission.[1434] Das EuG vertrat damit zunächst eine transparenzorientierte und antragstellerfreundliche Linie.[1435]

bb) EuGH: Vermutung der Unzugänglichkeit der Verfahrensakte

Der EuGH setzte sich in seiner grundlegenden Entscheidung *EnBW/Kommission*[1436] umfassend mit der Möglichkeit eines Zugangs zu den Kartellverfahrensakten der Kommission nach der VO 1049/2001 auseinander und entwickelte eine von der Ansicht des EuG abweichende Auffassung.[1437] Der EuGH betonte, dass die VO 1049/2001 zwar das Recht auf möglichst umfassenden Zugang zu den Dokumenten der EU-Organe gewährleisten, eine gute Verwaltungspraxis fördern und die größtmögliche Transparenz der Entscheidungsprozesse öffentlicher Stellen und der Informationen, auf denen diese Entscheidungen beruhen, ermöglichen solle, dass aber dieses Zugangsrecht zugleich bestimmten Schranken zum Schutz privater und öffentlicher Interessen unterliege.[1438] Die in Art. 4 VO 1049/2001 vorgesehenen Ausnahmeregelungen beruhten auf einer Abwä-

---

1432 Vgl. *EuG*, Urteil vom 22.05.2012, Rs. T-344/08 – *EnBW*, Rn. 139 ff.
1433 Vgl. *EuG*, Urteil vom 13.04.2005, Rs. T-2/03 – *Verein für Konsumenteninformation/Kommission*, Rn. 118.
1434 Vgl. *M. Lorenz* (Fn. 1418), S. 1274.
1435 Vgl. bereits zum Urteil des EuG in *CDC Hydrogene Peroxide R. Hempel*, Zugang zu Kronzeugenanträgen nach der Transparenzverordnung?, EuZW 2012, S. 161–162 f., S. 162.
1436 *EuGH*, Urteil vom 27.02.2014, Rs. C-365 P – *EnBW*.
1437 Vgl. hierzu insbesondere *R. Hempel*, Einsicht in Kartellverfahrensakten nach der Transparenzverordnung - Neues aus Luxemburg, EuZW 2014, S. 297 ff. sowie *C. Palzer*, Transparenz-VO und private Kartellrechtsdurchsetzung - Abschied von einem Hoffnungsträger? Entscheidung des EuGH vom 27. Februar 2014 mit Anmerkung von Christoph Palzer, Bayreuth, ZEuP 2015, S. 416 ff.
1438 Vgl. *EuGH*, Urteil vom 27.02.2014, Rs. C-365 P – *EnBW*, Rn. 61, 83.

gung zwischen den Interessen, die durch die Verbreitung der betreffenden Dokumente begünstigt würden, und den Interessen, die durch diese Verbreitung gefährdet würden.[1439] Die Ausnahmeregelungen könnten daher, wenn sich der Antrag auf Dokumentenzugang auf Dokumente in einer Kartellverfahrensakte beziehe, nur unter Berücksichtigung der speziellen, kartellverfahrensrechtlichen Regelungen der VO 1/2003 bzw. VO 773/2004 ausgelegt werden. Diese Regelungen dienten der Wahrung der Verteidigungsrechte im Kartellverfahren und einer sorgfältigen Behandlung von Beschwerden bei gleichzeitiger Wahrung des Berufsgeheimnisses und folgten damit einer anderen Zielsetzung als die VO 1049/2001.[1440] Da es keine ausdrückliche Regelung gebe, welcher Verordnung der Vorrang zukommen solle, sei eine kohärente Auslegung und Anwendung der VO 1049/2001 unter Berücksichtigung der kartellverfahrensrechtlichen Bestimmungen geboten.[1441]

Nach Auffassung des EuGH waren daher die Wertungen der VO 1/2003 und der VO 773/2004 bei der Auslegung der Ausnahmetatbestände der VO 1049/2001 zu berücksichtigen, um eine Umgehung der restriktiveren Vorschriften der VO 1/2003 und der VO 773/2004 zum Zugang zu den in der Verfahrensakte befindlichen Dokumenten durch Anwendung der VO 1049/2001 zu vermeiden.[1442] Aus diesem Gedanken leitete der EuGH eine allgemeine Vermutung ab, derzufolge die Voraussetzungen der Ausnahmeregelungen zum Schutz der Untersuchungstätigkeit der Kommission sowie zum Schutz der geschäftlichen Interessen in den Verfahrensakten regelmäßig erfüllt sind.[1443] Der EuGH ging deshalb davon aus, dass grundsätzlich ein legitimes Geheimhaltungsinteresse in Bezug auf die Kartellverfahrensakten der Kommission besteht.[1444]

Der EuGH erkannte jedoch die Möglichkeit an, diese Vermutung für ein bestimmtes Dokument im Einzelfall zu widerlegen oder ein überwiegendes öffentliches Interesse an der Offenlegung eines Dokumentes nach Art. 4 Abs. 2 VO 1049/2001 nachzuweisen.[1445] So könne der Antragsteller beweisen, dass der Zugang zu einem bestimmten Dokument in der Verfahrensakte für ihn notwendig sei, um seine Forderungen gegen die Kartellteilnehmer geltend zu machen, da er anderenfalls nicht an die zur Sub-

---

1439 Vgl. *EuGH*, Urteil vom 27.02.2014, Rs. C-365 P – *EnBW*, Rn. 63.
1440 Vgl. *EuGH*, Urteil vom 27.02.2014, Rs. C-365 P – *EnBW*, Rn. 83.
1441 Vgl. *EuGH*, Urteil vom 27.02.2014, Rs. C-365 P – *EnBW*, Rn. 84.
1442 Vgl. *EuGH*, Urteil vom 27.02.2014, Rs. C-365 P – *EnBW*, Rn. 83, 86 ff.
1443 Vgl. *EuGH*, Urteil vom 27.02.2014, Rs. C-365 P – *EnBW*, Rn. 92.
1444 Vgl. *C. Palzer* (Fn. 1437), S. 416.
1445 Vgl. *EuGH*, Urteil vom 27.02.2014, Rs. C-365 P – *EnBW*, Rn. 100.

stantiierung seiner Klage erforderlichen Beweise gelangen könne.[1446] Gelinge dies, sei die Kommission in diesem Fall verpflichtet, zwischen den Interessen des Antragstellers und dem Interesse am Schutz des begehrten Dokumentes abzuwägen.[1447] Könne der Antragsteller hingegen keine hinreichenden Argumente zur Widerlegung der Vermutung vorbringen, ist die Kommission nach Ansicht des EuGH nicht verpflichtet, jedes Dokument in der Verfahrensakte konkret und individuell zu prüfen.[1448] Die Unzugänglichkeitsvermutung gilt nach Auffassung des EuGH bis zu dem Zeitpunkt, in dem die Kommissionsentscheidung bestandskräftig geworden ist,[1449] d.h. bis sie nicht mehr vor den Gemeinschaftsgerichten angefochten werden kann. Sie erstreckt sich damit auch auf Verfahren, die die Kommission zum Zeitpunkt des Antrags auf Dokumentenzugang bereits durch Entscheidung abgeschlossen hat, da die Möglichkeit besteht, dass die Kommission ihr Verfahren nach einer Nichtigerklärung wieder aufnimmt.[1450]

Der EuGH stellte damit wesentlich geringere Anforderungen an den von der Kommission geforderten Prüfungsaufwand, als sie das EuG in seinen Urteilen befürwortet hatte. Der EuGH hat somit dem vom EuG entwickelten umfassenden Prüfprogramm eine klare Absage erteilt, die antragstellerfreundliche Linie des EuG korrigiert[1451] und die Möglichkeit, über die VO 1049/2001 Zugang zu den Kartellverfahrensakten der Kommission zu erhalten, gegenüber der zunächst vom EuG vertretenen Auffassung erheblich eingeschränkt.

Das EuG schloss sich schließlich der Linie des EuGH bei der Auslegung und Anwendung der VO 1049/2001 an[1452] und sprach sich ebenfalls für eine widerlegliche Vermutung aus, nach der der Zugang zu den in der Kartellverfahrensakte der Kommission befindlichen Dokumenten den Schutz der Untersuchungstätigkeit sowie den Schutz der geschäftlichen Interessen der an dem Kartellverfahren beteiligten Unternehmen beeinträchtigt.[1453]

1446 Vgl. *EuGH*, Urteil vom 27.02.2014, Rs. C-365 P – *EnBW*, Rn. 107.
1447 Vgl. *EuGH*, Urteil vom 27.02.2014, Rs. C-365 P – *EnBW*, Rn. 107.
1448 Vgl. *EuGH*, Urteil vom 27.02.2014, Rs. C-365 P – *EnBW*, Rn. 94.
1449 Vgl. *EuGH*, Urteil vom 27.02.2014, Rs. C-365 P – *EnBW*, Rn. 99.
1450 Vgl. *EuGH*, Urteil vom 27.02.2014, Rs. C-365 P – *EnBW*, Rn. 99.
1451 Vgl. *R. Hempel* (Fn. 1437), S. 297.
1452 Vgl. bereits vor Erlass des EnBW-Urteils des EuGH hierzu *EuG*, Urteil vom 13.09.2013, Rs. T-380/08 – *Bitumen*, Rn. 42.
1453 Vgl. *EuG*, Urteil vom 07.10.2014, Rs. T-534/11 – *Luftfrachtkartell*, Rn. 57 ff.

c) Vorrang kartellverfahrensrechtlicher Akteneinsichtsregelungen

Die zunächst abweichenden Wertungen von EuG und EuGH bei der Gewährung von Akteneinsicht in die Kartellverfahrensakten der Kommission basieren auf divergierenden Ansätzen bei der Anwendung der VO 1049/2001. Das EuG betrachtete die VO 1049/2001 und die VO 1/2003 bzw. VO 773/2004 als unabhängige, nebeneinander stehende Regelungsregime und folgerte daraus, dass die Vorschriften der VO 1049/2001 auch unabhängig von den kartellverfahrensrechtlichen Regelungen angewendet und die Möglichkeit des Zugangs zu bestimmten Dokumenten unter Auslegung der jeweiligen Ausnahmeregelungen einzeln geprüft werden müssten. Das EuG behielt damit das grundsätzlich in Bezug auf die VO 1049/2001 bestehende Regel-Ausnahme-Verhältnis zugunsten einer transparenten Verwaltung bei und sah die Kommission in der Pflicht, eine die Akteneinsicht ablehnende Entscheidung sorgfältig zu prüfen und zu begründen.

Demgegenüber bezog der EuGH die speziellen kartellrechtlichen Vorschriften unmittelbar bei der Auslegung der Ausnahmeregelungen mit ein und gelangte über den Ansatz einer kohärenten Auslegung der VO 1049/2001 und der speziellen, kartellverfahrensrechtlichen Regelungen zur Begründung einer Unzugänglichkeitsvermutung in Bezug auf die in der Verfahrensakte befindlichen Dokumente. Im Ergebnis bedeutet dies eine Umkehr des in der VO 1049/2001 angelegten Regel-Ausnahme-Verhältnisses zulasten des Antragstellers: Dieser muss die Vermutung widerlegen und sein überwiegendes Interesse hinsichtlich des Zugangs zu einem konkreten Dokument beweisen.[1454] Die Entwicklung einer solchen *„kohärenten Anwendung"* durch den EuGH führt damit im Ergebnis zu einem Vorrang der kartellverfahrensrechtlichen Akteneinsichtsregelungen.[1455]

Dadurch, dass es der Kommission ermöglicht wird, ohne größeren Begründungsaufwand eine pauschale Beurteilung nach Dokumentenkategorien vorzunehmen, wird sie in die Lage versetzt, einen Antrag auf Dokumentenzugang auch in Fällen abzulehnen, in denen dies möglicherweise

---

1454 Vgl. *C. Palzer* (Fn. 1437), S. 426.

1455 Vgl. *R. Hempel* (Fn. 1437), S. 298. Da die Unzugänglichkeitsvermutung die Gefahr, dass einem Antragsteller Zugang zu Dokumenten gewährt wird, die er nach der VO 1/2003 nicht erhalten hätte, nicht ausräumen kann, wäre es letztlich konsequenter gewesen, offen einen *lex specialis*-Ansatz zu verfolgen, vgl. *C. Palzer* (Fn. 1437), S. 426.

nicht erforderlich gewesen wäre.[1456] Die Aufgabe des Erfordernisses einer konkreten und individuellen Prüfung im Einzelfall führt daher letztlich dazu, dass das Verhältnismäßigkeitsprinzip bei der Anwendung der VO 1049/2001 nicht konsequent angewandt wird.[1457] Zudem ist zu beachten, dass die – vom EuGH implizit aufgegebene[1458] – enge Auslegung der Ausnahmen die grundsätzliche Bedeutung des Dokumentenzugangsrechts verdeutlicht.[1459] Die Unzugänglichkeitsvermutung des EuGH bewirkt damit, dass das in der VO 1049/2001 zum Ausdruck kommende Transparenzprinzip nicht mehr vollumfänglich zur Geltung gelangt, was im Ergebnis der Zielsetzung der VO 1049/2001 und des Art. 15 Abs. 3 AEUV widerspricht.[1460]

Eine Widerlegung der Vermutung dürfte in der Praxis schwierig sein. Es erscheint fraglich, ob es einem Antragsteller gelingen kann zu belegen, dass der Zugang zu einem bestimmten Dokument zur Geltendmachung seines Schadensersatzanspruches notwendig sei. Hierfür müsste der Antragsteller nachweisen, dass er auf die in dem begehrten Dokument enthaltenen Informationen angewiesen ist und er an diese Informationen auch nicht anderweitig gelangen kann, ohne jedoch den tatsächlichen Inhalt des Dokumentes zu kennen.[1461] Eine Möglichkeit zur Überwindung dieses Hindernisses besteht eventuell darin, in einem ersten Schritt Einblick in das Inhaltsverzeichnis der Verfahrensakte zu beantragen,[1462] und in einem zweiten Schritt einzelne Dokumente hieraus auszuwählen.[1463] Ob es Antragstellern gelingen wird, mit Hilfe der aus dem Inhaltsverzeichnis er-

---

1456 Vgl. *A. Epiney*, Die Rechtsprechung des EuGH im Jahr 2014 - Europäisches Verfassungsrecht, NVwZ 2015, S. 704 ff., S. 714.

1457 Vgl. *A. Epiney* (Fn. 1456), S. 714.

1458 Vgl. *A. Epiney* (Fn. 1456), S. 714.

1459 Vgl. in diesem Sinne etwa *EuG*, Urteil vom 22.05.2012, Rs. T-344/08 – *EnBW*, Rn. 126 unter Hinweis darauf, dass die *„Ausnahmen des Art. 4 der Verordnung Nr. 1049/2001 wegen des Ziels dieser Verordnung eng auszulegen und anzuwenden sind, das nach ihrem viertem Erwägungsgrund darin besteht, ‚dem Recht auf Zugang der Öffentlichkeit zu Dokumenten größtmögliche Wirksamkeit [zu] verschaffen‘".*

1460 Vgl. *A. Epiney* (Fn. 1456), S. 714.

1461 Vgl. insbesondere in Bezug auf die Kronzeugenanträge in der Verfahrensakte *R. Hempel* (Fn. 1437), S. 300.

1462 Eine Entscheidung der Kommission, mit der diese einem Antragsteller Einsicht in das Inhaltsverzeichnis einer Kartellverfahrensakte verweigert hatte, hat das *EuG* bereits für nichtig erklärt, vgl. *EuG*, Urteil vom 15.12.2011, Rs. T-437/08 – *CDC Hydrogene Peroxide*; dazu *R. Hempel* (Fn. 1435).

1463 Vgl. zu diesem Vorschlag *R. Hempel* (Fn. 1437), S. 300; *R. Inderst/S. Thomas*, Schadensersatz bei Kartellverstößen: Eine Untersuchung der juristischen und ökonomischen Grundlagen, Methoden und damit verbundenen Rechtsfragen

sichtlichen Informationen auch erfolgreich Einblick in die daraufhin konkret bezeichneten Dokumente zu erlangen, wird sich erst in der Zukunft zeigen.[1464]

Auch vor dem Hintergrund, dass nach Auffassung des EuGH ein Dokumentenzugang grundsätzlich erst nach Eintreten der Bestandskraft der Entscheidung möglich ist, dürfte ein Antrag auf Dokumentenzugang nach der VO 1049/2001 für potentielle Schadensersatzkläger seinen Anreiz verloren haben. In vielen Fällen wird die Bestandskraft erst nach Abschluss möglicherweise langjähriger Gerichtsverfahren eintreten.[1465] Zu diesem Zeitpunkt wird aber zumeist schon eine Verjährung der Schadensersatzansprüche drohen, so dass ein Abwarten für potentielle Kläger nicht möglich ist.[1466]

Das Urteil des EuGH in der Sache *EnBW* liegt dogmatisch auf einer Linie mit anderen Urteilen, in denen der EuGH zu der Frage nach dem Verhältnis zwischen dem allgemeinen Dokumentenzugangsrecht der VO 1049/2001 auf der einen Seite und sektorspezifischen Regelungen zur Akteneinsicht auf der anderen Seite Stellung genommen hat. So hatte der EuGH in seinem Urteil *Technische Glaswerke Ilmenau*[1467] in Bezug auf das Beihilfeverfahren und in seinen Urteilen *Éditions Odile Jacob*[1468] und *Agrofert*[1469] in Bezug auf das europäische Fusionskontrollverfahren einen ähnlichen Ansatz verfolgt.[1470] Im Ergebnis räumt der EuGH den Wertungen der jeweiligen sektorspezifischen Akteneinsichtsregelungen damit zum

---

betreffend die Ermittlung des Schadens bei Verstößen gegen das Kartellverbot (2015), S. 378.

1464 Einsicht in das Inhaltsverzeichnis der Kommissionakten ist von der Kommission bereits gewährt worden, vgl. etwa die Sachverhaltsschilderung in *EuG*, Urteil vom 07.07.2015, Rs. T-677/13 – *AXA*, Rn. 5. Zumindest hinsichtlich der Kronzeugenanträge erscheint ein erfolgreicher Zugangsantrag jedoch ohnehin mehr als unwahrscheinlich, vgl. *R. Inderst/S. Thomas* (Fn. 1463), S. 378.

1465 Bestandskraft tritt grundsätzlich zwei Monate nach Erlass der Entscheidung mit Ablauf der Klagefrist des Art. 263 Abs. 6 AEUV ein, sofern die Entscheidung nicht gerichtlich angefochten wird, vgl. *O. Dörr*, Art. 263 AEUV, in: Grabitz/Hilf/Nettesheim (Hrsg.), Das Recht der Europäischen Union (November 2012), Rn. 139.

1466 Vgl. hierzu *R. Hempel* (Fn. 1437), S. 300.

1467 *EuGH*, Urteil vom 29.06.2010, Rs. C-139/07 P – *Technische Glaswerke Ilmenau*.

1468 *EuGH*, Urteil vom 28.06.2012, Rs. C-404/10 P –*Éditions Odile Jacob SAS*.

1469 *EuGH*, Urteil vom 28.06.2012, Rs. C-477/10 P – *Agrofert Holding*.

1470 Vgl. *I. Vandenborre/T. Goetz*, Survey: EU Competition Law Procedural Issues, Journal of European Competition Law & Practice 2014, S. 648 ff., S. 652.

Schutz vor Umgehungsversuchen den Vorrang vor dem allgemeinen Dokumentenzugangsrecht ein.[1471]

3. Zugang zu Verfahrensakten nationaler Kartellbehörden

Die Frage nach einem Zugang zu Kartellverfahrensakten stellt sich grundsätzlich nicht nur auf europäischer, sondern parallel hierzu auch auf nationaler Ebene, da viele Kartellverfahren von nationalen Kartellbehörden geführt werden. In diesem Fall muss Einsicht in die Verfahrensakten nach den Vorschriften des jeweiligen nationalen Verfahrensrechts beantragt werden.[1472] Auf die VO 1049/2001 kann dagegen nicht zurückgegriffen werden, da diese lediglich den Zugang zu Dokumenten der europäischen Institutionen regelt.[1473]

Ausgelöst wurde die Diskussion[1474] um die Akteneinsicht in Verfahrensakten nationaler Kartellbehörden durch einen Antrag auf Einsicht in die Kronzeugendokumente von Teilnehmern eines Dekorpapierkartells, die sich in einer Verfahrensakte des Bundeskartellamts befanden. Nachdem

---

1471 So in Bezug auf das Verhältnis zu den kartellverfahrensrechtlichen Regelungen *R. Hempel* (Fn. 1437), S. 298.

1472 In Deutschland können sich potentielle Schadensersatzkläger im Nachgang zu einem Kartellbußgeldverfahren hierzu grundsätzlich auf § 406e Abs. 1 StPO in Verbindung mit § 46 Abs. 1 OWiG stützen.

1473 Vgl. Art. 1 lit. a) VO 1049/2001.

1474 Vgl. hierzu u.a. *T. Kapp*, Das Akteneinsichtsrecht kartellgeschädigter Unternehmen: Bonn locuta, causa finita?, WuW 2012, S. 474 ff.; *T. Mäger/D. J. Zimmer/S. Milde*, Access to Leniency Documents - Another Piece in the Puzzle Regarding Public and Private Antitrust Enforcement? (Germany), Journal of European Competition Law & Practice 2013, S. 182 ff.; *S. Dworschak/L. Maritzen*, Einsicht - der erste Schritt zur Besserung? Zur Akteneinsicht in Kronzeugendokumente nach dem Donau Chemie-Urteil des EuGH, WuW 2013, S. 829 ff.; *H. Dück/A. Eufinger/M. Schultes*, Das Spannungsverhältnis zwischen kartellrechtlicher Kronzeugenregelung und Akteneinsichtsanspruch nach § 406e StPO, EuZW 2012, S. 418 ff.; *C. Brömmelmeyer*, Effektiver Rechtsschutz: Hat der Kartellgeschädigte ein Grundrecht auf Akteneinsicht?, Frankfurter Newsletter zum Recht der Europäischen Union November 2011; *M. Fornasier/J. A. Sanner*, Die Entthronung des Kronzeugen? Akteneinsicht im Spannungsfeld zwischen behördlicher und privater Kartellrechtsdurchsetzung nach Pfleiderer, WuW 2011, S. 1067 ff.

das Bundeskartellamt die Akteneinsicht abgelehnt hatte,[1475] griff der Kläger diese Entscheidung vor dem Amtsgericht Bonn an. Dieses legte dem EuGH im Rahmen eines Vorabentscheidungsersuchens nach Art. 267 AEUV die Frage vor, ob die Vorschriften des europäischen Kartellrechts dahingehend auszulegen seien, dass eine Einsicht in Kronzeugendokumente zur Wahrung der Wirksamkeit und Funktionsfähigkeit des europäischen Kartellrechts unter dem Gesichtspunkt des *effet utile* abzulehnen sei.[1476]

Der EuGH entschied in seinem vielbeachteten Urteil *Pfleiderer*, dass bei der Prüfung eines Akteneinsichtsantrages zwischen dem Interesse des Geschädigten am Zugang zu den Kronzeugendokumenten und dem Schutz der vom Kronzeugen übermittelten Informationen abzuwägen sei.[1477] Diese Abwägung sei von den nationalen Gerichten jeweils im Einzelfall und unter Berücksichtigung aller maßgeblichen Gesichtspunkte der Rechtssache vorzunehmen.[1478] Nationale Gerichte müssten damit im Rahmen einer Einzelfallprüfung abwägen, ob im konkreten Fall das Interesse an einer effektiven Durchsetzung von Schadensersatzansprüchen oder dasjenige am Schutz eines funktionsfähigen Kronzeugenprogrammes überwiege.[1479] Das Erfordernis einer Einzelfallabwägung bestätigte der EuGH in seinem Urteil *Donau Chemie*.[1480] Darin hielt er eine Regelung des österreichischen Rechts, die den Zugang zur gesamten Verfahrensakte von der Zustimmung der Verfahrensbeteiligten abhängig machte und damit eine Akteneinsicht in Kronzeugendokumente faktisch ausschloss, für mit europäischem Recht unvereinbar.[1481]

1475 Eine Einsicht in die einige andere Teile der Akte wurde dagegen vom Bundeskartellamt gewährt, vgl. zu den Einzelheiten *EuGH*, Urteil vom 14.06.2011, Rs. C-360/09 – *Pfleiderer*, Rn. 11 ff.

1476 Vgl. *EuGH*, Urteil vom 14.06.2011, Rs. C-360/09 – *Pfleiderer*, Rn. 18; *R. Inderst/S. Thomas* (Fn. 1463), S. 371.

1477 Vgl. *EuGH*, Urteil vom 14.06.2011, Rs. C-360/09 – *Pfleiderer*, Rn. 30.

1478 Vgl. *EuGH*, Urteil vom 14.06.2011, Rs. C-360/09 – *Pfleiderer*, Rn. 31.

1479 *R. Inderst/S. Thomas* (Fn. 1463), S. 371. Das AG Bonn lehnte daraufhin den Antrag auf Einsicht in die Kronzeugenanträge ab, vgl. *AG Bonn*, Beschluss vom 18.01.2012, Az. 51 Gs 53/09; vgl. hierzu *N. F. Hauger/C. Palzer*, Verweigerung der Einsichtnahme in Bonusanträge nach EuGH "Pfleiderer" - die Folgeentscheidung des AG Bonn vom 18.01.2012 - 51 Gs 53/09, EWS 2012, S. 124 ff.

1480 Vgl. *P. Gussone/L. Maritzen*, Kommentar zum EuGH-Urteil "Donau Chemie", EWS 2013, S. 292 ff., S. 293.

1481 Vgl. *EuGH*, Urteil vom 06.06.2013, Rs. C-536/11 - *Donau Chemie*, Rn. 49; vgl. hierzu *C. Palzer*, Unvereinbarkeit der österreichischen Regelung zur Akteneinsicht Kartellgeschädigter mit EU-Recht, NZKart 2013, S. 324 ff.

4. Einführung der Schadensersatzrichtlinie

Der EuGH hat durch seine Rechtsprechung im Grundsatz einheitliche Wertungen für den Zugang zu europäischen und nationalen Kartellverfahrensakten geschaffen.[1482] Eine Offenlegung von Dokumenten ist nach Abwägung aller Umstände im Einzelfall danach zwar grundsätzlich möglich, eine Einsicht in Kronzeugenanträge scheidet jedoch in aller Regel aus.[1483]

Der europäische Gesetzgeber hat auf die Rechtsprechungsentwicklung und die hiermit verbundene Rechtsunsicherheit reagiert. Die Frage nach einer möglichen Verwendung der durch Akteneinsicht in die Verfahrensakten und insbesondere in Kronzeugenunterlagen gewonnenen Informationen ist inzwischen zum Gegenstand gesetzlicher Regelungen geworden. In Bezug auf nationale Verfahren ist die Richtlinie 2014/104/EU zu kartellrechtlichen Schadensersatzklagen (im Folgenden: „Schadensersatzrichtlinie") einschlägig,[1484] deren Art. 6 Abs. 6 und Art. 7 Abs. 1 insbesondere die Verwendung von Kronzeugenunterlagen in Gerichtsverfahren vollumfänglich ausschließen.[1485] Hinsichtlich der Kronzeugenunterlagen weicht die

---

1482 Vgl. *R. Hempel* (Fn. 1437), S. 299.

1483 Die Kommission nimmt im Gegenzug jedoch vermehrt detaillierte Informationen über Inhalt und Umfang kartellrechtswidriger Absprachen in die veröffentlichten Fassungen ihrer Bußgeldentscheidungen auf, vgl. hierzu insbesondere Teil 2/ F.II.2.c)bb).

1484 Richtlinie 2014/104/EU des Europäischen Parlamentes und des Rates vom 26.11.2014 über bestimmte Vorschriften für Schadensersatzklagen nach nationalem Recht wegen Zuwiderhandlungen gegen wettbewerbsrechtliche Bestimmungen der Mitgliedstaaten und der Europäischen Union, ABl. (EU) Nr. L 349 vom 05.12.2014, S. 1 ff. Vgl. zu Entwicklung und Inhalt der Schadensersatzrichtlinie G. *Weidenbach/M. Saller*, Das Weißbuch der Europäischen Kommission zu kartellrechtlichen Schadensersatzklagen: Darstellung und erste Bewertung wesentlicher Aspekte, BB 2008, S. 1020 ff.; *W. Mederer*, Richtlinienvorschlag über Schadensersatzklagen im Bereich des Wettbewerbsrechts, EuZW 2013, S. 847 ff.; *L. Fiedler* (Fn. 1380); *H. Schweitzer*, Die neue Richtlinie für wettbewerbsrechtliche Schadensersatzklagen, NZKart 2014, S. 335 ff.; *H. Janssen*, Schadensersatz wegen Verletzung des Kartellrechts - Auswirkungen der neuen EU-Richtlinie, CB 2015, S. 35 ff. Die Vorgaben der Schadensersatzrichtlinie werden in Deutschland mit der im Juni 2017 in Kraft getretenen 9. GWB-Novelle umgesetzt, vgl. hierzu A. *Weitbrecht*, Eine neue Ära im Kartellschadensersatzrecht – Die 9. GWB-Novelle, NJW 2017, S. 1574 ff.

1485 Vgl. *H. Schweitzer* (Fn. 1484), S. 342. Art. 6 Abs. 6 der Schadensersatzrichtlinie lautet: „*Die Mitgliedstaaten gewährleisten, dass die nationalen Gerichte für die Zwecke von Schadensersatzklagen zu keinem Zeitpunkt die Offenlegung der folgenden Beweismittelarten durch eine Partei oder einen Dritten anordnen können: a) Kronzeugenerklärungen und b) Vergleichsausführungen.*" Art. 7 Abs. 1 der Schadenser-

Schadensersatzrichtlinie von der Rechtsprechung des EuGH daher insoweit grundlegend ab, als sie keine Einzelfallabwägung vorsieht.[1486]

Aus diesem Grund wurde in der Literatur die Frage aufgeworfen, ob eine Regelung, die den nationalen Gerichten keinen Spielraum zur Interessenabwägung im Einzelfall lasse, mit dem Abwägungspostulat des EuGH in Einklang zu bringen sei,[1487] zumal sich der EuGH zur Begründung seiner Position auf den Effektivitätsgrundsatz[1488] und damit auf ein allgemeines, nicht zur Disposition des Unionsgesetzgebers stehendes Prinzip des europäischen Primärrechts gestützt habe.[1489] Hiergegen lässt sich allerdings einwenden, dass der EuGH in seinen Urteilen eine Abwägung durch das jeweils zuständige Gericht noch unter der Prämisse als erforderlich angesehen hat, dass keine einheitlichen, europäischen Regelungen zur Akteneinsicht in Verfahrensakten existieren.[1490] Die Regelungen der Schadensersatzrichtlinie zum Schutz von Kronzeugendokumenten schaffen dagegen eine solche einheitliche Regelung, da sie letztlich eine legislative Konkretisierung der vom EuGH geforderten Abwägung durch den Unionsgesetzgeber darstellen.[1491] Darüber hinaus besteht auch insoweit ein Unterschied im Verhältnis zu der dem Urteil in *Donau Chemie* zugrunde liegenden und vom EuGH beanstandeten Regelung, als dort im Ergebnis

---

satzrichtlinie lautet: *„Die Mitgliedstaaten gewährleisten, dass Beweismittel, die unter eine der in Artikel 6 Absatz 6 aufgeführten Kategorien fallen und von einer natürlichen oder juristischen Person allein durch Einsicht in die Akten einer Wettbewerbsbehörde erlangt wurden, in Verfahren über Schadensersatzklagen als unzulässig angesehen werden oder auf andere Weise nach dem anzuwendenden nationalen Recht geschützt sind, damit sichergestellt ist, dass die Beschränkungen für die Offenlegung von Beweismitteln nach Artikel 6 ihre volle Wirkung entfalten".*

1486 Vgl. etwa *H. Schweitzer* (Fn. 1484), S. 342; *F. Badtke/J. M. Lang*, Aktuelle Entwicklungen beim Akteneinsichtsrecht in Wettbewerbsverfahren, WuW 2016, S. 276 ff., S. 284 sowie *C. Vollrath*, Das Maßnahmenpaket der Kommission zum wettbewerbsrechtlichen Schadenersatz, NZKart 2013, S. 434 ff., S. 446.

1487 Vgl. etwa *P. Gussone/L. Maritzen* (Fn. 1480), S. 293, die starre gesetzliche Kriterien für unzulässig halten; kritisch auch *H. Schweitzer* (Fn. 1484), S. 342, 343.

1488 Vgl. *EuGH*, Urteil vom 06.06.2013, Rs. C-536/11 - *Donau Chemie*, Rn. 27 und 39.

1489 Vgl. *R. Inderst/S. Thomas* (Fn. 1463), S. 384; *T. Makatsch/A. S. Mir* (Fn. 1368), S. 9.

1490 Vgl. *I. Vandenborre/T. Goetz* (Fn. 1470), S. 650.

1491 Vgl. hierzu kritisch *H. Schweitzer* (Fn. 1484), S. 343; für eine Einschätzungsprärogative des Unionsgesetzgebers *C. Palzer* (Fn. 1481), S. 326.

nicht nur der Zugang zu Kronzeugendokumenten, sondern zur vollständigen Verfahrensakte untersagt wurde.[1492]

Parallel hierzu und im Hinblick auf ihre eigenen Verfahrensakten hat die Kommission die VO 773/2004 entsprechend geändert.[1493] Der neu aufgenommene Art. 16a Abs. 2 VO 773/2004 bestimmt, dass eine Einsicht in Kronzeugendokumente lediglich für die Ausübung von Verteidigungsrechten in Verfahren vor der Kommission gewährt wird. Akteneinsicht in Kronzeugendokumente ist somit nur noch für die Adressaten einer Mitteilung der Beschwerdepunkte zur Wahrung ihrer Verteidigungsrechte möglich. Für potentielle Schadensersatzkläger dürften Kronzeugendokumente angesichts dieser ausdrücklichen Regelung dagegen auch auf europäischer Ebene nicht mehr zugänglich sein.

Die Modalitäten zum Zugang zu den Verfahrensakten und insbesondere zu den hierin enthaltenen Kronzeugendokumenten sind somit auf nationaler wie auch auf europäischer Ebene gesetzlich festgelegt. Damit wird die Transparenz zugunsten Außenstehender zwar eingeschränkt, jedoch zumindest Rechtssicherheit sowohl für die geschädigten Unternehmen als auch für solche Unternehmen geschaffen, die eine Inanspruchnahme der Kronzeugenregelung der Kommission in Erwägung ziehen.

III. Zwischenergebnis

Die Frage nach der *ex post*-Transparenz des Kartellverfahrens durch Zugang zu den Verfahrensakten der Kommission auf Grundlage der VO 1049/2001 ist eng mit der Frage verbunden, ob das dort gewährte allgemeine Dokumentenzugangsrecht zur Informationsgewinnung für die Vorbereitung privater Schadensersatzklagen genutzt werden kann. Die VO 1049/2001 stellt einen Mechanismus zur Verfügung, der zur Verfahrenstransparenz beitragen und der Förderung demokratischer Strukturen so-

---

1492   Vgl. zu den Unterschieden zum Urteil des EuGH in *Donau Chemie* insbesondere *C. Vollrath* (Fn. 1486), S. 446. Solange kein Mitgliedstaat eine etwaige Unvereinbarkeit vor dem EuGH rügt, sind die Mitgliedstaaten zur Umsetzung der Schadensersatzrichtlinie auch weiterhin verpflichtet, vgl. *F. Badtke/J. M. Lang* (Fn. 1486), S. 284 m.w.N.; für eine Unvereinbarkeit mit europäischem Primärrecht *T. Makatsch/A. S. Mir* (Fn. 1368), S. 9.

1493   Vgl. Verordnung (EU) 2015/1348 vom 03.08.2015 zur Änderung der Verordnung (EG) Nr. 773/2004 über die Durchführung von Verfahren auf der Grundlage der Artikel 81 und 82 EG-Vertrag durch die Kommission, ABl. (EU) Nr. L 208 vom 05.08.2015, S. 3 ff.

wie der Ermöglichung von Verwaltungskontrolle hinsichtlich des Handels der Organe und Einrichtungen der Europäischen Union dienen soll.[1494] Unternehmen, die davon ausgehen, durch die Folgen eines Kartells geschädigt worden zu sein, nutzen die von der VO 1049/2001 geschaffenen Möglichkeiten zum Dokumentenzugang jedoch letztlich nicht zu diesem Zweck, sondern als Instrument zur Beweisgewinnung in privaten Gerichtsprozessen.[1495] Durch eine ablehnende Bescheidung ihrer Anträge werden sie weder vom demokratischen Legitimationsprozess ausgeschlossen, noch an der Ausübung von Verwaltungskontrolle gehindert.[1496] Vielmehr hat die Verweigerung von Dokumentenzugang vornehmlich zur Folge, dass ihnen die Sammlung von gerichtlich verwertbarem Beweismaterial zur substantiierten Darlegung ihrer Schadensersatzansprüche erschwert oder gegebenenfalls unmöglich gemacht wird. Zudem wollen die an dem Dokumentenzugang interessierten Unternehmen sich gerade nicht über die Arbeit der Kommission informieren, sondern Zugang zu den von betroffenen Unternehmen bereitgestellten und in die Verfahrensakte aufgenommenen Informationen erhalten.

Insbesondere in Fällen, in denen Antragsteller Einsicht in die in der Verfahrensakte befindlichen Kronzeugenanträge begehren, eröffnet sich das Spannungsfeld zwischen dem sog. *public enforcement*, d.h. der Kartellverfolgung durch eine im öffentlichen Interesse handelnde Behörde, und dem sog. *private enforcement*, der Durchsetzung des Kartellrechts im Wege privatrechtlicher Schadensersatzklagen.[1497] Die Gefahr, dass Kronzeugenprogramme der Kommission ihre Wirksamkeit verlieren, wenn Kronzeugen fürchten müssen, unmittelbar in den Fokus privater Schadensersatzkläger zu geraten, die ihre eigenen Kronzeugenanträge vollumfänglich gegen sie verwerten können, ist nicht von der Hand zu weisen. Es besteht daher das

---

1494 Vgl. *S. Milde* (Fn. 1371), S. 100 m.w.N.; siehe hierzu auch oben Teil 2/ H.I.

1495 Vgl. *U. Soltész/J. Marquier/F. Wendenburg* (Fn. 1390), S. 105 f., die hierin eine Zweckentfremdung der Transparenzverordnung sehen.

1496 Vgl. hierzu *S. Milde* (Fn. 1371), S. 101. Soweit ersichtlich, spielen Anträge von Personen, die aus anderen Motiven als der Vorbereitung von Schadensersatzklagen Einsicht in Kartellverfahrensakten auf Grundlage der VO 1049/2001 beantragen, in der Praxis bislang keine Rolle.

1497 Vgl. zu diesem Spannungsfeld *T. Kapp* (Fn. 1369), S. 320 f.

Risiko, dass das wirksamste Mittel der Kommission zur Aufdeckung von Kartellverstößen[1498] entwertet wird.[1499]

Überlegungen zum Zugang Außenstehender zur Verfahrensakte münden daher letztlich in die rechtspolitischen Frage, ob das *private enforcement* auch unter Inkaufnahme einer möglichen Beeinträchtigung der Kronzeugenprogramme als Grundlage eines effektiven *public enforcement* gestärkt werden soll. Dem haben die europäischen Gerichte und der europäische Gesetzgeber zumindest zum Schutz von Kronzeugendokumenten eine Absage erteilt und dem *public enforcement* insoweit den Vorrang eingeräumt.

1498 Vgl. *T. Eilmansberger*, The Green Paper on Damages Actions for Breach of the EC Antitrust Rules and beyond: Reflections on the Utility and Feasability of Stimulating Private Enforcement through Legislative Action, C.M.L.R. 2007, S. 431 ff., S. 435; *D. A. Jüntgen* (Fn. 1380), S. 128, sowie die bei *S. Milde* (Fn. 1371), S. 26 f. angeführten Zahlen.

1499 Ob diese Wirkung tatsächlich eintreten würde, ist allerdings unklar, vgl. *H. Schweitzer* (Fn. 1484), S. 341.

Zusammenfassung und Ausblick

Das europäische Kartellrecht ist eines der zentralen Rechtsgebiete des europäischen Wirtschaftsverwaltungsrechts, dessen Vorschriften sich unmittelbar an die in der Europäischen Union aktiven Unternehmen wenden. Zuständig für die Durchsetzung der kartellrechtlichen Regelungen der Art. 101 und 102 AEUV auf europäischer Ebene ist die Europäische Kommission in ihrer Funktion als europäische Wettbewerbsbehörde. Die Kommission verfügt zur Wahrnehmung dieser Aufgabe über erhebliche Eingriffs- und Sanktionsmöglichkeiten und kann etwa bei Verstößen gegen kartellrechtliche Regeln empfindlich hohe Bußgelder verhängen.

Das Kartellverfahren der Europäischen Union wird durch die der Kommission zukommende herausragende Rolle maßgeblich geprägt. Diese gründet insbesondere in den der Kommission zugewiesenen umfassenden Kompetenzen, da sie gleichzeitig die Funktionen einer Ermittlungs-, Anklage- und Entscheidungsbehörde in sich vereint. Diese Machtkonzentration der Kommission ist auch deswegen nicht unkritisch zu sehen, weil das Europäische Parlament gerade im Bereich des europäischen Kartellrechts nur über eingeschränkte Mitbestimmungs- und Kontrollrechte verfügt. Vor diesem Hintergrund und angesichts der immer weiter steigenden Höhe der von der Kommission verhängten Bußgelder ist die Ausgestaltung des europäischen Kartellverfahrens bereits seit längerer Zeit der Kritik ausgesetzt. In diesem Zusammenhang stellt sich daher die Frage, wie sich eine größere Verfahrensgerechtigkeit erreichen lässt, um die Legitimität und Akzeptanz des Verfahrens sowie der abschließenden Entscheidung zu steigern und ein Gegengewicht zur starken Stellung der Kommission im europäischen Kartellverfahren zu bilden. Diese Arbeit hat sich damit befasst, inwiefern Elemente einer transparenten Verfahrensgestaltung hierzu einen Beitrag leisten können.

Transparenz wird aufgrund ihrer gerechtigkeits- und legitimationsstiftenden Wirkung im Recht der Europäischen Union in den letzten Jahrzehnten immer stärker betont. Seit dem Vertrag von Amsterdam im Jahr 1999 ist der Transparenzgedanke im europäischen Primärrecht verankert, wo Art. 1 Abs. 2 EUV die „Offenheit" der Entscheidungen der Europäischen Union ausdrücklich hervorhebt. Darüber hinaus finden sich auch an vielen anderen Stellen Verweise auf die Transparenz der Europäischen Union und des Verwaltungshandelns der Kommission. Der Transparenzgrundsatz hat sich auf diesem Weg zu einem unionalen Verfassungsprinzip entwickelt. Seine Ausprägungen im europäischen Recht gehen über einen rein politischen Appellcharakter hinaus und fordern als Teil eines übergeordneten rechtlichen Leitbegriffs in allen Bereichen europäischen Verwaltungshandelns Transparenz verbindlich ein.

Dies gilt angesichts der umfangreichen hoheitlichen Eingriffsbefugnisse, die der Kommission bei der Durchsetzung des Kartellrechts zur Verfügung stehen, in besonderem Maße auch für das europäische Kartellverfahrensrecht. Im Rahmen der Untersuchung hat sich gezeigt, dass der Transparenz für die Erzielung von Verfahrensgerechtigkeit eine entscheidende Rolle zukommt. Unter Transparenz versteht diese Arbeit die Vorhersehbarkeit des Verfahrensverlaufs sowie die Nachvollziehbarkeit des Verfahrensergebnisses für die unmittelbar betroffenen Unternehmen, für mittelbar Betroffene sowie die interessierte Öffentlichkeit. Transparenz im Sinne einer Verfahrens- und Ergebnistransparenz trägt zu einer effektiveren öffentlichen Kontrolle des kartellbehördlichen Handelns und dadurch im Ergebnis zu einer Stärkung der demokratischen Legitimation der verfahrensabschließenden Entscheidung bei. Dies gilt insbesondere im Bereich des europäischen Kartellrechts, das durch eine Vielzahl von unbestimmten Rechtsbegriffen geprägt ist, bei deren Auslegung die europäischen Gerichte der Kommission angesichts der Komplexität der zu beurteilenden wirtschaftlichen Sachverhalte einen weiten Ermessensspielraum zugestehen. Transparenz dient daher der verfahrensrechtlichen Absicherung und Sichtbarmachung einer offenen Entscheidungsfindung sowie insbesondere der Sicherstellung eines auch von den Entscheidungsadressaten als gerecht empfundenen Ergebnisses.

Zur Beurteilung und Untersuchung der Transparenz des europäischen Kartellverfahrens hat diese Arbeit auf Grundlage verschiedener internationaler Studien wesentliche Elemente zur transparenten Gestaltung kartellbehördlicher Tätigkeit herausgearbeitet. Hierzu zählen zunächst Elemente einer allgemeinen organisatorischen Transparenz, zu der neben der Öffentlichkeitsarbeit die Veröffentlichung von einschlägigen Rechtsvorschriften und Verfahrensregeln gehören. Wesentliche Elemente einer prozeduralen, auf ein konkretes Kartellverfahren bezogenen Transparenz bestehen dagegen vor allem in einer offenen Kommunikation im Verlauf des Verfahrens, der Gewährung von Akteneinsichts- und Anhörungsrechten sowie der Veröffentlichung und Begründung der verfahrensabschließenden Entscheidung.

Die Untersuchung des europäischen Kartellverfahrens und seiner einzelnen Abschnitte hat gezeigt, dass das Handeln der Kommission vor diesem

Hintergrund insgesamt transparent ausgestaltet ist. Insbesondere sieht das europäische Recht durchgängig eine Veröffentlichung der Verfahrensregelungen in verschiedenen Verordnungen und Bekanntmachungen, die Möglichkeit zur Akteneinsicht und Stellungnahme sowie die Bekanntgabe der abschließenden begründeten Entscheidung sowohl gegenüber den Entscheidungsadressaten als auch der interessierten Öffentlichkeit vor. Gezeigt hat sich auch, dass die Bedeutung von Transparenz im europäischen Kartellverfahren in der Vergangenheit stetig zugenommen hat und die Kommission bestrebt ist, die Objektivität, Vorhersehbarkeit und Nachvollziehbarkeit ihrer Tätigkeit weiter zu steigern. Ausdruck dieser gesteigerten Bedeutung sind etwa die Veröffentlichung von *Best Practices* sowie der Erlass des Mandats des Anhörungsbeauftragten im Jahr 2011, die ausdrücklich diesem Ziel dienen und eine Reihe von Maßnahmen zur Steigerung der Transparenz im europäischen Kartellverfahren enthalten.

Der allgemeine Bedeutungsaufschwung von Transparenz im europäischen Kartellverfahren kann aber nicht darüber hinwegtäuschen, dass die Analyse der verschiedenen Verfahrensabschnitte durchaus auch erhebliche Transparenzdefizite gezeigt hat. Ob und inwiefern diese Transparenzdefizite in Zukunft behoben werden sollten, ist ebenfalls Gegenstand dieser Arbeit. Dies wurde unter Berücksichtigung des Spannungsverhältnisses zwischen einer Steigerung der Transparenz auf der einen Seite und einem möglichen Verlust an Effizienz des Verfahrens sowie dem notwendigen Schutz von legitimen Geheimhaltungsinteressen verschiedener Akteure auf der anderen Seite diskutiert. Die wesentlichen, sich daraus ergebenden Reformvorschläge sollen an dieser Stelle im Wege eines Ausblicks und als mögliche Grundlage für zukünftige Vorhaben zur Steigerung der Transparenz des europäischen Kartellverfahrens noch einmal zusammengefasst werden.

Die Analyse der am Beginn eines Verfahrens stehenden Fallverteilung im Netzwerk der europäischen Wettbewerbsbehörden hat ergeben, dass sich die Mitglieder des ECN zwar zu einer transparenten Verteilung bekennen, dies jedoch durch die Ausgestaltung der Fallverteilungsmechanismen in der Netzbekanntmachung vielfach nicht gewährleistet ist. Aufgrund der erheblichen Auswirkungen einer Umverteilung für die betroffenen Unternehmen wäre es zur Herstellung von Transparenz insbesondere erforderlich, die Verteilungskriterien in einer rechtlich verbindlichen Form festzuschreiben, den Betroffenen eine beabsichtigte Umverteilung bereits zuvor mitzuteilen und ihnen eine Anhörungsmöglichkeit hierzu einzuräumen. Unabhängig von einem einzelnen Verfahren wäre es darüber hinaus sinnvoll, wenn das ECN als wettbewerbspolitisches Diskussionsforum mehr Öffentlichkeitsarbeit betriebe und insbesondere etwa die im ECN erarbeiteten Arbeitsprogramme, Sitzungsergebnisse und Schlussfolgerungen gegenüber der Öffentlichkeit bekanntgeben würde.

Auch in der Ermittlungsphase sind die Informations- und Mitwirkungsrechte der betroffenen Unternehmen und anderer Akteure grundsätzlich stark eingeschränkt. Diese Einschränkungen resultieren insbesondere aus der Funktion der Ermittlungsphase, die vorrangig der zügigen Informationsgewinnung durch die Kommission und der effektiven Aufdeckung von kartellrechtswidrigen Verhaltensweisen dient. Dennoch lässt sich feststellen, dass die Kommission durch die Einführung der *Best Practices* im Jahr 2011 eine positive Entwicklung hin zu mehr Transparenz auf den Weg gebracht hat. Die *Best Practices* sehen einige hilfreiche Klarstellungen und Hinweise auf Partizipations- und Informationsmöglichkeiten vor, die insbesondere eine frühzeitige Kommunikation zwischen der Kommission und den betroffenen Unternehmen fördern sollen. Dies gilt etwa für die Möglichkeit, im Rahmen von Treffen zum Verfahrensstand mit der Kommission in Kontakt zu treten. Es wäre jedoch zur Steigerung der Transparenz insbesondere sinnvoll, die *Best Practices* vom Status des *soft law* in eine rechtlich verbindliche Form zu überführen und auch in Kartellsachen angemessene (wenn auch abgeschwächte) Kommunikationsmöglichkeiten für die betroffenen Unternehmen vorzusehen.

Die Anhörung der betroffenen Unternehmen vor dem Anhörungsbeauftragten, der die Wahrung der Verteidigungsrechte und eine faire und objektive Entscheidungsfindung gewährleisten soll, ist ein Kernelement eines transparenten Kartellverfahrens. Gerade an der Ausgestaltung der Anhörungsphase entzündet sich jedoch zum Teil erhebliche Kritik. Trotz der beständigen Ausweitung der Kompetenzen des Anhörungsbeauftragten in der Vergangenheit fehlen ihm noch immer wesentliche Befugnisse, die erforderlich wären, um ihm die Position einer starken und unabhänigen Kontrollinstanz zu verleihen und ihn als Gegengewicht zur Machtfülle der Kommission zu etablieren. Die Aufwertung der Stellung des Anhörungsbeauftragten würde ihn einer richterähnlichen Schiedsperson weiter annähern. Hiermit wäre in der Folge eine Änderung der bisherigen Struktur der Anhörung zu einem stärker kontradiktorisch geprägten Verfahrensabschnitt verbunden. Ein solcher Strukturwandel erscheint aufgrund des zumindest strafrechtsähnlichen Charakters der Kartellgeldbußen, der Machtfülle der Kommission und der zum Teil eingeschränkten Überprüfung des Kartellverfahrens durch die europäischen Gerichte angebracht.

Vor diesem Hintergrund sollte der Anhörungsbeauftragte insbesondere befugt werden, Belastungszeugen verbindlich zu laden, so dass er sowie die betroffenen Unternehmen eine Möglichkeit zu deren Befragung in der mündlichen Anhörung erhalten. Seit Einführung einer Kronzeugenregelung nach US-amerikanischem Vorbild stützt sich die Kommission zunehmend auf die Aussagen von Kronzeugen, die der Kommission als Gegenleistung für einen Erlass oder eine Reduzierung ihrer Bußgelder Informationen über Ziele, Reichweite und Funktionsweise eines Kartells anbieten. Da die Kommission Bußgeldminderungen nur bei Übermittlung umfassender und für sie mit einem Mehrwert verbundener Informationen gewährt, besitzen Kronzeugen ein erhebliches Eigeninteresse an der Zurverfügungstellung belastender Informationen. Angesichts der Tatsache, dass die Kronzeugenerklärungen in der Regel auch nicht im Rahmen von Zeugenvernehmungen vor den europäischen Gerichten grundlegend auf ihre Belastbarkeit hin überprüft werden, ist zur Wahrung der Fairness und Transparenz des Verfahrens eine Möglichkeit zur Befragung in der mündlichen Anhörung erforderlich. Darüber hinaus sollte auch die Zulassung der Öffentlichkeit zur mündlichen Anhörung erwogen werden. Anregungen zur konkreten Ausgestaltung des Verfahrens können etwa dem Verfahren vor dem *Administrative Law Judge* der *FTC* entnommen werden.

Von weitaus geringerer Bedeutung als die Anhörungsphase ist die im Anschluss daran durchgeführte Konsultation des Beratenden Ausschusses für Kartell- und Monopolfragen, durch den die nationalen Kartellbehörden am Entscheidungsprozess der Kommission beteiligt werden. Eine gesonderte Anhörungsmöglichkeit der betroffenen Unternehmen vor dem Beratenden Ausschuss ist nicht vorgesehen, erscheint aber aufgrund der Unverbindlichkeit seiner Stellungnahmen und der zuvor stattfindenden Anhörung vor dem Anhörungsbeauftragten, bei der sich die betroffenen Unternehmen zu allen gegen sie vorgebrachten belastenden Tatsachen äußern können, auch nicht erforderlich. Insgesamt ist festzustellen, dass die Arbeit des Beratenden Ausschusses zwar nicht öffentlich stattfindet, ein Mindestmaß an *ex post*-Transparenz aber dadurch hergestellt wird, dass die Stellungnahmen auf regelmäßige Empfehlung des Beratenden Ausschusses veröffentlicht werden. Ein weiterer Schritt zu mehr Transparenz könnte hier durch eine zwingende Veröffentlichung und umfassendere inhaltliche Begründung der Stellungnahmen des Beratenden Ausschusses erreicht werden.

Am Ende eines Kartellverfahrens steht eine abschließende Entscheidung der Kommission, die ausführlich begründet werden muss und regelmäßig Angaben zum festgestellten Sachverhalt, den zur Last gelegten Rechtsverstößen und eine rechtliche Bewertung enthält. Die Entscheidung wird anschließend durch die Kommission unter Berücksichtigung der Schutzwürdigkeit vertraulicher Informationen in einer möglichst vollständigen Fassung veröffentlicht, so dass dadurch eine weitgehende Transparenz des Ergebnisses eines Kartellverfahrens hergestellt wird. Wenig transparent erscheint jedoch das Verfahren, in welchem die Entscheidung der Kommission durch das Kollegium der Kommissare getroffen wird. Hierbei handelt es sich um ein vornehmlich politisches Gremium, dessen Mitglieder mit Ausnahme des für Wettbewerb zuständigen Kommissionsmitgliedes an der Vorbereitung der Entscheidung nicht beteiligt waren und in der Regel auch keine Fachkenntnisse besitzen. Da einzelne Kartellverfahren zum Teil erhebliche Öffentlichkeitswirkung entfalten und nationale Interessen berühren können, sollte bei dieser Entscheidung jeglicher Anschein einer politischen Einflussnahme von vornherein ausgeschlossen werden können. Es wäre deshalb zu begrüßen, wenn auch informelle Treffen etwa des Wettbewerbskommissars mit Interessenvertretern im Zusammenhang mit einem Kartellverfahren offengelegt würden.

Im Rahmen dieser Arbeit ebenfalls untersucht wurde das Recht kartellgeschädigter Unternehmen auf Zugang zur Verfahrensakte der Kommission nach der VO 1049/2001, das diese mit dem Ziel der Prüfung möglicher Schadensersatzansprüche nutzen. Insbesondere die Möglichkeit zur Einsicht in die in den Kronzeugenanträgen enthaltenen Informationen wurde unter dem Aspekt der Transparenz des Kartellverfahrens in der Vergangenheit intensiv diskutiert. Diese Form der *ex post*-Transparenz ist dabei eng mit der rechtspolitischen Frage nach dem Verhältnis des *public enforcement*, d.h. der Kartellrechtsdurchsetzung durch die Kartellbehörden, und dem *private enforcement* im Wege von *follow on*-Schadensersatzklagen kartellgeschädigter Unternehmen verbunden. Transparenz dient in dieser Hinsicht nicht dem Ziel einer Kontrolle des Kommissionshandelns oder der Gewährleistung einer offenen und fairen Verfahrensführung, sondern der Vorbereitung privater Schadensersatzklagen. Der EuGH hat den Versuchen geschädigter Unternehmen, Zugang zur Verfahrensakte und insbesondere den darin befindlichen Kronzeugendokumenten zu erhalten, weitgehend eine Absage erteilt und damit den speziellen kartellverfahrensrechtlichen Akteneinsichtsregelungen im Ergebnis einen Vorrang gegenüber dem allgemeinen Dokumentenzugangsrecht der VO 1049/2001 eingeräumt. Dieser restriktive Ansatz spiegelt sich auch in den aktuellen Änderungen der Rechtslage wider, die die Einsichtnahmemöglichkeiten für Schadensersatzkläger in Kronzeugendokumente weiter einschränkt. Dies ist vor allem Ausdruck einer rechtspolitischen Entscheidung zum Schutz des wirksamen Kronzeugenprogramms und zugunsten eines *public enforcement* des europäischen Kartellrechts durch die Kommission.

Die in dieser Arbeit durchgeführte Untersuchung hat gezeigt, dass das europäische Kartellverfahren an vielen Stellen Transparenzdefizite aufweist, jedoch auch eine Entwicklung hin zu einer transparenteren Verfahrensführung zu verzeichnen ist. Es bleibt zu hoffen, dass die Kommission den bereits eingeschlagenen Weg hin zu einer möglichst offenen und fairen Entscheidungsfindung weiter beschreitet und einer transparenten Ausgestaltung der kartellverfahrensrechtlichen Entscheidungsmechanismen auch zukünftig eine wachsende Bedeutung beimisst. Die in dieser Arbeit unterbreiteten Vorschläge sollen eine Orientierung bieten, wie dieser Weg im Bereich des Kartellverfahrensrechts sinnvoll fortgesetzt werden kann.

Literaturverzeichnis

M. Albers, Aktuelle Entwicklungen in der Praxis des Anhörungsbeauftragten (2012), abrufbar unter: http://ec.europa.eu/competition/hearing_officers/albers_anhoerungsbeauftragten_de.pdf (zuletzt besucht am 5.8.2020).

M. Albers/J. Jourdan, The Role of Hearing Officers in EU Competition Proceedings: A Historical and Practical Perspective, J.E.C.L.P. 2011, S. 185 ff.

M. Albers/K. Williams, Oral Hearings – Neither a Trial Nor a State of Play Meeting, The CPI Antitrust Journal 2010, S. 2 ff.

S. Albrecht, Die neue Kronzeugenmitteilung der Europäischen Kommission in Kartellsachen, WRP 2007, S. 417 ff.

J. Almunia, Due Process and competition enforcement, Rede gehalten am 17.9.2010 auf der IBA – 14th Annual Competition Conference in Florenz, abrufbar unter: http://europa.eu/rapid/press-release_SPEECH-10-449_en.htm?locale=en (zuletzt besucht am 5.8.2020).

American Bar Association, Joint Comments of the American Bar Association, Sections of Antitrust Law and Section of International Law, to the European Commission regarding Consultation Documents on Improved Transparency and Predictability in Competition Proceedings (2010).

A. Andreangeli, Toward an EU Competition Court: "Article-6-Proofing" Antitrust Proceedings before the Commission?, World Competition 2007, S. 595 ff.

A. Andreangeli/O. Brouwer u.a., Enforcement by the Commission: The Decisional and Enforcement Structure in Antitrust Cases and the Commission's Fining System (2009), abrufbar unter http://www.learlab.com/conference2009/documents/The%20decisional%20and%20enforcement%20structure%20and%20the%20Commission_s%20fining%20system%20GERADIN.pdf (zuletzt besucht am 5.8.2020).

C. Appl/M. Winner, Das kartellrechtliche Settlement zwischen Transparenz und Verfahrensökonomie, wbl 2014, S. 421 ff.

Association of Southeast Asian Nations, ASEAN Regional Guidelines on Competition Policy (2010), abrufbar unter: http://www.icao.int/sustainability/Compendium/Documents/ASEAN/ASEAN-RegionalGudelinesonCompetitionPolicy.pdf (zuletzt besucht am 5.8.2020).

I. Augsberg, Informationsverwaltungsrecht: Zur kognitiven Dimension der rechtlichen Steuerung von Verwaltungsentscheidungen (2014).

S. Augsberg, Europäisches Verwaltungsorganisationsrecht und Vollzugsformen, in: Terhechte (Hrsg.), Verwaltungsrecht der Europäischen Union (2011), 201.

F. Badtke/J. M. Lang, Aktuelle Entwicklungen beim Akteneinsichtsrecht in Wettbewerbsverfahren, WuW 2016, S. 276 ff.

I. v. Bael, Transparency of E.C. Commission Proceedings, in: Slot/McDonnell (Hrsg.), Procedure and enforcement in E.C. and U.S. competition law, Proceedings of the Leiden Europa Instituut Seminar on user-friendly competition law, 19 and 20 November 1992 (1993), 192.

I. v. Bael, Due Process in EU Competition Proceedings (2011).

D. A. Balto, The FTC at a Crossroads: Can it be both Prosecutor and Judge?, Legal Backgrounder 2013, S. 1 ff.

J. Basedow/J. P. Terhechte/L. Tichý (Hrsg.), Private enforcement of competition law (2011).

C. Baudenbacher/E. Coulon/C. Gulmann/K. Lenaerts/E. Barbier de la Serre (Hrsg.), Liber Amicorum en l'honneur de/ in honour of Bo Vesterdorf (2007).

S. Bechtold/J. Jickeli/M. Rohe (Hrsg.), Recht, Ordnung und Wettbewerb: Festschrift zum 70. Geburtstag von Wernhard Möschel (2011).

R. Bechtold, Modernisierung des EG-Wettbewerbsrechts: Der Verordnungs-Entwurf der Kommission zur Umsetzung des Weißbuchs, BB 2000, S. 2425 ff.

R. Bechtold/W. Bosch, GWB⁹ (2018).

R. Bechtold/W. Bosch/I. Brinker, EU-Kartellrecht³ (2014).

P. Behrens/E. Braun/C. Nowak (Hrsg.), Europäisches Wettbewerbsrecht nach der Reform¹ (2006).

W. Berg/G. Mäsch (Hrsg.), Praxiskommentar zum deutschen und europäischen Kartellrecht² (2015).

J. Bergmann, Handlexikon der Europäischen Union⁵ (2015).

D. Bernhardt, Ex ante-Transparenz im Verwaltungsverfahren: Anforderungen an die Vorhersehbarkeit behördlicher Entscheidungen (2011).

U. Bernitz/J. Nergelius/C. Cardner/X. Groussot (Hrsg.), General principles of EC law in a process of development: Reports from a conference in Stockholm, 23-24 March 2007, organised by the Swedish Network for European Legal Studies (2008).

G. M. Berrisch, Anmerkung zu EuG, Beschluss vom 16.11.2012 – T-341 R (Evonik Degussa), EuZW 2013, S. 39 f.

A. Birk, Informationen von Kronzeugen grundsätzlich publizierbar, GruR-Prax 2015, S. 118.

A.-H. Bischke/S. Brack, EU Kommission reformiert Kartellverfahren – neue Best Practices und Stärkung des Anhörungsbeauftragten, NZG 2011, S. 1261.

S. Blake/D. Schnichels, Schutz der Kronzeugen im neuen EG-Wettbewerbsrecht, EuZW 2004, S. 551 ff.

W. Blumenthal, Models for merging the US antitrust agencies, Journal of Antitrust Enforcement 2013, S. 24 ff.

S. Brammer, Concurrent Jurisdiction under Regulaton 1/2003 and the Issue of Case Allocation, C.M.L.R. 2005, S. 1383 ff.

S. Brammer, Co-operation between national competition agencies in the enforcement of EC competition law (2009).

E. Braun/R. Galle, Effektivere gerichtliche Kontrolle von EU-Kommissionsentscheidungen in Kartellbußgeldsachen: Trendwende in der EuG-Rechtsprechung?, CCZ 2013, S. 109 ff.

T. Brenner, Das Vergleichsverfahren der Europäischen Kommission in Kartellfällen (2012).

M. Breuer, „Wasch mir den Pelz, aber mach mich nicht nass!" Das zweite Gutachten des EuGH zum EMRK-Beitritt der Europäischen Union, EuR 2015, S. 330 ff.

I. Brinker (Hrsg.), Recht und Wettbewerb: Festschrift für Rainer Bechtold zum 65. Geburtstag (2006).

J. Bröhmer, Transparenz als Verfassungsprinzip: Grundgesetz und Europäische Union (2004).

C. Brömmelmeyer, Effektiver Rechtsschutz: Hat der Kartellgeschädigte ein Grundrecht auf Akteneinsicht?, Frankfurter Newsletter zum Recht der Europäischen Union November 2011.

G.-K. d. Bronett, Europäisches Kartellverfahrensrecht: Kommentar zur VO 1/2003[2] (2012).

G.-K. d. Bronett, Kommunikationsdefizite der Kommission bezüglich ihrer verfahrensabschließenden Kartellbeschlüsse, in: Studienvereinigung Kartellrecht e.V. (Hrsg.), Kartellrecht in Theorie und Praxis: Festschrift für Cornelis Canenbley zum 70. Geburtstag (2012), 89.

G.-K. d. Bronett, Plädoyer für eine Reform der Aufgabenverteilung zwischen der Kommission und dem Gerichtshof der EU bei der Anwendung der Art. 101 und 102 AEUV in Einzelfällen, ZWeR 2012, S. 157 ff.

O. Brouwer/D. Mes, The tide of transparency has reached antitrust shores: the use of regulation 1049/2001 in EU antitrust (related) proceedings, in: Baudenbacher/Coulon/Gulmann/Lenaerts/Barbier de la Serre, Eric (Hrsg.), Liber Amicorum en l'honneur de/ in honour of Bo Vesterdorf (2007), 451.

E. Bueren, Verständigungen – Settlements in Kartellbußgeldverfahren: Eine Untersuchung des Vergleichsverfahrens der Kommission mit einer rechtsvergleichenden und rechtsökonomischen Analyse (2011).

E. Bueren, EU-Kartellbußgeldverfahren und EMRK: Aktuelle Implikationen aus der Rechtsprechung des EGMR: Zugleich Besprechung von EGMR, 27.10.2011, Menarini Diagnostics vs. Italy, EWS 2012, S. 363 ff.

E. Bueren, Reform des Mandats des Anhörungsbeauftragten in Wettbewerbsverfahren – Kleiner Schritt oder großer Wurf?, WuW 2012, S. 684 ff.

Bundesverband der deutschen Industrie e.V./Deutscher Industrie- und Handelskammertag, Stellungnahme zur Konsultation der Europäischen Kommission zu mehr Transparenz und Vorhersehbarkeit in Kartelluntersuchungen (2010).

J. Busch/K. Sellin, Vertrauen in die Vertraulichkeit – Kronzeugenverfahren in Europa auf der Probe, BB 2012, S. 1167 ff.

C. Calliess/M. Ruffert (Hrsg.), EUV, AEUV: Das Verfassungsrecht der Europäischen Union mit Europäischer Grundrechtecharta[5] (2016).

C. Calliess, Die neue Europäische Union nach dem Vertrag von Lissabon: Ein Überblick über die Reformen unter Berücksichtigung ihrer Implikationen für das deutsche Recht (2010).

T. Calvani/A. M. Diveley, The FTC at 100: A Modest Proposal for Change, George Mason Law Review 2014, S. 1169 ff.

J. R. Calzado/G. de Stefano, Rights of Defence in Cartel Proceedings: Some Ideas for Manageable Improvements, in: Cardonnel/Rosas/Wahl (Hrsg.), Constitutionalising the EU judicial System: Essays in Honour of Pernilla Lindh (2012), 423.

R. Caranta, Democracy, Legitimacy and Accountability – is there a Common European Theoretical Framework?, in: M. Ruffert (Hrsg.), Legitimacy in European administrative law: Reform and reconstruction (2011), 175.

A.-L. C. Caravaco/J. Suderow, WPP-Entscheidung: Zur Zuständigkeit des Anhörungsbeauftragten und der Reichweite der Veröffentlichung von Kronzeugenerklärungen, WuW 2017, S. 270 ff.

P. Cardonnel/A. Rosas/N. Wahl (Hrsg.), Constitutionalising the EU judicial System: Essays in Honour of Pernilla Lindh (2012).

F. Castenholz, Informationszugangsfreiheit im Gemeinschaftsrecht (2004).

F. Cengiz, Multi-level governance in competition policy: the European Competition Network, European Law Review 2010, S. 660 ff.

Clifford Chance, Comments on the European Commission's guidance on (I) Best Practices for the Submission of Economic Evidence (II) Best Practices in Antitrust Proceedings and (III) Guidance on Procedures of the Hearing Officer (2010).

M. B. Coate/A. N. Kleit, Does it Matter that the Prosecutor is Also the Judge? The Administrative Complaint Process at the Federal Trade Commission, Managerial and Decision Economics 1998, S. 1 ff.

D. A. Crane, The institutional structure of antitrust enforcement (2011).

K. Cseres/J. Mendes, Consumers' Access to EU Competition Law Procedures: Outer and Inner Limits, C.M.L.R. 2014, S. 483 ff.

D. Dalheimer/C. T. Feddersen/G. Miersch, EU-Kartellverfahrensverordnung: Kommentar zur VO 1/2003 (2005).

J. Davidow, EEC Fact-Finding Procedures in Competition Cases: An American Critique, C.M.L.R. 1977, S. 175 ff.

K. Dekeyser/M. Jaspers, A New Era of ECN Cooperation: Achievements and Challenges with Special Focus on Work in the Leniency Field, World Competition 2007, S. 3 ff.

K. Dekeyser/F. Polverino, The ECN and the Model Leniency Programme, in: Kokkoris/Lianos (Hrsg.), The reform of EC competition law: New challenges (2010), 505.

A. Deringer, Stellungnahme zum Weißbuch der Europäischen Kommission über die Modernisierung der Vorschriften zur Anwendung der Art. 85 und 86 EG-Vertrag, EuZW 2000, S. 5 ff.

N. P. Diamandouros, Improving EU Competition Law Procedures by Applying Principles of Good Administration: The Role of the Ombudsman, Journal of European Competition Law & Practice 2010, S. 379 ff.

O. K. Dietlmeier, Rechtsfragen der Publizität im kommunalen Unternehmensrecht (2015).

A. Dittrich, Kronzeugenanträge und Rechtsschutz, WuW 2012, S. 133 ff.

K.-P. Dolde, Verwaltungsverfahren und Deregulierung, NVwZ 2006, S. 857 ff.

H. Dück/A. Eufinger/M. Schultes, Das Spannungsverhältnis zwischen kartellrechtlicher Kronzeugenregelung und Akteneinsichtsanspruch nach § 406e StPO, EuZW 2012, S. 418 ff.

S. Durande/M. Kellerbauer, Der Anhörungsbeauftragte in EG-Wettbewerbsverfahren, WuW 2007, S. 865 ff.

S. Durande/K. Williams, The practical impact of the exercise of the right to be heard: A special focus on the effect of Oral Hearings and the role of the Hearing Officers, Competition Policy Newsletter Summer 2005, S. 22 ff.

S. Dworschak/L. Maritzen, Einsicht – der erste Schritt zur Besserung? Zur Akteneinsicht in Kronzeugendokumente nach dem Donau Chemie-Urteil des EuGH, WuW 2013, S. 829 ff.

ECLF Working Group on Transparency and Process, Transparency and Process: Do we need a new Mandate for the Hearing Officer?, European Competition Journal 2010, S. 475 ff.

C.-D. Ehlermann/I. Atanasiu (Hrsg.), European competition law annual 2002, constructing the EU network of competition authorities (2004).

C.-D. Ehlermann, The European administration and the public administration of Member States with regard to competition law, E.C.L.R. 1996, S. 454 ff.

T. Eilmansberger, The Green Paper on Damages Actions for Breach of the EC Antitrust Rules and beyond: Reflections on the Utility and Feasability of Stimulating Private Enforcement through Legislative Action, C.M.L.R. 2007, S. 431 ff.

A. Epiney, Die Rechtsprechung des EuGH im Jahr 2014 – Europäisches Verfassungsrecht, NVwZ 2015, S. 704 ff.

Europäische Kommission, Glossar der Wettbewerbspolitik der EU: Kartellrecht und Kontrolle von Unternehmenszusammenschlüssen.

U. Everling/K.-H. Narjes/J. Sedemund (Hrsg.), Europarecht, Kartellrecht, Wirtschaftsrecht: Festschrift für Arved Deringer (1993).

E. R. Fidell, Transparency, 2009, Hastings Law Journal 2009-2010, S. 457 ff.

L. Fiedler, Der aktuelle Richtlinienvorschlag der Kommission – der große Wurf für den kartellrechtlichen Schadensersatz?, BB 2013, S. 2179 ff.

H. First/E. M. Fox/D. E. Hemli, The United States: The Competition Law System and the Country's Norms, in: Fox/Trebilcock (Hrsg.), The design of competition law institutions: Global norms, local choices (2013), 329.

J. Flattery, Balancing Efficiency and Justice in EU Competition Law: Elements of Procedural Fairness and their Impact on the Right to a Fair Hearing, The Competition Law Review 2010, S. 53 ff.

M. Fornasier/J. A. Sanner, Die Entthronung des Kronzeugen? Akteneinsicht im Spannungsfeld zwischen behördlicher und privater Kartellrechtsdurchsetzung nach Pfleiderer, WuW 2011, S. 1067 ff.

I. S. Forrester, Due process in EC competition cases: a distinguished institution with flawed procedures, European Law Review 2009, S. 817 ff.

Fox/Trebilcock (Hrsg.), The design of competition law institutions: Global norms, local choices (2013).

E. M. Fox, Antitrust and Institutions: Design and Change, Loyola University Chicago Law Journal 2009-2010, S. 473 ff.

E. M. Fox/M. J. Trebilcock, Introduction, The GAL Competition Project: The Global Convergence of Process Norms, in: Fox/Trebilcock (Hrsg.), The design of competition law institutions: Global norms, local choices (2013), 1.

C. Franzius, § 4 Rolle des Verfassungsrahmens, in: Leible/Terhechte (Hrsg.), Europäisches Rechtsschutz- und Verfahrensrecht (2014), 105.

W. Frenz, Dokumentenzugang vs. Kronzeugenregelung, EuZW 2013, S. 778 ff.

W. Frenz, Handbuch Europarecht, Band 2 – Europäisches Kartellrecht² (2015).

H.-J. Freund, Verteidigungsrechte im kartellrechtlichen Bußgeldverfahren: Zu den Urteilen ADM, Bolloré und Akzo Nobel des Gerichtshofs, EuZW 2009, S. 839 ff.

A. Frost, Restoring Faith in Government: Transparency Reform in the United States and the European Union, European Public Law 2003, S. 87 ff.

D.-U. Galetta, Inhalt und Bedeutung des europäischen Rechts auf eine gute Verwaltung, EuR 2007, S. 57 ff.

C. Gauer, Does the Effectiveness of the EU Network of Competition Authorities Require a Certain Degree of Harmonisation of National Procedures and Sanctions?, in: Ehlermann/Atanasiu (Hrsg.), European competition law annual 2002, constructing the EU network of competition authorities (2004), 187.

C. Gauer/M. Jaspers, Designing a European solution for a "one stop leniency stop", E.C.L.R. 2006, S. 685 ff.

B. J. Georgii, Formen der Kooperation in der öffentlichen Kartellrechtsdurchsetzung im europäischen, deutschen und englischen Recht (2013).

E. Gippini-Fournier, The Mondernisation of European Competition Law: First Experiences with Regulation 1/2003: Community Report to the FIDE Congress 2008 (2008).

M. Glader, Best Practices in Article 101 and 102 Proceedings: Some Suggestions for Improved Transparency, The CPI Antitrust Journal 2010, S. 1 ff.

G. Goddin, The Pfleiderer Judgment on Transparency: The National Sequel of the Access to Documents Saga, Journal of European Competition Law & Practice 2012, S. 40 ff.

E. Grabitz/M. Hilf/M. Nettesheim (Hrsg.), Das Recht der Europäischen Union (2020).

A. v. Graevenitz, Mitteilungen, Leitlinien, Stellungnahmen – Soft Law der EU mit Lenkungswirkung, EuZW 2013, S. 169 ff.

J. Graf (Hrsg.), Beck'scher Online-Kommentar StPO mit RiStBV und MiStra (2020).

F. Graupner, Commission Decision-Making on Competition Questions, C.M.L.R. 1973, S. 291 ff.

H. von der Groeben/J. Schwarze/A. Hatje (Hrsg.), Europäisches Unionsrecht: Vertrag über die Europäische Union, Vertrag über die Arbeitsweise der Europäischen Union, Charta der Grundrechte der Europäischen Union[7] (2015).

J. Gröning, Die dezentrale Anwendung des EG-Kartellrechts gemäß dem Vorschlag der Kommission zur Ersetzung der VO 17/62, WRP 2001, S. 83 ff.

B. Grzeszick, Das Grundrecht auf eine gute Verwaltung – Strukturen und Perspektiven des Charta-Grundrechts auf eine gute Verwaltung, EuR 2006, S. 161 ff.

E. Gurlit, Konturen eines Informationsverwaltungsrechts, DVBl 2003, S. 1119 ff.

E. Gurlit, Der Eigenwert des Verfahrens im Verwaltungsrecht, Veröffentlichungen der Vereinigung der Deutschen Staatsrechtslehrer 2011, S. 227 ff.

P. Gussone/L. Maritzen, Kommentar zum EuGH-Urteil "Donau Chemie", EWS 2013, S. 292 ff.

P. Gussone/R. Michalczyk, Der Austausch von Informationen im ECN – wer bekommt was wann zu sehen?, EuZW 2011, S. 130 ff.

C. Gusy, § 23 Die Informationsbeziehungen zwischen Staat und Bürger, in: Hoffmann-Riem/Schmidt-Aßmann/Voßkuhle (Hrsg.), Grundlagen des Verwaltungsrechts, Band II: Informationsordnung, Verwaltungsverfahren, Handlungsformen (2012).

J. Haas, Der Ombudsmann als Institution des Europäischen Verwaltungsrechts: Zur Neubestimmung der Rolle des Ombudsmanns als Organ der Verwaltungskontrolle auf der Grundlage europäischer Ombudsmann-Einrichtungen (2012).

P. Häberle, Europäische Verfassungslehre[7] (2011).

P. Hammacher, Vertraulichkeit versus Öffentlichkeit in der Konfliktbearbeitung – UNCITRAL Rules on Transparency in Kraft, NZBau 2014, S. 607–608 f.

C. v. Hammerstein/P. Roegele, Der Fair and Equitable Treatment-Standard im Investitionsschutzrecht, SchiedsVZ 2015, S. 275 ff.

A. Hatje, § 5 Öffentlich-rechtliche und verwaltungsprozessuale Prinzipien, in: Terhechte (Hrsg.), Internationales Kartell- und Fusionskontrollverfahrensrecht (2008).

J. Haucap/I. Schmidt, Wettbewerbspolitik und Kartellrecht: Eine interdisziplinäre Einführung[10] (2013).

N. F. Hauger/C. Palzer, Verweigerung der Einsichtnahme in Bonusanträge nach EuGH "Pfleiderer" – die Folgeentscheidung des AG Bonn vom 18.1.2012 – 51 Gs 53/09, EWS 2012, S. 124 ff.

J. P. Heidenreich, Anhörungsrechte im EG-Kartell- und Fusionskontrollverfahren: Zugleich ein Beitrag zu Aufgaben und Kompetenzen des Anhörungsbeauftragten der Europäischen Kommission (2004).

R. Hempel, Zugang zu Kronzeugenanträgen nach der Transparenzverordnung?, EuZW 2012, S. 161–162 f.

R. Hempel, Einsicht in Kartellverfahrensakten nach der Transparenzverordnung – Neues aus Luxemburg, EuZW 2014, S. 297 ff.

T. T. Hennig, Settlements im europäischen Kartellverfahren (2010).

J. Hensmann, Die Ermittlungsrechte der Kommission im europäischen Kartellverfahren: Reichweite und Grenzen (2009).

C. Herrmann/M. Krajewski/J. P. Terhechte (Hrsg.), European Yearbook of International Economic Law (2013).

P. Hetzel, Kronzeugenregelungen im Kartellrecht: Anwendung und Auslegung von Vorschriften über den Erlass oder die Ermäßigung von Geldbußen im Lichte elementarer Rechtsgrundsätze (2004).

S. Hirsbrunner, Settlements in EU-Kartellverfahren – Kritische Anmerkungen nach den ersten Anwendungsfällen –, EuZW 2011, S. 12 ff.

B. D. Hoffman/S. M. Royall, Administrative Litigation at the FTC: Past, Present and Future, Antitrust Law Journal 2003, S. 319 ff.

W. Hoffmann-Riem (Hrsg.), Verwaltungsrecht in der Informationsgesellschaft (2000).

W. Hoffmann-Riem/E. Schmidt-Aßmann/A. Voßkuhle (Hrsg.), Grundlagen des Verwaltungsrechts, Band I: Methoden, Maßstäbe, Aufgaben, Organisation[2] (2012).

W. Hoffmann-Riem/E. Schmidt-Aßmann/A. Voßkuhle (Hrsg.), Grundlagen des Verwaltungsrechts, Band II: Informationsordnung, Verwaltungsverfahren, Handlungsformen[2] (2012).

W. Hoffmann-Riem, § 10 Eigenständigkeit der Verwaltung, in: Hoffmann-Riem/Schmidt-Aßmann/Voßkuhle (Hrsg.), Grundlagen des Verwaltungsrechts, Band I: Methoden, Maßstäbe, Aufgaben, Organisation (2012).

B. Holles, The Hearing Officer: Thirty Years Protecting the Right to Be Heard, World Competition Law and Economic Review 2013, S. 5 ff.

C. Hood/D. Heald (Hrsg.), Transparency: The Key to Better Governance? (2006).

C. Hood, Transparency in Historical Perspective, in: Hood/Heald (Hrsg.), Transparency: The Key to Better Governance? (2006), 3.

House of Lords, Select Committee on the European Communities, Competition Practice, 8th Report, Session 1981-1982, H.L. 91.

House of Lords, Select Committee on the European Communities, Enforcement of Community Competition Rules, 1st Report, Session 1993-1994, H.L. 7.

House of Lords, Select Committee on the European Union, Strengthening the role of the Hearing Officer in EC competition cases, 19th Report, Session 1999-2000, H.L. 125.

F. Huerkamp, Gleichbehandlung und Transparenz als gemeinschaftsrechtliche Prinzipien der staatlichen Auftragsvergabe (2010).

F. Hufen/T. Siegel, Fehler im Verwaltungsverfahren (2013).

ICC Commission on Competition, Recommended framework for international best practices in competition law enforcement proceedings (2010).

ICN Agency Effectiveness Project on Investigative Process, Competition Agency Transparency Practices (2013).

International Competition Network, ICN Guidance on Investigative Process (2015).

L. Idot, La Transparence dans les Procédures Administratives: L'Exemple du Droit de la Concurrence, in: Rideau (Hrsg.), La Transparence dans l'Union Européenne: Mythe ou principe juridique? (1998), 121.

L. Idot, How has Regulation 1/2003 affected the Role and Work of National Competition Authorities? – The French Example, NZKart 2014, S. 12 ff.

U. Immenga/E.-J. Mestmäcker/T. Körber/H. Schweitzer/D. Zimmer (Hrsg.), Wettbewerbsrecht, Band 1, Europäisches Kartellrecht[6] (2019).

R. Inderst/S. Thomas, Schadensersatz bei Kartellverstößen: Eine Untersuchung der juristischen und ökonomischen Grundlagen, Methoden und damit verbundenen Rechtsfragen betreffend die Ermittlung des Schadens bei Verstößen gegen das Kartellverbot (2015).

R. Islam/S. Djankov/C. McLeish (Hrsg.), The right to tell: The role of mass media in economic development (2002).

A. Italianer, Best Practices for antitrust proceedings and the submission of economic evidence and the enhanced role of the Hearing Officer, Rede gehalten am 18.10.2011 anlässlich des OECD Competition Comittee Meeting in Paris.

W. Jaeger/J. Kokott/P. Pohlmann/D. Schroeder (Hrsg.), Frankfurter Kommentar zum Kartellrecht (Stand 2020).

H. Janssen, Schadensersatz wegen Verletzung des Kartellrechts – Auswirkungen der neuen EU-Richtlinie, CB 2015, S. 35 ff.

H. Johannes, Erfahrungen eines Anhörungsbeauftragten, in: U. Everling/K.-H. Narjes/J. Sedemund (Hrsg.), Europarecht, Kartellrecht, Wirtschaftsrecht: Festschrift für Arved Deringer (1993), 293.

H. Johannes/J. Gilchrist, Role and Powers of the Hearing Officers under the enlarged mandate, Competition Policy Newsletter Spring 1995, S. 11–12 f.

D. A. Jüntgen, Zur Verwertung von Kronzeugenerklärungen in Zivilprozessen, WuW 2007, S. 128 ff.

S. Kadelbach, Case Law, C.M.L.R. 2001, S. 179 ff.

T. Kapp, Abschaffung des Private Enforcement bei Hardcore-Kartellen, in: Bechtold/Jickeli/Rohe (Hrsg.), Recht, Ordnung und Wettbewerb: Festschrift zum 70. Geburtstag von Wernhard Möschel (2011).

T. Kapp, Das Akteneinsichtsrecht kartellgeschädigter Unternehmen: Bonn locuta, causa finita?, WuW 2012, S. 474 ff.

A. Karst, Das Direct Settlement-Verfahren im europäischen Kartellverfahrensrecht (2014).

M. Kellerbauer, Zugang zur Ermittlungsakte in Verfahren nach den Artt. 101, 102 AEUV und der EU-Fusionskontrollverordnung: Wettbewerbsrecht vs. Transparenzverordnung, WuW 2011, S. 688 ff.

M. Kellerbauer, Das neue Mandat des Anhörungsbeauftragten für EU-Wettbewerbsverfahren, EuZW 2013, S. 10 ff.

C. Kerse/N. Khan, EU Antitrust Procedure[6] (2012).

J. Killick/A. Dawes, DG COMP and the Hearing Officers Publish Detailed Explanations on How they Conduct Antitrust (and certain aspects of merger) Proceedings, J.E.C.L.P. 2010, S. 211 ff.

B. Kingsbury/N. Krisch, Introduction: Global Governance and Global Administrative Law in the International Legal Order, The European Journal of International Law 2006, S. 1 ff.

B. Kingsbury/N. Krisch/R. B. Stewart, The Emergence of Global Administrative Law, Law and Contemporary Problems 2005, S. 15 ff.

S. Kinsella, Is it a Hearing if Nobody is Listening?, The CPI Antitrust Journal March 2010, S. 1 ff.

R. Kläger, 'Fair and Equitable Treatment' in International Investment Law (2011).

A. Klees, Europäisches Kartellverfahrensrecht mit Fusionskontrollverfahren (2005).

A. Klees, Die Beteiligung Dritter in europäischen Kartellverfahren – das EuG-Urteil Österreichische Postsparkasse und Bank für Arbeit und Wirtschaft (BAWAG), EWS 2006, S. 395 ff.

M. Kleine, Grenzenloser Zugang zu Dokumenten der Kartellbehörden?, ZWeR 2007, S. 303 ff.

M. Knauff/R. Schwensfeier, Kein Rechtsschutz gegen Steuerung mittels "amtlicher Erläuterung"? – Anmerkung zum Urteil des EuG vom 20.5.2010 (T-258/06) zur Auslegungsmitteilung der Kommission über die öffentliche Auftragsvergabe außerhalb des EU-Vergaberechts -, EuZW 2010, S. 611 ff.

P. K. Koch, Ermittlungsbefugnisse der Kommission im Rahmen der Verordnung (EG) Nr. 1/2003 im Verhältnis zum Schutz der Unternehmen – ein ausgewogenes System? (2009).

I. Kokkoris/I. Lianos (Hrsg.), The reform of EC competition law: New challenges (2010).

T. Körber, Europäisches Kartellverfahren in der rechtspolitischen Kritik, Referat im Rahmen der Vortragsreihe "Rechtsfragen der Europäischen Integration" des Zentrums für Europäisches Wirtschaftsrecht, gehalten am 28.1.2013 in Bonn.

T. Köster, Das Kartellvergleichsverfahren der Europäischen Kommission, EuZW 2015, S. 575 ff.

W. E. Kovacic, The Federal Trade Commission at 100: Into our 2nd Century, The Continuing Pursuit of Better Practices (January 2009).

W. E. Kovacic, The Institutions of Antitrust Law: How Structure Shapes Substance, Michigan Law Review 2011-2012, S. 1019 ff.

W. E. Kovacic, Distinguished Essay: Good Agency Practice and the Implementation of Competition Law, in: Herrmann/Krajewski/Terhechte (Hrsg.), European Yearbook of International Economic Law (2013), 3.

W. E. Kovacic/S. Calkins/D. Ludwin/B. Bär-Bouyssière, § 46 Vereinigte Staaten von Amerika (USA), in: Terhechte (Hrsg.), Internationales Kartell- und Fusionskontrollverfahrensrecht (2008), 1197 ff.

M. Lais, Das Recht auf eine gute Verwaltung unter besonderer Berücksichtigung der Rechtsprechung des Europäischen Gerichtshofs, ZEuS 2002, S. 447 ff.

E. Langen/H.-J. Bunte (Hrsg.), Kartellrecht, Band 1, Deutsches Kartellrecht[13] (2018).

E. Langen/H.-J. Bunte (Hrsg.), Kartellrecht, Band 2, Europäisches Kartellrecht[13] (2018).

D. Lawsky, Information please: opening antitrust to the public: why more European Union Court and Commission documents and hearings should no longer be secret, in: Marsden (Hrsg.), Handbook of research in trans-Atlantic antitrust (2006).

S. Lechler, Das neue Mandat des Anhörungsbeauftragten: Vom Anhörungsrecht zur Wahrung der Verfahrensrechte, ZWeR 2012, S. 109 ff.

S. Leible/J. P. Terhechte (Hrsg.), Europäisches Rechtsschutz- und Verfahrensrecht (2014).

K. Lenaerts, Due process in competition cases, NZKart 2013, S. 175 ff.

A. Leopold, Die Kartellbehörden im Angesicht der Informationsfreiheit, WuW 2006, S. 592 ff.

A. Leopold, Rechtsprobleme der Zusammenarbeit im Netzwerk der Wettbewerbsbehörden nach der Verordnung (EG) Nr. 1/2003 (2006).

M. Levitt, Commission hearings and the role of the hearing officer: suggestions for reform, E.C.L.R. 1998, S. 404 ff.

I. Lianos/A. Andreangeli, The European Union: The Competition Law System and the Union's Norms, in: Fox/Trebilcock (Hrsg.), The design of competition law institutions: Global norms, local choices (2013), 384.

H. H. Lidgard, Due Process in European Competition Procedure: A Fundamental Concept or a Mere Formality?, in: Cardonnel/Rosas/Wahl (Hrsg.), Constitutionalising the EU judicial System: Essays in Honour of Pernilla Lindh (2012), 403.

T. Lingos, Transparency of Proceedings at the United States Federal Trade Commission, in: Slot/McDonnell (Hrsg.), Procedure and enforcement in E.C. and U.S. competition law, Proceedings of the Leiden Europa Instituut Seminar on user-friendly competition law, 19 and 20 November 1992 (1993), 203.

U. Loewenheim/K. M. Meessen/A. Riesenkampff/C. Kersting/H. J. Meyer-Lindemann (Hrsg.), Kartellrecht: Kommentar zum Deutschen und Europäischen Recht[4] (2020).

M. Lorenz, Weitere Stärkung des Rechts auf Dokumentenzugang: Das Urteil des Europäischen Gerichts erster Instanz in der Sache "Verein für Konsumenteninformation", NVwZ 2005, S. 1274 ff.

N. Luhmann, Legitimation durch Verfahren (1983).

M. Lutz, Amnestie für aufklärungsbereite Kartellanten?, BB 2000, S. 677 ff.

A. MacGregor/B. Gecic, Due Process in EU Competition Cases Following the Introduction of the New Best Practices Guidelines on Antitrust Proceedings, J.E.C.L.P. 2012, S. 425 ff.

T. Mäger/D. J. Zimmer/S. Milde, Konflikt zwischen öffentlicher und privater Kartellrechtsdurchsetzung: Zum Schutz der Vertraulichkeit von Kronzeugenanträgen an das Bundeskartellamt, WuW 2009, S. 885 ff.

T. Mäger/D. J. Zimmer/S. Milde, Access to Leniency Documents – Another Piece in the Puzzle Regarding Public and Private Antitrust Enforcement? (Germany), Journal of European Competition Law & Practice 2013, S. 182 ff.

T. Makatsch/A. S. Mir, Die neue EU-Richtlinie zu Kartellschadensersatzklagen – Angst vor der eigenen „Courage"?, EuZW 2015, S. 7 ff.

C. Mariani/S. Pieri, Lobbying activities and EU competition law: What can be done and how, Journal of European Competition Law & Practice 2014, S. 1 ff.

P. Marsden (Hrsg.), Handbook of research in trans-Atlantic antitrust (2006).

P. Marsden, Checks and balances: EU competition law and the rule of law, Competition Law International 2009, S. 24 ff.

P. Marsden, Checks and Balances: European Competition Law and the Rule of Law, Loyola Consumer Law Review 2009, S. 62 ff.

J. Masing, Transparente Verwaltung: Konturen eines Informationsverwaltungsrechts, in: Vereinigung der Deutschen Staatsrechtslehrer (Hrsg.), Die Staatsrechtslehre und die Veränderung ihres Gegenstandes: Konsequenzen von Europäisierung und Internationalisierung (2004), 377.

M. Masling, Begründungspflicht bei Bußgeldern: Geltung bei Settlements, WuW 2017, S. 84–85 f.

R. McLeod, Strengthening Due Process and Public Advocacy: Why the EC Should Open its Oral Hearings to the Press, The CPI Antitrust Journal March 2010, S. 1 ff.

W. Mederer, Richtlinienvorschlag über Schadensersatzklagen im Bereich des Wettbewerbsrechts, EuZW 2013, S. 847 ff.

D. Melamed, Good Competition Law Enforcement Requires Good Process, Competition Law International 2015, S. 51 ff.

M. Merola/D. Waelbroeck, Towards an optimal enforcement of competition rules in Europe: Time for a Review of Regulation 1/2003? (2010).

E.-J. Mestmäcker, Versuch einer kartellpolitischen Wende in der EU – Zum Weissbuch der kommission über die Modernisierung der Vorschriften zur Anwendung der Art. 85 und 86 EGV a.F. (Art. 81 und 82 EGV n.F.), EuZW 1999, S. 523 ff.

J. Meyer/ S. Hölscheidt (Hrsg.), Charta der Grundrechte der Europäischen Union[5] (2019).

A. Mikroulea, Case Allocation in Antitrust and Collaboration between the National Competition Authorities and the European Commission, in: Kokkoris/Lianos (Hrsg.), The reform of EC competition law: New challenges (2010), 55.

S. Milde, Schutz des Kronzeugen im Spannungsfeld von behördlicher Kartellrechtsdurchsetzung und privaten Schadensersatzklagen: Untersuchung unter besonderer Berücksichtigung vorprozessualer Dokumentenzugangs- und Akteneinsichtsrechte Dritter auf europäischer und deutscher Ebene (2013).

J. Modrall/R. Patel, Oral Hearings and the Best Practices Guidelines, The CPI Antitrust Journal 2010.

F. Montag, The case for a radical reform of the infringement procedure under regulation 17, E.C.L.R. 1996, S. 428 ff.

G. Monti, Independence, Interdependence and Legitimacy: The EU Commission, National Competition Authorities, and the European Competition Network (2014).

W. Möschel, Geldbußen im europäischen Kartellrecht, Der Betrieb 2010, S. 2377 ff.

A. Mundt, Zur Öffentlichkeitsarbeit des Bundeskartellamtes, NZKart 2016, S. 145 ff.

F. Murphy/F. Liberatore, Simplified procedures for multiple leniency applications across Europe, E.C.L.R. 2013, S. 407 ff.

C. Musiol, EuG: Von einer Entscheidung der EU-Kommission über Kartellrechtsverstöße nicht betroffene Unternehmen dürfen in der Entscheidungsveröffentlichung nicht erwähnt werden (Urteilsanmerkung), FD-GewRS 2007.

H. P. Nehl, Principles of administrative procedure in EC law (1999).

H. P. Nehl, Europäisches Verwaltungsverfahren und Gemeinschaftsverfassung: Eine Studie gemeinschaftsrechtlicher Verfahrensgrundsätze unter besonderer Berücksichtigung "mehrstufiger" Verwaltungsverfahren (2002).

S. Nöhmer, Das Recht auf Anhörung im europäischen Verwaltungsverfahren (2013).

M. J. Nordmann, Anmerkung zu EuG, Urteil vom 13. 4. 2005 – T-2/03 Verein für Konsumenteninformation/Kommission u.a., EuZW 2005.

C. Nowak, Informations- und Dokumentenzugangsfreiheit in der EU – Neuere Entwicklungen und Perspektiven, DVBl 2004, S. 272 ff.

C. Nowak, Rechtsschutz von Beschwerdeführern im Europäischen Wettbewerbsrecht, in: Behrens/Braun/Nowak (Hrsg.), Europäisches Wettbewerbsrecht nach der Reform (2006), 165.

C. Nowak, Binnenmarktziel und Wirtschaftsverfassung der Europäischen Union vor und nach dem Reformvertrag von Lissabon, EuR-Beiheft 2009, S. 129 ff.

C. Nowak, § 13 Rechtsschutz im europäischen Verwaltungsrecht, in: Terhechte (Hrsg.), Verwaltungsrecht der Europäischen Union (2011), 459.

P. O'Brien, The ICN's 2015 Guidance Work Explained (2015), abrufbar unter https://www.ftc.gov/system/files/attachments/key-speeches-presentations/obrien_-_icn-2015-guidance-work_9-30-15.pdf (zuletzt besucht am 5.8.2020).

OECD Competition Comittee, Procedural Fairness: Transparency Issues in Civil and Administrative Enforcement Proceedings (2010).

OECD Competition Comittee, Procedural Fairness and Transparency – Key Points (2012).

T. Oppermann/C. D. Classen/M. Nettesheim, Europarecht: Ein Studienbuch⁷ (2016).

G. Orton, When Lobbying DG COMP Makes Sense: European Competition Officials are Policy-Makers as well as Regulators, Competition Law International 2011, S. 50 ff.

B. P. Paal/L. K. Kumkar, Zur Öffentlichkeitsarbeit des Bundeskartellamtes, NZKart 2015, S. 366 ff.

C. Palzer, Stolperstein für die Kommission? Die Kronzeugenregelung auf dem Prüfstand der Transparenz-VO: Zugleich Besprechung der Urteile des EuG vom 15. Dezember 2011, Rs. T-437/08 (CDC/Kommission) und vom 22. Mai 2012, Rs. T-344/08 (EnBW/Kommission), EuR 2012, S. 583 ff.

C. Palzer, Unvereinbarkeit der österreichischen Regelung zur Akteneinsicht Kartellgeschädigter mit EU-Recht, NZKart 2013, S. 324 ff.

C. Palzer, Transparenz-VO und private Kartellrechtsdurchsetzung – Abschied von einem Hoffnungsträger? Entscheidung des EuGH vom 27. Februar 2014 mit Anmerkung von Christoph Palzer, Bayreuth, ZEuP 2015, S. 416 ff.

C. Palzer/D. Preisendanz, Drum prüfe, wer sich offenbare... – EuGH "Pfleiderer": Akteneinsicht im Kartellrecht – Anmerkung zu EuGH, 14.6.2011 – Rs. C-360/09, EWS 2011, 389, EWS 2011, S. 365 ff.

G. Pampel, Europäisches Wettbewerbsrecht – Rechtsnatur und Rechtswirkungen von Mitteilungen der Kommission im europäischen Wettbewerbsrecht, EuZW 2005, S. 11 ff.

C. J. Partsch, Die neue Transparenzverordnung (EG) Nr. 1049/2001, NJW 2001, S. 3154 ff.

S. C. Pelka, Rechtssicherheit im europäischen Kartellverfahren? VO 1/2003, unternehmerische Selbstbeurteilung und die Vorhresehbarkeit der Rechtslage (2009).

B. Perrin, Challenges facing the EU network of competition authorities: insights from a comparative criminal law perspective, European Law Review 2006, S. 540 ff.

K. Pfeffer, Das Recht auf eine gute Verwaltung: Art. II-101 der Grundrechtecharta des Vertrages über eine Verfassung für Europa (2006).

R. Pitschas, § 42 Maßstäbe des Verwaltungshandelns, in: Hoffmann-Riem/Schmidt-Aßmann/Voßkuhle (Hrsg.), Grundlagen des Verwaltungsrechts, Band II: Informationsordnung, Verwaltungsverfahren, Handlungsformen (2012).

P. Pohlmann, Keine Bindungswirkung von Bekanntmachungen und Mitteilungen der Europäischen Kommission: Entgegnung zu Schweda, WuW 2004, S. 1133 ff., WuW 2005, S. 1005 ff.

J. Ponce Solé, The History of Legitimate Administration in Europe, in: M. Ruffert (Hrsg.), Legitimacy in European administrative law: Reform and reconstruction (2011), 155.

S. Prechal/M. E. de Leeuw, Transparency: A General Principle of EU Law?, in: Bernitz/Nergelius/Cardner/Groussot (Hrsg.), General principles of EC law in a process of development: Reports from a conference in Stockholm, 23-24 March 2007, organised by the Swedish Network for European Legal Studies (2008).

D. Reichelt, To what Extend does the Co-operation within the European Competition Network protect the Rights of Undertakings?, C.M.L.R. 2005, S. 745 ff.

J. Rideau (Hrsg.), La Transparence dans l'Union Européenne: Mythe ou principe juridique? (1998).

F. Rieger/J. Jester/M. Sturm, Das Europäische Kartellverfahren: Rechte und Stellung der Beteiligten nach Inkrafttreten der VO 1/2003, Beiträge zum Transnationalen Wirtschaftsrecht, Heft 35, 2005, S. 1 ff.

F. Riemann, Die Transparenz der Europäischen Union: Das neue Recht auf Zugang zu Dokumenten von Parlament, Rat und Kommission (2004).

A. Riley, The modernisation of EU anti-cartel enforcement: will the Commission grasp the opportunity?, E.C.L.R. 2010, S. 191 ff.

A. J. Riley, EC competition procedures re-evaluated: the House of Lords reports, E.C.L.R. 1994, S. 247 ff.

F. Rittner, Kartellpolitik und Gewaltenteilung in der EG, EuZW 2000, S. 129.

M. Rossi, Informationszugangsfreiheit und Verfassungsrecht: Zu den Wechselwirkungen zwischen Informationsfreiheitsgrenzen und der Verfassungsordnung in Deutschland (2004).

L. Rudkowski, Transparenzpflichten zur Kontrolle von Finanzdienstleistungsunternehmen: Unter besonderer Berücksichtigung des Schutzes von Geschäftsgeheimnissen (2016).

M. Ruffert (Hrsg.), Legitimacy in European administrative law: Reform and reconstruction (2011).

F. J. Säcker/F. Bien/P. Meier-Beck/F. Montag (Hrsg.), Münchener Kommentar zum Wettbewerbsrecht, Band 1 Europäisches Wettbewerbsrecht[3] (2020).

F. J. Säcker/P. Meier-Beck (Hrsg.), Münchener Kommentar zum Wettbewerbsrecht, Band 2, GWB und Verfahren vor den europäischen Gerichten[3] (2020).

J. C. Sackmann, Transparenz im völkerrechtlichen Investitionsschiedsverfahren: Gewährleistungen der ICSID-Konvention, der UNCITRAL-Schiedsregeln sowie völker- und unionsrechtliche Maßgaben (2012).

J. C. Sackmann, Im Schatten von CETA und TTIP: Zur Verfahrenstransparenz in Intra-EU-Investitionsschiedsverfahren, SchiedsVZ 2015, S. 15 ff.

J. Saurer, Der Einzelne im europäischen Verwaltungsrecht: Die institutionelle Ausdifferenzierung der Verwaltungsorganisation der Europäischen Union in individueller Perspektive (2014).

M. W. Sawchak/C. Ann, United States Federal Trade Commission (FTC) – Organisation, Zuständigkeit, Verfahren, Mitteilungen der deutschen Patentanwälte 1998, S. 288 ff.

D. Scharf, Das Komitologieverfahren nach dem Vertrag von Lissabon – Neuerungen und Auswirkungen auf die Gemeinsame Handelspolitik, Beiträge zum Transnationalen Wirtschaftsrecht 2010.

A. Scherzberg, Die Öffentlichkeit der Verwaltung (2000).

E. Schmidt-Aßmann/W. Hoffmann-Riem (Hrsg.), Strukturen des Europäischen Verwaltungsrechts (1999).

E. Schmidt-Aßmann, Das allgemeine Verwaltungsrecht als Ordnungsidee: Grundlagen und Aufgaben der verwaltungsrechtlichen Systembildung (2006).

F. Schmidt-Aßmann, § 27 Der Verfahrensgedanke im deutschen und europäischen Verwaltungsrecht, in: Hoffmann-Riem/Schmidt-Aßmann/Voßkuhle (Hrsg.), Grundlagen des Verwaltungsrechts, Band II: Informationsordnung, Verwaltungsverfahren, Handlungsformen (2012), 495.

F. Schoch, Die europäische Perspektive des Verwaltungsverfahrens- und Verwaltungsprozessrechts, in: Schmidt-Aßmann/Hoffmann-Riem (Hrsg.), Strukturen des Europäischen Verwaltungsrechts (1999), 279.

H. Schröter/T. Jakob/R. Klotz/W. Mederer (Hrsg.), Europäisches Wettbewerbsrecht[2] (2014).

A. Schwab/C. Steinle, Pitfalls of the European Competition Network – why better protection of leniency applicants and legal regulation of case allocation is needed, E.C.L.R. 2008, S. 523 ff.

J. Schwarze/U. Becker/A. Hatje/J. Schoo (Hrsg.), EU-Kommentar[3] (2012).

J. Schwarze, Europäisches Verwaltungsrecht: Entstehung und Entwicklung im Rahmen der Europäischen Gemeinschaft[2] (2005).

J. Schwarze, Die Anfechtung der Fallverteilung im europäischen Netzwerk der Wettbewerbsbehörden, in: Brinker (Hrsg.), Recht und Wettbewerb: Festschrift für Rainer Bechtold zum 65. Geburtstag (2006), 483.

J. Schwarze, Europarecht: Strukturen, Dimensionen und Wandlungen des Rechts der Europäischen Union; ausgewählte Beiträge (2012).

J. Schwarze/R. Bechtold/W. Bosch, Rechtsstaatliche Defizite im Kartellrecht der Europäischen Gemeinschaft: Eine kritische Analyse der derzeitigen Praxis und Reformvorschläge (2008).

J. Schwarze/A. Weitbrecht, Grundzüge des europäischen Kartellverfahrensrechts (2004).

M. Schweda, Die Bindungswirkung von Bekanntmachungen und Leitlinien der Europäischen Kommission, WuW 2004, S. 1133 ff.

H. Schweitzer, Die neue Richtlinie für wettbewerbsrechtliche Schadensersatzklagen, NZKart 2014, S. 335 ff.

A. Scordamaglia-Tousis, The Role of the Eurpean Ombudsman in Competition Proceedings: A Second Guardian of Procedural Guarantees?, Journal of European Competition Law & Practice 2012, S. 29 ff.

C. Seitz, Public over Private Enforcement of Competition Law? Zugleich Besprechung von AG Bonn, Beschluss vom 18.1.2012 – 51 Gs 53/09 – Pfleiderer: Ist die Frage der Akteneinsicht in Kronzeugenunterlagen zur Vorbereitung von Kartellschadensersatzklagen nun gelöst?, GruR-RR 2012, S. 137 ff.

D. Slater/S. Thomas/D. Waelbroeck, Competition Law proceedings before the European Commission and the right to a fair trial: no need for reform?, GCLC Working Paper 04/08 (2008).

D. Slater/S. Thomas/D. Waelbroeck, Competition Law Proceedings Before the European Commission and the Right to a Fair Trial: No Need for Reform?, European Competition Journal 2009, S. 97 ff.

J. Slot/A. McDonnell (Hrsg.), Procedure and enforcement in E.C. and U.S. competition law, Proceedings of the Leiden Europa Instituut Seminar on user-friendly competition law, 19 and 20 November 1992 (1993).

M. K. Smith, Centralised enforcement, legitimacy and good governance in the EU (2010).

K. Sobota, Das Prinzip Rechtsstaat: Verfassungs- und verwaltungsrechtliche Aspekte (1997).

C. Sobotta, Transparenz in den Rechtsetzungsverfahren der Europäischen Union: Stand und Perspektiven des Gemeinschaftsrechts unter besonderer Berücksichtigung des Grundrechtes auf Zugang zu Informationen (2001).

J. Söderman, Transparency as a fundamental principle of the European Union, Vortrag gehalten am 19.6.2001 am Hallstein-Institut für Europäisches Verfassungsrecht der Humboldt-Universität zu Berlin.

U. Soltész, Belohnung für geständige Kartellsünder – Erste Settlements im Europäischen Kartellrecht, BB 2010, S. 2123 ff.

U. Soltész, "Best practices" der Kommission zum Kartellrecht – Noch kein Quantensprung, EuZW 2010, S. 81.

U. Soltész, What (Not) to Expect From the Oral Hearing, The CPI Antitrust Journal 2010, S. 1 ff.

U. Soltész, Richterliche Kontrolle im Europäischen Kartellbußgeldverfahren – Die Vernehmung von (Kron-)Zeugen nach *Lissabon*, NZKart 2013, S. 53 ff.

U. Soltész, Der Ombudsmann im Wettbewerbsrecht – Eine Institution erfindet sich neu!, EuZW 2015, S. 409–410 f.

U. Soltész/J. Marquier/F. Wendenburg, Zugang zu Kartellrechtsakten für jedermann? – das EuG-Urteil Österreichische Banken, EWS 2006, S. 102 ff.

O. Speltdoorn, *The* Technische Glaswerke Ilmenau *Ruling: A Step Backwards for Transparency in EU Competition Cases?*, in: Cardonnel/Rosas/Wahl (Hrsg.), Constitutionalising the EU judicial System: Essays in Honour of Pernilla Lindh (2012), 439.

J. Stiglitz, Transparency in Government, in: Islam/Djankov/McLeish (Hrsg.), The right to tell: The role of mass media in economic development (2002), 27.

R. Streinz (Hrsg.), EUV/AEUV[3] (2018).

Studienvereinigung Kartellrecht e.V. (Hrsg.), Kartellrecht in Theorie und Praxis: Festschrift für Cornelis Canenbley zum 70. Geburtstag (2012).

J. Temple Lang, The Procedure of the Commission in Competition Cases, C.M.L.R. 1977, S. 155 ff.

J. Temple Lang, Three Possibilites for Reform of the Procedure of the European Commission in Competition Cases under Regulation 1/2003, CEPS Special Report (2011).

J. Temple Lang, The strengths and weaknesses of the DG Competition Manual of Procedure, Journal of Antitrust Enforcement 2013, S. 132 ff.

J. P. Terhechte (Hrsg.), Internationales Kartell- und Fusionskontrollverfahrensrecht (2008).

J. P. Terhechte (Hrsg.), Verwaltungsrecht der Europäischen Union[1] (2011).

J. P. Terhechte, Die ungeschriebenen Tatbestandsmerkmale des europäischen Wettbewerbsrechts (2004).

J. P. Terhechte, § 1 Einleitung, in: Terhechte (Hrsg.), Internationales Kartell- und Fusionskontrollverfahrensrecht (2008).

J. P. Terhechte, § 1 Einführung: Das Verwaltungsrecht der Europäischen Union als Gegenstand rechtswissenschaftlicher Forschung – Entwicklungslinien, Prinzipien und Perspektiven, in: Terhechte (Hrsg.), Verwaltungsrecht der Europäischen Union (2011), 43.

J. P. Terhechte, Enforcing European Competition Law – Harmonizing Private and Public Approaches in a More Differentiated Enforcement Model, in: Basedow/Terhechte/Tichý (Hrsg.), Private enforcement of competition law (2011).

S. Thomas, Die Bindungswirkung von Mitteilungen, Bekanntmachungen und Leitlinien der EG-Kommission, EuR 2009, S. 423 ff.

D. Thompson, EEC: Commission Hearings in Competition Cases, Journal of World Trade Law 1982, S. 448 ff.

C. Tietje/K. Nowrot, Der Anwendungsbereich der EG-Transparenz-Verordnung mit Blick auf zivilrechtliche Schadensersatzansprüche in Wettbewerbssachen, Zeitschrift für Europarecht, Internationales Privatrecht und Rechtsvergleichung 2004, S. 56 ff.

C. Tietje/K. Nowrot, Zugang zu Kartellrechtsakten nach der Transparenzverordnung als öffentliches Interesse: Erwiderung auf Soltész/Marquier/Wendenburg, Zugang zu Kartellrechtsakten für jedermann?, EWS 2006, 102, EWS 2006, S. 486 ff.

M. J. Trebilcock/E. M. Iacobucci, Designing Competition Law Institutions, World Competition 2002, S. 361 ff.

M. J. Trebilcock/E. M. Iacobucci, Designing Competition Law Institutions: Values, Structure, and Mandate, Loyola University Chicago Law Journal 2010, S. 455 ff.

UK Competition Law Association, Consultation Response – European Commission, DG Competition, Best Practices on Antitrust Proceedings and Guidance on Hearing Officer Procedures (2010).

I. Vandenborre/T. Goetz, Survey: EU Competition Law Procedural Issues, Journal of European Competition Law & Practice 2014, S. 648 ff.

C. A. Varney, Procedural Fairness, Rede gehalten am 12.9.2009 anlässlich der 13th Annual Competition Conference der International Bar Association in Fiesole, abrufbar unter: https://www.justice.gov/atr/file/519876/download (zuletzt besucht am 5.8.2020).

C. Vedder/W. Heintschel von Heinegg (Hrsg.), Europäisches Unionsrecht (2012).

Vereinigung der Deutschen Staatsrechtslehrer (Hrsg.), Grundpflichten als verfassungsrechtliche Dimension: Berichte und Diskussionen auf der Tagung der Vereinigung der deutschen Staatsrechtslehrer in Konstanz vom 6. bis 9. Oktober 1982 (1983).

Vereinigung der Deutschen Staatsrechtslehrer (Hrsg.), Die Staatsrechtslehre und die Veränderung ihres Gegenstandes: Konsequenzen von Europäisierung und Internationalisierung (2004).

B. Vesterdorf, Transparency – Not Just a Vogue Word, Fordham International Law Journal 1998, S. 902 ff.

C. Vocke, Die Ermittlungsbefugnisse der EG-Kommission im kartellrechtlichen Voruntersuchungsverfahren: Eine Untersuchung zur Auslegung der Ermittlungsrechte im Spannungsfeld zwischen öffentlichen und Individualinteressen (2006).

C. Vollrath, Das Maßnahmenpaket der Kommission zum wettbewerbsrechtlichen Schadenersatz, NZKart 2013, S. 434 ff.

D. Waelbroeck/D. Fosselard, Should the Decision-Making Power in EC Antitrust Proceedings be left to an Independent Judge? – The Impact of the European Convention of Human Rights on EC Antitrust Procedures, Yearbook of European Law 1994, S. 111 ff.

B. Wägenbaur, Der Zugang zu EU-Dokumenten – Transparenz zum Anfassen, EuZW 2001, S. 680 ff.

E. Wagner/M. Le Bell, Transparency rules: primacy of effective leniency and settlement programmes over private antitrust enforcement in the European Union?, G.C.L.R. 2010, S. 124 ff.

R. Wahl, Verwaltungsverfahren zwischen Verwaltungseffizienz und Rechtsschutzauftrag, in: Vereinigung der Deutschen Staatsrechtslehrer (Hrsg.), Grundpflichten als verfassungsrechtliche Dimension: Berichte und Diskussionen auf der Tagung der Vereinigung der deutschen Staatsrechtslehrer in Konstanz vom 6. bis 9. Oktober 1982 (1983), 151.

R. Wahl, Das Verhältnis von Verwaltungsverfahren und Verwaltungsprozessrecht in europäischer Sicht, DVBl 2003, S. 1285 ff.

B. W. Wegener, Der geheime Staat: Arkantradition und Informationsfreiheitsrecht (2006).

B. W. Wegener, Von hinten durch die Brust ins Auge: Das EuG stärkt den Ehrschutz und die Unschuldsvermutung in der EU-Kartellaufsicht – in dogmatisch abenteuerlicher Art und Weise, EuR 2008, S. 716 ff.

G. Weidenbach/M. Saller, Das Weißbuch der Europäischen Kommission zu kartellrechtlichen Schadensersatzklagen: Darstellung und erste Bewertung wesentlicher Aspekte, BB 2008, S. 1020 ff.

M. Weidenfeller, Nicht mehr privat und nicht mehr geheim? – Reform des internationalen Schiedsverfahrensrechts, ZRP 2015, S. 112 ff.

W. Weiß, § 72 Europäisches Kartellverfahrensrecht, in: Terhechte (Hrsg.), Internationales Kartell- und Fusionskontrollverfahrensrecht (2008).

W. Weiß, Das Leitlinien(un)wesen der Kommission verletzt den Vertrag von Lissabon, EWS 2010, S. 257 ff.

W. Weiß, § 20 Europäisches Wettbewerbsverwaltungsrecht, in: Terhechte (Hrsg.), Verwaltungsrecht der Europäischen Union (2011), 751.

A. Weitbrecht, Kommissionsentscheidungen gegen Hardcore-Kartelle: Wieviel darf veröffentlicht werden?, EuZW 2016, S. 281–282 f.

A. Weitbrecht, Eine neue Ära im Kartellschadensersatzrecht – Die 9. GWB-Novelle, NJW 2017, S. 1574 ff.

A. Weitbrecht/J. Mühle, Die Entwicklung des europäischen Kartellrechts 2015, EuZW 2016, S. 172 ff.

M. Wendel, Der EMRK-Beitritt als Unionsrechtsverstoß: Zur völkerrechtlichen Öffnung der EU und ihren Grenzen, NJW 2015, S. 921 ff.

S. Wernicke, "In Defence of the Rights of Defence": Competition law procedure and the changing role of the Hearing officer, Concurrences – Revue des droits de la concurrence 2009.

S. Wernicke, Das Intel-Urteil des EuG – ein Lehrstück dogmatischer Kontinuität, EuZW 2015, S. 19 ff.

R. Wesseling/M. v. d. Woude, The Lawfulness and Acceptability of Enforcement of European Cartel Law, World Competition Law and Economic Review 2012, S. 573 ff.

J. P. Westhoff, Der Zugang zu Beweismitteln bei Schadensersatzklagen im Kartellrecht: Eine rechtsvergleichende Untersuchung (2010).

G. Wiedemann (Hrsg.), Handbuch des Kartellrechts[4] (2020).

W. P. J. Wils, The Combination of the Investigative and Prosecutorial Function and the Adjudicative Function in EC Antitrust Enforcement: A Legal and Economic Analysis, World Competition Law and Economic Review 2004, S. 201 ff.

W. P. J. Wils, Principles of European antitrust enforcement (2005).

W. P. J. Wils, The Oral Hearing in Competition Proceedings before the European Commission, World Competition Law and Economic Review 2012, S. 397 ff.

W. P. J. Wils, The Role of the Hearing Officer in Competition Proceedings before the European Commission, World Competition Law and Economic Review 2012, S. 431 ff.

W. P. J. Wils, The Compatibility with Fundamental Rights of the EU Antitrust Enforcement System in which the European Commission Acts both as Investigator and as First-instance Decision Maker, World Competition Law and Economic Review 2014, S. 5 ff.

J. F. Winterscheid, Confidentiality and Rights of Acces to Documents Submitted to the United States Antitrust Agencies, in: Slot/McDonnell (Hrsg.), Procedure and enforcement in E.C. and U.S. competition law, Proceedings of the Leiden Europa Instituut Seminar on user-friendly competition law, 19 and 20 November 1992 (1993), 177.

T. Wißmann, Decentralised Enforcement of EC Competition Law and the New Policy on Cartels: The Commission White Paper of 28th of April 1999, World Competition Law and Economics Review 2000, S. 123 ff.

D. Wolfram, Proceduralisierung des Verwaltungsrechts: Am Beispiel des amerikanischen Medien- und Telekommunikationsrechts (2005).

M. v. d. Woude, Hearing Officers and EC Antitrust Procedures: The Art of Making Subjective Procedures More Objective, C.M.L.R. 1996, S. 531 ff.

V. v. Wrede, Die Transparenz im börslichen Stromgroßhandel am Beispiel der European Energy Exchange (2012).

T. Würtenberger, Die Akzeptanz von Verwaltungsentscheidungen (1996).

A. *Yomere*, Die Entscheidung im Verfahren EnBW zum Recht von Schadensersatz-klägern auf Akteneinsicht in Verfahrensakten der Kommission, WuW 2013, S. 34 ff.

R. *Zagrosek*, Kronzeugenregelungen im U.S.-amerikanischen, europäischen und deutschen Recht der Wettbewerbsbeschränkungen (2006).

N. *Zingales*, The Hearing Officer in EU Competition Law Proceedings: Ensuring Full Respect for the Right to Be Heard?, The Competition Law Review 2010, S. 129 ff.

C.-S. *Zoellner*, Transparency: An Analysis of en Evolving Fundamental Principle in International Economic Law, Michigan Journal of International Law 2006, S. 579 ff.

C.-S. *Zoellner*, Das Transparenzprinzip im internationalen Wirtschaftsrecht: Kontu-ren und Perspektiven des transparenzrelevanten Einwirkens transnationaler Vorgaben auf die innerstaatliche Rechts- und Verwaltungspraxis (2009).